José Revueltas
Obras Completas

26

José Revueltas

Las evocaciones requeridas
(Memorias, diarios, correspondencia)

Tomo II

Recopilación y notas de
Andrea Revueltas
y Philippe Cheron

Ediciones Era

Obras Completas de José Revueltas
Primera edición: 1987
ISBN: 968-411-016-2
ISBN: 968-411-156-8
DR © 1987, Ediciones Era, S. A.
Avena 102, 09810 México, D. F.
Impreso y hecho en México
Printed and Made in Mexico

ÍNDICE

Tomo II

Fotografías: Hermanos Mayo, 1, 5 / Nacho López, 3 / María García, 6, 15, 16 / Julio Pliego, portada, 7, 9, 10, 11, 12, 13 / Fermín Revueltas, 14 / Manuel Fuentes, 19. Colecciones: María Teresa Retes, Archivo José Revueltas, Ema Barrón, Olivia Revueltas.

LIBRETA DE APUNTES (SEGUNDA ÉPOCA)[1]

1955

Febrero. El día de la incineración del cuerpo de Frida Kahlo, aprovecho la oportunidad de haber visto a Siqueiros y le comunico mis deseos de reingresar al partido comunista. Me escucha con suma atención y casi gravedad y promete trasmitir mi conversación al comité central.

8 de febrero. Conversación con Encina (en el local del partido, calle de Hamburgo 9) para plantearle mi reingreso al partido. Afirma que bastará con un acuerdo del buró político para aceptar mi reingreso. Pero el buró político está desintegrado, ya que sus miembros andan de viaje.

9 de febrero. Conversación con Ramírez y Ramírez y Rodolfo Dorantes comunicándoles mi decisión de abandonar el Partido Popular y reingresar al PCM. Se muestran secos, sin escatimar una que otra ironía de las que son muy características en ellos.

Lo cierto es que Ramírez y Ramírez había logrado retrasar esta decisión mía sobre la base de informes que a la postre resultaron inexactos. Según dichos informes —hace algunos meses—, Lombardo habría hablado en Europa (durante una reunión de la Federación Sindical Mundial), privadamente, con algunos de

---

Quinta etapa (1956-1963). Con su reingreso al PCM Revueltas vuelve a una intensísima actividad política y militante que termina por ocupar la mayor parte de su tiempo, hasta su expulsión de la LLE (1963); sus posiciones se hacen cada vez más radicales y antidogmáticas, lo que lo aísla en los medios de izquierda y otros. Su actividad en el cine disminuye poco a poco hasta que se queda sin trabajo; padece graves problemas económicos y privados. Ésta es la época de su mayor producción teórica. En 1961, vive varios meses en Cuba; cuando regresa a México sus problemas económicos empeoran; escribe artículos en El Día *y vive en casa de amigos.*

los principales dirigentes internacionales. Éstos le habrían informado, de modo confidencial, datos políticos respecto a la perspectiva del mundo para los años 54 y 55, en que inevitablemente estallaría la tercera guerra. Sin embargo, la URSS no participaría desde un principio, sino que una gran primera fase de la guerra recaería sobre las espaldas de China popular, en algo así como una gigantesca maniobra de desgaste del enemigo. Debíamos pugnar entonces, en todos los países, por una unidad completa de las fuerzas revolucionarias a fin de hacer frente con éxito a las complicadísimas tareas que sobrevendrían. Tal perspectiva no podía menos que influir sobre mí de un modo decisivo.

A la vista de una posibilidad tan alarmante como la de la tercera guerra mundial, resultaba absurdo para mí insistir en mi posición de renuncia al PP para reingresar al partido comunista. Pero, ¿qué era lo que me inducía a salir de las filas del Partido Popular?

Bien; las ideas de la corriente política representada por nosotros (Ramírez y Ramírez, Rodolfo Dorantes, Luis Torres, Ángel Olivo, Carnero Checa y, en concreto, la célula de periodistas "José Carlos Mariátegui"), desde que estábamos aún en el seno del Partido Comunista Mexicano, eran las de transformar a éste en un verdadero partido marxista-leninista, sensible a la realidad auténtica del país y que encarnara, del modo más sólido, en las raíces históricas nacionales. Cuando algunos años más tarde al de 1943, en que el grupo de Dionisio Encina nos expulsó colectivamente del partido, se planteó el problema de crear el Partido Popular, yo, sin creer en que esto pudiera representar la realización de nuestras ideas respecto a contar en México con un partido marxista real, apoyé con todas mis fuerzas, lo mismo que los demás compañeros, la organización del PP. El Partido Popular debía ser otra cosa y en realidad era otra cosa distinta a un partido leninista. Mi criterio era el siguiente. El PP iba a nacer —y eso estaba muy bien— como el partido de las grandes masas pequeñoburguesas, cuyo papel es tan importante —y en México decisivo— dentro de la táctica y estrategia generales del proletariado. Los marxistas tendríamos entonces la misión, dentro del PP, de funcionar como una *fracción organizada* que representaría los intereses de la clase obrera, sentando las bases para que, en un futuro no muy distante, se pudiese crear un auténtico partido marxista-leninista (mediante la unidad de la fracción marxista con otros grupos, incluso los militantes más conscientes del PCM) que tendría su aliado más firme en el partido de la pequeña burguesía urbana y de las masas campesinas en que necesariamente devendría el Partido Popular, concebido al modo en que yo lo prefiguraba.

Las cosas no marcharon por ese camino sino por el de la confusión ideológica (la conversión del PP en una caricatura de partido "socialista") y la pérdida, por el Partido Popular, ya organizado, de su perspectiva histórica real como partido pequeñoburgués. Esto fue lo que me decidió a reingresar al Partido Comunista Mexicano para desde su interior proseguir la lucha por la existencia en México de un verdadero partido de la clase obrera.

"No te tolerarán mucho tiempo ahí dentro —comentó Dorantes cuando les comuniqué a él y a Ramírez mi decisión—; muy pronto estarás de regreso de ese viaje. . ."

10 de febrero. Recibo en mi departamento de la calle de Balsas un telegrama de Enrique Ramírez y Ramírez. Lacónicamente me comunica que mañana la dirección nacional del PP hará declaraciones sobre mi abandono del partido.

11 de febrero. Conforme al anuncio de Ramírez, la dirección nacional del PP anuncia que fui "separado" del Partido Popular, en lugar de decir que voluntariamente yo me retiré de sus filas. Me veo en la necesidad de esclarecer en la prensa esta pequeña mezquindad política de mis antiguos compañeros, incluso Vicente Lombardo.

12 de febrero. Tremenda incógnita. ¿Me quedaré solo? ¿Me aceptará el partido comunista?

[TRES CARTAS A ROSAURA]

México, D. F., 16 de noviembre de 1955

Hermana querida: Como nuestras fantásticas hermanas —ni nadie, tampoco— sabe dar razón alguna respecto a ti, ni siquiera dónde te encuentras precisamente, sólo hasta hace unos días pude averiguar a dónde es posible escribirte. Espero que la carta te llegue sin novedad. Cuca, por fin, cuando estuve en su casa no hace mucho, me proporcionó la dirección pero sin la seguridad de que todavía estés alojada en ese hotel. Bueno; espero que de algún modo te llegue la presente.

Te escribo a las cinco de la mañana, después de haber estado trabajando desde las 9 am del día anterior, así que atribuye a esto el que mi carta está bastante desbarajustada. ¿Qué ha pasado contigo? ¿Por qué no escribes?

Tengo algunas cosas que informarte. Primero: la sociedad de compositores me pidió un ensayo biográfico sobre Silvestre, con motivo de la próxima inauguración de su edificio social. Lo estoy escribiendo y casi lo termino. Pero mejor que una cosa exclusivamente mía, les propuse a los compositores reunir en un volumen las cartas de Silvestre escritas con motivo de su viaje a España. Ya las pasé en limpio y las reuní en un volumen. De esta manera, mi "ensayo", que no será sino una semblanza muy personal y fraternal de Silvestre, serviría como prólogo. (De esta manera, también, Ángela [viuda de Silvestre] puede obtener —y ya he hablado de esto con los compositores— alguna cantidad por concepto de derechos de autor, lo cual no creo que le caiga mal. No he hablado con Ángela sino hasta que entregue yo el libro, para que ella nada más se limite a presentarse y hablar con ellos de condiciones económicas.) Creo que estarás de acuerdo.

Para el año entrante, creo firmemente que se nos compondrán las cosas. He repasado y reescrito en parte *La Santa* [se trata de un guión cinematográfico sobre la Santa de Cabora, que nunca se realizó], porque se presentan posibilidades de que por fin la hagamos. Por lo pronto espero dirigir una película los primeros meses del año, para que de este modo a tu regreso ya tengamos una base mejor. [A pesar de sus reiterados intentos, el autor nunca llegó a dirigir una película.]

Es preciso que me mandes toda clase de recortes de prensa, etcétera, de ser posible traducidos, sobre tu trabajo allá. *No dejes de hacerlo*. Debes comprender que para una actriz no es cosa de modestia, falta de modestia o lo que sea, sino que se precisa forzosamente una cierta publicidad, legítima, honorable, pero que es necesaria en absoluto. Aquí en México —y sobre todo nuestro espantable medio cinematográfico—, requiere que se le estén recordando las gentes. Yo podría meter información en los periódicos, para que se den cuenta de lo que haces y lleguen a comprender lo imbéciles que son al no aprovecharte en tu propio país.

Bien. Quiero escribirte una larga carta inmensa. Pero en estos momentos ya estoy en las nubes. Me molesta que no me hayas escrito —más bien, me duele—, ¿qué razón hay para que así sean las cosas?

Estuve en casa de Cuca, con Margarita y Andrea. Muy divertidos. Andrea ha regresado impetuosa y magnífica. Es una gran muchacha. Te escribiré muy pronto. Grandes abrazos y el cariño

14

invariable e inconmovible de tu hermano, que te quiere siempre. / José

México, D. F., 30 de diciembre de 1955

Hermana querida: He tenido el remordimiento de no haberte contestado inmediatamente tu carta del 5, pero cuando sepas las razones te alegrarás. El productor con quien trabajo ha querido que participe presenciando toda la filmación de la película que produce (*La Manda*), a título de entrenamiento para que yo pueda dirigir el año entrante.

Quiero plantearte todo el problema y las perspectivas muy objetivamente para que no nos hagamos ilusiones vanas y cimentemos todo en realidades firmes. Tu situación aquí sigue siendo difícil desde el punto de vista político y comercial. Ambos aspectos están íntimamente ligados, pues tú sabes hasta qué grado la industria mexicana del cine depende de los yanquis. El boicot que se había iniciado en contra de mí, logré vencerlo porque al fin de cuentas yo soy un trabajador técnico cuya participación en las películas está atrás de la cámara. Bien; pero el caso tuyo no es de ningún modo insuperable. Por el contrario. El productor con quien trabajo (licenciado Lagos, una persona excepcional por muchísimos conceptos) ha sido el que más se ha empeñado en que yo dirija el año entrante. Cuando le propuse *La Santa*, contigo, se asustó, pero únicamente porque *La Santa* nos reuniría a ti, a Manuel Álvarez Bravo y a mí. ¡Fíjate, nuestro ideal desde hace tantos años! Bien. Pero eso no será posible sino en alguna otra película. La *Santa, contigo indiscutiblemente* como condición *sine qua non*, se realizará pero bajo la dirección casi probablemente de Gavaldón. A mí me parece muy bien, con tal de que se realice. Gavaldón está interesadísimo. Y como yo les he dicho que la historia no puede hacerse sin ti, los escrúpulos políticos los han hecho a un lado y aceptan. De cualquier modo tú no tomes ninguna medida hasta que *yo no te dé noticias firmes*. Insisto en *que yo y ninguna otra persona*. No vayas a creerte de proposiciones de gente irresponsable de aquí, que te las pueden hacer para capitalizarlas a su modo y luego dejarte colgando.

Mis planes para el futuro próximo (quiere decir el año próximo) son los de dirigir una película, con la cual colocarme como director y luego poder yo poner condiciones por mi cuenta para que trabajemos tú y yo juntos, que es uno de mis anhelos más grandes y entrañables. Si tengo que sacrificar mi dirección de la *Santa* eso no tiene importancia, con tal de que tú la hagas. De

15

ahí en adelante los dos estaremos montados en muy buen caballo. Esto probablemente se llevará unos meses, digamos tal vez hasta marzo. Ten paciencia y no desesperes. Además no estás sola. Yo te prometo poner toda mi alma en la elaboración de la *Santa,* en cada una de cuyas letras ten por seguro que pondré mi corazón. (Me refiero al script, que ése lo tendré que hacer forzosamente.) Por lo pronto mi tarea es estudiar, estudiar, estudiar. Leo, observo, medito y sobre todo, como le digo a Manuel, *hago mi teoría.* De los demás puedes aprender cosas del oficio, pero siempre, ante todo, uno debe hacerse su teoría. Sin eso no es posible ir adelante ni realizar ningún trabajo creador.

Raquel vino a verme y dejó un recado en el sentido de que tú le habías mandado un telegrama. Sin embargo, no me dejó dicho qué decía el telegrama, lo cual me pareció absurdo, citándome, en cambio, para su casa, con el objeto de informarme del mismo. Yo estoy metido en el estudio todo el día; no puedo moverme y hasta ni siquiera hablar por teléfono desde ahí. Así que me siento maniatado para cualquier cosa. No he podido, en consecuencia, ir a ver a Raquel y tampoco he vuelto a tener noticias suyas. ¿De qué se trata? Y además... ¿por qué no enviarme a mí el telegrama en lugar de valerse de intermediarios absurdos que de todo quieren hacer un motivo de presunción y un medio de figurar? Por favor, siempre dirígete a mí, porque ése es el único medio de coordinar nuestros planes.

Bien. Te quería mandar un ramo de flores para Navidad, aprovechando a una amiga florista que pertenece a una sociedad internacional que reparte flores. Pero dicha agencia no funciona en ninguno de los países ocupados o teóricamente ocupados. Pero con la intención basta, ¿no crees?

No he visto a la familia, la cual, por otra parte, tampoco me ha visto a mí.

El libro de Silvestre se publicará hasta el año entrante. Confieso que un poco por mi culpa, pero es que sobre Silvestre no puedo escribir como si se tratara de un artículo sobre cualquier cosa, de esos que hace uno en un cuarto de hora.

Te deseo lo mejor de lo mejor, ya lo sabes. Un feliz año, y los abrazos de tu hermano, que te ama, / José.

Mariate te saluda y desea felicidades.

[México], 20 de marzo de 1956

Hermana querida: He venido posponiendo día con día el escri-

16

birte, pero ya ves que siempre anda uno apuradísimo de tiempo, o luego se encuentra demasiado cansado. Por otra parte, he estado esperando alguna noticia tuya respecto a si has recibido un último envío que te hice de un paquete en el cual iba un ejemplar de *Israel* [pieza de teatro del autor]. Bien. Ya me dirás en tu próxima.

Nos hemos reunido con cierta frecuencia toda la familia últimamente y naturalmente hemos hecho "tiernas ausencias" de ti.

Acaba de salir por fin un librito mío que ya me apresuro a mandarte. Se trata de *En algún valle de lágrimas*. ¿Cómo marchan por allá las cosas?

Aquí todo va despacio. Mi anhelo ferviente es dirigir de cualquier modo que sea. Hay que hacerse cargo de la realidad en que vive uno y del medio que lo rodea. Estoy dispuesto a dirigir cualquier película, claro dentro de un mínimo de decoro profesional y moral, porque lo importante es hacer la primera, para después poderse uno lanzar por su propio camino. Es endiabladamente miserable todo esto, pero de otro modo siempre seguirá uno siendo un proyecto humano que habla tan sólo en condicional: "lo que haría", "lo que escribiría", etcétera. Reuní por fin las cartas de Silvestre en un volumen que se publicará pronto. En cierto sentido son desgarradoras. Muestran a las claras lo tremendo que es el ambiente en México para un *artista verdadero,* y cómo su actividad y su obra creadora a veces se quedan en el cincuenta por ciento únicamente por la falta de estímulo, de comprensión, de cariño, de apoyo y por la maldita miseria. Hay que apretar los puños y luchar, aunque tengan que golpearse las paredes. Lo malo es que a veces uno ayuda a que el medio sea más difícil con sus idiotas defectos personales; pero también contra ellos hay que luchar. En primerísimo término contra ellos. Yo casi me he abstenido de tomar siquiera una copa; pero no quiero que lo sepa nadie, porque es mejor que sigan en la creencia de que uno ya no hará nada en la vida, de lo contrario los enardeces y se te echan encima como perros.

Asistí al mitin donde se le dio a Cárdenas el premio de la Paz. No te imaginas cómo me ven los "intelectuales". Algo menos que a un perro y como preguntándose "y éste, ¿qué diablos hace aquí?" Cuando me citaron en el presídium, hacían unas caras de una comicidad estúpida, como comadres iracundas. Uno de ellos, con ese tonillo que tienen, me preguntó, con aire displicente: "y qué, *Pepe* (el odioso Pepe), ¿preparas alguna obra de 'gran aliento'?" Le contesté: "claro está, ahora estudio la trompeta". Se rio con risa de conejo.

Estoy notando con alarma que mi máquina se descompone, lo cual sería trágico en absoluto. ¿Qué más puedo contarte? He estado revisando mis papeles y me he dado cuenta que tengo un material muy considerable de conferencias que no están del todo mal sobre problemas teóricos del arte. ¡Es absurdo que no las haya publicado! Pero es el caso que ya ni artículos míos quiere publicar nadie. Mi libro lo publicaron por verdadera casualidad, gracias a que Juan José Arreola se impuso y a que influyó Archibaldo Burns (este último creo que hasta contribuyó con dinero, quiero averiguarlo, porque al mismo tiempo que se lo agradecería increíblemente me daría una pena inmensa). Así están las cosas. La gente cree que porque me abandonaron y se zurraron en mí hasta mis propios compañeros, conmigo ya se puede hacer lo que se quiere. Tú sabes que eso no me importa mientras me dejen vivir. Les voy a dar en la mera maceta de todos modos. Escribí un nuevo documento para el partido. Un documento muy extenso y que me parece muy bien [se trata de la "Declaración política de reingreso al PCM", véase *El fracaso histórico del partido comunista en México*, tomo I]. Aún no resuelven nada, pero te aseguro que es magnífico y si es juzgado con rectitud hará cambiar mucho las cosas y tendrá una influencia muy benéfica para todo el movimiento revolucionario.

Parece que estoy en vena de quejarme, así que mejor hablemos de ti. Considero que no te debes regresar de Europa hasta que no haya aquí algo muy seguro y muy serio, ya sea en teatro o en cine. O aun en televisión. Yo ando en lo de formar una compañía de teatro y si eso prospera te escribo en seguida respecto a los planes. Ya no te quiero hablar de proyectos porque resulta que a cada carta son diferentes. Sólo cuando ya no sean proyectos sino realidades, vale la pena hablar de ellos. No dejes de mandar información respecto a tus actividades para darles publicidad aquí del modo que sea. Sería muy bueno si algún periodista de allá mandara a algún periódico de aquí la información; eso impresionaría, porque ya conoces nuestro espíritu malinchista.

Bueno. Debo escribir otras cosas. Escríbeme lo más pronto que puedas, aunque ya me dijo Fredi que ni siquiera ves la luz del día. Cuando te des un tiempecito, mándame unas líneas o una tarjeta para saber noticias tuyas.

Te saluda Mariate. Recibe abrazos y besos, junto con el gran cariño de tu hermano, / José.

1956

Después de un año de haber hecho mi solicitud de reingreso adjunta a una declaración política, el comité central del PCM decide aceptarme nuevamente en sus filas. Para celebrar el hecho y al mismo tiempo los setenta años de Diego Rivera, el comité central organiza un modesto banquete en la casa de Dionisio Encina. Están presentes todos los miembros del comité central, que acaba de realizar un pleno. Viejos rostros conocidos y muchos que no conozco, los de la última hornada dirigente. Hablan Dionisio y Terrazas; contestamos Diego y yo. Nada muy importante; aquello terminó después entre recuerdos de anécdotas de nuestro pasado revolucionario y chistes. Diego insiste en que me conoció cuando yo "jugaba canicas en el local del partido". Es una invención. Cierto, conocí a Diego cuando yo era muy niño. En el anfiteatro de la preparatoria mientras él pintaba ahí, pero yo aún no era miembro de ninguna organización comunista. Yo —al parecer— llevaba algún recado de Fermín mi hermano, o iba en compañía del propio Fermín. Recuerdo que Diego bajó del andamio y me acarició brusca y cariñosamente la cabeza.

1957

Realizo un viaje a Europa, a principios de abril, con fines de "negocios". Esto es: Adolfo Lagos, dueño de la compañía productora de películas en la cual trabajo, pretende establecer un intercambio cinematográfico con la URSS a efecto de que podamos financiar en México la producción de un determinado número de cintas con la ayuda que nos proporcione la venta de nuestro material en Moscú. Lagos me compra el pasaje de ida y vuelta a Berlín, me entrega unos cien dólares para gastos y aun me presta su abrigo, para, finalmente, embarcarme en el aeropuerto.

Estuve en Europa poco más de dos meses, repartidos entre Berlín, Moscú y Budapest, aparte un viaje relámpago a Trieste y el norte de Italia.

Las primeras tres libretas con mis anotaciones, se perdieron en Berlín y sólo conservé las dos últimas. Por demás está decir que mis gestiones comerciales en Moscú fracasaron del modo más rotundo. Perdí asimismo la libreta en que anotaba mis impresiones de Budapest, donde estuve una semana.

Las notas que siguen las transcribo de las que tomé en las dos libretas que se salvaron de mi imperdonable descuido.

31 de mayo o primero de junio (1957). Feliz porque en la pequeña papelería de Friederichstrasse encuentro un nuevo surtido de las libretas en que vengo escribiendo estas notas. Son unas libretas de bolsillo que puede uno muy bien llevar encima y sacarlas en el momento en que juzgue que hay una impresión, algún detalle que anotar. Compro de una vez tres, que ya no espero llenar aquí, pero que me servirán en México para mis apuntes de toda índole. No puedo estar más contento. (Definitivamente compruebo que es primero de junio. Quiero decir que ya van dos meses que estoy fuera de México. Pero aún no me ha entrado, como otras veces en el extranjero, esa nostalgia enfermiza que es casi intolerable y que me desespera hasta el extremo más absurdo.)

Mismo primero de junio. A las tres de la tarde tengo una cita en el Berlín occidental (al otro lo llamamos el "nuestro") con un amigo de Alfredo Crevenna a quien éste me presentó por carta. Estamos citados en la terraza del hotel Amm Zoo, sobre la insolente y sin embargo seductora Kurfürstendam, la avenida más representativa del Berlín norteamericano. Crevenna —hoy director de cine en México— trabajó antes, aquí en Berlín, con Bodo Fischer, el amigo suyo con quien he de encontrarme hoy, en los estudios cinematográficos de la UFA. Bodo Fischer saldrá mañana hasta la increíble isla de Pascua, en el Pacífico, frente a las costas de Chile pero inmensamente mar adentro, con el fin de filmar una película. Tomo el ferrocarril urbano en Friederichstrasse para descender en la estación del Zoo, del lado occidental de Berlín. El tránsito de una a otra parte de Berlín es normal y no se exige documentación alguna en ningún punto.

Bodo me identifica de inmediato, sin duda merced al contraste que ofrezco respecto a las demás gentes. Me esperaba ante una mesa del café-terraza en compañía de su ayudante. Bodo es el hombre típico de las buenas familias prusianas que hacían cursar a sus hijos estudios en las mejores universidades más apegadas a la tradición. En el pómulo izquierdo muestra la cicatriz inevitable, necesaria y honrosa, de algún duelo a sable en algún momento de su vida universitaria. Buen y simpático muchacho, por lo demás. Tenemos de común la simpatía y solidaridad que une, en cualquier parte del mundo, a los cinematografistas de no importa qué país. De tal suerte, nos abstenemos de hablar de polítíca (Bodo ha estudiado español ante la eventualidad de su visita a diversos países sudamericanos). Un paseo tranquilo y alegre por Grünewald (bosque verde), lleno de las más hermosas mujeres y con un inmenso lago, cuyos canales, hacia el norte, lo hacen viable hasta el Báltico.

Miro con ironía los nombres que llevan las calles del Berlín occidental. Hohenzollern, Koprinz. (¡Cuánto anhelan los dirigentes de la Alemania capitalista la vuelta a los buenos tiempos del kaiser y de la preparación de la primera guerra mundial! ¡Si por ellos fuera...!)

Algunos nombres en la cartelera de los teatros de Berlín oriental. En la Deutsche Staatsoper (Ópera del Estado): *Don Giovanni,* de Mozart y *El príncipe Igor,* de Borodin. En el Deutscher Theater: *El rey Lear,* de Shakespeare; en el Kammerspiele: una obra de Gorki y *Pigmalión,* de Shaw; en el Maxim Gorki Theater: *La casa de Sartorius, David y Goliat,* de George Kaiser y *Clavigo,* de Goethe. Por supuesto son los programas de la semana, no del día. Se explica uno la afluencia de enorme número de espectadores proveniente del Berlín occidental que viene a ver el teatro al Berlín de la República Democrática Alemana. En el vestíbulo se ve entonces a las hermosas damas del Berlín occidental con sus lujosos trajes de noche, joyas y grandes escotes, así como a los caballeros con smoking o jaquet. Los espectadores del Berlín obrero los miran con curiosidad, sin sentirse humillados, pese a que ellos visten trajes modestos, de casimir barato y ellas vestiditos de calle, pobres. Las carteleras del Berlín de la República Federal no anuncian sino vodeviles y otros tipos de espectáculos "fuertes".

Visito en su casa a Bodo Ushe, el escritor alemán y a su esposa norteamericana, Alma. Ambos han estado en México; hablan el español correctamente y tienen los mejores recuerdos y las más profundas nostalgias de nuestro país. Su casa está decorada "a la mexicana": sarapes, sombreros, ídolos y también cenamos algo muy remotamente parecido a comida mexicana que Alma cocinó en mi honor. Discutimos mi "Carta de Budapest"* de la que yo había dado copia a Bodo Ushe en el local de la Unión de Escritores.

Bodo que, al leer por encima la Carta cuando se la entregué

---

* "Carta de Budapest a los escritores comunistas", en que se llamaba a éstos a luchar contra las manifestaciones del neostalinismo. (Nota JR.) [Véase *Cuestionamientos e intenciones,* tomo 18 de las Obras Completas.]

antes en la Unión de Escritores, amenazaba entonces (o así me lo pareció) reaccionar con cierta ferocidad, a lo último no hizo ninguna objeción importante y precisó su acuerdo de principio. Pero, ¿qué hacer? Yo debo publicar primero esa Carta en México, opina. Resultaría desconcertante para los demás partidos comunistas, que esa Carta se publicara en Berlín antes que en México. ¿El Partido Comunista Alemán apoya los conceptos de Revueltas?, se preguntarían, lo que iba a ser causa de una enorme confusión. Entiendo de este modo que para publicar mi Carta (a menos que haga entrega de ella a la prensa informativa de cualquier país occidental o del mío propio) no debo "salvar los trámites" partidarios: presentarla al comité central del PCM, publicarla en el órgano del mismo y someter su aparición en las columnas de *La Voz de México* a quién sabe qué inesperadas reservas y advertencias que se harían notar por la redacción del periódico o la dirección del partido. No deja de ser fastidioso.

Alma Ushe defiende los conceptos de la Carta de un modo total, entusiasta, con calurosos encomios y a mi modo de ver quizá un poco demasiado apasionadamente, lo cual le agradezco pero que no deja de indicar cierta propensión a dejarse llevar por la simpatía.

En fin; bebimos un poco. Bodo me contó cosas interesantes: está en contra del stalinismo, naturalmente; pero se advierte cansado, como que piensa que su única tarea ya no debe ser otra que la de escribir (¿una variante revolucionaria de la "torre de marfil" de los estetas del siglo XIX?). Claro. Por cuanto a mí, la tarea más importante es escribir: pero tenemos que escribir precisamente de lo que se nos prohíbe. Hay que luchar primero por que nos dejen escribir y al mismo tiempo, a despecho de todo, escribir todo aquello que en justicia y con la mayor rectitud y valentía deba escribirse *en contra* (en contra de las monstruosidades del capitalismo como de los errores, torpezas y a veces también monstruosidades que se consuman entre nosotros mismos, entre los comunistas y bajo el sistema socialista).

Más tarde llega Ludwig Renn, delgado, cargado de hombros y con la mirada llena de ternura de sus vivos ojos azules. Es vecino de Bodo en la misma colonia, en un suburbio de Berlín, de cuyo nombre no me acuerdo.

Bodo dice, como Ludwig Renn, que nuestra época es espantosa, aunque también sea la época de la construcción del socialismo. Cierto. Pero, ¿la más espantosa de todas las épocas? Lo dudo mucho. Basta recordar que todos los escritores y artistas que vivieron periodos históricos como los nuestros, de transiciones radicales y de crisis del espíritu, creyeron que su tiempo era el peor de todos los tiempos vividos antes por el hombre. ¿Por qué nuestra época ha de ser la más espantosa de todas? Lo que ocurre es que los escritores tenemos la facultad de percibir mejor el espanto, la desolación, la inhumanidad de nuestro tiempo. Cabría estudiar —y me inclino por creer que así sea— el problema de si el artista debe ser el inconforme necesario de cualquier sociedad, cosa que parece volverse cada vez más inevitable en la época contemporánea.

*

Aquella prodigiosa mujer, en la cervecería del Zoo, que dejó colgando en el aire un brazo de mármol, mientras se pintaba, y de pronto salió bajo su axila una espiga de oro. Ella se fue y el brazo quedó, ahí, para escarmiento de las generaciones futuras.

*

¡Ya voy a regresar a México!

*

3 de junio de 1957. Hacia México. Me despiden en el restorán del hotel Neva, en Invalidenstrasse, donde he vivido los últimos días, las Franz (madre e hija) y los Bodo Ushe. La madre de Andrea Franz es actriz, lo mismo que su marido. Franz padre ha hecho el papel de Ernest Thaelmann en el cine y en verdad se le parece extraordinariamente. En el aeropuerto de Tempelhof, por exceso de equipaje, tengo que dejar dos maletas y en una de ellas todos los cuadernos de mis notas diarias de viaje. Me las enviarán por express aéreo pero esto no deja de ser una estúpida contrariedad.

El rojo sol muerto de la noche nos acompaña por el lado derecho del avión. Son las nueve de la noche y todo el cielo está envuelto en una extraña luz zodiacal. Volamos ya sobre Holanda. El sol tarda mucho en ocultarse, pese a que hemos virado ligeramente hacia el sur. Mi compañero de viaje —un salvadoreño— y yo gozamos el espectáculo con una especie de pequeño terror: nos sale a la superficie el atavismo tropical, el desconocimiento de estas fantasmagorías del norte del mundo. Dentro de unos segundos volaremos sobre Amsterdam.

*

Amsterdam. Son las 9:30 pm. Tendré que esperar una hora y media para conectar con el avión que nos llevará a Gander, península de Labrador. En el restorán del aeropuerto tomo posesión de una mesa y lo primero que hago es colocar sobre ella una banderita mexicana. Las hay de todos los países en el mostrador del restorán y yo acerté, entre todas, a dar con la mía al primer intento.

Desde el aire, Amsterdam es sorprendente. Me gustaría conocer la ciudad, meterme dentro de ella como quien se sumerge en un estanque. Se adivina tal vez demasiado ordenada, pero esto no resulta, de cualquier modo, un defecto excesivo.

*

El avión Hamburgo-Amsterdam se llama *Jan van Eyck*. Me da gusto que, de vez en cuando, hasta los armadores de aviones y las compañías aéreas tengan que recordar que existe la cultura y hombres que la han hecho para los demás.

*

Los Franz son muy "bonitos" (en el sentido espiritual, amistoso, "por dentro"). Los Ushe, por su parte, resultaron muy bien. Me parece que yo tenía un viejo resquemor desde México hacia Bodo Ushe, porque él no estuvo ideológicamente al lado nuestro cuando libramos la lucha interna en el partido contra la dirección nacional [en 1940-43]. La emigración comunista alemana en México, durante la guerra, por otra parte, y en su conjunto, apoyó decididamente a nuestros adversarios. Simpatizaban con nuestra posición, según creo recordar, sólo Anna Seghers y el gran y bello hombre que es Ludwig Renn. Bien, en todo caso mi prejuicio hacia Bodo Ushe no tenía ningún carácter personal. He leído su novela *Patriotas* y me ha gustado mucho. Desde luego habrá que editarla en México de algún modo.

Durante el trayecto Berlín-Amsterdam, a bordo del avión pago un whisky con un billete de diez dólares, pues no tengo de otra denominación. Me devuelven moneda holandesa e inglesa y esto me permite comprar en el aeropuerto un hermoso monito de peluche que le llevaré a Román. El mono es realmente divertido y mueve los ojos con increíble malicia.

*

Me causó una gran sorpresa que Helga (secretaria de la Unión de Escritores a quienes se había designado como mi acompañante en Berlín) se conmoviera de un modo particular y notorio —sin inhibiciones— al despedirse de mí en el aeropuerto de Tempelhof.

Una enorme sorpresa. Pero ¿quién iba a imaginarse nada?

*

Román no me perdonaría el no llevarle nada a mi regreso del viaje, así se trate nada más del pequeño mono de peluche, de encantadora mirada.

Después del trabajo intenso (todo lo que estuve escribiendo en Berlín, Moscú, Budapest y Trieste, casi sin salir a la calle y sin inquietud por visitar lugares) comienza a entrarme una pereza que trato inútilmente de dominar. Espero que en México me desembarace de ella. Bueno; en dos meses (en Europa y ya en México) escribí: "Algunos aspectos de la vida del PCM" —ensayo largo—; "Carta de Budapest" —mi llamado a los escritores, que no tuvo a la postre la menor resonancia, mucho menos en México que en cualquier otro lugar—; "Testimonio de Hungría" (un libro de cien o más páginas sobre los acontecimientos de 1956 y al mismo tiempo contra el stalinismo) y otras pequeñas cosas más. Sí, un cuento que llamé "Un relato de Moscú" y que prometieron en Praga publicármelo.[2]

*

A propósito de "Un relato de Moscú". Entregué el original en Praga al compañero encargado de servirnos de traductor a un brasileño, de paso para su país, y a mí. El cuento habla de un viajero que abandonará la URSS al día siguiente, y la víspera contempla por última vez la plaza Roja (ahora no creo que el cuento haya resultado muy aceptable como literatura). Al día siguiente nuestro traductor me encara seria y solemnemente.

—Muy bueno tu cuento, compañero —me dice—. Se publicará. Pero ¿por qué, cuando el personaje se despide de la plaza Roja, tan llena de evocaciones para él, y clava su mirada conmovida en el mausoleo de Lenin, por qué, camarada, tú no dices que ahí también reposan los restos del compañero Stalin...?

Me causa alguna perplejidad nuestro *perivochitk* (traductor o intérprete, en ruso).

—Bien, compañero —replico—, si lee usted con detenimiento el texto advertirá que mi personaje se despide de la URSS apenas poco después de haber terminado sus trabajos en Moscú el VII Congreso de la Internacional Comunista. Y entonces, querido amigo, el camarada Stalin aún no había muerto. ¿O querría usted que yo lo enterrara prematuramente?

El buen muchacho se amoscó, para replicarme en seguida con

gran viveza y ademanes vehementes:

—¡Oh, no, camarada, no! Aquí en Checoslovaquia nadie ha querido que el camarada Stalin hubiese muerto ya desde 1935.

Yo no tenía otro camino que el de sonreír.

*

Aeropuerto de Amsterdam

No sé por qué elegí para esperar la parte del restorán donde, al parecer, se atiende a pura gente de "segunda clase" (de segunda clase humana, según pensarán quienes disponen esta segregación). Gente sin dinero, emigrantes, con una expresión terriblemente cansada y miradas sin brillo, ojos de perro muerto, entrecerrados. Una pareja. Él va y viene, se levanta, se sienta. Ha de querer un cigarrillo. ¿Se lo ofreceré? ¿Pero si se ofende? Ella, vencida, duerme con la cabeza apoyada sobre el antebrazo, al cual hace descansar sobre la mesa. Luego hay una mujer fea, con dos niñas, una de brazos. Parece húngara. No habla alemán. Niños muy pobres, sencillos y desamparados. Yo hago algo estúpido e inevitable. Como no he querido comer, rompo entonces los boletos que entrega la KLM para que los viajeros sean atendidos en el restorán con cargo a la compañía. La mujer me mira con un asombro rencoroso. ¿Por qué rompo los boletos, aunque no quiera comer? ¿Por qué no abandonarlos sobre la mesa, como al descuido, para que cualquier otra gente los aproveche? Esto parece pensar de mí la mujer. Su hija me mira y acaricia el monito que llevo a Román y que está recostado sobre la mesa. Me gustaría regalárselo, pero me invade una timidez absurda que me impide hacer el menor gesto amable y desinteresado.

Llegan tres monjas, almidonadas, impolutas, con sus negras cofias forradas por dentro, los rostros de piel tersa, colorada, saludable. Hablan inglés que suena claramente a norteamericano. Un inglés tranquilo, seguro, vencedor, vencedor y católico.

*

Leo en el camino a Walter Pater. Sedante y armónico. No sé por qué me recuerda un poco a ciertos momentos de Thomas Mann.

*

Cuando compro el changuito y la empleada lo introduce en una bolsa de celofán, me invade una sensación placentaria, extrañísima, una especie de recuerdo darwiniano, como si fuese mi propio testigo.

*

Anoto mientras leo un ensayo sobre la estructura del universo.

"La expansión del universo, de una parte, como una limitación del espacio, y de otra, como el movimiento sin límites, como el movimiento que está creando constantemente, sin cesar, un 'más allá' al que cada vez desplaza 'más lejos', hacia un absoluto sin fin."

*

Sustituyo las notas de mis libretas extraviadas con las cartas que dirigí a María Teresa, mi esposa, desde diferentes lugares en el curso de mi viaje a Europa en la primavera de 1957.

CARTAS A MARÍA TERESA

Berlín, abril 2, 1957

Meine Liebe (quiere decir mi amada): Llegué ayer entre una y dos de la tarde y ahora te escribo desde una habitación más o menos cómoda en una muy conservadora pensión para hombres serios, muy semejante a las que describe Franz Werfel en *La muerte del pequeñoburgués*.

En Tempelhof —la estación del Puerto Aéreo— no me esperaba nadie, y era natural porque tuve que cambiar de línea aérea en Amsterdam y otra vez en Hamburgo, de tal modo que Rosaura no podía saber en cuál de cuatro o cinco líneas posibles de las que hacen el servicio viajaría yo. Pero lo extraordinario es que nos encontramos en una de las calles más importantes de Berlín cuando yo la sorprendí desde el taxi que me conducía al hotel (el Amm Zoo). Todavía no podemos explicarnos ni ella ni yo cómo fue posible el milagro de encontrarnos, al azar, en una ciudad tan inmensamente grande. Salté del taxi gritando a media calle: "¡Rosaura, Rosaura!", para darle alcance. La sorpresa de ella fue increíble. Son de esas cosas que sólo ocurren una única vez en la vida. ¿Cómo fue posible que yo volviera la vista precisamente hacia el punto de una gran y céntrica avenida —por la cual no tenía Rosaura por qué ir— y pudiese encontrarla en medio de centenares de transeúntes?

En términos generales Berlín es una ciudad fea, o no muy bella. Todavía no puedo formarme un juicio, aunque la he recorrido de parte a parte y en gran medida a pie, que es el mejor sistema de conocer una ciudad en que no se ha estado nunca.

Ya me he puesto en contacto con las gentes y espero el des-

27

arrollo de los acontecimientos para tomar las medidas del caso. Es posible que esta carta ya no te encuentre en la ciudad de México sino hasta tu regreso de Acapulco. Pero de todas maneras te seguiré mandando noticias mías. ¿Cómo está Román? No te envío dirección alguna porque estoy provisionalmente en esta pensión a reserva de instalarme al lado oriental de Berlín.

Abrazos y besos a todos. Recuerdos a tu mamá. Los ama, / José.

Berlín, abril 7, 1957

Vida mía: Desde el sábado (hoy es lunes) me encuentro absolutamente solo en Berlín, pues Rosaura salió para Venecia con mi encargo de llevar mi obra ["Nos esperan en Abril"] a las gentes de allá pues a mí me fue negada la visa italiana. No sé si ya te lo dije en carta anterior. Me resulta enormemente interesante. Como el cuarto del hotel donde viví hasta el domingo era el de Rosaura y se vencía el alojamiento (hay escasez de viviendas, como debes suponerte), tuve que buscar algún sitio a como diera lugar. El caso es que ayer debieron ir por mí los compañeros del partido, para ellos encargarse de mi traslado e instalación. Pero probablemente por no haberme entendido bien por teléfono, en una absurda mezcla de francés y español (el camarada hablaba menos francés que yo), el caso es que no se presentaron a recogerme y tuve que resolver el problema sin ayuda de nadie. No creas, resultó algo endemoniado (y muy cómico) el hacerme entender. Ahora ocupo un cuarto en una casa particular, cuarto que me renta una amabilísima señora (Fraü Schaff) a la que hoy por la mañana he debido decirle (más o menos a señas) que me dejara terminar mi trabajo y ya no insistiera en decirme algo que no sé respecto a mi firma en la hoja de alojamiento que debe llenarse. Bien; Fraü Schaff es una vieja que aún no llega a anciana, como te digo, muy amable. Pero se empeña en conversarme y que conversemos en alemán. Naturalmente, como no entiendo, ella hace toda clase de movimientos, mímica y acciones, para darse a entender, hasta ponerme nervioso. Hoy la he llamado porque sentí frío en el cuarto y quería ver el modo como pudieran calentármelo. Fraü Schaff, muy quitada de la pena, fue al ropero y señaló el abrigo. ¿Así que no hay calefacción?, di a entender lleno de alarma. La mujer negó con la sonrisa en los labios: nein, nein. Los ojos le brillaban de contento, "Nein, nein". Su sobrino (un joven rubicundo, de mejillas coloradas y que usa un chalequito encima de un suéter) añadió: "morgen,

morgen". Es decir que hasta mañana habrá calefacción. Ante mi cara de susto hizo una indicación con los dedos, como diciendo que me esperara y salió rápidamente de la recámara. Me consolé diciéndome para mí: es que el muchacho habrá ido por combustible para calentar la chimenea del cuarto. No. Regresa el monstruo con una cotona de borrego y casi a fuerzas me la pone, me la abrocha y aun me acomoda el cuello de la camisa que salía por encima de la cotona dichosa. Después de esto, ambos —mujer y muchacho— me examinan en perspectiva, sonrientes y satisfechos: "¡gut, gut!", exclaman al mismo tiempo. Pero resulta algo que ellos no saben: la cotona es demasiado cotona para mis movimientos y para mi trabajo; ¡Dios mío!, si no se puede escribir con cotona. ¿Por qué no lo comprenderán? ¿Por qué un escritor tiene que ser el eterno incomprendido? ¿Y por qué demonios no ponen la calefacción? Ellos no saben que para un animal del trópico esto es verdaderamente una catástrofe. Nada más estoy pensando qué será de mí esta noche, en que me voy a poner a trabajar, si de pronto se suelta el frío. Bueno. No creo que sea para tanto. De peores fríos puedo acordarme.

Estuve esta mañana en el comité central del partido. Vino un coche a recogerme. Me preguntaron si necesito dinero, si estoy bien alojado y contento, etcétera. Por supuesto les dije que sí (a lo último, lo cual es aproximadamente cierto). En lo que hace al dinero estoy resuelto a no pedirle al partido un solo centavo mientras tenga yo marcos en mi poder. De cualquier modo no será necesario, porque por mi ensayo (ha resultado un verdadero ensayo de cerca de cincuenta cuartillas) me pagarán creo que una cantidad considerable. Resulta que en relación con los objetos que compras, el marco viene siendo algo parecido al peso (compras más barato, sin embargo). Hoy me compré un excelente portafolio de cuero por la módica suma de 26 marcos, lo que en México me hubiera costado 80 o 90 pesos. También me compré guantes. Los primeros guantes que tengo en mi vida. Bien. En el partido se me dijo que la visa soviética vendrá y que debo esperar confiado. Sobre esta base ya no me importa esperar algunos días más, porque en el ínter estoy realizando un trabajo que considero realmente importante y de trascendencia política, cosa que me hace sentirme verdaderamente feliz.

Mi vida transcurre como la de un verdadero santo medieval. Camino un rato por las calles, a la ventura, lo cual siempre ha constituido para mí un placer extraordinario tratándose de una ciudad desconocida. En cuanto me dé un tiempecito empezaré a escribir mis impresiones. Como diariamente en el más próximo

INWISS que encuentro. El INWISS es una organización de comedores automáticos, donde se come de pie ante unas mesas y uno mismo hace funcionar los aparatos por los cuales salen las comidas frías, mientras en un mostrador se le sirven a uno las cosas calientes: sopas, caldos, guisados y las famosísimas *bockwurts,* o sean las salchichas. En otro ángulo del INWISS está un aparato del cual salen diferentes grifos. Introduce uno la ficha que previamente ha comprado en la caja, coloca uno el vaso bajo el grifo, mueve una palanca y el vaso se llena de cerveza deliciosa. Estos últimos días he comido en el INWISS de Alexanderplatz. Lo más interesante y apasionante de todo es que te mezclas a la gente, la ves en su salsa, sencilla, tal como es y tú mismo eres uno de ellos. Esta sensación, la de pertenecer a ellos, la de ser un igual a ellos, es la que me llena de orgullo y satisfacción. Lo malo del caso es que, en vista de que no domino aún la técnica de obtener en el automático los otros platillos, he tenido que resignarme a comer únicamente salchichas, ensalada de papas y cerveza, lo cual ya es un milagro, porque verdaderamente no sé una palabra de alemán que me sea útil. También viajo en camión, tanto para ver la ciudad como para aprender a usarlos. He tropezado con mis dificultades, dado lo distraído que soy, pero en general las cosas han resultado bien. No sé cómo hacer para que me escribas, porque en realidad quisiera tener noticias tuyas y del Román. ¿Cómo han estado? Ya empiezo a extrañarlos, pero me defiendo contra la nostalgia porque ahora hay mucho quehacer. (Escríbeme al partido, ¡eso es!: José Revueltas, a/c Zentral Komitee, Wilhelm Pieck Strasse n. 1, República Democrática Alemana.) De cualquier manera ahí me harán llegar las cartas. Pero hazlo rápidamente.

Besos y abrazos sin fin, de tu amor / José

Saludos a tu mamá.

Berlín, abril 12 o 13, 1957

Vida mía: Probablemente ésta es la última carta que te escribo desde Berlín porque quizá mañana deba abandonarlo para salir de viaje. He trabajado muy bien y no te imaginas hasta qué grado me siento feliz, en mi verdadero medio, con la conciencia de que el esfuerzo no es estéril y que mi trabajo es respetado. Terminé el ensayo sobre las cuestiones mexicanas, que me dio un total de cuarentaitantas cuartillas. Ayer por la tarde fue a visitarme el camarada P, quien se ha hecho cargo de mi situación aquí. Mi demanda más importante era el baño. En el cuarto que ocupaba con la inefable Fraü Schaff faltaba esa pequeña comodidad. Así que cuando le pregunté, muy delicadamente a P en qué lugar podría bañarme, él inmediatamente me ofreció su propia casa. Decidimos entonces ir a su casa, comprar algunas cosas de comer y que, en lugar de "mostrarme Berlín" como eran sus intenciones, yo me bañaría y platicaríamos un rato. Así fue. Pero no te imaginas las atenciones. Él mismo calentó el baño y me preparó la tina (pues tampoco la regadera es muy frecuente aquí en Europa). Llenó la tina de sales aromáticas y me proporcionó un frasco misterioso para lavarme el cabello. Salí aromado, fresco, rozagante y renovado como una Friné. Ahora por la mañana que he ido al comité central ya tenía P resueltos todos mis problemas: cambio de alojamiento, contacto con los escritores, un arreglo con la revista *Wochenpost* para escribir una serie de impresiones sobre Berlín, amén de un programa de espectáculos. ¿Cuáles elegía yo? Juntos nos pusimos a estudiar los avisos teatrales. Elegí ballet, una ópera de Mozart y para el domingo *La pasión según San Mateo* por la Sinfónica (no sé si la del propio Berlín o algún otro sitio). P aún me dijo que, si mi estancia aquí se prolongaba un tanto, se organizaría un viaje mío a Dresden para ver la galería nacional. Recibí la noticia entusiasmado. ¿Tú sabes todo lo que tienen las galerías de Dresden? Son de lo más famoso en Europa: Lucas Cranach, Rembrandt, Miguel Ángel, los Bruegel, etcétera. Pues bien. Nada de ello será posible ya porque casi con seguridad saldré mañana. Rosaura regresó hoy y me trajo buenas noticias de mis amigos de Italia. Por cierto que quise ir a encontrarla a Tempelhof, el aeropuerto en el Berlín occidental. En el nuevo lugar donde vivo, tomé el ferrocarril eléctrico; pero justamente en el límite de los dos Berlín, antes de la estación a la que yo iba, se transformó en rápido y de ahí en adelante ya no hizo ninguna parada. Fui a salir allá extramuros de Berlín, con una cólera contra mí mismo, por penitente, que no podía con ella. Después fue un verdadero circo para poder establecer contacto con Rosaura. Tuve que hablar por teléfono con una amiga suya que no habla sino alemán. Entonces ella vino con su hija al café donde yo esperaba y de ahí comenzamos a localizar a otro amigo de ella, que habla francés, porque no acertábamos a comprendernos en absoluto. Por fin la amiga localizó la casa donde vive Rosaura. Estuvimos por cruzarnos en el camino, ella hacia el café y nosotros rumbo a su casa, lo que nos hubiera impedido encontrarnos, pues la casa estaba sola y entonces yo habría atribuido el hecho a que Rosaura tal vez no hubiese regresado. Era cuestión de horas; si no nos veíamos hoy ya no nos veríamos antes de mi viaje y yo sin saber qué noticias podría traerme ella. Ya ves. Se hace uno los líos más absurdos. Pero en fin, todo marcha.

Abandonaré mi nuevo alojamiento con un verdadero pesar. Me habían conseguido un cuarto —desde el que te escribo ahora— en una casa de departamentos que está situada en Treptower Park. Esto es, algo así como las Lomas de Chapultepec, en pleno bosque, casi en las afueras, o en las afueras mismas de Berlín. El bosque es maravilloso, a orillas del Spree, el río de Berlín. Sencillamente prodigioso, lleno de abedules y tilos. Un verdadero sueño. No se trata de esos bosques más o menos urbanizados y disciplinados, con sus veredas bien trazadas y sus bancas. No; es algo lleno de poesía, que no sé por qué me hizo pensar tanto en Turgueniev, en los bosques que pinta Tolstoi, o en ese bosque a que se refiere Proust cuando habla de sus días en Balbec (no, en Combray).

Los días se me han ido sin sentirlos. Creía que hoy era día 9 y creo resulta que ya estamos a trece, o mañana es trece. La cosa es que escribiendo pierdo en absoluto la noción del tiempo. Incluso por la noche, mientras trabajo, de pronto me olvido que estoy en Berlín y creo estar en la casa. Me sorprendo mucho cuando levanto la cabeza del papel y veo que estoy en otro cuarto, y, de pronto, en otro país. Esto me da una sensación fascinante y a la vez perturbadora, de irrealidad; de que estoy soñando y nada de todo esto es cierto. Me he familiarizado mucho con Berlín, pues la mayor parte de las cosas las hago solo. Recorro las calles, voy a los lugares a donde tengo que ir, sin que nadie me guíe. Esto me hace sentir uno más entre todos los otros transeúntes y me permite mirar las cosas mejor, sentirlas más vivamente. Sigo comiendo en los automáticos con mis reglamentarios dos vasos de cerveza deliciosa. Ya domino perfectamente esos lugares. La señora de la caja ya me conoce y sabe las fichas que necesito: dos de dos ranuras para los sandwiches, dos de una ranura para los vasos de cerveza y por cuanto a lo demás (la consabida salchicha), ésa la pido personalmente, llevando mi plato en la mano y haciendo la cola junto a las demás gentes. Todo resulta fácil si uno se fija con atención en lo que hacen los demás y los imita más o menos fielmente.

Pensaba escribir aquí mismo mis impresiones sobre Berlín, las cuales aprovecharía para darlas a la *Wochenpost* (la revista); pero ya no me alcanzó el tiempo. Las escribiré de todos modos en cualquier lugar.

Lo único que me aflige de todo es no tener noticias de ustedes. Pero puedes escribirme al partido y aquí me guardarán las cartas.

Ya escribí a Lagos tranquilizándolo. Espero que en poco tiempo le podré enviar noticias más concretas, pero por lo pronto debe esperar con paciencia. ¿Cómo está el Román? Hoy escuché "Que seas feliz" y lo recordé vivísimamente. Pero sigo defendiéndome contra la nostalgia. Saludos a tu mamá. Muchos, muchísimos besos. Te he recordado con toda mi alma. Te quiere apasionadamente, / José.

Berlín, abril 23

Vida mía: Con esta carta eres tú la que estrena la máquina de escribir que hace apenas unas horas acabo de comprar en Kurfürstendam —la insolente y rica calle más importante de Berlín occidental. Una bella máquina alemana (200 marcos = 80 dólares) que me era absolutamente indispensable tanto más cuanto tengo que escribir algunos artículos, el pago de los cuales me compensará del doloroso (por aquello de los dólares) gasto hecho. Hemos navegado e ido de aquí para allá sin descansar un solo momento, Rosaura y yo; pero las cosas marchan. Escribo ligeramente despacio en esta hermosa máquina por el hecho de que tiene una disposición ligeramente diferente de los tipos de mi máquina habitual.

Bien. Mañana (otra cosa de la máquina: carece de eñe y he tenido que inventar esa letra con el acento grave y el agudo de que dispone); mañana saldré —si otra cosa no sucede— para Venecia, donde debo estar unos cuantos días para regresar luego a Berlín y luego ver las perspectivas que se ofrecen.

El viaje hasta ésta no ofreció mayores dificultades. En Gander —el último punto que tocamos del Labrador antes de lanzarnos hacia Europa— el campo aéreo estaba cubierto de hielo. Aquello fue un poco impresionante para los salvajes tropicales que íbamos en el avión. Lo terrible es que he tenido, desde entonces, que librar una lucha constante y alternada contra el frío y el calor. En los interiores el calor es sofocante, pesado, pero en cuanto sales debes ponerte el abrigo y la bufanda, porque el aire es frío, inclemente.

Durante el largo vuelo, un anónimo compañero de asiento se vio en la necesidad de cambiarse de sitio a causa de mis pesadillas. Era un gringo grande y bruto a quien aterrorizaron mis gemidos y gritos nocturnos.

Casi domino ya, en unos cuantos días, la parte de Berlín donde he tenido que moverme. Por lo pronto hago ya solo el viaje a Berlín oriental, evitándole a Rosaura la molestia de que venga por mí. Vivo en Uhlandstrasse 161, calle cercana a Kurfürstendam, avenida por la que camino hasta otra calle, la Joachimstrasse, hasta llegar a la estación del ferrocarril urbano, el cual me lleva a Friederichstrasse, estación que ya corresponde al sector de la República Democrática Alemana que dominan los soviéticos. Estoy maravillado de poder realizar yo solo tamaña hazaña.

El Berlín donde vivo actualmente es abrumador por cuanto ofrece la violenta e insultante jactancia de una burguesía que renace a la vida y vuelve por sus antiguos fueros. Es el Berlín de los antiguos industriales, de los banqueros (todos elegantes y voraces, como los dibujó genialmente Grosz), de las mujeres bellísimas y distinguidas que entran y salen de los grandes almacenes, o beben lenta, inteligente y seductoramente en las terrazas de los bares y cafés de lujo. En cierto sentido un Berlín muy interesante si luego lo comparas con el batallador, austero, tranquilo y culto del sector oriental. En el sector oriental la vida es considerablemente más barata; pero muy barata, aun si no la comparas con la del Berlín occidental. Un desayuno en el sector oriental cuesta actualmente 3.85 marcos (es decir, un poco menos de ese mismo precio en moneda mexicana) y eso en un restorán equivalente al Sanborn's o al Reforma de México. Tengo pensados, naturalmente, una serie de artículos.

Hemos recorrido lugares que ya me eran extrañamente familiares sin conocerlos en persona, sino a través de las novelas y del cine. Unter den Linden, Alexanderplatz, la puerta de Brandenburgo, Tiergarten, Friederichstrasse, y algunas partes nuevas: Leninallen y Stalinallen, con sus enormes, modernos edificios y, también, con sus solares llenos de escombros. Debió padecer enormemente Berlín; de un modo terrible: no hay ni una sola casa en ninguna parte de los dos sectores (excepción de los edificios reconstruidos totalmente) que no muestre la fachada llena de las huellas de la metralla. Algo así como la fachada de la YMCA de México, pero un poquito más. (Tengo enormes deseos de decírtelo todo, pero al mismo tiempo te confieso algo de un egoísmo sin nombre: si te escribo todas mi impresiones ya no podré rescribirlas para el periódico, porque ya las consideraré como dichas o como que estoy saquéandote de algo que nada más debo decirte a ti.)

¡Unter den Linden! El bello paseo de los tilos en el cual se inspiró Maximiliano para construir el Paseo de la Reforma. Bien, ni siquiera por las fotografías anteriores a la guerra se le compara a nuestro hermoso paseo (¡ay, que nunca nos cambiemos de las proximidades de la Reforma!). Unter den Linden es amplio, hermoso, impresionante. Sus edificios, ahora como hoscos, callados, hostiles, se elevan con sus moles siniestras a ambos lados. ¡Y los tilos! Todos han tenido que ser plantados de nuevo y su aspecto es bien triste, con aquellas ramas como patas de mosca, negras, sin una hoja, aunque ya empiezan a reverdecer aquí los prados con la entrada de eso que se llama por estos lugares la primavera. La gente sale a los parques y se pasa las horas enteras mirando una pequeña ramita de medio metro, en medio de un desolado jardín, como si contemplaran un milagro. Y para ellos esto, sin duda, debe ser extraordinario, con los largos meses que pasan sin ver la luz del sol ni el menor síntoma de vida en la naturaleza. Sufren y soportan; y desde luego luchan más y mejor que nosotros, contempladores diarios del sol y de la vida.

Anoche, pese al cansancio, fuimos a ver al Deutschland Theater la representación de *La casa de Bernarda Alba*. Me interesaba mucho cómo habrían resuelto la puesta en escena aquí en Berlín (director: Johan Fisher). Pues resultó magnífica, con una actuación —pese a ciertos defectos incidentales— de primera línea y una escenografía llena de propiedad. La sala (considerada aquí en Berlín —oriental— como para teatro de cámara: calculo que más de 800 butacas) estaba completamente llena y el público muy entendido, muy severo, y nada inclinado a esas efusiones nuestras, falsas y amiguistas.

Escribe, de cualquier modo que sea —es decir, cualquiera que sea el punto donde yo me encuentre— a:

José Revueltas
a/c Rosaura Revueltas.
Berliner Ensamble.
Berlín N.W. 7 República Democrática Alemana.

Las cartas me serán entregadas tarde o temprano porque debo regresar a Berlín de cualquier país donde llegue a encontrarme. ¿Cómo está tu mamá? El monstruo de Román. Dile que su tigrito está esperando conocerlo para ver cómo se porta y si es bueno con su mamá chula. Te envío esta carta a cargo de Luis Arenal a Acapulco, porque Luis terminará por encontrarte así sea en el rincón más apartado. (Por eso se le llama el Terco Arenal.) Salúdalo con el mayor cariño de mi parte, lo mismo que a la gran Macrina.

Besos y el amor de, / José.

Berlín, mayo 2, 1957

Vida mía: Puedes tranquilizarte puesto que he recibido todas tus cartas. Obviamente no las había recogido por el hecho de no encontrarme en Berlín, pero el lunes pasado (regresé el sábado 27 de Moscú) inmediatamente los compañeros del comité central me hicieron llegar mi correspondencia. También recogí las que estaban dirigidas al Berliner Ensamble.

Bien. El sábado próximo debo salir para Budapest. De ahí, después de reportear, saldré para Trieste, vía Yugoslavia. En la embajada mexicana de Praga pondré en regla mi pasaporte para poder ir a Italia. Viajar dentro de los países de democracia popular no ofrece para mí ningún problema, pues ellos me dan la visa de inmediato. Pero ya salir para los países capitalistas es otra cosa. Me queda muy poco dinero, pues se ha gastado en algunas cosas y en el viaje de Rosaura a Venecia y Trieste. Por mi parte, el partido de Trieste ha prometido pagarme el viaje (el de regreso a Berlín) y mi estancia en la ciudad que gobernó "nuestro" pobre Maximiliano. Después de que haga esta gira y a petición de los camaradas de aquí, debo estarme unos días en Berlín y recorrer rápidamente el interior de la República Democrática Alemana para hacer otros reportajes. Por trabajo no ha faltado aquí de ningún modo. Desde el primer día que puse pie en Alemania no he descansado sino hasta ayer, en que francamente los camaradas no me dejaron (unos amigos de Rosaura, miembros del partido y trabajadores del teatro). Recorrimos las calles y bailamos en las plazas con la gente.

No te imaginas qué a gusto me siento bajo el socialismo. Estoy feliz. Es mi propia casa, son mis camaradas. Y aquí te encuentras con comunistas magníficos, que trabajan a conciencia, estudian, no descansan jamás. Encontré Moscú muy cambiado. Extraordinariamente. Es una ciudad nueva, aunque no ha perdido su viejo estilo macizo, pesado. Por las calles una multitud increíble. Como les decía yo, sólo le faltan las banderas para ser una perpetua manifestación.

Ya te informaba de las excelentes discusiones que tuve con los escritores soviéticos. De todo eso hablaré en mis artículos, pues he reunido un material bastante copioso. Llevo ya tres cuadernos llenos de notas.

Lo más emocionante de la manifestación de ayer fue la participación de los obreros del Berlín occidental. Vinieron de los barrios capitalistas de Tempelhof, Charlottenburg, etcétera. Tú sabes que no existe aquí una "frontera" propiamente. Y todo lo que dice la estúpida prensa reaccionaria no es sino una mentira absurda. Se puede ir libremente de un Berlín al otro sin que nadie te diga nada ni te pida pasaporte alguno. El otro día, tratando de buscar un taxi que no lograba obtener por sitio alguno, me encontré de pronto en el sector francés de Berlín. Me di cuenta cuando ya volvía yo de regreso y de pronto veo un letrero en ruso: "Aquí comienza el sector francés del Gross Berlín" (el gran Berlín, se llama oficialmente).[3]

Los extraño muchísimo a ti y al Román. Me detengo largamente a mirar cómo juegan los niños, que aquí son encantadores, con sus abriguitos. El tigre se lo lleva Rosaura a Román. Rosaura salió hoy para México, pues sus asuntos no se han arreglado aquí como ella quería. En realidad hay que comprender que los cómicos son los mismos de siempre bajo el capitalismo que bajo el socialismo y parece que los del Berliner Ensamble le han hecho política, como es lógico entre los del gremio.

Por mi parte no he tenido mucho ánimo de hablar con los escritores de aquí. Hubiera querido ver a Anna Seghers, pero se ha dificultado porque... ¡bien!, porque no he insistido. Los demás que yo conozco: Bodo Ushe entre otros, no se portaron muy bien con nosotros allá en México y esto me resta entusiasmo para procurarlos. A Ludwig Renn sí me gustaría saludarlo, y si aún tengo tiempo pediré que me pongan en contacto con él. Ahora vivo en el hotel Neva, en Invalidenstrasse. Es un hotel de lujo, pero con un baño común. La gente aquí es poco propensa a bañarse aquí en Europa, cuando menos a bañarse todos los días. En Berlín occidental, por ejemplo, cobran el baño por separado, como algo independiente del alojamiento; además no te dan jabón en los hoteles, sino que tú debes comprarlo. ¡Cosas de la vieja Europa!

Me ha dado mucha risa eso de que hayas pensado que "mi alemana" de Schumannstrasse (donde me alojé antes de salir a Moscú) trataba de enamorarme o algo parecido. ¡Pero si es una anciana! Bien, muy parecida a Fania, y tan parlanchina como ella, sólo que con la ventaja de hacerlo puramente en alemán, lo que me relevaba de la tarea de comprenderla.

Por más esfuerzos que hago el alemán no me entra de ningún modo y mi memoria se niega a retener las palabras. Sólo domino la palabra *Bockwurts* (salchicha) y la uso indistintamente para todos los casos. Para saludar: ¡Bockwurts! (e inclino ceremoniosamente la cabeza). Para indicar que algo no tiene importancia:

37

¡Bockwurts! (y me encojo de hombros). Para ofrecer cigarrillos: ¿Bockwurts? (y tiendo la cajetilla a mi interlocutor). Lo curioso es que me comprenden. Los Franz (los amigos de quienes te hablaba, con quienes pasé la velada de ayer) se morían de risa. Luego les conté que en la demostración del primero de mayo yo contestaba a los "vivas" con mi infaltable ¡salchicha, salchicha! (la expresión radiante, levantando el puño en alto). A mí me dieron un pase para la tribuna principal; pero como me retrasé a causa de haber tomado un autobús equivocado, tuve que resignarme con ir a la tribuna de enfrente, menos *haute tribune* (alta tribuna) que para la que estaba destinado. Lo importante para mí era estar con el pueblo, mirar sus reacciones, sorprender su entusiasmo. Me tranquilizó mucho el proletariado alemán. Sabe lo que ha conquistado y sabrá también defenderlo con todas sus fuerzas. La consigna principal del primero de mayo fue la lucha "contra el militarismo alemán"; esto, tratándose de que sea en Alemania misma, me parece muy importante.

Después de la demostración descubrí una cola de gente que esperaba poder comprar cerveza en un puesto. Ni tardo ni perezoso me puse a hacer la cola. Cuando llegué al puesto, a causa de no hablar nada de alemán, me limité a poner un billete sobre el mostrador. El vendedor de cerveza tomó el billete y a cambio del mismo, después de devolverme unos cuantos pfening, me puso enfrente dos inmensos tarros de hermosa cerveza. Me dio pena y entonces fingí que buscaba a algún acompañante que habría desaparecido entre la multitud. Me llamó una pareja de ancianos para que me sentara junto a ellos en un escalón junto al río. Compartí con ellos la cerveza sobrante. "¿De qué país?", me preguntaron al ver que era yo extranjero. "México", replico. "¡Ah! —exclaman los ancianos con la expresión sorprendida y cierto aire maravillado— ¡Afrika, Afrika! —me palmean en un hombro— ¡gut, gut!". Así que resultamos africanos aquí en Alemania. (Bueno, me imagino que no para todos los alemanes. Algunos supondrán a México en la Antártica) Dale muchos besos al Román y saluda a tu papá Gaby, a tu mamá y a tus primas. (A propósito, cómo se llama tu pariente, el "Zacatín". Quizá llegue a necesitarlo. Pero ¿en dónde está, en Bonn o en Hamburgo?) Besos, abrazos y el corazón entero de / José.

Continúa escribiéndome al Z.K. Es lo más seguro. Vale.

Berlín, mayo 3, 1957

Vida mía: Acabo de recibir tu carta del día 27, que me ha traído al hotel un compañero del Zentral Komitee. Como en la mañana estuve en el ZK es de suponerse que inmediatamente que llegó la carta me la han traído. Te quejas de no haber recibido mis cartas. Es lógico, porque no las he escrito. O sea, que durante los quince días que estuve en Moscú no te escribí una sola carta, porque no debía escribir desde allá, en vista de que mi viaje no se hacía público. Ahora ya no tiene importancia que se sepa y aun escribiré una serie de artículos sobre lo que vi en Moscú. Me ha causado cierta angustia lo que dices de que suben la renta de la casa. No quiero pensar en los problemas económicos de allá, pues resulta inútil. Sin embargo creo que llegaré con un poco de dinero, pues aquí no he gastado gran cosa. Mis planes son los siguientes, aunque creo que ayer te los comunicaba en mi carta:

1] Me estaré en Berlín hasta el lunes. De aquí al lunes estaré con los escritores (siempre me pusieron en contacto con ellos) y trabajaré mis reportajes para escribirlos el propio domingo y dejarlos ya listos.

2] Saldré en seguida para Budapest. Los gastos de viaje hasta Budapest (deteniéndome un día en Praga), los hace el ZK de aquí. El objeto de detenerme en Praga es arreglar en la embajada mexicana mi pasaporte para poder obtener visas de otros países europeos, pues debo viajar en seguida a Trieste.

3] En Trieste permaneceré dos días cuando más (excepción si se está celebrando a la sazón el congreso del PCT, en cuyo caso presenciaré los debates) y luego regresaré a Berlín.

4] De Berlín volveré a México. Así que más o menos habrá que esperarme entre el 15 y el 18, a menos de que se ofrezca alguna otra cosa por aquí. (Me gustaría ir a Varsovia, pero ya no es absolutamente indispensable.)

De Budapest a Trieste mi pasaje lo paga el Partido Comunista Húngaro, y de Trieste a Berlín el partido del propio Trieste. Como ves sólo tengo que gastar en cigarros, cosas de comida, propinas, etcétera. Me compré una bata, pues aquí resulta del todo indispensable, ya que el baño no está nunca en tu propio cuarto.

Haré algunas compras para llevarles. Dime qué podría comprarte a ti y a tu mamá, que no sean artículos propiamente femeninos y puedan pasar por la aduana mexicana. Para Román ya compré unos gemelos que se colocan como anteojos y que le van a fascinar, así como una lupa pequeña, para que no use la mía. También compré otra lupa para mí, grandota. Un atlas del mundo, muy bueno y útil, aunque no lo podrás usar tú a menos que te aprendas el alfabeto ruso, pues está en caracteres "cirílicos" (así se llaman, porque los introdujo un tal Cirilo entre los eslavos). Aproveché el tiempo libre para mandar tarjetas a México: a los Roeder, a don Alfonso y a mucha gente más. Se me acabaron las tarjetas y no cumplí la lista de envíos. Será mañana cuando compre más. Con Rosaura le mandé a Lagos una carta.

Me inquieta mucho tu salud. Cuídate, vida mía; ya sabes cuánto te quiero. No me gusta que no salgas. Ve al cine y donde puedas; es absurdo. Ahora pondré esta carta y luego regresaré al hotel para hacer un cuento que se me ocurrió desde Moscú y que quiero dejar listo para entregarlo aquí en Berlín. Besos. A Román también, / José.

No he bebido una sola copa. No quería decírtelo, pues carece de importancia. Pero acá la vida es nueva, sensata. No se deprime uno jamás. ¡Amo el socialismo con toda mi alma!

Berlín, mayo 6, 1957

Vida mía: Hoy me he ocupado toda la mañana y parte de la tarde de la engorrosa tarea de conseguir las visas para mi viaje. Saldré a Praga mañana o pasado; estaré en Praga 24 horas y seguiré camino a Budapest. Dirás que me estoy divirtiendo. Bien; a mí mismo me da remordimiento de conciencia no volverme a México, sino, por el contrario, planear más viajes. Particularmente me atormenta esto cuando pienso que tú estarás en apuros económicos (y ya debes estarlo). Respecto a eso, te mandaré de Trieste alguna cantidad, aunque sea pequeña. Puedes estar segura de que no me hace falta. Y ahora te diré: no me estoy "divirtiendo"; eso menos que cualquier cosa. Trabajo bien, en serio, sistemáticamente. Del tiempo que he pasado aquí en Europa puede decirse que el setenta y cinco por ciento lo he destinado a escribir dentro del cuarto de los hoteles, apenas durmiendo lo necesario. Por otra parte "no quiero" divertirme; exactamente no me llama la atención divertirme. Lo que he venido a hacer a los países de democracia popular y a la Unión Soviética no es juego. Se trata de algo decisivo en mi vida —no en el aspecto egoísta de la palabra— y que, además, será importante para México y para el movimiento de los artistas y escritores de cualquier parte, sin que esto sea pecar de inmodestia. Así que procuro acallar mis remordimientos a fin de no flaquear ante los obstáculos y no tirar la toalla a media pelea. Por ejemplo, ya me estaba inclinando a no ir a Hungría y a concentrar únicamente mis esfuerzos en poder entrevistarme con Carlos [Contreras, seudónimo de Vittorio Vidali] en Trieste y dejar todo lo demás. Pero recapacité que unas, dos o tres semanas de no volver a México, a cambio de lo que haré, bien valen la pena de que las resistamos tú y yo. Naturalmente tú lo comprendes a la perfección, sin necesidad de que te lo diga, eso me tranquiliza, y además te lo agradezco y me hace sentir un gran amor, una gran ternura por ti, a quien no te imaginas cuánto amo.

Te escribo esta carta en un estado de gran entusiasmo. La causa es que he leído un artículo en *Literatura Soviética,* escrito por un filósofo checo, sobre los problemas del realismo socialista. (Vilmer Brauner: carta a los editores de *Cultura Soviética.*) Es un trabajo magnífico por su honradez, su valentía y la entereza con que aborda los problemas. (Buscaré a su autor en Praga; es preciso hablar con él a toda costa.) Brauner critica las odiosas y groseras deformaciones del realismo socialista, toda esa quincallería verbal y seudoliteraria sobre el "héroe positivo" y la "tipificación" de la realidad. Según Brauner (y yo estoy completamente de acuerdo con él) no se ha hecho suficiente hincapié en los males terribles que acarreó sobre la literatura el llamado "culto a la personalidad", ni tampoco se ha examinado la situación de la literatura soviética a la luz del XX Congreso con la suficiente autocrítica y profundidad. ¡Todo es magnífico en la carta de Brauner! Mi primera reacción de alegría ha sido a causa de que advierto la justeza de mi propia línea, me doy cuenta que no era una línea individual mía, ni una reacción de mi temperamento demasiado insumiso e independiente, sino que conmigo hay otras gentes que piensan igual. ¡No estoy solo! ¡No estoy solo! Esta sensación de soledad, de aislamiento, de impotencia es el ambiente de México el que se la inyecta a uno en las mismas venas. Cuánto odio, cuánto desprecio la cobardía, la vileza, la miseria moral de los intelectuales mexicanos (y de los artistas que se dicen marxistas) vistas a la distancia, vistas desde estos lugares, donde no predica uno en el desierto. (Aunque también aquí hay que luchar. Es demasiado "nuevo" lo que uno plantea como para que los pusilánimes no dejen de asustarse, y pusilánimes existen dondequiera.) Inclusive Brauner defiende a los escritores a quienes se acusa de "huir de la realidad". Sí. Porque bajo esta acusación miserable, los mediocres que se amparan en el "realismo" se vengan de su propia impotencia, de su mediocridad irremediable, lanzando salivazos a los escritores verdaderos, que se sienten tan cruelmente atormentados por el mundo burgués y tan llenos de angustia por los destinos del hombre. Dice así Brauner (te copio sólo este párrafo a título de ejemplo, para que veas la entereza que demuestra el artículo):

41

"La idealización de las épocas pasadas no siempre ha sido equivocada desde un punto de vista artístico..." Y más adelante: "El artista 'que huye' de la realidad, a menudo está bastante más cerca de la realidad que algún 'realista'."

No es necesario que te cite más párrafos puesto que tú puedes conseguir la revista en México (en español); es el número 4 (correspondiente a abril) de *Literatura Soviética*. Puedes adquirirla en el Instituto mexicano-ruso (calle Edison) o Rosa Castro te puede decir dónde la consigas. Además, ya escribiré yo algo sobre esta carta de Brauner. [Véase *Cuestionamientos e intenciones*.]

Bueno. Ahora te haré la crónica de las cosas que he hecho este día y los anteriores, hasta donde me alcance el tiempo de escribir a máquina, pues tengo un vecino que pasadas las diez de la noche, comienza a golpear la pared para que yo haga callar a mi pobrecita máquina de escribir. (¡Somos tan incomprendidos los escritores dondequiera! ¡Qué le vamos a hacer!) (Advierto que el estilo de mi carta casi es abominable. Procuraré corregirme en lo que sigue.)

Por la mañana vino a visitarme un camarada del comité central y a devolverme mis artículos "Algunos aspectos de la vida del PCM" y "A propósito de un artículo de Búrov". Pedí su devolución, primero porque no tengo copia de "Algunos aspectos", y segundo para entregar el "A propósito" a la revista que lo publicará aquí en Berlín.

El camarada P del comité central me dio su opinión sobre mi trabajo. Está por completo de acuerdo conmigo. Los camaradas me felicitan. "Tiene usted un trabajo inmenso por delante en México —me dijo—, un trabajo de enorme responsabilidad histórica. Su tarea es *convencer*, y, para usar una expresión alemana, 'no romper la porcelana', ser prudente y paciente, cuidando ante todo y sobre todo la unidad del partido." Naturalmente me muestro de acuerdo. El camarada P habla en seguida de que mi viaje ha sido "grandemente fructífero". Sí, le digo; así lo creo. En seguida no me puedo contener y critico acerbamente a nuestros "viajeros mexicanos" que vienen a Europa, van a China, y regresan con toda clase de *souvenirs* menos con un *souvenir* político. Claro que lo hago en tono más bien humorístico y P no hace sino encogerse de hombros sin decir nada.

P se despide de mí y aprovecho para decirle que gasté todo el dinero que llevaba encima en comprar esto y aquello. Él lo comprende de un modo distinto a como yo quería dárselo a entender: es decir, que necesitaba yo dinero. En lugar de eso cree que yo le explico en qué gasté el dinero para no dar la impresión de que lo hice en bagatelas inútiles. Quedo desolado porque todo mi capital es un marco.

Un marco. Con este marco tomaré el autobús en dirección del banco a fin de cambiar quince dólares. Así lo hago. Pero al llegar a la oficina del banco éste ya está cerrado y no abrirá sino hasta las tres de la tarde. ¿Qué hacer? ¿Dónde meterme con 80 centavos, es decir, pfenings? Camino entonces, un tanto melancólicamente, a lo largo de Friederichstrasse hacia la estación. Ahí hay un INWISS (algo así como nuestras taquerías donde se comen salchichas y se bebe cerveza) y, si me alcanzan los 80 fierros me tomaré un vaso de cerveza. En efecto: aún me sobran treinta pfenings después de beber mi vasito de *bier*. ¿Cómo emplear la media hora de que dispongo antes de que abran el banco? Miro hacia el río. Tenía el propósito de remontarlo a pie por sus orillas, sin propósito de llegar a ningún sitio, y entonces lo hago.

Me detuve ante el museo del Estado para examinar en detalle, a mis anchas, el edificio. Me había venido preocupando (y de un modo muy serio) el hecho de que yo no alcanzaba a descubrir qué era lo que podía dar el tono, la característica, el sentido de lo que es Berlín. (Estoy expresándolo mal.) Mejor dicho, saber en qué consistía Berlín —o cierto Berlín, un Berlín determinado. Berlín me daba una sensación muy específica, pero yo no acertaba a saber qué era lo que originaba esta sensación, ni tampoco en qué consistía lo específico de ella. ¿Era la gente? No; no era la gente. ¿Eran los ferrocarriles eléctricos, los autobuses, el metro, los espectáculos, la inquietud cultural de las gentes? No; tampoco era todo eso. ¿Era la arquitectura? Sí; cabalmente la arquitectura. ¿Pero por qué? Había algo en la arquitectura de Berlín (arquitectura que, además, me gusta mucho y, te lo diré, me conmueve y en seguida sabrás por qué y cómo), había algo, repito, en que estaba encerrada sin duda su propia definición, su espíritu, y por añadidura, el espíritu de Berlín mismo, o el genio alemán si se quiere (aunque Alemania es tan variada y probablemente tan poco "alemana" en muchos aspectos y lugares). Pero en este punto también me atoraba. ¿Qué era ese algo? Poco a poco se iba abriendo paso en mi mente una idea respecto al problema, pero tenía yo miedo de que fuese muy apresurada —y creo que lo sigue siendo—, la idea de que la arquitectura de Berlín era, al mismo tiempo, la filosofía alemana. Escribí en mi diario la anotación que sigue, correspondiente al día 2 de mayo. (Como ves no me da ninguna vergüenza confesar que llevo un diario. Lo hago por disciplina y porque me será muy útil para escribir después mis impresiones.) He aquí lo que digo:

"Por la tarde he caminado a la deriva tratando de penetrar en el sentido de Berlín; de descubrir qué es aquello que le da su carácter especial. Pienso que en la arquitectura de sus edificios es donde está el genio de la ciudad. Se trata de una arquitectura severa, 'profunda', de evidente carácter filosófico. No sé, pero me parece que hay mucho de Hegel (particularmente de Hegel) en ciertos edificios adyacentes a Unter den Linden. Tienen la belleza acabada, precisa y armónica, de un sistema completo, riguroso. Por ejemplo la biblioteca del Estado. Es posible que no me equivoque, porque Hegel llegó a ser el filósofo oficial de Alemania y del Estado prusiano. Meditaré más a la vista de los propios edificios."

Esta nota está escrita antes de ver la fecha en que la biblioteca fue contruida y resulta que lo fue en pleno florecimiento de la monarquía de Guillermo, el kaiser de la primera guerra. (Sin embargo debo verificar el dato, pues me acaban de entrar dudas.)

Así que me dediqué a vagar por Unter den Linden. Largo tiempo estuve contemplando el edificio de la biblioteca (esto fue antes de examinar el museo del Estado), luego entré al patio, y en seguida caminé por la calle de Clara Zetkin y entré al museo de historia alemana (otro museo diferente). Bien. Creo que tengo razón.

Hay eso que digo en mi nota: una *profundidad,* la belleza de un sistema. (Perdóname un momentito, voy a tomarme una taza de café, pues había olvidado que aquí tengo la jarrita y ya se debe haber enfriado.) (Sí, naturalmente estaba frío.) Continúo.

Las columnas de estos edificios no son esbeltas, son columnas llenas de severidad y grandeza, sin lo frívolo o demasiado sonriente de las columnas dóricas, por ejemplo.

Pues bien. Ahora caminé por la orilla del Spree hasta el museo del Estado. Fueron momentos inolvidables. Hasta me puse a cantar en voz alta, porque no había nadie (las calles aquí son muy solitarias, ciertas calles sobre todo, lo cual permite gozar al espectador de toda su belleza extraña). Es un edificio soberbio, sin duda demasiado chocante para el espíritu latino, aunque para mí no lo sea. Uno de sus costados cae sobre un canal del Spree, de aguas quietas, fijas, junto al cual camina paralela la calle (se llama Am Kupfergraben). De este lado que digo, las ventanas, a las que separan las majestuosas columnas, están rematadas en la parte alta por una cariátide que forma, con las demás, una serie repetida de tres cariátides. La primera es el rostro de una mujer, bello e impasible, de una serenidad que no se puede menos que calificar de "filosófica"; la segunda es la misma mujer, con los labios abiertos, como si gimiera —no, no es un grito, es un gemido— o también como si estuviese cantando algo grave y doloroso, pero sin arrebatos, aunque desgarrador. La tercera cariátide es la de un fauno, riente, maligno, bello y de aire triunfal, con las uvas que coronan retadoramente su báquica cabeza. Una de estas cariátides de fauno tiene la nariz rota. Entonces creo descubrir en ese fauno un rostro familiar y me atormento por recordar qué rostro es el que evoca en mí. Al fin lo descubro. ¡Miguel Ángel! Es exactamente Miguel Ángel. ¿Lo habrá premeditado el escultor? Es posible.

La contemplación del museo me hizo retrasarme y casi me cierran nuevamente el banco (y yo sin un centavo para ir a la embajada húngara que queda lejísimos, al oeste de Berlín). Pero llegué a tiempo. Comí una salchicha en el mismo lugar donde antes no pude comprarla, y en seguida me subí a un taxi para ir a Pushkinstrasse (embajada húngara). Después de la embajada húngara, tomé el tren, bajé en Alexanderplatz y ahí fue donde compré la revista con el artículo de Brauner. De ahí me vine a escribirte y en eso estoy ahorita.

Vida: me inquieta espantosamente tu salud. Cuídate. Dime en tu próxima carta que ya estás bien. (No, dime siempre la verdad.) Ahora estamos en condición de venir a Europa juntos si es posible este mismo año (el frío, con todo, no es tan terrible), si no, en la primavera del próximo. No tendremos que hacer más gasto que el pasaje, porque tendré derechos de autor aquí en Alemania, en Hungría y en la URSS (menos probablemente), además de que me basta con escribir para tener dinero (¿no es maravilloso?). Te lo digo en serio. Perdóname todas mis desaprensiones hacia ti, mis descuidos. Sabes bien que no es por falta de cariño. (¡También he estado tan solo en México!) Diles a mis queridos amigos que ya no bebo, porque en la Unión Soviética y en las democracias populares me dieron una medicina para no beber jamás. Esa medicina ha sido el respetarme y el creer en mí. (Termino porque ya golpeó el vecino, el odioso monstruo.)

¡Bueno! ¡Que se vaya mucho a la ch...! Seguiré escribiendo. Estuve en casa de Bodo Ushe el otro día y a ella llegó para saludarme Ludwig Renn. Conversación animada y cordial, pero, lo que es más curioso, nada literaria, sino política. Todos andamos endiabladamente preocupados, es lo cierto. Ya te hablaré después de esta charla. Comimos (bien, cenamos) y después me vine al hotel para escribir (eran las diez y media de la noche). Escribir y ya se me estaba pasando decirte qué: un cuento que ya había comenzado; más bien un relato sencillo. Se llama justamente "Un relato de Moscú". Ocurre en Moscú. Te lo mando por separado. Ya lo envié a Moscú y aquí se publicará pronto.

Ayer domingo fui al ballet en la Ópera cómica. Dos obras, una polaca (mediana) y el *Petruchka* de Stravinski, magnífico, encantador, de una poesía llena de ternura y de gracia. ¡Ah, si lo hubiéramos visto juntos y más aún, con el Román! ¡Cómo se hubiera fascinado! Todo el tiempo no hice más que pensar en ti y en el monstruo. (Bueno, pronto estaremos juntos.) Vida: ahora todo será distinto. La cuestión es que mi desmoralización era muy grande, y a pesar de todo hay que darse cuenta que he sido muy fuerte, más fuerte de lo que yo mismo me imagino. Otros no han podido resistir. Hasta que he visto mi situación de México en perspectiva, me he podido dar cuenta del grado increíble de mala fe que me rodeaba —que me seguirá rodeando, ahora revestido con quién sabe qué disfraces—, mala fe, intriga y profundos deseos de hacerme reventar o de regalarme a la reacción. (Nunca les daré ese gusto, respetables amigos míos.) Bien. No tengo rencor de ninguna especie, ni menos aún impulsos vengativos. Pero ya no me dejaré tan fácilmente.

Dile al Román que en mi próxima carta le contaré la historia de *Petruchka,* así como le conté la del Antílope de oro.

Bueno, amor mío. Te beso y te abrazo desde acá, con optimismo, con fuerzas nuevas, con entusiasmo. No dejes de leer *Excélsior* porque tengo un proyecto magnífico, sobre el cual me resolverán: entrevistar a los jefes de Estado de las democracias populares, Gottwald, Janos Kadar, etcétera. Voy a pedirle a don Rodrigo [de Llano] telegráficamente la autorización para hacerlo a nombre de *Excélsior* (¿no crees que valga la pena, aunque eso signifique tal vez ir a Polonia, a Belgrado y regresar o detenerme en Praga?) ¡Carambas! La única cosa es que me siento ya un poco cansado (mi único descanso fue el primero de mayo, y eso caminando como un loco). Aunque tú sabes que cuando digo a trabajar no hay quien me gane.

Bien. El último de mis locos proyectos es una carta abierta a todos los escritores del mundo socialista. Un trabajo muy bien meditado, tranquilo, objetivo, sereno. Si me sale bien tendrá una importancia incalculable. (No como las cosas que hace David [Alfaro Siqueiros], tan absolutamente desorejadas. Hablaré mucho con él, cuando regrese yo a México. Lo quiero verdaderamente y lamento que mis discrepancias más profundas sean precisamente con él —será por el hecho de ser también él el único que las ha expresado en forma "teórica".)

Besos otra vez. Ya pronto regresaré. Ya tengo ganas de hacerlo. (Tengo un miedo terrible a que me entre la nostalgia, porque sé que no puedo resistirla.) Pero hay que aguantarse unos cuantos días más.

Salúdame a tu mamá, a tu papá Gabi, a Agustín, a Pepín y Lucila. Rosaura llegará probablemente antes que esta carta. No olvides que te telegrafiaré mi regreso. Recibe el amor de / José.

P.S. No tienes razón en el juicio sobre Tolstoi. Pero ya hablaremos de ello.

Por favor lee *Nido de Hidalgos* (ahí lo tengo); lo he leído aquí y he gozado maravillosamente. Es de Turgéniev. Más besos. Vale.

¡Qué carta más desordenada y mal escrita, vida mía! Pero cuidaré mejor del estilo en la próxima. No sabes cómo me disgusta escribir mal. Me fastidia verdaderamente.

Praga, mayo 8, 1957

Vida mía: Hoy aterricé en Praga a las 8:15 después de haber abandonado Berlín una hora antes. En el puerto aéreo me esperaba una compañera. Como de Berlín olvidaron informar sobre mi nacionalidad, resulta que la compañera y yo nos reconocemos por pura intuición. Ella es una mujer gruesa, afable, de rostro rudo y ojos intensamente azules, que me miran con una fijeza escudriñadora y casi desesperada. No hay manera de que nos entendamos así sea en las cosas más simples, hasta que a mí se me ocurre preguntarle si habla ruso. Y otra vez mi espantoso ruso viene a salvarme. Se entera de que sólo vengo de paso por Praga y que desearía reanudar el viaje a Budapest inmediatamente. Me espera el automóvil del partido afuera y subimos. Pero como la compañera está orgullosa, y con razón sobrada, de su bellísima ciudad, decide enseñarme lo más que se pueda dentro del corto tiempo de que dispongo, aun antes de que me ponga en contacto con los demás compañeros.

Bajamos entonces unos momentos —que se transforman en una hora— en el castillo de Praga, desde el cual se domina la ciudad entera situándose en el mirador. Es emocionante. Las agujas de las iglesias góticas se elevan por dondequiera en la extensa ciudad, dividida por las aguas opulentas, cadenciosas, del inmenso Moldava (el río de Praga). Las casas —cuán diferentes a las de Berlín— se agrupan, se enciman, ordenadas en planos superpuestos, cambiantes y llenos de armonía. Una niebla discreta, suave, *queda,* envuelve todo el panorama, y las columnas de humo de las chimeneas se enredan en el cielo como móviles troncos de abedules que al mismo tiempo fuesen trepadoras. (He aprendido a conocer los abedules, ese árbol que casi no existe, o que no recuerdo haber visto jamás en México.)

El castillo es como un sueño. Como la mágica entrada a un mundo de escenarios —la misma impresión que se tiene la primera vez que uno visita Guanajuato— vivientes, fachadas, callejuelas, torres, muros, donde la historia se respira físicamente, te entra por los pulmones, te satura hasta sentirte enervado. Me hice la promesa que esto tendremos que verlo juntos, forzosamente; no "algún día", sino definitivamente el año próximo, suceda lo que suceda. Está a nuestro alcance hacerlo. Por mi parte creo que si alguna ciudad de Europa merece ser conocida, ésta es Praga. ¿Por qué viajarán tan mal los mexicanos? ¿Es que no sabrán ver? Pienso en gente como Miguel Duhal, por ejemplo. Tiene sensibilidad, sentido de las cosas. Pero vienen a Europa y es como si hubiesen visto un documental cinematográfico sentados en la butaca de una sala sumergida en las tinieblas. No *penetran* en las cosas, como que pasan el tiempo "engentados". Esto se debe, sin duda, a que no tienen trato con las gentes. Esto es fundamental cuando se viaja. Pero, por otra parte, hay algo básico: viajar por razones de trabajo, no de paseo. Viajar porque estés desterrado o por cualquier razón válida —y con contenido—, eso es lo que hace del conocimiento de otros países un conocimiento fecundo, compacto, impregnado de verdaderas ideas y capaz de desatar tus propias fuerzas creadoras.

Dentro del castillo —a menos que me equivoque— están la catedral de San ... (aquí un nombre checo, que después te diré) y la iglesia de San ... (no lo recuerdo de pronto) [catedral San Vitus y basílica San Jorge]. Bien. En el interior de la catedral reconozco en uno de los muros un cuadro con el retrato de la emperatriz María Teresa y esto redime un poco mi ignorancia histórica acerca de este antiguo reino de Bohemia. El estilo gótico de la catedral te arroja de espaldas. ¡Qué belleza casi inmaterial! Yo no conocía el verdadero gótico sino en fotografías (Reims, Colonia), pero ya visto "en persona" te deja mudo. Es como escuchar un poema o una cantata (no es todavía sinfónico, propiamente, ya está cerca de lo orquestal, pero predomina en el ordenamiento de sus piedras el coro, la voz humana que se eleva, que asciende en lugar de extenderse). Nos detenemos largamente a mirar todo lo que hay en nuestro derredor hasta que la compañera recuerda que debe "presentarme" con quienes me esperan. (A estas alturas ya hemos comenzado a hablar en francés. No querrás creerlo, pero las pocas palabras que conozco me han servido de mucho y me hago entender al mismo tiempo que entiendo, en forma aproximada, lo que me dicen.)

Bajamos a la ciudad. Nos detenemos en el puente, con sus inenarrables pórticos de piedra antigua (todo esto es más o menos siglos XIII y XIV), con sus esculturas y, en la margen derecha, una estatua de San Wenceslao (también si no me equivoco, pues esto nadie me lo ha dicho).

Finalmente soy alojado en el hotel Praga. ¡Qué bien se está! Baño en mi cuarto, toallas, jabones, agua caliente, una recámara espaciosa. Sólo lamento la falta de un escritorio para trabajar. Sólo existe una pequeña mesa redonda, sobre la cual tengo que curvarme y cuya superficie no basta para disponer todos mis papeles.

En fin. Debo ir a la embajada mexicana. Advierto cierto intencionado escepticismo entre los camaradas respecto a que yo pueda salir inmediatamente de Praga rumbo a Budapest. Me insinúan, como quien no quiere la cosa, que mañana es la fiesta nacional de liberación. Yo argumento, "defendiéndome", que sólo en caso de no poder arreglar mis asuntos de pasaporte, me quedaré con mucho gusto. Por fin me lo dicen: no; no podrá usted salir sino hasta el jueves. Bien. Parece que lo que quieren es que me quede estos dos días. (Su Praga es demasiado bella como para que se la desdeñe y yo... pues yo soy un flaco espíritu que no resiste frente a las tentaciones.)

El embajador Mena me recibe muy cordialmente. Es un hombre de empaque fino, de muy buenos modales, comedido, buen conversador, todo dentro de ese estilo inconfundible del círculo de Pita, Archibaldo y la gente que en México se imagina más o menos ser *comme il faut*. Me desliza una pequeña finta protocolaria y de buena educación (pues ya me había olvidado yo de que con los diplomáticos que no son de países socialistas, el estilo sigue siendo el mismo convencional y lleno de segundas palabras, que a veces le pasan a uno inadvertidas). Resulta que, como ya me mal acostumbré a hacerlo con los representantes de las democracias populares, ante Mena llegué planteándole inmediatamente mi problema. "Vine para esto, mi querido señor Mena...", exclamo después de que él me ofrece una silla. Mena se acaricia las manos, sonríe inclinando el mentón, anticipadamente satisfecho de que me dará una pequeña clase de urbanidad: "vino primero para saludarme, amigo Revueltas... y después todo lo que usted quiera, pues estoy para servir con gusto a uno de los etcétera etcétera de nuestro país..." Logra hacerme enrojecer hasta los cabellos. Pero la conversación se restablece inmediatamente cordial, alegre (como en fin de cuentas pasa entre mexicanos), con chistes (pero no de color, como sucede con otros diplomáticos nuestros, a quienes la ausencia del país les hace creer que se sienten más mexicanos si lo primero que hacen es lanzar un albur) y, desde luego, desemboca al terreno de la política electoral. Cuando, finalmente, terminamos por ver la forma en que me ayuda Mena, éste, con verdadera amabilidad accede a poner mi pasaporte en condiciones de que yo pueda viajar por otros países de Europa. Pero aún más —y esto se lo agradezco— se ofrece para hacer una cierta mutilación ilegal en el pasaporte, bajo su responsabilidad, para que yo pueda obtener una visa equis sin dificultades. Termino diciéndole que no puedo aceptar que se exponga a cualquier molestia ulterior por mi causa. Te digo esto para que veas que en el fondo éste es un hombre de muy buena disposición y que, simplemente, aquí se ha de aburrir de lo lindo en el bello castillo donde está alojada nuestra legación. Ya cuando me despido, después de que Mena advierte que fumo unos más o menos espantosos cigarros chinos, desaparece unos segundos y regresa con un paquete entero de cigarros Camel. Por más que trato de no aceptar sino dos o tres cajetillas, me hace llevarme el paquete entero. A la salida lo comparto con el camarada chofer.

Ésta ha sido la jornada del día. Como de cualquier forma he de quedarme hasta pasado mañana, aprovecharé el tiempo para visitar la galería nacional, donde me dicen que hay algunos Greco. Esto será maravilloso para mí. He deseado siempre con toda mi alma mirar un Greco vivo y espero lograrlo ahora. (Sinceramente me da mucha pena y coraje no compartir esto contigo. Pero a cambio de eso trabajaré como un loco. Estoy trabajando endiabladamente.)

El camarada T me dijo hoy, después de que hubo venido a verme para enterarse de cómo me había ido en la embajada, que tendría mucho interés en conversar conmigo sobre la situación mexicana. "He estudiado el problema del partido, conozco muy bien el pasado suyo —me dijo— y creo que me servirá de mucho." Le hice entrega de todo el material que he elaborado en el transcurso del viaje (desde mi primer ensayo de Berlín). Prometió leerlo hoy mismo. Resulta que es un material que a todos les ha impresionado favorablemente. En Alemania le ha parecido muy bien al comité central (o a los compañeros que se encargan de estudiar los asuntos de nuestros países). (En el párrafo anterior cuando digo "pasado suyo" parece entenderse que del partido. No, se trata de *mi pasado*. Esto me ha servido para darme cuenta de que aquí en Europa no están chupándose el dedo respecto a nuestros problemas. Los únicos que nos lo chupamos, somos los mexicanos.)

En el trayecto de Berlín al aeropuerto el camarada P volvió a hablarme sobre mis materiales. Me da la razón absolutamente. Incluso en derredor de mis puntos de vista sobre la pintura mexicana a la cual calificó francamente de pintura "democrático-burguesa". Añadió textualmente: "su punto de vista será muy interesante y útil para Alemania, porque entre nosotros los intelectuales y artistas tratan de apoyarse en la pintura mexicana para deformar el realismo socialista". Éste es un triunfo mío en toda la línea. He venido sosteniendo —en medio de la risa y el desprecio de todos, así como de su insultante silencio— que la pintura mexicana es una deformación grosera del realismo verdadero, independientemente de sus altas cualidades plásticas y formales. Cuando regrese a México haremos una discusión seria, responsable, sin personalismos. (Otra anfibología: cuando digo que "he venido sosteniendo", etcétera, parece que me refiriera a estos países cuando en realidad me refiero a lo que he predicado en México ante la actitud burlona y miserable de todos.)

En Berlín fui consultado sobre si debiera ir, después del festival de Moscú, al ballet de Billi. Me mostré cálidamente de acuerdo. También *planeamos* una exposición de [Manuel] Álvarez Bravo. Comunícate inmediatamente con él y dile que yo estuve *terminantemente* en contra de que fuese una *exposición colectiva* de fotógrafos mexicanos, como él la propuso. ¡Qué tontería! ¡Manuel debe hacer a un lado esas estúpidas humildades! Nada de eso. Una exposición de Álvarez Bravo, uno de los mejores fotógrafos del mundo. A mi regreso a Berlín le escribiré en seguida ya sobre la base de los planes concretos. Manuel debe venir a Europa, darse a conocer en las democracias populares y en la URSS. Porque resulta que por acá sólo conocen (fuera de nuestros pintores) todo lo malo que tenemos en todos los renglones de actividad artística. Y claro, los malos retecontentos, y aquí, por cortesía (y porque creen que no tenemos nada mejor), los toleran y los aceptan. Hay que hacer cesar esa situación y nadie más indicado que nosotros, gentes como Manuel y como yo, fuera de toda modestia tonta.

Estoy orgulloso de los progresos que hago en el lavado de mi ropa. Ahora ya queda blanca como mi alma infantil y pura. Poco a poco fui adueñándome de la técnica hasta lograr enjuagarla bien, que era donde estaba mi punto débil. Lo hago por las noches, y después pongo a secar la ropa en los dispositivos de la calefacción. La camisa de nylon me ha prestado servicios incalculables. Del abrigo de Lagos, no se diga. (A propósito de Lagos, ya Rosaura lleva una carta mía para él. Dile que pronto nos veremos. Hay un nuevo proyecto en perspectiva, pero se lo comunicaré desde Berlín, ya que haya conversado yo con las personas indicadas.)

Bueno, vida mía. Tengo que trabajar: estudiar el material de Hungría, algo sobre Checoslovaquia y mi material alemán. Creo que definitivamente habrá que escribir un pequeño libro de unas ciento cincuenta cuartillas. Tengo sobra de material.

Enséñale esta carta a Manuel (así como todas las demás que creas que valga la pena).

Al Román dale mis besos. Saludos a tu mamá. Tú recibe todo el amor de / José.

P.S. ¡Ay! No me ha salido ni una sola enamorada. Y hasta las camareras, en todos estos países, tienen siempre más de 80 años. Soy un santo indiscutible. Y a fortiori. Vale.

Me acaban de comunicar que hasta el viernes a la una podré salir para Budapest. ¡Ni modo!

Budapest, mayo 15, 1957

Vida mía: Se me han ido los días sin sentirlo y casi sin disponer de tiempo para escribirte, pues he estado lleno de ocupaciones. Aparte de eso se da el caso de que he llegado siempre a otros países en vísperas de fiesta y de este modo me he visto en la necesidad de perder cuando menos un día o dos antes de entrar en contacto con las gentes que me interesa ver. Trato de salir de aquí a más tardar el viernes, pero los camaradas pretenden retenerme hasta el lunes. La cuestión, por otra parte, es que yo deseo reunir el material informativo más completo que se pueda, pues ya que está uno en el teatro mismo de los hechos sería imperdonable regresar sin haber extraído todos los elementos para buenos reportajes.

He hablado aquí con los escritores, con los cinematografistas, con el ministerio de relaciones, etcétera. Por actividad no ha faltado. Pero ya me siento ligeramente impaciente. Hemos resuelto aquí que después de ser exhibida en Berlín, la exposición de Manuel venga a Budapest. Hay un interés verdaderamente notable. En caso de que Manuel fuese invitado para visitar Berlín en persona, no habría la menor dificultad para que pase a Budapest con todos sus gastos pagados. Dile que le escribiré con todos los detalles desde Berlín, un poco antes de salir hacia México.

Budapest es una ciudad muy hermosa. Ahora se muestra tranquila, sin inquietud. La gente se ve por las calles ocupada en sus asuntos, sonriente, bien vestida y sin que se advierta resentimiento. Esto lo he notado particularmente observando al público de un cine de noticiarios. Este público por lo general es muy político y siempre, en cualesquiera circunstancias, silba o aplaude. Advertí protestas cuando aparecía el cardenal Mindszenty en la pantalla.

El golpe contrarrevolucionario fue realmente feroz. Los fascistas se desencadenaron asesinando, linchando y mutilando comunistas y trabajadores sin partido. Ahora se convence uno hasta qué grado fue útil e indispensable la ayuda militar de la URSS.

Vivo a orillas mismas del Danubio, en un hotel que se encuentra en la isla Margarita. El Danubio no es "muy azul" que digamos, pero es singularmente bello. (Sin embargo recuerdo mucho mi querido Spree de Berlín.) Ya empiezo a sentir honda nostalgia de México. Hay una avenida que me recuerda cierta parte del Paseo de la Reforma, a tal grado que es como si estuviera yo allá. Trato de no dejarme llevar por estos sentimientos, de lo contrario empezaría a tratar de liquidar las cosas de cualquier modo y lo más rápido.

Visité el museo nacional de Bellas Artes. Un Renoir, un Cézanne y la estupenda colección del fascista Ezterhazy: Murillos, Goyas y flamencos. Visité la sala Rembrandt. Lástima que no baste con mirar los cuadros durante un día. Sería preciso estarse horas enteras ante uno solo, para penetrar bien en su contenido.

Continúa escribiéndome a Berlín, a la misma dirección. Como te digo, de aquí partiré para Italia, pero no pienso estar allá más de 48 horas. ¿Cómo ha estado el Román? ¿Cómo estás tú de salud? Francamente ya quiero regresar a México. Comienzo a fatigarme de las tareas que yo mismo me he impuesto. Saludos a tu mamá.

Recibe el amor de, / José.

Trieste, mayo 21, 1957

Vida mía: Hoy llegué a Trieste a las cinco y media de la mañana y con ello llego también al fin de mi viaje, es decir, del cumplimiento de los propósitos del viaje. Como en el corrido, "ni mi madre me esperaba" en la estación, pues los compañeros, otra vez, interpretaron mal el telegrama que les puse de Budapest creyendo que cuando hablaba de las 5:30, me refería a las cinco treinta de la tarde.

Al no ver a nadie me dirigí al depósito de equipaje para dejar ahí mi maleta, en seguida cambié veinte dólares (doce mil liras) y tomé un taxi para la casa de Carlos. El propio Carlos abrió en persona la puerta del edificio de departamentos donde vive. En seguida nos pusimos a platicar, pero él interrumpió la charla. "Primo —me dice—, descansar, rasurarte, bañarte e dormire —te traslado literalmente su español—; secundi, parlaremos." Habla en seguida a un hotel, donde ya me tenían dispuesto un cuarto con baño y luego a un compañero que me traslade y me instale. Por atenciones y cordialidad de los camaradas en cada uno de los países no puedo quejarme en absoluto. Han sido en extremo gentiles y cariñosos conmigo. Bien, me instalé y tomé un vigoroso y magnífico baño después de 24 horas de tren que hice de Budapest a Trieste. En seguida salí a la calle para comprarme un par de calzones y camisetas, pues de Berlín salí únicamente con lo puesto y esto me obligaba a lavar ropa diariamente, por las noches, ya terminada mi jornada de trabajo. Ahora, diez de la mañana, te escribo esta carta, pues dispongo de tiempo hasta la una en que vendrán por mí.

Antes que nada quiero decirte que he comenzado a sentir angustia por ustedes. Nada más pienso en todo lo que hay pendiente en México desde el punto de vista económico, me entran calosfríos. Estamos fritos de deudas. Hoy mismo veré la manera de enviarte telegráficamente cincuenta dólares (son cuando menos seiscientos pesos, que de algo han de servirte). No sé si Lagos le pagaría a Valenzuela sus dos mil. Esto me atormenta verdaderamente. El caso es que no he podido terminar mi "carta a los escritores comunistas", que comencé en Budapest y que será un documento muy importante. No quiero abandonar Europa sin haberlo terminado y sin haberlo dado a conocer. Trieste es un lugar estratégico para publicarlo, por varias razones: en primer lugar porque estará escrita en un lugar de donde partieron para Hungría voluntarios fascistas para combatir en Budapest; en segundo, porque Carlos me dará muy buenos consejos sobre su contenido; en tercero porque desde aquí organizaremos su amplia difusión europea, por razones de idioma y de la influencia del Partido Comunista Italiano. A pesar de todas mis preocupaciones por ustedes, la dimensión del problema, la enorme magnitud de su significado, justifican el sacrificio de unos cuantos días más de mi retraso en regresar a México. Acabo de leer las contestaciones que dan los camaradas húngaros a los artículos de J.-P.

54

Sartre sobre los sucesos de octubre-noviembre. Son completamente insuficientes, pobres, estrechos, aunque animados de la mejor voluntad. A Sartre debe contestarle un escritor, y un escritor comunista. Pero no para referirse a lo que el propio Sartre dice, sino para analizar el problema en profundidad, desde un punto de vista amplio y después de haber estado en el terreno de los hechos. A mí nadie podrá acusarme de falta de información ni de un criterio honrado, pues en Budapest hablé con los escritores, con los dirigentes del partido y con gente sencilla, que me hablaba con toda franqueza. El carácter fascista del golpe de octubre no puede ser negado, por nadie. Esto está fuera de discusión. Pero no debemos tampoco ver el problema de un modo simplista ni "cómodo". No se trata tan sólo de satisfacer la opinión de los comunistas, sino de dar una respuesta honesta, recta, objetiva, a las inquietudes de una serie de gentes de buena voluntad, que se han dejado llevar de la propaganda. Puedes estar segura de que mi carta abordará con absoluta sinceridad y verdad los problemas que nos ha venido a plantear Hungría.

Mis planes son continuar a Berlín, después de terminado aquí mi trabajo (aunque no visite Florencia, Venecia y Milán, como son los planes de Carlos), para regresar a México. Ya tengo verdaderamente deseos de regresar. Por otra parte estoy a punto de fatigarme. No ceso de trabajar un solo momento. Y aun cuando no me ocupe directamente de cosas políticas, actúo como reportero, entrevisto gentes, tomo notas. Creo que las notas que he tomado me dan material para un folleto de unas cien o ciento cincuenta páginas. A los artículos de periódico les tengo una natural desconfianza por lo poco y mal que puede uno decir en ellos.

En Budapest me defendí como pude de los paseos. Los camaradas en general creen que uno viene más o menos a divertirse. Les asombraba un poco que yo prefiriera quedarme en el hotel en lugar de asistir a los teatros y conciertos. Sin embargo en Budapest vi una ópera (Mozart; parece que *La prisionera del Serrallo* o algo semejante). No me disgustó el espectáculo. (Pero creo que ya te hablé de esto en mi carta anterior. No sé. Luego confundo lo que escribo en mi libreta de notas con lo que te escribo a ti y me confundo.)

Conocí en Hungría el lago Balatón, el llamado "mar húngaro", por sus dimensiones. El paisaje de Hungría recuerda constantemente a México. Es notablemente parecido a los paisajes del Bajío, de Michoacán o de esas partes de la meseta central que no son pobres. Si se le pusieran al paisaje húngaro algunos magueyes

55

y unos cuantos jacales, no habría diferencia alguna con México. Pero no. Aquí no se ve nuestra miseria, nuestros indios descalzos, nuestras tierras yermas y sin cultivo. Cada pulgada de terreno está sembrada, cada gente tiene qué comer, cada niño parece un sol sonriente y gordito. Los niños son encantadores. Me fascina verlos.

Algo que me estremeció hasta lo más hondo fue el cruce de la frontera yugoslavo-italiana. El contraste entre el mundo socialista y el capitalismo no puede ser más patente, más palpable. Al sólo cruzar la frontera aparecen ante tu vista los campos ariscos, la tierra desordenada, los terrenos cercados de piedras que indican un propietario individual. Te sientes trasladado a un mundo hostil, áspero, duro y antifraternal. Puedes estar segura que el socialismo ya ha vencido y que nadie podrá detenerlo jamás. Esto me ha llenado el alma de alegría.

¿Cómo está nuestro entrañable monstruo Román? Tengo unos deseos tremendos de verlo y de verte. No sé por qué me imagino que ha crecido tanto en mi ausencia que cuando lo encuentre ya será un niño totalmente cambiado para mí. Si es posible mándame a Berlín la lista de los artículos que puede uno importar sin recargos aduanales. Es posible que aún haya tiempo. Saludos a todos. A tu mamá mis mejores deseos. Un largo, intenso y amoroso beso para ti. Sigue escribiéndome a Berlín, pero si por alguna razón es necesario, te incluyo la dirección de Carlos aquí en Trieste, donde me podrías telegrafiar si hubiese algo de trascendencia: Vittorio Vidali - Via Domenico Rosseti 59 - Trieste, Italia. / José.

Berlín, mayo 28, 1957

Vida mía: Llegué a Berlín el domingo 26 vía Milán-Francfurt. Como hasta hoy martes fue cuando pude establecer contacto con los camaradas (puesto que llegué en domingo y al Berlín occidental, y ayer estaban en una reunión que debía durar todo el día), apenas llegué a las oficinas me hicieron entrega de todas tus cartas, las que, por riguroso orden cronológico, me he puesto a leer. Son seis cartas en total, recibidas aquí en Berlín —conforme al sello— el 15 de mayo las primeras cuatro y el 20 y el 28 las dos últimas respectivamente. Las fechas son mayo 7, mayo 9, 10, 14 y 21, con excepción de una que fechas —notoriamente equivocada— en abril 4. (Me refiero a las fechas escritas por ti en las cartas.)

Ahora no recuerdo si te escribí desde Trieste. El caso es que escribí muchas cartas de Trieste —y me parece que también a

Lagos— y ya no sé a punto fijo a qué lugares, pues debía hacerlo a París (Torres Bodet), a Hungría y a México (Alfonso y Bernardo Reyes). Como estas cartas fueron, digamos, las oficiales, éstas sí las recuerdo bien, pero las otras, de carácter personal, no.

En fin. Salí de Trieste por tren hacia Milán. Estaba tan cansado que pasé por Venecia dormido. Bueno, con lo que se logra ver desde la ventanilla, te da lo mismo que contemplar una tarjeta postal. Llegué a Milán y por primera vez me sentí realmente en Europa. Las demás ciudades que he conocido como que no son lo suficientemente europeas. Pero creo que lo que me pasa es que para mí no son lo suficientemente *latinas,* porque realmente sólo me he sentido en Europa cuando estuve en París (hace veinte años) y ahora que visité Milán. Estuve apenas unas cuantas horas, en tanto salía el avión para Francfurt. Me recibieron y atendieron los Steiner, unos viejos amigos de México, con quienes pasé todo el tiempo hablando y discutiendo problemas, pues era mejor hablar que conocer la ciudad por encima, y en esto estuve de acuerdo con ellos.

Ayer ya no pude más y debido a que no me di cuenta, se aflojó mucho mi tensión de ánimo y mi espíritu alerta, y sobrevino un cansancio extrañísimo y terrible. Imagínate que las piernas no me sostenían, se me comenzaron a agarrotar y me entró un sueño espantoso. Decidí ya no hacer nada y rápidamente tomé el tren a Berlín oriental y me encerré en mi cuarto, donde dormí desde las cuatro de la tarde hasta las siete de la mañana de hoy, en que me levanté para estar a las ocho en el partido. Pero me sentí muy raro. El hecho es que no había parado de trabajar un solo momento, y me parecía suficiente descanso el ir en el tren o en el avión. (Creo que estoy olvidando la sintaxis a fuerza de escuchar mal español y de tenerlo que hablar mal para que me comprendan.) Debí escribir: "y pensé que me sería suficiente con el descanso que al parecer implicaba ir en tren o en avión." Bueno. Todavía estoy un poco entontecido, porque *subjetivamente* ya me he hecho a la idea de que terminé todo el trabajo pendiente y esto me hace abandonarme a una cierta pereza mental.

El caso es que no saldré de aquí sino hasta el viernes. El razonamiento de los camaradas es muy simple y yo muy débil para ofrecer alguna resistencia a su lógica. "¿Si ya ha permanecido tantos días en Europa —dicen—, qué importan dos o tres días más?" Pero más que el razonamiento me han impulsado a quedarme estos días las noticias que he recibido del propio Lagos y las que tú me das. Se trata entonces de aprovechar estos días para hablar con el Ministerio de Cultura, la Sociedad para las Relaciones con el Extranjero y la DEFA (la organización del cine), a fin de celebrar un contrato semejante al de Hungría (¿te dije algo de esto?). Es decir exhibir películas de la República Democrática Alemana en México, y por ese medio obtener algún dinero para trabajar allá. No veo ningún otro camino; o mejor dicho, no existe ningún otro camino. Ya le escribo en seguida a Lagos sobre el particular. Te adjunto la carta para él, puesto que yo venía escribiéndole a los estudios Churubusco y ahora me enteras de que han cerrado. Me doy cuenta de lo grave de la situación.

En Hungría me dieron un contrato firmado, para que Lagos lo devuelva con su aprobación, y en ese caso antes de que termine junio tendremos en México las películas húngaras para exhibir. Se trata de un material de primera aun desde el punto de vista comercial.

Ya no sé ni de lo que te he hablado en cartas anteriores. En Trieste (por si aún no te lo he dicho), terminé mi "Carta de Budapest a los escritores comunistas". A Carlos le gustó muchísimo y le pareció que era un trabajo de una responsabilidad tremenda. Insistí en el hecho de que fuese publicada primero en Europa, pues de lo contrario en México tendrá el destino más triste: el destino del silencio y de la indiferencia. Hemos hecho planes entonces para publicarla primero en Budapest y en seguida en Roma, Trieste, por supuesto, Berlín y París.

En la carta hablo de los errores del pasado —que son todavía del presente—: nuestro conformismo —el de los escritores—, nuestro silencio culpable con las cosas malas que ocurrían ante nosotros, el empleo estúpido y sectario de la crítica y la autocrítica, etcétera. No te la envío porque no hice las copias suficientes y la única que me queda la llevaré personalmente a México.

Me dijo algo Carlos en Trieste que me puso a meditar. Él recibió noticias de su mujer de México en el sentido de que fueron a buscarme ciertas personas al aeropuerto, en México, cuando yo salía, para impedir mi viaje, como lo hicieron con otro de nuestros amigos anteriormente. Esto me hace pensar que tal vez no recibas tú ningún aviso de mi regreso, aunque, con todo, la cosa no es muy importante. De cualquier modo —si a última hora te mando un telegrama— sería conveniente que me fueras a recibir en compañía de Mario (si posible con un amparo). Pero a lo mejor todo esto no son sino lucubraciones mías y no hay el menor peligro. Por supuesto no debes preocuparte. (De ser necesario el amparo, debías firmarlo tú en tu condición de mi esposa.)

Casi estoy satisfecho del viaje. Lo único que no se ha arreglado bien es lo del cine. Esto me resta mucho de la alegría que debiera tener en otras condiciones.

Dale muchos besos al Román y dile que no se enoje porque me haya tardado tanto. Por desgracia no sé si podré comprar regalos. La cosa es que en Francfurt y aquí, en Berlín occidental, tuve que gastar más de la cuenta. Sin apercibirme de ello me fui a meter a los hoteles más caros (tú sabes que soy especialista en que me parezcan normal las cosas más extravagantes y no me hayan llamado la atención los mozos de librea, los camareros con jaqué ni el lujo de todo cuanto me rodeaba). En ambos hoteles (Francfurt y Berlín occidental) el ambiente era más o menos como el del Prado en México, y el costo del cuarto (por supuesto lujosísimo) de 25 marcos por día. Me eché a temblar cuando me presentaron las cuentas, pero por fortuna en Trieste Carlos me había dado algunos dolarillos. En fin, si me pagan unos anticipos aquí en Berlín, por artículos que escribiré, aparte el cuento de Moscú, tendré dinero suficiente (sin necesidad de tocar los dólares que me quedan) para adquirir algunas chucherías. Aquí hay muchas clases de regalos. Unos perros de peluche verdaderamente maravillosos. Pero haces bien en no decirle nada a Román, hasta que yo regrese.

Ahora estoy instalado ya en el hotel Neva, en Berlín democrático. Creo que ya no recibiré la contestación a la presente, porque me sorprendería en ruta, si es que salgo el viernes, así que es mejor que no me contestes. Ya tengo verdaderos deseos de regresar. De pronto, cuando se está viajando tan desatentadamente como lo he hecho, llega un momento en que se siente uno tan cansado que así te ofrezcan regalarte la Capilla Sixtina no irías a Roma a recogerla. Carlos había hecho un plan para que yo visitara, en su orden, Venecia, Milán, Florencia (y si quería ir hasta Roma, también) para que de ahí, sin regresar ya a Milán tomase el avión hasta Berlín. Pero como yo debía terminar mi "Carta de Budapest", entre los dos convinimos en que eso era más importante que todo y que debía quedarme en Trieste hasta no acabar de escribirla. El hecho fue que prácticamente ni siquiera conocí Trieste. Salía del hotel únicamente para reunirme con Carlos. Por supuesto no hacíamos otra cosa que cambiar impresiones. Visitamos juntos Miramar, pero sin que dejáramos de conversar un solo momento sobre los problemas de México, de tal modo que no puedo decirte con exactitud cómo es propiamente Miramar. Recuerdo algunos prados, ciertas columnas, una vista del Adriático, algún muro de piedra cortado a pico sobre el mar. Es todo. Por otra parte mi visa italiana sólo servía para siete días justos, y después de trabajar en Trieste ya había yo agotado la provisión de tiempo.

Aproveché la cercanía de Monfalcone para conocer a Colleoni [escritor italiano que tradujo y dio a conocer a Revueltas en Italia], a quien desde ahora llamo Moncolleoni. Pero Carlos nos había concedido exclusivamente de las dos de la tarde a las cinco para estar juntos y fuera de conversar no hicimos otra cosa que bebernos unas copas. No muchas, por cierto. Colleoni es un oso tímido y cariñoso que se sentía muy cohibido en presencia de Carlos, quien es en Trieste un verdadero personaje.

Bien. Continúo de abstemio. Lo más que hago es beberme dos vasos de cerveza al mediodía, durante las comidas. Bueno, no constituye ningún mérito.

Otra vez me siento cansado y eso que no he hecho muchas cosas hoy. Cierto que el cambio de hotel, subir trenes y bajarlos, llevar mis cosas. Pero ningún esfuerzo intelectual. Hoy me acostaré temprano. Mi terapéutica es el sueño.

Me preocupa muchísimo lo que me dices de Pepín. No sé qué podamos hacer. A mi regreso meditaremos *objetivamente*. (Me dio mucha risa que en una de tus cartas tacharas la palabra objetivamente. ¿Por qué? Es muy útil, casi insustituible —caray, no he podido escribir a la primera intención la palabra insustituible, lo cual es muestra de fatiga.) Bien, mi amor. Ahora le escribiré a Lagos. A ver si mañana le escribo un cuento a Román; pero dile que hablo mucho de él en mis cartas. De veras me divierte lo que hace.

Besos y el amor de / José.

Saludos a Rosaura. A tu mamá también.

Berlín, mayo 30, 1957

Vida mía: Resulta que como el avión directo a México no sale sino los viernes y los lunes, no pude salir a México hoy mismo, como eran mis intenciones, porque no hubo lugar en el avión. Así que tendré que esperar al lunes por la tarde y a lo mejor esta carta te llega en vísperas de que también llegue yo.

(Interrumpo la carta porque de plano me siento muy cansado y me voy a acostar. Son las cinco de la tarde, pero si no duermo unas dos horas no puedo seguir escribiendo lo que tengo que escribir. Ya te contaré en seguida.) (Le escribo una carta a Román, para que se la leas. Se va a poner muy contento.)

60

Ahora que las cosas están llegando a su fin, me cuesta mucho esfuerzo no dejarme llevar por la pereza. En estos mismos momentos me dan ganas de salir. La tarde está muy bella, llena de sol. Pero, ¿qué haría? Recorrer las calles sin sentido. El retraso de mi salida hasta el lunes tiene, no obstante, un sentido. Mañana debo entrevistarme con la gente del cine y hablar del intercambio con México. Como has visto, los planes iniciales resultaron un fracaso, aunque no por mi culpa.

Ya empecé a sentir nostalgia de México y me es difícil dominarla. Las cosas empiezan a no tener interés para mí y mis únicos deseos son regresar.

¡Cómo me cansa y me descorazona la "vida social"! Pues desde ayer comencé. Cenamos juntos los Ushe, un poeta y su esposa, otras gentes y yo. No sé ni de qué hablar. No me entienden (no porque no hablen español, sino porque no entienden). La compañera de Bodo Ushe es magnífica persona. Ha tomado mi partido en las discusiones. Pero ya comenzó la cosa con mi "Carta de Budapest". Es fatigoso. Bueno, pero tengo fuerzas y no voy a desmayar.

Te mando la "Carta de Budapest". El asunto de la exposición de Manuel ya está arreglado. Lo mismo lo de que venga el ballet de Billi.

Vida mía, aquí termino. Estoy casi muerto. En México tendré que descansar un día entero y luego ver el modo de encerrarme a escribir una semana siquiera. Esto es indispensable. Tengo por delante un trabajo inmenso.

Besos, y el amor de / José.

No te incluyo la "Carta de Budapest" porque no he terminado de copiarla. Salgo definitivamente el lunes. Telegrafiaré mi llegada. / José.

NOTAS DE MÉXICO

El chofer con su mujer, en el asiento delantero. Él lleva un viejo capote de soldado. Tose con frecuencia con un ritmo cascado, enfermo, claramente tuberculoso. Ella le dirige algunas indicaciones de conmovida ternura. Sin embargo, lo patético de todo esto es ella misma. Rapada en una forma extraña —como en las cárceles o en los sanatorios—, el cabello a la altura de la nuca, en cortes desiguales, tajados. Ella se vuelve. Entonces muestra su terrible rostro de mono, de triste mona llena de amor y afecto hacia su hombre. Y es así, solamente después de que ella se vuelve, cuando uno se da cuenta de que "su hombre" está irremediablemente enfermo, perdido y sin esperanzas.

—¿Por qué no cierras el cristal de la ventanilla? —pide la mujer.

—Sentado, así como voy —replica el chofer—, siquiera la tos me deja en paz.

¿Por qué lo dice? No es cierto, continúa tosiendo. ¿Y por qué la mujer se deja tranquilizar por estas palabras? [Véase *Los errores*, cap. XI.]

*

En la Alameda me limpio los zapatos con un viejo bolero encorvado que tiene un pie equino, el cual lleva dentro de un zapato especial, alto y en forma de caja. Suenan las doce del día en quién sabe qué reloj y entonces el bolero interrumpe su trabajo y apresuradamente toma un bote que tenía escondido bajo una banca y empieza a arrojar pedazos de tortilla sobre el prado. En seguida una voraz nube de pájaros se lanza como una descarga de piedras sobre el prado y comienza a picotear las tortillas. El bolero regresa a su sitio y continúa limpiándome el calzado. Le pregunto si lo que hace es en virtud de algún encargo municipal.

—No —replica—; lo hago por mi propia cuenta, todos los días. Desde hace quince años adquirí esta obligación. Un bote de tortillas les dura para dos días.

*

7 *de julio* [*de 1957*]. Encuentro con Eugenia.* Me lee algunas páginas del libro que escribe. Ese extraño impulso a buscar amores que la rechacen. Le gustaría que la abrazaran o poseyeran envueltos en una malla de alambre de púas. Lo que escribe me apasiona siempre por lo que tiene de documental respecto a ella misma. Eugenia dice que "se objetiviza". Justo.

*

La monumental, la gigantescamente minuciosa obra de Proust.

*

Su mamá —me ha contado Andrea— ha tenido que pegarle a Pablo. La reacción de éste ha sido terrible. Se ha soltado a llorar

---

* Olivia Zúñiga. (Nota **JR**.)

durante horas enteras, sin que hubiera forma de calmarlo por ningún medio. Aquello ha constituido para él algo increíble; un choque emocional tremendo. Me ha lastimado, me ha herido mucho el relato. ¿Por qué suceden estas cosas, dios mío? (12 o 14 de julio)

*

Reprime un bostezo, pero como no lo domina lo único que puede hacer es conservar la boca cerrada. Entonces los músculos del rostro se le ponen tensos, las mandíbulas se le endurecen y un extraño rictus le deforma los labios. Su expresión cobra los rasgos de una máscara sin vida, y los ojos tienen un mirar malvado, ansioso e inhumano.

*

28 de julio. Ha caído el ángel de la libertad, por efecto del temblor de esta madrugada. He visto su torso de oro al pie de la columna, los brazos rotos, el hacinamiento monstruoso de su cuerpo hecho pedazos. Daba tristeza. La multitud veía, comentaba, con una especie de aturdimiento sorprendido, mitad estupefacción y mitad gozo del privilegio de haber podido asistir a un hecho extraordinario y único. Los altavoces piden voluntarios para ir a remover escombros y extraer víctimas en el destruido edificio de Frontera y Álvaro Obregón. Me incorporo a un atestado camión con más de otros cien voluntarios. Me cuelgo de una de las rendijas, suspendido tan sólo de un pie. Me estorba indeciblemente un montón de libros que llevo en una mano, bajo el brazo, no sé cómo. Por fin tengo que desistir de continuar en el camión, o sea, que hubiera que renunciar a los libros para seguir ahí, y el dilema era ése: abandonar los libros o [no] acudir al lugar del siniestro para prestar mi ayuda. Con amarga y molesta contrariedad me decidí por no abandonar los libros. ¡Qué cosa terrible y simbólica! El dilema eterno del intelectual entre la acción viva y el engreimiento hacia su oficio. Este incidente y mi actitud no han podido separarse de mi mente todo el día, me han atormentado de un modo espantoso. Pero me servirán, creo, ahora que debo tomar una decisión firme respecto a las tareas (históricas) que debo desempeñar, *que tengo el deber de desempeñar.*

P.S. Creo que lo que me ha pasado hoy respecto a no acudir de voluntario, es uno de los acontecimientos más importantes que me han ocurrido y una de las advertencias más serias respecto a mi vida. Debo sacar las conclusiones lógicas: no debo rechazar el papel a que estoy destinado en la lucha por el partido. ¡No renunciaré! Es imposible, a pesar de que antes del 11 de agosto aún podría dar marcha atrás. (El 11 de agosto será la conferencia de organización del D. F. [del PCM].)

*

7 de noviembre, 0:20 horas. Desde el 28 de julio no había vuelto a escribir aquí ninguna nota: esto se refiere a causas psicológicas. Escribí —seguí escribiendo aquí— mientras aún conservaba la esperanza de recuperar las otras tres libretas como ésta que había llenado en Europa y que tan misteriosamente desaparecieron de mi equipaje cuando éste llegó a México. Me ha fastidiado tanto esta pérdida —en realidad, la palabra es dolido— que cuando la di como segura, algo me contuvo, algo me paralizó cada vez que quise escribir en estas páginas. Sentía una especie de desolación, de lástima, de temor y de indecible molestia por la pérdida sufrida al ver esta libretita. Hoy vuelvo a escribir. Han pasado muchas cosas. Estamos librando una magnífica lucha dentro del partido, y yo no he trabajado tan mal. Sin duda venceremos, pero no deja de ser amargo el camino. Por otra parte, una actividad de loco: estoy cargado de trabajo hasta la punta de los cabellos. Más o menos unas dieciocho a veinte horas diarias, descontando el tiempo de las comidas. Literalmente estoy contento y resisto espléndidamente. Pero la situación económica ya es increíble. Me han demandado para abandonar la casa por falta de pago (entramos en el sexto mes). Mariate resiste valiente, maravillosa, y yo se lo agradezco con toda mi alma. (¡Es absurdo! No tengo derecho. A veces no hay para comer. Bueno. Todo se arreglará.)

En otra libreta como ésta, iniciaré un diario de la película. El día cinco comenzamos a filmar Álvarez Bravo y yo [otro proyecto que, al parecer, no se llevó a cabo.] (Ay, esta pluma. Cómo extraño mi pluma alemana, que tuve que empeñar en la *Chapultepec* por falta de dinero para la cuenta.)

*

12 de noviembre. Ahora nuevamente en poder de mi pluma alemana. El otro día encuentro EA.* Al verme, su expresión no pudo ser más curiosa. Una ansiedad y una especie de ternura, como si yo llevara conmigo una parte invisible de ella. Me acosó a preguntas; si la había visto, dónde estaba, por qué había desapa-

---

* Everardo Ávila, grabador. (Nota JR.)

recido tan misteriosamente. Hablaba con la anhelante nerviosidad de un enamorado. Creo que entre él y S* hubo algo más de lo que la propia S confesaba. No sé hasta qué punto habrá llegado este "algo más" y S miente de un modo inconcebible. El caso es que EA me dio la impresión de quererla. No pude informarle de nada, pues yo no veo a S y ahora tengo menos noticias de ella que el propio EA.

*

20-21 de noviembre. Ayer cumplí 43 años. No he podido separarme del escritorio desde hace no sé cuánto tiempo. La película —¡y todo el material político que tengo que escribir!— no me deja tiempo para nada; ni siquiera para conseguir dinero. Hoy 21, hablo con el licenciado Igartúa para ver si obtengo una moratoria y no tenga que desocupar la casa mañana. Nada. Mañana habrá que desalojar (Lagos no pudo reunir sino la mitad del dinero que se necesita). Mariate cree, con toda razón, que Lagos y yo estamos locos y que ella misma también lo está. Pero de otro modo no podremos hacer la película. Bien. Con cuarenta pesos que me dieron en el sindicato a cambio de recetas médicas (esto es una de las prestaciones sindicales de que "gozamos"), Mariate ha ido en estos momentos (6:30 pm) a comprar la comida de mañana con el fin de que no tengamos impedimenta para buscar una casa a la cual cambiarnos por la tarde, si es que para entonces no han venido del juzgado a echarnos los muebles a la calle. (Sería curioso, pero me moriría de rabia.) Todo esto es imbécil, pero debo concentrarme para poder escribir un material sobre nuestro espantoso desastre político en materia electoral (que no es sino el resultado de la línea general errónea de nuestro partido) y a lo que tenemos que hacer frente con toda valentía y serenidad. Pero la dirección del partido sigue imperturbable; está ciega, sorda, muda y paralítica. ¡Todavía pretende convocar a una "convención amplia de las fuerzas democráticas"! ¿Qué significa esto sino un intento más de engañar a todo mundo? Tengo que librar otra batalla (y también por el lado del POCM) sin tardanza. Apenas tengo tiempo para escribir el material (con menoscabo del tiempo que debo consagrar a la película). Pues mañana mismo debo discutir con Sánchez Cárdenas y otros del POCM (no sé si Lumbreras y Campa). Ahora veremos exactamente si son capaces de seguir una política de principios y no están sonriéndonos a Siqueiros y a mí, mientras es-

* Laily. (Nota JR.)

peran obtenerlo todo de la dirección del PCM sin librar ninguna lucha, pero a costa de hacer a un lado a la oposición verdadera, es decir, a Siqueiros y a mí —particularmente a mí, que no tengo otra fuerza que mis argumentos y la validez de mis puntos de vista.

*

16 de enero de 1958. A las seis de la mañana termino mi material para el pleno del PCM (al que todavía no me invitan, sin embargo). Un mes de trabajo diario hasta las seis, siete de la mañana. Duermo dos o tres horas y, después de comer, una hora y media más o menos. En fin, terminado. Creo que es importante y tiene significación. Un análisis a fondo respecto a la existencia del PCM y las raíces de sus deformaciones gnoseológicas (la disyuntiva histórica [véase *Escritos políticos*, II]). Sánchez Cárdenas había leído parte: se muestra de acuerdo conmigo, pero no dejo de advertir ese ligero aire de desdén compasivo hacia el "intelectual" doctrinario que ve en mí. Así ocurrirá sin duda: hemos caído tan bajo en el nivel ideológico que el uso del lenguaje marxista se mira hasta como sospechoso, quién sabe qué "cosas" de intelectuales. Y sin embargo, no hay otro modo de enfocar la cuestión, no se puede hacerlo en otra forma que no sea con apoyo en la teoría y en el lenguaje de la teoría.

Por la mañana, incidente vil y humillante. En el sindicato no quisieron (don Ladislao) cubrirme todo el importe de las recetas puesto que tenía yo otros vales sin justificar, pese a que Ladislao escuchó que Román está enfermo y que no tengo un centavo. Quise y estuve a punto de protestar con violencia, pero en ese momento apareció S que iba a cobrar sus derechos por cinco mil pesos. Ya no protesté porque entonces aquélla hubiera sido la escena de un tango verdadero: el escritor pobre y "fracasado" que acude en pos de dinero para su hijo enfermo, mientras el escritor rico y de grandes éxitos cobra ante sus propios ojos una cantidad considerable. Hubiera sido imbécil llegar a esta escena. Sin duda ya debo estar acostumbrado a las humillaciones, que se me habrán vuelto una segunda naturaleza, porque tomé sin chistar los cincuenta pesos que don Ladislao fue lo máximo que accedió a darme. En la calle, sin embargo, me sentí enormemente desmoralizado y creo que hasta caminaba arrastrando los pies. ¿Por qué deberán ser estas cosas? Me siento muy humillado y sé que mañana me sentiré más. Es completamente estúpido.

*

18 (¿?) de enero. Reunión en mi casa con Campa y Lumbreras para cambiar impresiones sobre mi tesis. Les parece "magnífica" y una "aportación" que no tenía precedente. *Pero*... ¡que separa la teoría de la práctica! Que habría que pensar en un lapso de relaciones POCM-PCM a través de trabajo conjunto en el problema sindical, salarios, carestía... y algo así como un "frente único" de las células por la base, fusión práctica. Esto indica que no han comprendido *nada*. Sin embargo, hay que aplazar la lucha contra ellos, materialmente ni siquiera hay tiempo; pero debe ser preparada desde ahora. Hay que escribir un artículo: *¿Qué partido necesitamos?* Ésa es la siguiente tarea. VSC [Campa] da verdadera pena; no ha aprendido *nada*. (Me parece que en toda su vida.)

*

El pleno rechaza nuestra presencia. Esto indica verdadera insania mental.

*

Los muchachos de mi célula me hablan sobre una conferencia de Eli de Gortari que intentaría ser algo como un resumen de la vida filosófica en México en 1957. Literalmente una cosa como esto: lógica: 2.5%; ética: 15%; epistemología: 20%, etcétera, como si se tratara de la producción de trigo o de conservas. Me huele mucho a ese marxismo de aquellos que "viven de los réditos de *El capital*", como creo que decía Plejánov.

*

Ramírez y Ramírez "rompe" con Lombardo Toledano a propósito de la convención del PP. Sí, magnífico si hubiera producido la *escisión revolucionaria* del PP a favor del marxismo y sobre una base de principios. Pero eligió la escisión oportunista, que tampoco es escisión siquiera y que coloca a Enrique en la desairada actitud del invitado corriente y sospechoso (que siempre fue dentro del lombardismo) a quien sorprenden cuando intentaba robarse la vajilla de plata y al que no corren de la fiesta por no provocar un escándalo de mal gusto. Y así es: Lombardo se dará la suprema alegría de no expulsar a Ramírez del PP. (Hay que pegarle a Enrique un poco, ya en público, dentro de breve tiempo.)

*

Hasta hoy supe (29 de enero) que se murió Efrén Hernández. Todavía no sé qué decir: ¡es tan absurda la muerte de los buenos! Buenos no sólo en su trabajo. Naturalmente: su reino no era de este mundo.

*

Abril de 1958. Han pasado muchas cosas. Mariate y yo nos hemos separado. Ahora vivo en un hotel donde soy huésped de Lagos. He bebido días enteros y apenas trabajo. Una soledad y tristeza horribles. Comprendo que no soy marido para ninguna mujer. Trabajo político, nulo por lo pronto. Trato de recuperarme. Por lo pronto no beber, aunque lo que sucede es que estoy *verdaderamente* enfermo.

La dirección del partido: atroz sencillamente. La campaña electoral resultó lo que anunciábamos: una burda y estúpida maniobra de diversión.

Mis materiales no serán distribuidos. Soy un escritor prohibido. En el PCM se necesita calidad de santo para aguantar tantas chingaderas.

(Tengo unas espantosas ganas de beber. No habrá más remedio que tomarse una copa, en plan de alivio.)

Debo hacer un balance de mi vida matrimonial y amorosa en general. Indudablemente peco de un egoísmo monstruoso y no he podido ser más desconsiderado e irresponsable con Mariate. Lo que me sucede no es sino el resultado lógico de mi conducta. Debo hacerme cargo de ello cabalmente.

Ayer fue un día espantoso. No pude levantarme de la cama, literalmente enfermo, con un extraño desequilibrio funcional que me hacía vacilar y sólo poder estar acostado. Por la tarde, con gran esfuerzo, pude salir (bajar). Bebí nuevamente. Ahora estoy saliendo de la crisis y espero vencer hoy definitivamente. Es imposible continuar de este modo. Además está el trabajo del partido.

Dejé de comer unos días —me parece que desde el martes al jueves—; pero hoy desayuné.

La vida del hotel es más que interesante. Los del personal —desde las recamareras— se han hecho grandes amigos míos y entonces me entero de todos los problemas internos. Bien dice Faulkner que con tal de recoger una experiencia literaria, un escritor es capaz de traicionar a su madre.

Decididamente en cuanto pague mis deudas —esto es completamente necesario— dejo este lugar absurdo, que nada tiene que ver conmigo y me entrego al trabajo del partido. ¡Resuelto!

La mujer se vuelve una parte sustancial de uno —algo dijo Engels en ese sentido— y la separación ¡cómo que cuesta! Es una especie de mutilación dolorosa y un tanto absurda. [Párrafo tachado en el original.]

*

7 de noviembre de 1958. Taché la última nota del periodo anterior (escrita en abril y que ahora me parece un tiempo extrañísimamente lejano, irreal y también odioso y lleno de vergüenza); la taché, repito, porque está escrita mientras yo estaba borracho. Me repugna ver esos caracteres torcidos, la torpe escritura alcohólica y el pensamiento tartamudeante, humillado, envilecido por la falta de claridad mental.

Lo cierto es que yo sufría de un modo horrible, pero eso no excusa nada. Mi mayor tortura era el remordimiento hacia María Teresa. Nunca le di la menor alegría verdadera, la menor satisfacción. Para ella todo fue sacrificio, soledad, amargura. Yo veía todo aquello como una pesadilla en que me era imposible hacer nada, moverme, ayudarla —decirle que, con todo, ella era mi amor y que yo me sentía culpable, cruel, egoísta, malo, desconsiderado—; por su parte, ella había tomado ya sus decisiones (desde mucho antes, según me dijo; parece que desde que regresé de Europa —mayo del 57, ¡cuánto tiempo, dios mío!), y estaba dispuesta a separarse de mí de cualquier modo. Ella debió entonces mirarme paso a paso —silenciosa, sigilosa— en espera de mi ayuda, de mi esfuerzo para conjurar la catástrofe que se nos venía encima, ese derrumbe de nuestra vida, hacia el cual yo me encaminaba fatalmente, arrastrado por todo lo que había sido nuestro matrimonio: mis inconscientes ofensas, mi falta de atención, mi distraída irresponsabilidad y, naturalmente, el alcohol y lo que iba unido al alcohol: las sórdidas relaciones con otras mujeres, que ella debió descubrir, sin duda, pero que su orgullo no le permitía reclamar. Ella se había decidido y esperaba. Pero, ¿será cierto? ¿No habrá sido una decisión del último momento, ya que en Acapulco, cuando fui por ella, quedamos, en que regresaríamos a la vida en común? (Esto debió ser en febrero o marzo de 1958.) ¿Por qué, cuando regresamos a México, todo volvió a romperse? Ella esperaba desde mayo del 57; para entonces ya era claro para ella que nos separaríamos. Por el contrario, este periodo era para mí espléndido espiritualmente. No tomé una gota, luchaba, escribía. En un momento así, vino el golpe. Le guardo un poco de rencor por [. . .][4]

*

Hoy (7 de noviembre) compré el libro de Nagy. Aún, por encima

69

me parece que es un libro de extraordinaria importancia por cuanto a estudiar los problemas que plantea la lucha interna en las condiciones *nuevas* de la existencia de varios países socialistas.

*

Pablo desea ser marino, aunque parece inclinarse por la literatura, en secreto. Su deseo expreso (la marina) no indica sino un conflicto ambiental en su casa, un deseo de evasión (ya trató de huir una vez); luego, una mente imaginativa. Hay que ayudarlo a que escriba. (Enero [de 1960])

*

[CARTA A JEAN-PAUL SARTRE][5]

[México, D. F.], febrero 22 de 1960

Estimado señor Sartre:

Tal vez cuando esta carta llegue a La Habana usted ya se encuentre allí si, como se ha dicho, participará en el Congreso de Escritores, próximo a celebrarse. Confío esta carta, para que le sea entregada, al director de *Lunes,* suplemento literario de *Revolución,* Cabrera Infante, a quien no conozco personalmente pero en cuyo periódico he leído un lúcido artículo de usted, impresionante por su rectitud y probidad, a propósito de la inesperada, absurda muerte de Camus. Remito también una copia de esta carta —que, aunque está dirigida a usted, no es privada— a mi amigo y compatriota el pintor David Alfaro Siqueiros, quien ahora se encuentra en La Habana.

Bien, señor Sartre: la circunstancia magnífica de tenerlo a usted tan cerca de México, en La Habana, de que usted se encuentre en nuestra América, donde la proximidad lo hará mirarnos, no mejor —pues la distancia nunca ha sido obstáculo para que usted sepa mirar bien, y siempre con integridad moral en cualquier caso—, sino mirarnos, repito, en carne viva, desde el fondo de la revolución cubana, fue lo que me impulsó a escribirle.

Usted tocará con las manos, en Cuba, la piel misma de la revolución más pura, más abierta, más ancha —acaso la única así de nuestra América. Ha habido otras en nuestros países, generosas y limpias: ahí está Guatemala, con su revolución en la cruz y la lanza de la Unidad Fruit en el costado. Otras, desde luego, pero ninguna tan transparente, tan directa, digamos, tan increíble como la cubana. No hablo de nuestra vieja revolución de

1910 en México —pasmosos años de lucha sangrienta y un pueblo vivo, trágico y noble, que resulta difícil imaginar—, revolución traicionada, vendida, ultrajada a cada momento. Pero en Cuba estará usted metido, rodeado por la historia, de un modo tangible, corporal, táctil, precisamente en los instantes en que la historia se hace, como si asistiera usted al nacimiento de los antiguos mitos portentosos. ¡Cuánto esperamos de su voz y de qué modo se lo agradeceremos todos en América!

Ahora bien, al estar entre nosotros, en nuestra gran y sobrecogedora patria americana —la luz y la esperanza de Cuba son una cosa, pero hay también la miseria de nuestros países, las sombras y las angustias en que viven nuestros pueblos— se hará determinadas preguntas, respecto a nosotros, sobre las inquietudes, los motivos, los quehaceres morales que en usted constituyen el eje de su vida, su razón de ser como hombre y como escritor.

Digo, usted querrá saber algo más de lo que ya sabe sobre los escritores de América, y por mi parte pienso que la urgencia, el deber, la necesidad de plantearnos nosotros mismos este algo más, por cuanto a que no lo hemos hecho, o lo hicimos mal, o no fuimos escuchados, resulta ahora inaplazable, con usted presente.

¿A qué me refiero? Bien, en el mundo han ocurrido ciertas cosas...

No —me adelanto a lo que algunos querrían replicarme—, no quiero resucitar problemas viejos, cuestiones que en Europa ya están "fuera de moda" —como si se pudiera hablar en esto de una "moda", pero no faltan nunca imbéciles que lo juzguen así—, sino referirme a ciertos hechos cruciales, definitivos, que no obstante apenas han tenido repercusión entre los escritores de izquierda en América. No hablo de la derecha: todos ellos pueden irse al diablo. Nosotros, nosotros; y por lo que a mí respecta añado que no sólo de izquierda, sino comunista militante, miembro del partido comunista.

Ha habido un vigésimo Congreso del partido comunista soviético; ha habido un discurso del camarada Jruschov, el inicio de la desestalinización en la mayor parte de los partidos comunistas del mundo, Hungría... Se trata de esto precisamente.

Pero... ¿qué, entre *nosotros*? Silencio, indiferencia, falsificaciones.

Por cuanto a la desestalinización: ¡cuántos de entre nosotros quisieran ignorarla, no saber nada de ella! La cuestión está muy clara: ellos mismos no quieren desestalinizarse, tienen el pecho cubierto de medallas.

¿Y de Hungría? Acá en América no hicimos sino repetir las sandeces que —¡en este caso sí!— ya habían pasado de moda en Europa. En cambio dejamos que la derecha, los trotskistas, toda la gentuza imaginable hozara a sus anchas en la inmundicia, nos escupiera. Claro, hablar desde la izquierda con una voz independiente era un pecado. Los filisteos temblaban, el tintineo de sus medallas se escuchaba de un extremo al otro del continente.

Me queda poco que decir, cuando menos en esta carta, señor Sartre. Lo esencial (¡hay muchas otras tareas, sí, camaradas, pero ésta no es menos importante!) deberá ser incorporar a los escritores de América a la lucha por la desestalinización —en todos los órdenes—, no obstante el retraso enorme.

Es decir, hablo de una empresa en la que yo fracasé desde el primer instante, y en la que continúo aislado, solitario, en medio del mayor silencio. Debo proporcionarle algunos datos.

Estuve en Budapest en mayo de 1957, o sea unos meses después de la contrarrevolución. Comprendí desde luego que a los escritores comunistas nos correspondía, antes que a nadie, situarnos en la posición de la verdad respecto a lo acontecido en Hungría —no por cierto a la manera tendenciosa y tonta de aquel corresponsal del *Daily Worker* de Londres. Tampoco, de ningún modo, en la forma como lo abordó, durante cierto tiempo, nuestra propia propaganda.

Para mayo del 57 ya estaban bastante claras las cosas en el criterio de la opinión avanzada de Europa, pero pensé que en mi país, en México, ni con mucho ocurriría lo mismo, antes todo lo contrario. Así era, en efecto, y esto justificaba algún intento de mi parte. El resultado fue una "Carta a los escritores comunistas" (escrita en Budapest) y un pequeño libro "Testimonios de Hungría" (que comencé en México inmediatamente a mi regreso, y terminé de escribir en un breve lapso).

Por demás está decirle que el segundo no ha encontrado editor hasta la fecha (¡después de casi cuatro años!) y que la "Carta a los escritores comunistas" —publicada en el modesto diario que editaba entonces el PCM— no obtuvo la menor respuesta de nadie, excepto, meses después, una severa crítica de mi propio partido.

Yo entendía —y así lo sigo entendiendo— que situarse en el punto de vista de la verdad era, y es, enfrentar el problema desde una crítica del stalinismo, no sólo por cuanto a los sucesos de Hungría, sino por lo que respecta a todos los errores que engloba el concepto del "culto a la personalidad".

El asunto parece estar ya superado históricamente, pero por desgracia no así entre nosotros. La "Carta de Budapest" (sin duda ya por completo inactual) que le adjunto será un documento que le sirva, señor Sartre, cuando menos para darse cuenta de un ejemplo acabado, perfecto, de cómo predicar en el desierto.

Lo saluda y estrecha afectuosa, fraternalmente sus manos, / José Revueltas.

Abril [*de 1960*]. Los caminos de la historia no son tan inexcrutables como los de Dios, pero no dejan de ser sorprendentes. Hemos terminado por afiliarnos al POCM, única forma de proseguir la lucha interna. Asistimos a la convención nacional, [Eduardo] Lizalde, [Enrique] González Rojo y yo. Terminaron por elegirnos en la comisión ejecutiva. Ahora nuestro trabajo se plantea en otro plano. Por mi parte, considero que estamos *ya* en el camino de construir el partido de la clase obrera. La lucha ideológica ha de colocarse en un primerísimo plano, para superar cuanto antes la primera fase de esta segunda etapa, la etapa post-partido comunista.

La clandestinidad no es una *ley* de la teoría del partido.

Grandes ojos, plácidos por momentos; a él lo miraban con atenta inquietud penetrante, adivinadora y llena de preguntas. El carácter de esos ojos radicaba en los párpados, ligeramente entrecerrados. (Café Chantilly)

Respecto a Soulages. La pintura y la música son la abstracción por excelencia. No ocurre lo mismo con la palabra (excepto el poema) ni con la materia escultórica. Éstas son para decir. ¿Por qué tendrían, entonces, que hablar la música y la pintura? Esto constituye precisamente una aberración, un viejo prejuicio que viene, equivocadamente, de Altamira y de las esculturas policromadas de civilizaciones que apenas habían conquistado, o aún no tenían, una literatura escrita. Es decir, lo figurativo de la música y la pintura modernas nace de un malentendido lamentable y retrógrado que debe ser desterrado cuanto antes y sin lugar a dudas.

[México, 26 de abril de 1961]

Querida hermana: Estoy ya en condiciones de ir a La Habana
[donde se encontraba Rosaura] en cuanto me digan que está listo
el pasaje. Lo mismo ocurre con Ríos. Podríamos salir juntos si
este aspecto del problema se activa allá mismo, en el ICAIC
[Instituto Cubano del Arte e Industria Cinematográficos] por lo
que a mí respecta, y en donde corresponda por cuanto a Ríos;
pero en última instancia, como Ríos también puede ayudarme en
el trabajo allá, en tanto se regulariza su situación, tal vez podría
ir (nada más en lo que se refiere al pasaje) por cuenta del
ICAIC, según pienso; no sé.

El caso es que tú podrías hablar allá con la gente. Lo único
que aquí me retiene es liquidar mis deudas, cosa que ya atiendo
y que solucionaré en esta semana (estamos a 26 de abril); luego,
mi libro sobre México (*Ensayo sobre un proletariado sin cabeza*)
ya está terminado y sólo estoy pasándolo en limpio. Lo dejaré en
marcha para su edición, de modo que pueda irme sin más preocupaciones.

Estuvimos alerta noche y día en nuestro trabajo de solidaridad
con Cuba; trabajando hasta la extenuación. Dos grandes manifestaciones. La última de ellas disuelta por los granaderos, pero
muy combativa. Mi hijo Fermín resultó con algunos golpes, pues
iba a la cabeza de la demostración; ninguna cosa de cuidado:
hace apenas sus primeras armas revolucionarias.

Bien. Contéstame lo más pronto que puedas. Sabemos que el
día primero de mayo proclaman la República Socialista. Esto me
ha llenado de una profunda emoción. ¡Nuestra primera república
socialista de América! Casi parece un sueño. ¡Qué deseos de que
pudiera estar allá para el primero, pero no veo que sea posible!
Por favor escribe; ya estamos un poco más tranquilos después
de la derrota que se infligió a los mercenarios. Pero seguimos
en guardia, haciendo lo que se puede.

Un largo abrazo. Espero que nos veamos pronto. / Tu hermano, José.

[Octubre de 1958] 10 pm Hotel Saxon

"Mañana en la casa temprano." Y sé todo cuanto esto significa. Enferma, sin duda. Ha sido tu miedo; tu espantoso miedo, que yo, te juro, había comprendido siempre y al que podía desdeñar porque yo me puedo entregar en cualquier momento a tu muerte. Pero esta indiferencia de amor —y te explicaré en qué consiste enseguida—, *indiferencia de amor*, hay que repetirlo, ha representado el papel de villano del drama. ¡Qué absurdo! Ha parecido siempre que para mí no contabas —según tú. Ahora que lo medito es posible y me consterna un poco respecto a mí mismo. Porque el amor llega a considerar lo amado como una parte tan orgánica de su propio ser (y esto es obvio, natural, impensado), que no le importa sacrificar a ese ser que es uno porque cree que a sí mismo puede imponerse todos los dolores y sufrimientos. El hecho es que lo amado es *otro*; una persona que está fuera de uno, y a la cual no puede sometérsele a nada, ni invadírsele su yo. Se recibe una sorpresa. Aquello amado no era yo, no era mi parte (y, al contrario, yo la de ella), sino algo que necesaria y justamente debía ser otra cosa, una entidad de la que no puede disponerse en forma alguna, ni sacrificarla con lo que pudiera ser el posible sacrificio de uno. Añade a esto tu salud. Desde luego, sin ignorar su estado. también *era mi salud*. Yo sé que tu salud es la mía; que me enfermo contigo. Que precisamente eso es el amor y era del todo natural darlo por supuesto. Claro: aquí viene lo cruel y lo estúpido, pero que ahora vemos de un modo objetivo: si te enfermas, tu enfermedad es mi enfermedad, porque te pertenezco, porque eres mi cuerpo. El amor es una extensión mutua y, voy a decirlo, *irreparable*. Yo soy tu extensión y tú la mía, un territorio *nuestro*, tuyo y mío por igual, nuestra pertenencia, donde habitamos. Nadie (y esto debe aparecer con toda claridad para ti), ni tú ni yo, nos estamos sometidos, porque nos pertenecemos; lo del sometimiento está fuera de discusión, está superado. No me he impuesto: daba por comprendido que si yo, por ejemplo, luchaba —y esto, que no lo creo, era un sacrificio para ti—, al sacrificarte me sacrificaba.

Claro, esto no es evidente sino hasta ahora: tú sentías —creo que equivocadamente— que me imponía, sin que eso fuera cierto. Hoy debemos saber que no era cierto. ¡Es tan palpable que no era cierto! Estamos enfermos. Ignoro si lo habrás sentido en esta aterradora forma común en que yo lo siento.

Besos, melancolía, amor de / José.

*

[La Habana, 12 de junio de 1961]

Querido Román, hijo mío: Hoy recibí la carta de tu mamá que tiene fecha 6 de junio. Ya estaba yo muy preocupado por la falta de correspondencia de ustedes. ¿No estuviste contento en Querétaro?

Fíjate que yo me inscribí en las Milicias y fui aceptado, así que esta semana vestiré uniforme de miliciano y luego luego te mando una fotografía. Aquí todo es muy bonito. El pueblo está muy contento con Fidel y Fidel es una gran persona. Un niño de Río de Janeiro, Brasil, tenía tantas ganas de conocer a Fidel, que se escondió en el avión que desde allá venía a Cuba. Aquí lo descubrieron y vieron que no tenía pasaporte porque se había venido a escondidas. Pero él les dijo que era porque quería conocer a Fidel, y que nomás lo conocía, se regresaba a su tierra. En lugar de regañarlo, los guardias del Ejército (aquí se llama Ejército Rebelde, y no son soldados, sino son los cubanos que combatieron en la Sierra Maestra contra Batista), pues los guardias llevaron al niño con Fidel y entonces, mientras Fidel avisaba a los papás del niño que no tuvieran cuidado, lo mandaron a que estuviera con todos los niños cubanos en las escuelas, en sus casas y en los campamentos de alfabetización. Todos los niños le regalaban juguetes y se divertían mucho con él. Al fin regresó a Brasil y una multitud de niños lo fue a despedir al aeropuerto y va a regresar a Cuba pero ahora ya con permiso de sus papás.

Aquí ya no hay burgueses que sean dueños ni de las tierras, ni de las casas, ni de las fábricas. Todo pertenece ahora el pueblo: hasta los hoteles de lujo. En los hoteles se han venido a vivir los niños y niñas campesinos que vienen a estudiar a La Habana, así que aquí en donde yo estoy (el Hotel Nacional, que antes sólo podían pagar los gringos porque era muy caro) está lleno de cientos de muchachitos y muchachitas, que reciben clase de sus profesores aquí mismo en el hotel, pues es muy grande, tiene piscina y está a la orilla del mar.

Desde la ventana de mi cuarto yo veo la bahía de La Habana y a un lado el castillo de El Morro (un viejo castillo que hicieron los españoles para defenderse de los piratas). Entonces veo salir y entrar todos los barcos.

Si tu mamá te da permiso puedes venir por unos días a La Habana. Yo pago aquí el boleto y la compañía te viene cuidando en el avión; luego yo te recojo en el Puerto Aéreo de La Habana y vives aquí conmigo en mi cuarto. Como aquí sí me pagan, compramos muchos juguetes que te puedes llevar a México. No te pasa nada y haces un viaje muy bonito en avión. Dime si para tus vacaciones (o para el 26 de julio, que es el aniversario de la Revolución que hizo Fidel), puedes venir y te da permiso tu mamá, para arreglar yo aquí las cosas.

Estoy trabajando mucho, pero muy contento. Aquí estoy llevando a la realidad todos mis viejos proyectos y me los aceptan encantados.

Estoy escribiendo una película sobre una novela cubana que me gusta mucho; la película va a resultar muy bien. Luego, por las mañanas doy unas lecciones a un grupo de compañeros del cine. Así que casi no tengo tiempo: me levanto antes de las siete para estar listo a las 8 en que estoy en donde trabajo para dar mis clases. Luego regreso al hotel y me pongo a trabajar hasta muy noche, pero todo con muy buenos resultados y sin que nadie me esté arreando.

Dile a tu mamá que *Siempre!* publicará una edición próxima sobre Cuba (con motivo del aniversario), que tendrá un artículo mío que Pagés le pagará a ella. (Sobre esto ya le escribiré con tiempo y dándole todos los detalles. La cantidad no será muy pequeña, sino que cuando menos podrá cubrir dos o tres meses de colegiatura y de violín.)

Contéstame pronto si es que puedes venir a La Habana; te divertirás mucho e iremos a muchos lugares, en barco, en coche, a caballo o en avión, pues aquí me dan toda clase de facilidades. Estarás muy contento y podremos conseguir una maquinita Flyer (ya no me acuerdo qué marca), quiero decir, de la misma marca que tienes.

Te escribiré más largo la próxima vez. Y en cuanto salga un artículo mío muy largo que escribí sobre Cuba, te lo voy a mandar, pues ahí dice mucho de lo que he visto.

Me contó tu mamá de que se murió Mamá-Pichita. Dile a tu abuela que lo siento mucho y que le doy mi pésame (pobrecita viejita, espero que haya sido una muerte tranquila y sin dolor).

Bueno. Aquí ya me despido. Ahora sí les pondré bien la dirección. Sigan escribiéndome al ICAIC.

Un abrazo y muchos besos, de tu / Patachuzo...

[La Habana, 1⁰ de julio de 1961]

Querido Román, hijo mío: Recibí tu carta del 25 de junio, que me entregó aquí un compañero director de cine en México, Alejandro Galindo. Supongo que tu mamá se la llevó a Rangel al sindicato y éste hizo lo mismo con Galindo para que a su vez me la entregara a mí. También recibí carta anterior tuya, junto con un dibujo. Ahí me decías, equivocadamente, que tu concierto era para el dos de junio; pero veo que será para mañana domingo, dos de julio (tengan cuidado, como es día de elecciones, no vayan a tropezar con cualquier desorden callejero).

¿Así que tienes mucha curiosidad por saber qué pasa en Cuba? Ya te mandé unas tarjetas, y además, el recorte de un artículo mío en donde hablo acerca de muchas cosas de las que he visto en esta maravillosa tierra. Cuando tú vengas en septiembre, verás qué bonito es todo. Como es muy posible que todavía me encuentre aquí para septiembre, entonces vamos a combinar las cosas para que tú vengas y no me encuentres con demasiado trabajo para que podamos estar juntos mucho tiempo, hagamos un viaje por mar (a ver si vamos a Isla de Pinos) y otras muchas cosas que te van a encantar.

Fíjate que ayer (no, anteayer, la noche del 29) fue mi primera guardia como miliciano. Me tocó ir a resguardar los laboratorios donde se hacen y revelan las películas, una empresa (que ahora pertenece al pueblo), que se llama Telecolor. La empresa está a orillas del bosque y de un río, el río Almendares y mi guardia era de las doce de la noche a las tres de la mañana. Pero te contaré por orden.

Ese día, por la tarde (pasadas las 7:30), yo estaba ya en las oficinas del ICAIC (así se llama donde trabajo), en espera de un compañero que me conduciría a donde yo estaba destinado para hacer mi posta (como se llama a la guardia). A los pocos momentos se recibe un aviso: ¡ha estallado una bomba aquí cerca! ¡Telefoneen a la MCQ (la estación de radio) porque el humo se ve por aquel lado! La compañera encargada de los teléfonos comenzó a llamar para todas partes y en unos segundos se comprobó que en efecto había estallado una bomba (puesta ahí por los esbirros que paga el imperialismo) en las calles L y 21 (por donde paso todos los días en el camión que me lleva a mi trabajo). Salieron los fotógrafos con sus cámaras, volados, para tomar toda la información gráfica y yo por mi lado me fui a cumplir mi guardia (porque, aunque me tocaba hasta las doce, yo debía estar de todos modos, en el edificio de los laboratorios, desde las ocho de la noche a las ocho de la mañana, durmiendo ahí, en cualquier sitio, mientras no estuviera en la posta misma, afuera del edificio, en la carretera).

Llegamos. Aquello es muy bonito. Una carretera, que baja por uno de los costados del río y conduce a una vieja quinta, muy hermosa, que perteneció a un antiguo hacendado y que ahora ocupan los laboratorios cinematográficos. De un lado, está el bosque, luego el río, y enfrente, bordeando la casa y subiendo hacia el otro lado del puente, la carretera (te hago un plano, para que lo entiendas bien). Éramos nada más cuatro milicianos para toda la guardia de la noche (a tres horas por cabeza). Lo que más me intranquilizaba a mí era que tenía yo que hacer la guardia solo y sin conocer el terreno ¿te fijas? El compañero responsable de la guardia me dio las instrucciones de lo que yo debía hacer: no dejar pasar a nadie más allá de una valla que habíamos plantado sobre la carretera; detener a todo mundo, así como a coches o camiones que se aproximaran, marcándoles un ¡alto!; si no obedecían a la segunda voz, yo debía disparar sin más trámite. Le pedí al compañero que me enseñara rápidamente el manejo de las armas de que íbamos a disponer los 4 milicianos (él mismo uno de ellos). Había dos clases de armas: dos fusiles automáticos, de ráfaga (que disparan creo que hasta 30 cartuchos) y dos rifles Springfield, de cinco cartuchos cada uno, que disparan balazo por balazo, y no por ráfaga. Me tocó unos de estos últimos, que, por ser igualito al Mausser que en México conocemos, yo ya había manejado (cuando estuve preso en la Correccional, a la edad de 15 años, pero no se me había olvidado).

Así que, bien armado con mi trabuco, ahí me tienes haciendo mi guardia en mitad del bosque, cubriendo un área como de doscientos metros que debía vigilar de un lado y de otro (de la carretera y del río), pues no debía preocuparme por el bosque que estaba a mis espaldas, ya que más adentro, había, a cerca de un kilómetro, una posta de la Marina Revolucionaria. Todo pasó sin novedad, fuera de un pequeño incidente, que pudo resultar de consecuencias.

Resulta que como a eso de las dos de la mañana se aproxima a gran velocidad una camioneta y se echa sobre la valla, a fin de trasponer la entrada sin disminuir la velocidad. Me le atravesé, con el fusil preparado para disparar, pero en esos momentos un compañero de nuestra guardia salió a avisarme que era una camioneta de allí mismo. (Lo que pasaba es que, como todos son conocidos, ellos venían corriendo con la camioneta en plan de broma, sin suponer que en la guardia habría un miliciano nuevo, que no sabía de esas bromas.) De no haber sido por esto, yo es casi seguro que disparo, cuando menos a las llantas (antes de, por supuesto, echarme a correr como un gamo, en lo que ya he adquirido mucha práctica con los granaderos allá en México). Ésta fue mi primer aventura como miliciano. Vamos a ver cómo me va ya en mi próxima guardia, dentro de diez días.

La bomba causó algunos destrozos y resultaron tres heridos leves, sin mayores consecuencias. Así que no se vayan a alarmar. Lo único que todos quieren aquí en Cuba es que se les deje trabajar en paz y hacer todo lo más rápidamente que se pueda para que el socialismo vaya siendo una realidad en el país entero.

Bueno; hoy sábado tuve un poquito más de tiempo para escribirte una carta más larga. No dejes de escribirme. Le dices a tu mamá que cuando haya alguna cosa importante, tampoco deje ella de hacerlo. Todavía no he tenido tiempo de pasear por La Habana y conocerla bien. Cuando tú vengas lo haremos juntos.

Estudia mucho y sé muy buen violinista, para que después aprendas a componer, porque para entonces ya vivirás en un mundo nuevo, sin guerras, donde todos realizarán sus esperanzas sin más dificultades que las que se presentan a la voluntad y al esfuerzo.

Abrazos de / Patachuzo.

[La Habana, Cuba, 31 de julio de 1961]

Mariate: Acabo de recibir la carta de Román, me parece que del día 22. Para en caso de que venga en septiembre, lo que requiere es sacar en Gobernación una forma (según creo) por medio de la cual los padres de Román (tú y yo) autorizamos que viaje, aun cuando lo haga en compañía de su mamá. Éste fue el caso de Isabel, que no pudo venir en compañía de su hijo porque Carlos no había firmado la autorización. Fue necesario que Carlos la firmara aquí y luego regresarla a México para que el muchacho pudiese venir.

Para mayor seguridad por cuanto a los requisitos convendría entonces que en la Cubana de Aviación (ahí en el Paseo de la

Reforma) te enteraras de todo lo que se necesita. Podría informarte el señor Jorge Rojas, que es el jefe y a quien encontrarás en cualquier momento. Entonces puedes remitirme el documento de que se trate para yo firmarlo aquí. Por mi parte arreglaría lo del pasaje ya que hubiésemos determinado una fecha precisa, para que ahí en Cubana de Aviación les digan entonces que los boletos están listos (yo compraría el pasaje aquí, y les enviaría enseguida a ustedes, un cable informándoles de que ya estaba cubierto ese trámite para que dentro de un periodo equis, decidieran nada más el día). En resumen, las cosas que deberán hacer, son las siguientes:

1. Informarte con Jorge Rojas, en Cubana de Aviación, qué requisitos deben llenarse para el viaje de un menor de edad.

2. Mandarme el documento de Gobernación que se necesita para yo firmarlo y regresártelo ya firmado.

3. Esperar a que yo les mande un cable diciéndoles que ya los boletos están adquiridos.

4. Informarme tú para qué fecha precisa han decidido el viaje.

Espero pues toda esa información.

Abrazos de / José.

[4 de septiembre de 1961]

Mariate: Te mando dos ejemplares del documento autorizando a Román. Me decían que tenía que autorizar este documento en el Consulado de México aquí; pero en cuanto acudí al cónsul, presentan tal cantidad de estúpidos requisitos, a causa de no entender nada de lo que se trata, que resolví mandarte los documentos como están, mientras hablo con el embajador a fin de que él mismo sea quien solucione el problema (el cónsul o sus empleados pretenden acta notarial, etcétera), cosa por demás innecesaria e imbécil. Es un tipo que no entiende nada, y que sólo me va a meter en un lío, cuando de lo único que se trataría, en última instancia, es de poner el sello del Consulado en el documento. Te mando entonces dos ejemplares firmados, para que tú veas allá si así basta con ello, y se certifique mi autenticidad con el número del pasaporte mío que habrá allá en Relaciones. De cualquier modo yo tengo otro ejemplar del esqueleto y lo llenaré de acuerdo con el propio embajador, por si se hace necesario.

No creo que encuentres más dificultades para que te extiendan el pasaporte. En estos momentos te hablo por teléfono para aclarar las cosas.

Saludos. / José.

Queridos Mariate y Román: Por supuesto se habrán imaginado la contrariedad que me causó el que se haya frustrado el viaje a ésta. En el fondo todo se debe a causas ajenas a la voluntad de ustedes y mía. Desde el primer momento menudearon las más absurdas circunstancias fortuitas y que no podía yo explicar en los momentos mismos pero que, con un cierto criterio de adivinación eran fáciles de imaginar. Había, por ejemplo, el hecho de que el Banco Nacional aquí debía autorizar la expedición de los pasajes, pues de lo contrario Cubana no podría proceder a expedirlos allá en México. Luego se interrumpieron los vuelos durante una semana debido a cierta reglamentación que decretó el gobierno para normalizar las salidas o entradas al o del extranjero. Por cuanto a la autorización del viaje de Román por el Consulado, encontré ciertas resistencias debidas a una especie de gratuito terror que se adueñó de los funcionarios mexicanos y que "por mi bien", sin decírmelo, casi sabotearon la gestión. En fin, una cantidad tonta e irritante de estupideces. Probablemente mis telegramas se cruzaron con ustedes cuando salían a San Luis, y con ese temor fue que yo (no enterado de que saldrían a San Luis, pero temeroso de que así fuese, telegrafié a Benjamín pues ya *todo* estaba listo en Cubana para que ustedes simplemente tomaran el avión). Dos días fui al Puerto Aéreo con la consiguiente desolación al ver que entre los pasajeros que bajaban ustedes no venían: era como para llorar. Bien. Pero no hay que desesperarse. Todo se arregla siempre que proceda uno racional y no emocionalmente ni con deseos de fastidiar a los demás o de suponerles intenciones y pensamientos que no tienen.

Se trata ahora de lo siguiente.

1. Ustedes pueden venir después del 25 de octubre (ya que ese día volveré a tener dinero para arreglar todas las cosas).

2. El niño puede estarse aquí 10 días sin que pierda nada en ello (aquí hay músicos muy buenos, amigos míos, y alguno le daría las dos o tres lecciones, siguiendo instrucciones de Vullman, por ejemplo).

3. La objeción serían sus exámenes en la escuela. Bien; si tú me avisas, antes de que termine el mes, la fecha en que podría venir, yo retrasaría mi regreso (pues ya he terminado mi trabajo en el ICAIC y sólo me retienen labores y compromisos con otros organismos: conferencias, artículos, etcétera). Mi regreso estaría planteado, en principio, para principios de noviembre (estoy escribiendo como perro) (digo, esta carta, por la sintaxis

espantosa). Entonces, *compréndelo bien,* sólo me retendría aquí en La Habana el esperarlos, lo cual lleva la ventaja de que les concedería todo el tiempo necesario para ir aquí y allá. De lo contrario, si tú resuelves que no vengan, entonces yo regresaré y la perspectiva de un viaje de Román a La Habana desaparece en absoluto.

4. La solución a todo el problema es:

a] Carta tuya en respuesta a la presente, informándome si pueden venir (en Cubana debiste recoger el documento de autorización, que fue enviado con un propio, para que éste lo entregara al señor Rojas).

¿Recogiste o no ese documento? Avísame sobre el particular. Se trata del documento consular.

Aquí yo debo organizar de nuevo lo referente a los pasajes. Pero ahora ya será fácil porque gozo de la antigua autorización.

b] Acudir entonces a Jorge Rojas, en Cubana, para aclarar el asunto y si no llegó el documento, saberlo yo para gestionar uno nuevo, o ver si es posible que el Consulado arregle el asunto telegráficamente, para evitarnos toda la tardanza actual de las gestiones por correo ordinario.

c] Si no hay objeciones ni tropiezos para el plan, yo te rogaría me pusieras un cable en los términos aproximados siguientes:

Todo en marcha o viaje decidido precisa fecha.

Yo entenderé que no hay ningún tropiezo y que la cosa se piensa para después del día 25 de octubre. Sólo te ruego que tengan paciencia y confianza en mis proposiciones. Paciencia para esperar mis respuestas (suponiendo que no dependen en absoluto de mí) y confianza de que no sería capaz de engañarlos.

Hoy mismo les pongo una carta telegráfica, para que Román se tranquilice. Sin duda cuando ésta llegue a sus manos, el telegrama ya habrá llegado también.

Bueno. Espero con ansiedad tu respuesta. Puedes usar la "entrega inmediata" (parece ser que la censura norteamericana la respeta un poquito más, en medio de su impúdica intervención de nuestra correspondencia).

Saludos cariñosos / José.

P.S. Yo les mandaré otro cable, donde ya sólo les diga el día del vuelo. (Recibí tu carta de septiembre 28 hasta apenas antier.)

Vale.

Queridos Román y Mariate: Ahora sólo estoy en espera de noticias de ustedes para saber qué decisión tomar respecto a mi regreso a México. Mi trabajo ha terminado prácticamente y sólo me restan de realizar algunas cuantas cuestiones menores. Mi última actividad fue una conferencia que fui invitado por la Unesco a leer para los becarios del ministerio de relaciones exteriores. Tuve mucho éxito y me ovacionaron todos puestos de pie, al final.

Aproveché hace poco un descanso y decidí ir a alguna de las playas. Antes quise aconsejarme sobre aquélla a donde no fuese mucha gente y se me dijo entonces que podría ir a la de El Salado, a unos cuantos kilómetros de La Habana. En realidad casi no va gente a esa playa y yo la encontré desierta, lo cual me dio mucho gusto. Pero... la razón es que se trata de una playa pedregosa, llena de rocas en el fondo del mar y donde materialmente casi no se podía uno ni echar al agua porque dondequiera tropezaba o resbalaba. Así que ya se figuran mi decepción... Bueno, me resigné, con el propósito de entregarme a la lectura, pero aquello era a cada momento más caluroso. Cuando inquiero por una cerveza... pues se me dijo que están prohibidas las bebidas alcohólicas en las playas del pueblo. Bueno, así iban las cosas, hasta que decidí regresar a La Habana. Pregunto: "¿Cuál es la guagua (camión) que lleva al pueblo más cercano?" Me indican el ómnibus. Lo tomo, sin extrañarme del rumbo que tomaba y después de unos tres cuartos de hora voy a parar a un pueblito (en el rumbo opuesto de La Habana), que se llama Caimito y que me había alejado unos quince kilómetros o más del punto donde yo podía tomar el ómnibus de regreso. Por fin me encontré con un coche que recogía viajeros (como los de a peso de México), que quisieran ir a Marianao que es un barrio de La Habana. Tomé el coche, que llegó a aceptar hasta siete pasajeros aparte del chofer y de su amigo, así que íbamos como sardinas. Finalmente llegué al Hotel Nacional y me propuse ya no intentar ninguna clase de vacaciones y si quería descansar, hacerlo en la propia piscina del hotel.

En este mes de octubre el mar comienza a agitarse y el espectáculo es muy bello desde mi ventana. Las olas del mar rebasan el malecón y bañan de un lado a otro la avenida. Los coches que se atreven a pasar, desaparecen por un momento bajo la gigantesca ola y algunos se quedan ahí parados, sin poder continuar, sin duda porque se les mojó el acumulador. Era muy bello ver cómo algunos choferes jugaban con sus coches a pasar antes de que la ola estallara sobre la avenida: el juego por momentos era fascinante. Ha soplado un viento huracanado, pero nadie teme que se convierta en ciclón. Hubo uno, el mes pasado, que rozó Pinar del Río (la provincia al oeste de la isla) y que causó grandes perjuicios. Por el momento no hay el riesgo de que pueda producirse uno nuevo.

Bien. Repito que estoy en espera de sus noticias. Esperaré hasta la segunda semana de noviembre. No podré esperar más por muchas razones. Hagan un esfuerzo y contéstenme telegráficamente al recibo de ésta, pues tardará 10 días en llegarles, y si me contestan por carta, las cosas se complican. Saludos cariñosos de / Patachuzo.

Esperaré aquí en La Habana, antes de regresar a México, hasta el 17 de noviembre, pues tengo que dar otra conferencia el día 10. (Ahora es 25 de octubre; señalé mal la fecha en esta carta, quiere decir que si esta carta les llega el 10 de noviembre, podrían telegrafiarme: iremos, para que entonces yo tomara las providencias.) ¡Ocurrencia genial!: aquí están Pepe Calderón, Walerstein, Raúl de Anda y Zacarías, aparte de Juanito Ortega [gente del cine], etcétera. Me han procurado y no quieren dejarme ni un solo momento, muy felices de haberme visto. Gregorio me ofreció trabajo enseguida para cuando llegue a México. Así que te mandaré esta carta con alguno de ellos, con lo cual se ganará un tiempo precioso. / Vale.

*

[México, 17 de diciembre de 1963]

Vida mía: Pedí la opinión de Arturo sobre la parte clínica de tu carta. Piensa él que la cosa es de cuidado y que el diagnóstico de los médicos de allá va por buen camino. La conversación con Arturo me convenció de que hubiese sido una tontería irme a Cuernavaca, ya que eso iba a complicar innecesariamente la recepción de noticias tuyas, por eso te mandé un telegrama y que de tal modo no estuvieses en la creencia de que me habría ido fuera de la ciudad (digo, un segundo telegrama). Estoy terriblemente preocupado, así que no dejes de estarme informando. Para alejarme de la preocupación me he concentrado nuevamente en el trabajo y esto me ayuda. No pienso salir a ningún lado ni ir a ninguna parte; da la casualidad que no hay con quién pasar la Navidad porque la misma Andrea sale fuera días antes y no regresa sino hasta Año Nuevo. Aprovecharé el tiempo lo mejor que pueda. ¿Tal vez me podrían hablar por teléfono la noche del 24 tú y Román antes de las 9:30 pm? Si puedes me gustaría mucho; tú sabes que no es por ningún convencionalismo, sino porque entonces tendría noticias más directas sobre qué más han dicho los médicos y cuáles son las perspectivas.

De los dineros, espero podértelos enviar antes de que regreses. Estos días navideños lo trastornan todo y trastornan a la gente a tal extremo que nadie quiere ya trabajar en serio ni cumplir sus promesas o hacer sus negocios (me refiero a la persona con quien tiene Filio que entenderse para una operación). Te repito que me concentraré en esa tarea hasta no solucionarla de modo satisfactorio. Estoy ya copiando tu novela a pasos acelerados, al mismo tiempo que trabajo en la mía.

¿Qué dice Román? No te imaginas la desesperación que tenía al no encontrar un maldito taxi, después de esperar tres cuartos de hora. En la próxima ocasión me atendré a los camiones, pues si lo he hecho hubiera llegado a tiempo. Estoy redactando esta carta con los pies porque trabajé toda la noche y porque ahora que ya ha amanecido un grupo de trabajadores está levantando la calle y hace un ruido horrísono.

Los extrañé mucho el otro día, pues había una claridad tan espléndida que los volcanes flotaban en el cielo como una extraña aparición del otro mundo, diáfanos y sutiles, como colosales ángeles de nieve.

¡Por Dios, escríbeme enseguida! Por mí no tengas cuidado. Y por cuanto a mi moral, la he vuelto a tener en alto y firme.

Te besa, te quiere con toda su alma y besa a su Román / José.

P.S. Saludos cariñosos a Benjamín y familia.

[México, 27 de diciembre de 1963]

Vida mía: Pasar la Navidad con mis hermanas me deprimió, tú lo comprendes. Esa impresión que siempre da Rosaura de pichicatería y su empeño por querer estar midiéndome las copas, en fin ya te contaré más detalles, pero fue torturante.

¿Cómo la pasó el Román? Me tranquiliza el pensar que la pasaron en familia y que para él ya es fiesta estar con sus primos.

Bien; ahora estoy más tranquilo. No he interrumpido el trabajo de la novela [Los errores], pero tropiezo con dificultades sobre todo de tipo moral. La conclusión de la novela es terriblemente dolorosa ante todo para mí mismo y me pregunto si tiene uno el derecho de hablar así y decir así las cosas. ¡Ni modo! Es verdaderamente un castigo que tenga uno determinada clarividencia unida casi no a la valentía sino a la temeridad del espíritu. Pero sólo de este modo se hace la literatura de un país.

Cuéntame de Román. Creo que sus afecciones son una simple forma de imitación, por deseo de equipararse contigo. Es preciso no conversar delante de él de las enfermedades ni nada que pueda darle pie para que él trate de repetirse.

He comprendido hasta lo más profundo lo mucho que te amo y qué difícil se me haría la vida sin tu cariño. Dile a Benjamín que le agradezco con todo el corazón sus atenciones para ti y que lo saludo con afecto de hermano. (Si no consideras necesario decírselo no lo hagas.)

Recibirás antes de ésta un telegrama, por ver si te es posible estar en México para acudir a la recepción de la embajada cubana. En caso de no estar tú aquí no iré de ningún modo.

Es posible que ya no tengas tiempo de escribirme. Aún no recibo la tercera carta a que te referías por teléfono. Como dices, el correo anda de cabeza este fin de año, sobrecargado por las felicitaciones a las que parece se les da prioridad.

Si te es preciso permanecer más tiempo allá por razones de atención médica, por supuesto que permanece. Mi novela estará lista para Reyes (el día de Reyes), a más tardar. He estado copiando la tuya (que tiene muchas faltas de ortografía, aunque yo mismo las cometo).

Bueno. Deseo verlos. ¿Román se llevó su cámara? Me gustaría ver lo que haya tomado en caso de que la llevara.

Besos, amor, nostalgia, tristeza de / José.

Dic[iembre] 27, 1958

Amor, amor mío: Hay una hoja en mi sábana —prendida, rota—; queda ahí proveniente del aire. Todo el destino cae, se arremolina, viene sobre mí —cabizbajo. Mi destino. Podría derribarme de llanto. Implorar. Se caen las cosas; se cae mi amor, me derribo —grito. No sé si debo abandonarme. Sería fácil y triste. Las cosas me reclaman. También —¡sí, también!— podría dejarte a ti —perderme. Lejos de lo que eres, de ti, de mi piel absurda y martirizada, si quieres, innoble. Podría todo lo demás: buscar mi noche, quedarme con ella, en silencio, sin ti —mi amor. Parecería que todas las palabras han sido escritas en vano, desde antes, desde mucho antes de ser palabras. Y uno las sigue, las procura, las construye y por ellas se pervierte. Ahí estamos desnudos, amor mío, sin alas. Nos las hemos quitado, nos despellejamos cada día, cada centímetro de amor, deshojándonos como ese árbol que me mira por la ventana, que me quiere y llora, llora hojas. Y siente uno la oscuridad, Maka, siente uno que sube desde las plantas de los pies, segura, ordenadora, valiente. Me obstino, te amo. Tus palabras son colores, amor. No sé quién eres. Pasarán muchos siglos antes de saberlo. Alguien nos tocará. Alguien. Alguien precisará nuestro contorno, nuestra respiración, el grado apenas increíble de nuestra vida, mis viejos sollozos caídos. Hablo siempre de mí —es decir, de ti. Perdona a mis labios. Perdóname todo, pedazo a pedazo, como en una guerra de los sentidos, como si los sentidos ya no fuesen nuestros, sino de ese ángel que nos sigue por todas partes, que nos vigila desde la luna, atento, miserable, ángel y atento.

Nos hemos encontrado, Maka. Debiéramos verlo. ¿Por qué no llorar también? Juntos, Maka, hacemos una espada. Algo violento y puro —indestructible, inmancillable, también un planeta, también tú y yo, casi como una estatua, como especie de mármol, como un jardín, Maka, como tú, en fin.

Mujer, árbol —amor. Muro, sueño, línea. ¿Qué otras cosas puedo decirte? ¡Perro, perro, perro, amada mía! / José.

P.S. No es demagogia (¡sería horrible que lo supusieras!) pero me encanta tu cachorro. (Yo soy otro, Maka, te lo juro.) (¡Qué pendejo estoy!)

*

La Habana, junio 5, 1961

Maka querida: Bueno; esto de Cuba es una verdadera revolución como en la que se ha soñado toda la vida. Una revolución en estado adánico, que ante todo comienza por dar nombre a las cosas: esto es agua, esto es viento, esto es montaña, esto es socialismo. Lo fantástico es que las cosas marchan, y una juventud despierta, espléndida, surge por todas partes, se hace cargo de las cosas, empuja. Una revolución naturalísima, que no sorprende a nadie aquí en Cuba (fuera de nosotros, los extranjeros, que la miramos un poco atolondrados y con la respiración en suspenso: pero, ¿qué hacen?) y de la que nadie se preocupa si encierra una siniestra "conspiración internacional" o demás tonterías que en la prensa de México en caso semejante llenarían páginas enteras. ¡Este Fidel...!

Mi trabajo marcha (un poquito de lánguida impuntualidad de los cubanos, pero no más) y se han aprobado todas mis ideas y sugestiones sin regeto* de ninguna especie, lo cual me tiene lleno de entusiasmo. Por supuesto trabajo las 24 horas del día. Ayer domingo fui a cortar caña en una brigada de voluntarios (mi hernia se condujo con verdadera conciencia socialista). Es maravilloso ver a la gente; tiene un espíritu increíble. (Debes venir —aparte de que pienso tanto en ti—; no puedes perderte este vivir un pedazo tan palpitante de historia.) Claro, no faltan las compañeras entusiastas profesionales. Ayer, al llamar a un teléfono particular, alguien (voz femenina), en lugar del "diga" cubano que se acostumbra en lugar de nuestro "¿bueno?", rompe a hablar con un rotundo e impresionante: "patria o muerte"; me asusté de verdad y, como ignoro el protocolo que se usaba cuando la invasión, no pude contestar: "¡venceremos!", como era de orden. Contesté con un balbuceo tímido y una voz de indudables modulaciones contrarrevolucionarias, que quién sabe cómo habrá interpretado la ferviente compañera al otro lado de la línea.

Todavía no conozco La Habana. No he tenido tiempo de visi-

* Esta palabra quiere decir *regateo*, mi máquina también quiere ser adánica.

tar la parte vieja. En cambio ya fui a Santiago de Cuba (donde haremos la película que escribo) y estuve en una cooperativa en Batabanó, en Santa Clara y en asambleas, mítines y demás, que ahora son más elocuentes que todo el paisaje.

Aún no decidimos en el ICAIC (Instituto de Arte Cinematográfico) cuánto será el tiempo que yo deba permanecer en Cuba. Pero de todos modos habría que ver la forma en que vinieras a Cuba. No será difícil si te decides.

Te prometo una carta más amplia. Hoy (son las 9 pm) apenas comienzo mi trabajo propio (pues he hecho otras cosas) y mañana debo dar mi primera clase de cinematografía (ya te hablaré de lo que se trata).

Besos intensos, con toda el alma, de / Revueltas.

Habana, junio 29, 1961

Querida, querida Maka: ¡Qué alegría recibir tu carta! Algo pasa, pero hasta ahora sólo Román y tú me han contestado. Tu carta coincide con el hecho de que ayer terminé de escribir el guión de la película cuyo argumento escogí (entre varios más) para escribir: de tal suerte que tengo tiempo para una carta de ciertas proporciones que te he querido mandar desde hace muchos días. ¡Fíjate que hasta he tomado notas, a fin de que no se me escape nada de lo que he querido contarte!

Bueno. Antes de todo: tu posible viaje a Cuba. Desde luego no te preocupe mayor cosa el problema monetario. Me están pagando bien aquí, aparte de que con dos o tres artículos que escriba tendría lo suficiente para tu pasaje de ida y vuelta. Estoy en el Hotel Nacional (a donde, de paso, puedes escribirme con la seguridad de que reciba las cartas, pues no pienso cambiarme mientras esté en La Habana). Mis gastos de estancia me los descuentan del sueldo que tengo en el ICAIC. Entonces habría las siguientes posibilidades para tu estancia aquí:

1a. Vivir en mi propio cuarto (es amplio, clima artificial, frente a la bahía, etcétera).

    a] Inconveniencias de esta posibilidad. Una, que trabajo hasta el amanecer y no te dejaría dormir;

    b] Conveniencias (bueno, tú sabes... más bien excesivas, pero con su perspectiva de afectar el trabajo).

2a. Que yo pida ocupar algo como una "suite", en cuyo caso trabajaría en la parte no destinada a dormir (mientras tu sueñas). Ésta es una de las posibilidades que me parece mejor y más constructiva.

3a. Destinar un cuarto por separado en el propio Hotel Nacional. No es una posibilidad tan mala; habrá que estudiarla de acuerdo con la perspectiva de tu viaje, cuándo vendrías, etcétera.

Respecto a la fecha. Podrías venir para el 26 de julio, pero habrá mucha gente y yo no sé personalmente qué tareas tendré que desempeñar (si nos acuartelan en las milicias —pues soy miliciano— o tengo algún trabajo extra de filmación u otra naturaleza semejante).

Me inclino entonces porque vengas después del 26. Aunque sí, por ejemplo, los muchachos espartaquistas son invitados para venir a las celebraciones del 26, sería ideal tenerlos aquí a todos juntos.

Todavía no decido cuánto tiempo estaré en Cuba. Esto depende de dos cosas:

a] dejar terminadas las tareas que me he impuesto o tengo encomendadas;

b] situación política de México y estado en que se encuentra nuestro trabajo organizativo.

A mí personalmente me encantaría prolongar mi estancia cuando menos unos seis meses más, para ver ciertos frutos del trabajo. Ahora bien, esto no depende solamente de mí, y sólo estaré en condiciones de saber algo más preciso después de que discutamos en el ICAIC qué se hará con la película que ya escribí (si me la dejan dirigir, me quedaré entonces todo el tiempo necesario).

Lo anterior también está relacionado con tu viaje, porque entonces podría plantearse una estancia tuya más prolongada y ya no en plan de visita. Esto plantea la necesidad de conseguirte un trabajo (sobraría donde pudieses dar un enorme rendimiento: tanto actividades artísticas como de enseñanza). Bien, en tal caso se trataría de que básicamente te ocuparas de dar clases de idiomas (cosa de que aquí están urgidos), lo que podría gestionarse con cualquiera de los ministerios que lo necesitan más (Relaciones o Industria). Ocupada en esto, atenderías también a tus actividades pictóricas.

Es cuestión de que me escribas y me precises todos los datos, a fin de también tomar yo las medidas correspondientes (al margen de que yo procure desde hoy adelantar algunos aspectos, como el económico, escribiendo algunos artículos para tu pasaje aéreo).

Bueno. Así están planteadas las cosas. Escríbeme enseguida sobre el particular.

Ahora Cuba.

Trabajo las 24 horas del día y a veces un poco más, pero con enorme entusiasmo (lo único de lamentarse es que, hasta este momento, todavía no conozco La Habana; no he podido salir ni pasear en absoluto). Mi día de trabajo es el siguiente: me levanto a las seis y media (baño, etcétera) para estar a las 8 am en un curso sobre problemas cinematográficos que estoy dando en forma de taller de aprendizaje colectivo (la experiencia está resultando magnífica). Terminamos a las diez o diez y media, cuando no a las once, porque los muchachos quieren seguir trabajando. Inmediatamente regreso al hotel para ponerme a escribir hasta el día siguiente 4 o 5 de la mañana. Me hago subir la comida (cuando el hambre me hace recordar que es costumbre comer más o menos en alguna ocasión). Otras veces bajo al comedor y después aprovecho para dormir una hora o más. En medio de esto hay que leerse diariamente todos los periódicos y estudiar los discursos y conferencias de la gente del gobierno (es importantísimo porque cada día, literalmente, se dan pasos esenciales en la organización de la sociedad y del trabajo: abolición del pequeño comercio en los comestibles, vgr., o establecimiento de las Juntas de Coordinación, desde la base a la cúspide, integradas por gobierno y organizaciones sociales, lo cual significa un paso de enorme significación por cuanto a la administración popular del Estado. ¿Te imaginas? Porque sencillamente ¡esto es una revolución!, pero con la circunstancia de que está ocurriendo diariamente). Por supuesto aquí nadie se asombra de este ritmo de trabajo. Les parece lo más natural del mundo y yo dejo de sentirme héroe inmediatamente.

Aparte de lo anterior, atiendo un círculo de estudios sobre fundamentos de la filosofía marxista y veo películas en la sala de proyección, películas que después discutimos en sesiones extraordinarias del taller.

El taller es todo un experimento, que vamos a tratar de conformar teórica y prácticamente mucho mejor. La idea era la de realizar un trabajo colectivo, por medio de discusiones ampliamente democráticas dentro de un grupo de personas reducido pero con cierta calificación técnica. Asisten al taller hasta doce compañeros (todos ellos jóvenes y algunos de gran talento) que trabajan como guionistas y en las películas documentales de corto metraje. Expongo los problemas teóricos y luego estos problemas los tratamos de aplicar a casos concretos de elaboración de ideas cinematográficas que alguien escribe y que luego vamos desarrollando entre todos. Yo reúno el material que resulta de cada día de trabajo, con la perspectiva de ordenarlo, seleccionarlo y después publicar un libro con nuestras experiencias, libro que podrá servir como manual para nuevos aprendices [véase *El conocimiento cinematográfico y sus problemas*]. Todo esto se facilita de un modo increíble (didácticamente hablando) puesto que al mismo tiempo se enfocan las cuestiones desde el punto de vista marxista-leninista: entonces vemos los problemas con mayor claridad y de un modo más objetivo y más relacionado con las tareas revolucionarias de Cuba. Los muchachos parecen estar contentos. El primer día fueron impuntuales, pero inmediatamente recurrí a la dirección máxima del ICAIC con un ultimátum: no habría tal taller de no llegar a punto los compañeros. Ahora ése no es el problema. Pero te imaginas que ya el taller, por sí mismo, podría ser un trabajo al cual consagrarse *exclusivamente* (pero ése es un sueño: aquí no te puedes dar el lujo de hacer exclusivamente una cosa, cuando hay tantas que atender aun sin salirte del género).

Se discute ahora en los medios intelectuales el problema de si el arte debe ser "dirigido" o no dirigido. El debate tiene sus ribetes absurdos, pero será interesantísimo. El problema radica en el increíblemente bajo nivel teórico de los intelectuales (los escritores en particular), que quieren plantearse "conflictos" y "sufrimientos" subjetivos, que carecen de cualquier base en la realidad (¿debe o no debe haber una dirección social del arte?, ¿está amenazada la "sacrosanta" libertad del artista? ¡Tonterías!). Como estoy escribiendo un artículo sobre el problema (para *Cine Cubano*), no quiero en esta carta darte mis razones, puesto que las leerás (la cuestión está en centrar el asunto y combatir por igual a la derecha partidaria de la soberanía excluyente del arte, y a la izquierda dogmática partidaria de un arte de octavillas y por decretos).

Tomo notas e informaciones sobre la lucha clandestina en tiempos de Batista, a fin de ver si se puede escribir algún trabajo de ficción (sería mucho ambicionar una novela, pero algo. A ver).

Noticias de México no tengo, lo cual me angustia. Te pido un enorme favor: que me mandes los recortes de periódicos con las noticias que más puedan interesarme políticamente (también lo que se dice sobre Cuba). Si esto lo pudieras hacer con cierta regularidad, sería maravilloso. Los compañeros no me escriben. ¿Qué pasa con mi libro [*Ensayo sobre un proletariado sin cabeza*]? ¡Es de primerísima importancia editarlo! Ruégales que me escriban y que me informen cómo marchan las cosas (¡de lo contrario no regreso a México!). (Claro que es broma.)

¡Serías tan feliz trabajando acá! No es que todo marche sobre ruedas; sería absurdo pretenderlo. ¡Pero es *nuestra* revolución! ¡Es lo que hemos anhelado la vida entera y a lo que puede uno consagrarse sin un minuto de reposo! Imaginar que vengas a Cuba me llena de felicidad. ¡Luchar juntos! (¡Si la situación de México no fuera tan estúpida y miserable!)

Salúdame a los compañeros, sin excepción. A mi "tractorista" dale un beso, y te ruego que le pidas (y me envíes) su dirección, para escribirle (aunque también puedo enviarte a ti las cartas, claro está).

Procuraré, en mis breves horas de sueño, soñarte a ti. Entretanto, mil besos, mil abrazos, y un amor grande, profundo, ancho, de tu, ay, hasta ahora atormentadamente fiel enamorado (¡Caramba, ya no sé qué voy a hacer con esto! Y lo que ocurre es que he de ser muy penitente, y todavía no les descubro el "lado moridor" a las cubanas, que, ¡dios mío!, son imponentes).

Te ama, te espera, / Revueltas.

P.S. Puedes leerles a los camaradas las partes más adecuadas de esta carta. Escríbeme (si es que lo haces pronto) a

José Revueltas
Hotel Nacional
Cuarto 622
Vedado, Habana. Cuba

¡Salud!

La Habana, julio 12, 1961

Maka querida: Recibí tu carta del 6. Aprovecho que hago guardia de milicias (el grupo de mi guardia debe permanecer en el sitio desde las 4 pm a las 6 am, y a mí me tocará montar la posta de 2 a 6 de la mañana) de tal suerte que dispongo de cierto tiempo para una carta más o menos extensa.

El problema del arte dirigido o no dirigido. Cierto; hay que acabar definitivamente con el problema, pero no se puede sin un esclarecimiento ideológico que vaya a la raíz, puesto que hay una deformación de origen en la cual se sustentan todos los malentendidos.

El planteamiento es falso en sí mismo: no se puede partir de un enunciado *ajeno al método*, perteneciente a otro método, como es el de si el arte debe o no ser dirigido. (¿La sociedad debe o no ser dirigida? Naturalmente que sí; la sociedad no se dirige sola, los hombres no han dejado de dirigirla de uno u otro modo por medio del Estado y de la influencia que ejerce la organización de la ideología. Aquí el planteamiento metodológico es correcto. Ahora bien, ¿debe ser dirigida la ciencia? No, la ciencia no necesita de tal dirección; su necesidad es otra: la de liberarse de las trabas que impiden su desarrollo y el ejercicio *libre* de su impulso interno, que radica en la autoconciencia de su dirección.)

En *¿Qué hacer?*, Lenin esclarece un problema igual en relación con el planteamiento metodológicamente falso de la "libertad de crítica". ¿Por qué plantear la exigencia de una "libertad" de crítica? La crítica deja de ser crítica si deja de ser libre; exigir la libertad de crítica no esconde otra cosa, así, que el deseo de establecer como un derecho el de ejercer cualquier clase de crítica, aunque ésta no corresponda al fenómeno que se pretende criticar ni a su naturaleza interna, esencial. No se puede "criticar" un fenómeno biológico, digamos, con el método de la física; pero la crítica biológica para el fenómeno biológico es absolutamente libre dentro de su campo de acción.

Al planteamiento falso de: ¿debe o no ser dirigido el arte?, ¿arte dirigido o arte no dirigido?, debe oponerse el planteamiento justo, a mi modo de ver: ¿arte espontáneo o arte consciente? Aquí creo que es donde reside la esencia de la cuestión. Éste es el problema real que debe examinarse.

Hay artistas de talento que hacen arte espontáneo, que se abandonan al "automatismo creador" y aun han hecho de tal actitud una teoría. Bien; son artistas que se rinden *conscientemente* a la espontaneidad. Su talento procede como una especie de Robinson Crusoe, aislado, autosuficiente, sin ayuda dentro de la isla: su talento es Viernes. El producto artístico de su trabajo es, entonces, fortuito.

Hay otros artistas que hacen arte consciente de un modo espontáneo: intuyen las leyes objetivas sin conocerlas; descubren por su propia cuenta cierto aspecto parcial de los principios que rigen el contenido estético de la realidad objetiva (y sobre la existencia objetiva de un contenido estético en la realidad hablaré más adelante), y se encuentran siempre en el riesgo de que su obra refleje mal la realidad, aunque, en términos generales, obtengan resultados espléndidos.

Hay, finalmente, artistas conscientes que hacen (o a veces nada más pretenden hacer) un arte consciente. Aquí su talento se expresará siempre mejor y de una manera más completa, dentro de las mejores condiciones. Éste es el estado ideal que se busca: en cierto modo una situación clásica. El producto artístico de su trabajo creador estará en relación directa de su talento. Hay, sin embargo, artistas conscientes que tienen mucho más conciencia que talento, de lo cual, por supuesto, no se les puede culpar.

El problema de la "libertad" del artista es aproximadamente el mismo que plantea la "libertad" de la ciencia (o de la filosofía, si se quiere, para hablar de cosas aparentemente más "abstractas" que la política). Esta libertad del artista radica en las relaciones que existen entre él y el asunto estético.

Vayamos entonces a esto último: el contenido estético de la realidad objetiva; lo estético como algo que existe en condición de realidad externa al artista e independientemente de él. Existe un contenido estético en la realidad objetiva por cuanto en dicha realidad hay factores objetivos que producen un estado estético subjetivo, es decir, que se reflejan en el cerebro humano en una forma determinada, en su forma estética. Esto es válido aun para el simple espectador que no sea artista. Por ejemplo: la fuente de lo trágico está "expuesta" objetivamente en la lucha de los contrarios que se produce en la naturaleza como una de las formas del movimiento. Bueno; aquí no hago sino apuntarte del modo más simple los conceptos.

El artista, de tal modo, confronta lo objetivamente estético en dos campos fundamentales: la naturaleza en general y las relaciones del hombre con ella (en sus manifestaciones no inmediatamente sociales), y (en) la sociedad: lo objetivamente estético que la realidad social contiene (que no debe confundirse con lo bello o lo feo, etcétera).

La cuestión de la libertad del artista se plantea, en consecuencia, como una cuestión referida a sus relaciones con la sociedad: si está en contra de ella o conforme; si quiere destruirla porque le es una sociedad antagónica, o si quiere modificarla porque le es simplemente una sociedad opuesta. En ambos casos, el artista es un *dirigente* de la sociedad, un codirigente y de ningún modo un dirigido (el desiderátum radica en si es un dirigente equivocado o no, necesario o contrario a la necesidad, tomada ésta en su acepción más alta desde el punto de vista de las leyes sociales).

El problema no deja de ser enormemente complicado por cuanto hay quienes insisten en mezclar y confundir los métodos y aplicar a la estética, por ejemplo, las leyes de la sociología o de la política, aunque la estética, en efecto, comparte ciertas leyes generales comunes a esos otros métodos. Nuestro trabajo ideológico deberá consistir en establecer lo específico que corresponde al creador de la obra artística y en tal sentido, ya puestos en el camino justo, luchar sin concesiones. (Aquí exploro algo en esa dirección, pero no en forma sistemática ni con perspectivas de algo inmediato. Habrá que dejarlo para más adelante.)

Bien; sigo sin cartas de los compañeros. Les mandé un cable a casa de Labastida, pidiéndoles que por ningún concepto Eduardo [Lizalde] vaya a dejar de venir para las celebraciones del 26. El ICAIC ya lo ha propuesto para que sea invitado por el Instituto de Amistad entre los pueblos. Se trata de que esté aquí por unos días. Esto es importantísimo para que tengamos una buena (o unas buenas) conversaciones políticas. Lo ideal sería que también viniese Enrique González Rojo y Labastida, con lo cual podríamos tener una reunión ampliada del Secretariado para preparar el trabajo ulterior y decidir nuestras formas de relación permanente con Cuba y la solidaridad que deberemos alimentar siempre en México. (Se dice también que vendría Cárdenas, lo cual también plantea cosas interesantes.)

Me alarma mucho lo que me dices de la forma insensata en que está trabajando Eduardo. Dicho del modo más serio: los compañeros deben tomar un acuerdo oficial en el sentido de que no siga en ese irracional desgaste de energías, y que el trabajo sea más colectivo a fin de descargar a Eduardo de tareas que pueden desempeñar otros compañeros.

Diles a los compañeros que me saluden a todos: a los niños cantores [los militantes más jóvenes de la Liga Leninista Espartaco], al círculo de escritores y demás.

En medio de todo lo que es mi trabajo cinematográfico estricto, estoy, paralelamente, recogiendo informaciones personales que me proporcionan los participantes directos en la revolución y en la lucha clandestina. Por lo pronto sin propósitos de novela; pero ya veremos si puedo tratar ese material en forma adecuada.

Muy pronto podré decirte algo concreto respecto al tiempo de mi estancia en ésta. (¡Me siento tan contento en el trabajo! Creo que por primera vez en mi vida trabajo en forma positiva y no *en contra*: las relaciones de lucha por el socialismo son mi elemento natural, esencialmente armónico y me causa casi una diaria emoción poder comprobarlo en la práctica.)

Te adjunto una entrevista más o menos absurda que me hicieron en *Bohemia* (digo, con toda buena intención, pero no se entiende gran cosa). (Es tan sólo para que conserves mi retrato.)

Bueno, ¿y tu trabajo? ¿Cómo marcha, has pintado mucho? Dime todo lo que hagas.

Te besa largamente, te ama (y muchas otras cosas más), / Revueltas.

P.S. En otra ocasión te escribiré sobre los aspectos cómicos de mi vida aquí. Perdona por lo pronto esta carta profesoral y monstruosa.

P.S. La entrevista te la mandaré por separado y otro día; estoy cansadísimo. Besos a Virginia. Vale.

La Habana, julio 31. 61

Maka querida: Acabo de leer un libro extraordinario de Laxness, el escritor islandés. Algo maravilloso, lleno de poesía, transparente, con una especie de aroma. Me hizo pensar mucho en ti, en lo hermoso que hubiera sido leerlo juntos, comentarlo (se trata de *Estación atómica*).

Bien. Estoy en espera de tu carta para saber qué medidas tomar para que vengas. ¿O acaso habrías cambiado de opinión por algunas razones? Luego me he puesto a dudar si yo debería ser el que escribiera, después del cable que te mandé. Pero el cable era bien explícito: esperaba antes tus noticias, cuándo podrías venir, la fecha, etcétera. Bien, de cualquier manera esperaré lo que digas.

Te escribo muy rápidamente, a vuela máquina, en un momento de absurda incapacidad para trabajar, pues no logro concentrarme debidamente. A ver si un poco más tarde.

Estuvo Hugo Latorre Cabal a saludarme. Nos divertimos mucho; es una bella persona (me contuve en todo momento del deseo de mencionar tu nombre, con cualquier pretexto; pues, que alguien te conociera, en un lugar donde no puedo hablar con nadie de ti, parecía como invocar tu presencia, como mirarte). Estoy un poco inquieto, cansado, triste. Es, claro está, cierto exceso de trabajo, pero también la soledad. En medio de todo, por más que uno no lo quiera, de pronto siente la soledad, esta cosa horrible. Está la lucha revolucionaria, el pueblo, el entusiasmo (un verdadero pathos), pero también está uno solo —a veces terriblemente. Escríbeme pues. No dejes de hacerlo, ¿Qué pasa con mi libro? Todavía tendré que estarme aquí, hasta no dejar cumplidas mis tareas. Por lo pronto el jefe del ICAIC está en la URSS y sólo hasta su regreso podré discutir las cosas relacionadas con el fin de mi estancia en Cuba. No ha estado mal. (Ah, pero México: no quisiera volver, aunque tampoco quedarme aquí indefinidamente. Debes comprender de qué se trata en este momento: una pequeña crisis, tonta, desde luego.) Espero tus cartas. Diles a los muchachos que "trabajo" en una larga carta para ellos; resultará bastante extensa, por eso aún no la termino. (A Labastida, magnífico su artículo en el segundo número de *Revolución*.) ¿Qué sucede con *Espartaco*, la revista? ¡Todo eso me tiene en un estado deplorable de ánimo! ¡Y luego las conversaciones con esos mexicanos que vienen! Estupideces, tonterías, confusión, estrechez mental, filisteísmo (Marcué, Beltrán).

No sigo. Te escribiré más largo mañana o pasado. Contéstame, te lo ruego. Si es que no puedes venir, dímelo también. Te besa, te abraza, te quiere, / Revueltas.

La Habana, 19 de mayo de 1961. La terraza de mi habitación en el Habana Libre y la ciudad, allá abajo, vista desde diecisiete pisos de altura. Los ruidos suben, golpean, más precisos e irreales a causa de la noche y de la asamblea de luces —una masa que se agrupa, como en un mitin, y forma una media herradura en el borde de la pista negra de circo que es el mar. Es La Habana revolucionaria, me digo. La increíble Habana revolucionaria. Estoy en Cuba. Aspiro con todos los pulmones: aspiro los ruidos, las luces, La Habana entera: aspiro a Fidel. Aquí está, en algún sitio, en alguna de estas luces. Hay una alegría increíble en imaginarlo, en sentir que aquí está y que yo estoy aquí también.

En el aeropuerto me recibieron, de casualidad —no avisé el vuelo en que vendría— Alfredo Guevara, Salul Yelín y otro compañero del ICAIC. De casualidad: ellos habían ido a esperar a otro mexicano —Carlos Fernández. Gracias a eso puedo alojarme en el Habana Libre; de otro modo hubiera ido yo al primer hotel que encontrara.

Habana Libre. Antes era el Habana Hilton; con la revolución no sólo ha ganado en ortografía, sino en humanidad: ahora es libre de contener a los centenares de muchachitas guajiras que he visto en el vestíbulo y que se alojan aquí para estudiar costura.

30 de junio. Hago mi primera "posta" de milicias. Mi superior inmediato —el segundo jefe del pelotón al que pertenezco (el 50º)—, Manolo Pérez, es un muchacho delgado, de anteojos y de aspecto marcadamente intelectual. Estamos a la orilla del bosque de La Habana, donde se encuentra el edificio de Telecolor. Tengo entre las manos un Springfield —no fue necesario enseñarme a manejarlo, es el mismo tipo de fusil con el que hacía yo "práctica" cuando estuve en la correccional, de eso ya hace treinta y un años. Manolo me muestra mi área de vigilancia. Señala primero la carretera, a nuestra espalda, que se pierde entre las tenebrosidades del bosque.

—Por este lado no hay ningún peligro... a unos quinientos metros está una posta de la marina...

Luego señala hacia el frente, una carretera que se bifurca, por la izquierda hacia un altozano, por la derecha, junto al río. En medio tres ceibas anchas, terriblemente frondosas, negras.

Manolo me da las instrucciones y luego se marcha. Yo había creído que haríamos la posta juntos (en las películas siempre se ven dos centinelas). Pero no. Esta noche ha estallado una bomba que los contrarrevolucionarios pusieron en las proximidades de las calles 21 y L. Hacía tiempo que estaban inactivos; pero parece que vuelven a agitarse.

Tengo mi Springfield en las manos, acaricio su culata y la miro de pronto con una ternura inmensa. Alguien ha grabado ahí con una navaja estas palabras: "Viva Fidel".

Sin fecha. Diana me relata episodios de su vida en Cienfuegos, cuando la sublevación de la marina contra Batista, con el fin de que pueda yo utilizarlos en un vago proyecto que tengo de escribir alguna cosa que todavía no sé. Diana es una muchacha enigmática, de grandes ojos extraños. Al relatarme su vida parece completamente solitaria y desamparada; la voz se le vuelve frágil, llena de un miedo oculto y vago. Una voz de niña doliente, a merced de quién sabe qué desgracias.

Sin fecha. En el curso de filosofía Diana da respuestas llenas de una extraordinaria lucidez, pero con cierta angustia, como provenientes de un punto trémulo y lejano.

Marta me presenta con Oltuski —director de organización en el ministerio y antiguo ministro de comercio. Antiguo militante en la clandestinidad. Frío y lleno de virtudes. Es joven y delgado, tranquilo. Hablo con él mientras hace su posta en el ministerio de industrias, uniformado y con un Springfield en las manos. Conduce la información que me proporciona de una manera estructurada y metódica, con un conocimiento exacto de mis propósitos.

El peluquero. Su conocimiento de Hemingway. Un hombre que no hablaba. El sueño del peluquero: la mujer que redime a Atila. Al día siguiente de la nota anterior (julio 2), aparece la noticia de la muerte de Hemingway.

Me cuenta D[iana] que ayer (julio 9) en el cine Mella, el público, formado de la antigua gente bien del Vedado, aplaudió a rabiar cuando aparece en la pantalla la bandera norteamericana en *La vuelta al mundo en 80 días*. El proyeccionista le dijo que ha tenido que perder quince minutos de proyección al suprimir de la cinta aquellas partes que considera susceptibles de ser aprovechadas por los reaccionarios. D[iana] añade que no pudo soportar más aquel ambiente y que tuvo que abandonar la sala.

"Se hacen cintos para señoras"; leo este anuncio en alguna calle de La Habana. Y alguien agrega, con mano maliciosa: "y se ponen señoras encinta".

Las golondrinas que se arrojan desde lo alto con las alas plegadas. Caen como piedras; después, a mitad de la caída, abren las alas y emprenden el vuelo.

Julio 13. Trabajo en mi habitación del hotel Nacional ante una ventana que abarca toda la bahía, desde El Morro.

De la bahía se desprende un barco gris que enfila hacia mar abierto, como un cuchillo consciente y seguro, al abrirse camino en la masa casi negra de las aguas. El barco mismo se ennegrece cada vez más, envuelto en el tupido manto de la tempestad, para desaparecer en cosa de segundos por la delgada aspillera de los dos telones paralelos que, desde el cielo, verticales, forman las ondulantes cortinas del aguacero torrencial. Mi ventana es como un puente de mando sobre el golfo y ante mis ojos todo desaparece. Yo también estoy dentro de la tempestad desde mi mesa de trabajo. Es una de estas breves tempestades de las que por las tardes se forman en la bahía y que cesan casi en seguida, después de un violento frenesí instantáneo. Al momento la bahía se despeja. El barco reaparece como dentro de un escaparate mágico. Pero no es un solo barco, son tres más que permanecían ocultos en el fondo de la tormenta. El efecto parece buscado: están ahí de pronto y navegan apaciblemente, caídos del cielo, inéditos.

Apenas puedo comprender cómo puedo encontrarme ya en condiciones psicológicas de escribir estas notas. Me desesperaba la imposibilidad de hacerlo, pero desde hoy comienzo a adivinar que el obstáculo no era un problema de tiempo, por más que éste apenas me alcance para dormir unas cuatro horas o cinco, como promedio máximo, en un lapso de veinticuatro. La razón es más extraordinaria todavía, pero necesita ser explicada en su sorprendente interioridad. (Lo cierto es que apenas inicié este análisis a partir de hoy por la madrugada, cuando comenzó mi posta a la una y a las cuatro de la mañana llegó mi relevo. Tres horas de meditación muy intensa y provechosa, hasta después de que, antes de las diez, la conversación sostenida con Diana me hizo comprender lo que en realidad sucede.) (La mañana, en general, estuvo para mí cargada de elementos esclarecedores, que sin duda van a ser decisivos en la resolución que ya está madurando en mí de quedarme en Cuba hasta el final.)

No es la terrible falta de tiempo la que me había venido impidiendo escribir esto que más o menos puede considerarse un *diario* de notas, cuya carencia comenzaba a serme ya angustiosa. Veamos lo que hice ayer, 12 de julio, a título de ejemplo.

—Me acuesto a las 5 am después de haber trabajado la noche anterior (11 de julio) en un capítulo de mis lecciones del taller cinematográfico y de leer, a modo de descanso, un fragmento de la espléndida novela de Alexis Tolstoi *El año 18* [segunda parte de *Tinieblas y amanecer*] (por eso mismo, por la grandeza de la novela, qué tonta e inconcebible, sin la menor razón de ser, aparece esa caída gratuita e irritante en el capítulo X: Teleguin, Dasha, el padre ¡y la amenaza con la granada de mano, para que el protagonista huya salvando las bardas posteriores de la casa!, todos los recursos de un novelón de capa y espada).

—A las 7 am (12 de julio) estoy en pie, y antes de las ocho en el ICAIC. De 8:30 a 10:30, taller. Hasta las doce, trabajo con Jorge Fraga.

—Almuerzo (como le llaman aquí a la comida del mediodía) con Manolo Pérez, José Antonio Jorge (asistente al cursillo de materialismo), Rigoberto Águila y alguien más. Manolo cuenta el relato del Che Guevara sobre la "muerte del cachorro". Como andamos en busca del tercer cuento para completar los dos ya filmados de *Los clandestinos* (horrible nombre de película o de lo que sea, que se refiere a la lucha clandestina contra Batista), el relato del Che Guevara me parece como mandado a hacer para la tarea que nos han encomendado a Jorge Fraga y a mí. (Casi no dejo de pensar un solo momento en Diana, obsesivamente. Tengo cierto miedo, mezcla de angustia y alegría.)

—La tarde, ocupado con Fraga. También el asunto del Che Guevara le fascina. (No me puedo apartar de la cabeza a Diana. Luego la busco, me basta hablar con ella unas cuantas palabras, pero siempre lo hago mal, torpe y estúpido, del modo más increíble. La revolución me arrebata tan de raíz ciertos procedimientos de la técnica amorosa burguesa, que no solamente lindo con la imbecilidad, sino que caigo en la inocencia más inefable.)

—Llego a mi guardia (hoy me tocaba en el edificio del ICAIC) antes de las seis. D[iana] ya no está en el edificio. Miro su escritorio vacío y me parece entrañable, tan sólo porque ella trabaja ahí. El colmo, verdaderamente.

—Trabajo, aprovechando el tiempo de mi guardia y antes de hacer la posta, que deberé tomar de 1 a 4 am.

—Terminada la posta, a las cuatro y media, todavía puedo trabajar una hora más y después acondiciono el escritorio de mi oficina para echarme a dormir.

Hoy (13 de julio, ocho y cuarto) vengo al hotel para bañarme después de la guardia y regresar de nuevo al ICAIC, para atender las lecciones. Una serie de estupideces pequeñas (tomo una *guagua* distinta de la que debe ser y se me olvidó la cartera), llego tarde al taller. Los compañeros me dicen, en broma, que creían que me habría ido a dormir.

11:45. Película *Los novios* de la trilogía no terminada, en la sala de proyección de los laboratorios. (Algo espantoso, terrible, sin la menor noción técnica, con una ignorancia absoluta de una correcta estructura y una especie de búsqueda artificiosa de la sencillez, que se queda en idiotismo y simplicidad de "simple". La hizo García Ascot.)

Almuerzo a la una, duermo un poco (ya me estaba cayendo sobre la sopa, el *potaje,* que aquí le dicen), leo y comienzo estas notas (con una conciencia criminal y culpable, pues tengo una enormidad de trabajo, desde luego más importante que estas chingamuzas). Son las cinco de la tarde.

Bueno, hay que ir al grano. ¿Qué es lo que comienzo a comprender?

Esto: que cuando se entra en contacto directo con la historia y de pronto ya se encuentra uno en el remolino, la historia desaparece de nuestra vista y no sabemos verla ni nos damos cuenta de que la estamos haciendo (cada quien a su medida y a su modo). Los acontecimientos, las tareas, las gentes, las relaciones, tienen más o menos la misma vulgaridad de siempre (por ejemplo, menos Fidel, porque en Fidel sentimos la historia viva y palpitante, pero como si fuese nada más una tarea suya). Vemos apenas algunas órdenes tontas e irracionales de un pequeño jefe, por ejemplo, la imbecilidad de un oficial de milicias, la heroica ingenuidad de nuestras postas con un divertido Springfield en nuestras manos o una orgullosa metralleta. Pues bien, esto, todo esto, es la historia; así es la forma en que se presenta siempre. (Yo me juraba que nunca escribiría un memorándum sobre ningún problema de trabajo y ahora, hoy mismo, acabo de tener los resultados del primero: una cita con Julio García Espinosa —excelente persona, director de talento, provisionalmente a la cabeza del ICAIC). Así se presentan los procesos, en la vida real y práctica, por más grandes que sean, pero son la historia, el devenir que nos trae de un lado para otro, como al azar, gratuita y tontamente, porque todos somos multitud, masa, *fuerza histórica,* al margen de la importancia del papel personal que desempeñemos en el proceso, grande o pequeño y también sin darnos cuenta. (Por supuesto no me refiero a la conciencia histórica y política de los hechos, sino a la fatigosamente antiheroica y minúscula vida diaria.) ¿Por qué estamos todos trabajando como locos y en muchos casos sin necesidad o con un gasto inútil de energía? Porque la historia está obrando sobre todos nosotros y el proceso no sabe discriminar lo congruente, lo racional, lo sistemático y útil, de lo incongruente, de lo ineficaz, de lo absurdo, en los casos individuales que participan dentro del impulso.

Sobre todo ello he meditado hoy por la mañana —madrugada, en la posta, desde luego faltando al reglamento que indica que un centinela debe estar absolutamente concentrado en la vigilancia y atento a que no lo sorprenda el enemigo.

Bien. En medio de todo el conjunto de nuestra vertiginosa actividad, Diana, como otro factor tan inexplicable, tan gratuito, tan fuera de razón, como las demás relaciones inmediatas en que el proceso se desarrolla. Mañana, a las seis y media de la mañana, ejercicios militares de nuestra compañía de milicias ¡en la azotea del edificio! Y Diana protesta, naturalmente. Yo todavía estoy en la fase en que esas penibles tonterías me divierten, aunque más adelante sin duda protestaré también. Pero tampoco protesto ante mí mismo ni hago nada para evitarlo, ante una tontería, una estupidez igual a las demás, sólo que muchísimo más grave y complicada: estarme enamorando increíblemente de Diana. Esto, que puede ser amor (y estoy por ya no dudarlo por lo que a mí respecta), sin duda alguna forma parte de la historia, lo mismo que nuestro trabajo agotador de dieciocho o veinte horas diarias, nuestro apenas comer, nuestra febrilidad, nuestro negarnos al descanso como si fuese un pecado.

He decidido, pues, no regresar a México, quedarme aquí a vivir esta historia directa que, por más que yo lo quiera con toda el alma, ya no podré vivir en México, así pudiera yo trabajar allá por su preparación todo lo más intensamente que se pueda concebir. Mi trabajo en México ya dejó de tener un sentido histórico por cuanto a que lo que yo pudiera hacer en lo futuro ya no rebasará mi actividad pasada, ya no añadirá ninguna cosa nueva al proceso: será una simple repetición, una simple forma de sobrevivirme convertido en una especie de autorrecuerdo. Ahora, en Cuba, vivo históricamente (entiéndase, ni aquí ni en México ha sido nunca un problema de mi persona, de la historicidad de mi persona; eso carece de cualquier interés); vivo históricamente en Cuba, aunque esa historia no me pertenezca ni haya intervenido en su preparación. Lo que mi trabajo pueda significar en Cuba ya no pertenece a mi historia (y me importa muy poco el que pertenezca a mi biografía) y reviste, entonces, el carácter de la impersonalidad más perfecta en una vida que, como la mía, ya no tiene, en absoluto, el menor interés en pertenecerse a sí misma por cuanto a su papel (o digamos, "importancia") político personal. No tengo ninguna otra inquietud que la de servir del modo más total y completo. Me quedo entonces en Cuba (si los cubanos no terminan por rechazarme). Diana no influye para nada en esta decisión y la actitud que ella asuma (no hemos cambiado una palabra sobre la materia) tampoco podrá alterarla (y quizá una respuesta positiva de su parte pueda representar un peligro mayor que cualquier otra cosa).

Mis compañeros de la Liga [Leninista Espartaco] deberán comprender el problema, que en el fondo resulta bastante simple: yo ya les "heredé" lo que podía heredarles como fusión histórica de lo que se salva de mi generación política, con la generación de nuevos comunistas mexicanos que ellos representan. ¿Por qué voy a vivir en lo sucesivo junto a ellos como un muerto sin testar, o como un ser viviente (al que habría que meter dentro de un vitriolero) que ya hizo entrega de las dudosas propiedades que tenía y ahora se encuentra en la indigencia? Terminaré por convertirme en un estorbo para su desarrollo y mucho menos que de estímulo, mi presencia no hará otra cosa que inducirlos, de modo fatal, a una competencia, primero subconsciente, en mi contra, pero que no puede sino culminar en graves deformaciones del trabajo político y serios peligros para la perspectiva revolucionaria de nuestro movimiento en el país. (Oh, Dios. Diana resulta terriblemente joven para mí. Será mejor olvidarse del problema.)

Sólo podré regresar a México en el caso de que allá me abandonen todos.

Julio 13. Jorge Fraga me muestra en una moviola italiana, de pantalla —tipo de máquina que yo no conocía y que es extraordinariamente cómoda para trabajar problemas de montaje (no sólo de simple edición), porque facilita más el análisis del cuadro, a mi modo de ver—, me muestra su corto metraje *Me dicen maestro.* En realidad un trabajo de primera; el ritmo perfectamente

106

logrado, el montaje lleno de hallazgos y el uso de la partitura musical (me parece que algo de Mozart, ahora lo he olvidado) con un sentido plástico acertadísimo. Jorge Fraga tiene enorme talento; gran seriedad artística y mucho espíritu profesional. Sin duda está llamado a ser uno de los muy buenos directores de cine: estudia, medita, es modesto y autocrítico, aparte de que tampoco se muerde la lengua cuando se trata de exponer sus ideas y defenderlas. Creo que es una de las grandes promesas del cine cubano y espero que así lo entiendan aquí en Cuba y no se le interpongan en el camino las intrigas y envidias que se dan en todo tiempo y lugar, aun bajo el socialismo.

Viernes 14 de julio. Le había dicho a D[iana] que era "urgente" que habláramos ese mismo día. Convinimos en hacerlo termina-da la clase del curso de filosofía. No me cuidé de dar la clase de un modo accesible y aquello fue algo demasiado abstracto, que al parecer nadie comprendió. (Después me lo dijo Fraga.)

D[iana] y yo fuimos a un café de la calle 23, donde algunas veces he desayunado. Hablé como quien hace un informe político. "Objetivo". Ella se conmovió por otras razones —sufre psicoló-gicamente por quién sabe qué causas, con una intensidad obse-siva y profunda. Por supuesto me rechazó. Me pidió después, en despedida cordial y efusiva, que no dejáramos de ser amigos a causa de este incidente (en el fondo un tanto ridículo, pienso). El choque me desorganizó unas horas y no he podido trabajar bien, pero ya está dominado el problema. Era una tontería pre-tender enamorarla. Una tontería solemne y absurda. En realidad, hasta por la simple diferencia de edades. No me doy cuenta de lo que yo mismo soy y de cómo puede verme la gente. Se me olvida a causa del continuo *pathos* de entusiasmo en que me en-cuentro y que ella no indica sino una pura y ridícula adolescencia espiritual. Ella es muy joven. ¿Cómo no pude verlo? Podría ser perfectamente mi hija; apenas será un poco mayor que Andrea. ¡Qué vergüenza! Hay que tomar esto como un serio toque de atención, para que en lo sucesivo me conduzca yo más vigilante conmigo mismo.

Sábado 15 de julio. Al mediodía conversación con Sergio Beltrán, presente Joaquín [Sánchez] Macgregor. ¡Qué conversación idiota, que retroactivamente ha terminado por enfurecernos a Joaquín y a mí! Beltrán no es sino un farolero, mentiroso, irresponsable y que no merece el menor crédito político. Habla de mil tonterías en las que incautamente termino por interesarme. Después de que nos hemos despedido (en una especie de reacción retardada), recuerdo que, al hablar campanudamente y con aire de muy enterado, de algún suceso importante de Cuba, sitúa la Cordillera de los Órganos en Las Villas, cuando está en Pinar del Río, me indigno con toda el alma. Sobre todo contra mí mismo, por no hacérselo notar en el momento mismo y pararle los pies a tiempo. ¡Es un miserable farsante! En la conversación desliza un informe estúpido, que me toma desprevenido y que no refuto con la suficiente energía: el ingreso de Eduardo Lizalde al PCM. Por supuesto que no lo creí, pero adopté una actitud involuntaria de duda, a causa de que al mismo tiempo estaba pensando en D[iana]. (Joaquín y Beltrán me vigilaban el rostro, mis reacciones. Debo comprender que cuando se habla de política hay que tener un rostro "político", pero siempre me olvido, y hoy —a causa del "incidente" con D[iana]— estaba absolutamente desprevenido.)

En la tarde recojo en Prensa Latina una carta de Lizalde a nombre del comité central de la Liga. ¡Cómo me hubiera gustado mostrársela al imbécil de Beltrán! Bien, las noticias con todo y que no son un cien por ciento buenas, me llenan de alegría. Por cuanto a Beltrán, no hay que rechazar de un modo absoluto su contacto, pero bloquearlo en una verdadera discusión política para no dejarle ningún resquicio por donde escape.

Domingo 16. No logro trabajar del todo bien. Por la tarde, conversación bastante fecunda y clara con Oltuski, que no acababa de comprender la clase de trabajo que yo quería emprender con sus informes sobre la lucha clandestina del Movimiento del 26 de julio (¿novela? ¿historia? ¿esbozos biográficos de los protagonistas?). Le explico las cosas con toda franqueza: nada; más bien psicología, saber cómo son esas gentes, qué "sentían" en la lucha ilegal. Esto, de paso, esclarece el por qué de mi "pasividad" en nuestras entrevistas. Le dejo mi *Ensayo* sobre México. Creo que después de la lectura del *Proletariado sin cabeza* Oltuski comprenderá mucho mejor todo, y si le parece que tengo razón será el primero que en Cuba trate de difundir nuestros puntos de vista entre la gente que nos interesa.

17 de julio (lunes). Otra de esas bellas tempestades en el marco de mi ventana. Un sombrío mar de acero bajo el agresivo nubarrón. A lo lejos, el horizonte blanco, despejado y poco a poco invadido por el cielo gris, donde El Morro, La Habana del este y La Habana vieja ya han desaparecido. Luego, el aplastamiento total del mundo. La nada.

Hoy, por la mañana, reorganización del taller cinematográfico conforme a un nuevo plan que presento. Trabajo por unidades temáticas. Se me multiplica por cuatro el trabajo personal, pero pienso que con excelentes resultados. *Alfabetización* ya se puso en marcha de inmediato sobre una base firme y con un empuje de primera. R. Ramos, aunque ignoro su calidad —bien que parece estar en una etapa artesanal de su desarrollo—, se muestra entusiasmado en atención a que le correspondió la iniciativa (que fue un verdadero hit) de entrevistar a la alfabetizada Samanat, la anciana de ciento seis años de edad, e hizo con ella una fantástica grabación (dos horas) de su vida, grabación sobre la cual trabajaremos mañana por la tarde. De aquí nos resultará indudablemente algo muy bueno. Veremos.

18 de julio. Comenzamos el trabajo de la Unidad Alfabetización, escuchando la grabación de la entrevista con la anciana Samanat. Algo sumamente interesante y a ratos divertidísimo por las preguntas obviamente teleológicas de Ramos, que quiere obtener respuestas "revolucionarias" a toda costa y contrastes violentos (riqueza-miseria, ignorancia-lujo, etcétera). Llega un momento en que Manolito Pérez y yo no podemos contenernos y estallamos en francas carcajadas. Ramos enrojece, no sin perplejidad.

19 de julio. Con Marta Lugioyo a visitar La Habana del este. Como aún no permiten el paso a la nueva ciudad de viviendas populares, nos seguimos de frente por la carretera y casi vamos a dar hasta Matanzas. (La gripa no me dejó trabajar y otro poco un desgano terrible a causa de la fatiga y del deseo increíble de dormir.)

20 de julio. Sorprendente conversación con Joaquín Macgregor. De la experiencia cubana extrae las deducciones más peregrinas, incluso si se consideran desde el punto de vista metodológico, que se supone Joaquín debe más o menos dominar. Yo le sostengo que la experiencia cubana no invalida la teoría leninista del partido. "Lenin absolutiza la noción del partido", me replica del modo más inconcebible. No comprende, al parecer (Joaquín) que la teoría del partido y el partido mismo no son sino una expresión de las leyes del conocimiento. Cuando le expongo este criterio me da la impresión de que por primera vez se plantea un problema de tal naturaleza ante su propia mente. "Centralismo democrático", le digo, para indicarle que en ello se expresa una forma organizativa de la dialéctica. "Sometimiento de la minoría a la mayoría", responde encogiéndose de hombros. Y cuando le planteo que para mí el partido no es sino una expresión de la dialéctica, en su conjunto, de una manera más profunda y general, y no sólo en el centralismo democrático, esto lo hace reaccionar con extraña perplejidad. Insisto en el concepto de Lenin: "somos la expresión consciente de un proceso inconsciente" (de memoria), es entonces cuando salta con aquello de que ¡Lenin absolutiza la noción del partido! Realmente absurdo y desilusionante por lo que hace a la capacidad filosófica de Joaquín. Incluso respecto a su capacidad a secas. ¿Será inteligente? Pero todo este aparente nihilismo no es otra cosa que un modo "izquierdista" e iconoclasta (en palabras) de esconder una tendencia dogmática. "No quiero caer en México en ninguna política anti-partido", exclama, incluso con cierta entonación y actitudes típicas del fariseo "partidario". Ahí está precisamente todo el *quid* del asunto: oportunismo puro, petulancia profesoral, deseos de "no complicarse la vida", a costa de volverse de espaldas a los problemas reales. (Mañana se marcha a Santiago, pero a su regreso debemos hablar seriamente. Hasta ahora no lo hemos hecho, y nuestras conversaciones han carecido de sistema y propósitos, tal vez a causa de que yo no quiero darle la menor impresión, en ningún momento, de que trato de "adoctrinarlo", como aquí se dice, o de politiquear con él a favor de la Liga Espartaco, que tan marcado y casi insolente desdén le merece.) No obstante Joaquín sería muy útil, pero por lo pronto no advierto la menor unidad en su pensamiento político. ¿No comprenderá Joaquín que si no trato de defender ante sus ojos a la Liga ni de atraerlo a nuestras filas, es porque me parece tiempo perdido y porque, además, no me parece un marxista consecuente, así fuese del modo más mediano?

Post-scriptum. Cuando paso esta nota en máquina pienso que tal vez sea una apreciación excesiva esta que hago de Joaquín. ¡Está uno tan nervioso y susceptible políticamente (ahora ya no sé ni cómo se escribe susceptible)!

Más de Joaquín (aproximadamente por el 26 de julio). "Auguro grandes quebrantos —me dice Joaquín— y amargas luchas a la Liga Espartaco dentro de los próximos meses... Tú [Revueltas] tienes especial predilección por los abismos; te arrojas de cabeza en ellos... Te atraen de un modo inevitable, vocacional..." No garantizo la fidelidad estricta de sus palabras, pero ésta era más o menos la idea contenida en ellas. [La lucha interna en la

LLE se desató en marzo de 1963, con la consiguiente expulsión de Revueltas.]

(Nota sin fecha, pero que debe haber sido escrita en agosto, durante el congreso de escritores.) Con el gran Ramón Martínez Ocaranza hablamos (participa Joaquín) sobre algunos de los ensayos de Octavio Paz. Martínez Ocaranza expone, con más o menos humorismo admirativo, el material de alguno de ellos, no me recuerdo cuál, pero que tiene esa característica tan peculiar de las meditaciones de Octavio: brillantes y disparatadas a la vez. (Disparatadas en el sentido que lo decía Bergamín.) Pienso, pero no lo digo, porque de pronto no recuerdo de quién es la imagen: el pensamiento de Octavio Paz se dispara al aire. (Después me acuerdo que es Engels el que lo dice, en algún lugar: pensamientos que se disparan al aire. ¡Qué justo por cuanto a Paz!: todo él se dispara al aire; es un castillo pirotécnico, la pólvora de un torito de feria. Cuando menos en sus intentos de reflexión filosófica.)

Nota de hoy (cuando paso en máquina el manuscrito): Vasconcelos me decía: "Paz no debe hacer poesía; Paz es fundamentalmente un filósofo". Del mismo modo que todos hemos pensado siempre: Vasconcelos no debe hacer filosofía; Vasconcelos es un novelista. Bueno.

21 de julio. Hay un extraño (o, más bien, incómodo) desajuste en mi trato con Enrique Oltuski. No sé si piensa que yo no lo considero lo suficientemente inteligente o importante (cuando en realidad lo estimo mucho y creo que tiene grandes cualidades y un gran valor humano) o si, al revés, no acaba de darse cuenta de si soy o aparezco demasiado tonto ante sus ojos. (En general, en Cuba me ha venido pasando con una frecuencia excesiva que me siento —y además me conduzco— con todas las apariencias de la estupidez.) (En estos momentos mi vecino —o vecina, no lo sé— de habitación escucha el *Claro de luna* de Beethoven y, ¡horror!, me emociona.) El caso es que cuando he comparecido con Oltuski lo he hecho en un estado de cansancio increíble, perezoso, sin imaginación y con la inhibición que me causa el que espere de mí preguntas "profundas" o "inteligentes". Pero también creo que me pasa algo mucho más serio: un cierto complejo de inferioridad ante la revolución cubana (la amargura que me produce la monstruosa situación de México), no tener partido, que nadie nos comprenda ni nos quiera comprender, todo lo cual me hace conducirme simplemente como perro. (Esto me atormenta; pero la conciencia del fenómeno me permitirá superarlo.)

23 de julio. Un paseo en lancha por la bahía, con Macrina y Gabriela, las mexicanas. Marta, Graciela y Fedora (esta última del personal de la embajada cubana en México). Bendito entre las mujeres. Un paseo maravilloso. El patrón de la barca, tipo extraordinario: parecido al poeta César Vallejo, en esa litografía o dibujo de Picasso, lleno de un mapa de arrugas que cruzan su rostro en todas direcciones como una tupida red (lo recuerdo muy vivamente). Contamos más de veinte barcos fondeados en la bahía: suecos, japoneses, soviéticos, polacos, griegos, yugoslavos. Nos saludan del barco soviético. El *Houston,* barco del que desembarcaron los mercenarios en playa Girón. Herrumbroso y siniestro, con las huellas de los impactos del bombardeo en la chimenea y en la banda de estribor. Nuestras amigas cubanas entonan el himno del 26; nosotros —y luego seguidos por ellas— la Internacional.

24 de julio. Hoy, desde las 12 pm, guardia en los laboratorios de Telecolor, en el bosque de La Habana. Tenemos una perspectiva de veinticuatro horas de retén. Hago la primera posta de 12 pm a 3 pm, pero a las 2:45 un compañero viene a relevarme para que pueda yo mirar por el televisor, en la planta baja del edificio, la llegada de Yuri Gagarin. El trayecto está lleno de milicianos, desde Rancho Boyeros. Acompañan a Gagarin, en un coche abierto, bajo un fuerte aguacero, Dorticós y Fidel. Fidel se advierte henchido de alegría, iluminado, feliz.

Por la noche. Reunidos todos los milicianos en una oficina del laboratorio mientras cada quien espera su turno de hacer la posta respectiva. Holbein, con barbas (además es oficial del ejército rebelde), es nuestro jefe de pelotón. Estamos en el lugar, Horta (carpintero, tramoyista), Manolo Pérez (director de corto metraje, de quien ya he hablado, el segundo del pelotón), Muñoz (departamento de "animación", o de muñecos animados; ha traído a la guardia unos libros soviéticos de psiquiatría, pero nadie estudia ni deja estudiar a nadie). Otros camaradas más, cuyos nombres no conozco. Se habla de todo. Por supuesto, quienes participaron en playa Girón monopolizan los relatos. Uno de ellos, con una especie de rubor, dice:

—No... Yo no podría... No podría disparar sobre uno que se rinde, a pesar del odio que les tengo... —calla. Después de una pausa añade con una sonrisa, como si se disculpara—. Ya no me sentiría bien en toda mi vida, chico...

Miramos la televisión. Los programas provocan las más enconadas críticas generales (no pueden ser más espantosos, en verdad). Una velada interesante, amistosa, pero no me dejan trabajar y las demás oficinas están cerradas. Hasta después de las 11:30 pm es cuando me dejan solo. Todos se van a dormir, en espera de su turno de posta y yo comienzo a trabajar. Leo el asunto de Masip sobre Caimanera (una película sobre Guantánamo y la base naval norteamericana). Totalmente falto de imaginación y de una pobreza peor que indigente. Es una desgracia, pero el trabajo de Masip no sirve literalmente para nada. Me coloca en una situación tremenda, pero no tendré más remedio que decírselo. No obstante M[asip] tiene talento.

Por la tarde estuvieron a visitarme en la guardia Marta y Graciela. Me trajeron cigarros. Marta sigue desempeñando su papel de novia de modo inexorable y como si estuviéramos en Santa Clara, su ciudad natal, con claras y determinadas vistas al matrimonio. Ella sabe de la existencia de Maka y en cierto modo la he hecho aceptar la provisionalidad de estas relaciones nuestras (Marta y yo), que no pueden tener otro carácter que el de una amistad honrada, cariñosa, pero sin otras perspectivas. El mismo hecho de que ella no haya aceptado un tipo de relaciones verdaderamente íntimas (que entonces yo sí podría haber considerado como un compromiso) le debería hacer pensar que me releva de cualquier otra complicación amorosa. (También le he contado algo de Diana, pero se limita a decir que me quiere.) Yo estimo mucho a Marta; sin duda la quiero como a una excelente compañera, y ella ama mucho a la revolución, cosa que me satisface y me aproxima. Pero de ahí al amar hay una distancia más que considerable, desde luego nada fácil de salvar. No quiero herirla de ningún modo. Ya hablamos con mucha claridad la noche del 22, pero no se ha mostrado afectada.

Televisión. Un programa lleno de tenebrosas buenas intenciones. Un zapatero (después se sabe que es zapatero), pero que al principio me pareció que era el buen y hermoso Charles Darwin. Funda una escuela en el granero de una hacienda para enseñar a leer al pueblo ignorante y analfabeto, por supuesto a espaldas del amo. Los personajes visten un extraño atuendo entre ruso y tirolés. Llevan nombres como Glinka (y no sé por qué no Rimski-Korsakov), Marko, Jadis y no sé qué más, para dar un toque de "rareza" exótica a la obra. El maestro, naturalmente, triunfa, en medio de la cursilería más abominable de diálogo y "situaciones". Se advierte que a los escritores de la televisión les

113

da lo mismo escribir para la propaganda de Colgate o Cocacola que para la revolución; y lo hacen con las mismas frases, la misma entonación y las mismas inflexiones que usaban en el pasado. Nada cambia y ellos siguen pergeñando sus churros con el mismo entusiasmo impetuoso y "genial" de los "buenos tiempos" comerciales. Se sufren escalofríos al contemplar estos programas monstruosos. (Aquí en Cuba la televisión tiene una importancia formidable en atención a que el alcance de las estaciones de La Habana cubre toda la isla, y casi no hay habitante que no vea la televisión de un modo u otro. Esto ha influido mucho en la revolución —alguien decía, en el extranjero, que Fidel gobierna por televisión— por cuanto los dirigentes no cesan de estar en contacto diario con el pueblo con motivo o sin él. ¡Ah, pero los encargados de programas y los espantosos actores!)

La otra noche estuve en el casino del hotel Nacional. Algo abominable, repugnante y sin un gran interés (más bien el espectáculo terminaba por ser triste). A una atractiva y más o menos tonta prostituta le "presté" diez o quince pesos para que jugara. Los perdió, naturalmente, pero resultaba extraordinaria la pasión vehemente, llena de angustia desesperanzada, que ponía en el juego. (Escribir más tarde todos los detalles de esta experiencia.)

25 de julio. Nunca he pensado en mi edad sino en relación con la muerte. O, dicho en otra forma: referida al tiempo de que todavía puedo disponer para cumplir ciertos propósitos, antes de la incapacidad y luego la derrota final. Lo demás que acarrea la edad (nuevo tipo de relaciones con la gente y el notorio envejecer) jamás me ha preocupado. Pero lo cierto es que si tal cosa no es preocupación mía, esto no quiere decir que las demás personas dejen de advertir que soy o voy siendo un ser distinto, del que necesariamente los separa cada vez una distancia más grande.

Aquí es donde radica mi imperdonable error con Diana. Desde luego ella no ha podido ver en mí sino al hombre de quien la separa una increíble distancia en el tiempo, en el amor, en el estilo (y por otra parte ella no es una oportunista que quiera vivir con un hombre en atención a sus virtudes o circunstancias extrínsecas), hombre a quien tendría que acompañar desde otro mundo, literalmente hablando. Este no sentirme en edad, pues, resulta un tanto grotesco, y ante mis ojos aparece a cada momento más tonto, ridículo e inhibitorio. He pensado mucho en el problema y de pronto me lo encuentro en un párrafo del *Carnet* de Sommerset Maugham. Dice: "Un novelista debe conservar una esencia infantil en la importancia de ciertas cosas que el sentido común considera de escasa trascendencia. No debe crecer nunca del todo. Debe interesarse hasta el fin por asuntos que no son ya de su edad".

Aunque lo anterior podría tomarse como un consuelo, tampoco está dicho respecto a la vida personal, privada, biográfica, del escritor. Se refiere a la actitud literaria, a la actitud ante los materiales de trabajo, pero no a la que un novelista de 47 años debe tener *ante sus propios asuntos.* Mi tragedia radica en que yo *no quiero crecer* y me sigo conduciendo infantilmente ante situaciones dentro de las cuales es evidente que ya no soy el mismo personaje por quien yo me tomo, o por el que no me doy cuenta que me tomo. (Recordar esto para describir la psicología de Jacobo en *Los errores.*)

A propósito de Maugham. Su *Carnet* no puede ser más útil para un escritor. Tengo numerosas observaciones que escribir sobre esas notas inteligentes, llenas de claridad —tan lejos de las "confesiones rusas" donde el escritor se desnuda y martiriza ante las miradas ajenas— y que plantean de un modo tan simplemente honesto problemas técnicos y observaciones de las que un buen escritor siempre sacará provecho.

Olvidaba describir a un tipo extraordinario con quien me encontré hace ¿más de un mes?, en la feria del Reparto del Diezmero (día de San Juan; bastará recordarlo para situar la fecha). Se trataba del dueño de los aparatos de la feria, quien los alquilaba en concesión a los compañeros de la localidad. Rubio, de ojos azules, de complexión robusta, alto. Vestía un traje que era una mezcla de gaucho y vaquero del oeste. Botas relucientes, a media pierna, con bordados de oro; camisa de seda, abierta; "bombachas" argentinas y una especie de sombrero calañés de estilo californiano. Es así como se presenta en las ferias de Nueva Orleans y de todo Estados Unidos. Aquí en Cuba, eso se me hacía increíble, fabuloso, aunque la gente lo tomaba con naturalidad (a causa de la prolongada influencia yanqui respecto a tales atuendos). El tipo hablaba de "servir a la revolución" con sus aparatos, sin entender nada de nada y con tan evidente interés comercial (como se puede hablar ante los samoanos o los habitantes de Honolulú), que la cosa resultaba francamente cómica y no inducía a que se le tomara con exagerada inquina o molestia siquiera.

115

La Internacional, que antes apenas se tocaba, ahora está de moda. Con motivo y sin él, a cada momento se escucha por la radio, se silba por la calle, la cantan los milicianos, la tararean los camareros al servir. Y se cubaniza: también la bailan en conga.

Los marineros finlandeses borrachos de *El Universo*, la cantina del muelle.

9 de agosto. Parece ser que la buena Marta ya ha comenzado a "traicionarme". Lo adiviné desde que hablamos de su viaje a Santa Clara (la semana pasada, en vísperas de la ley sobre canje de moneda del 4 de agosto). Allá debía reunirse con Eduardo, un vago novio (la información surgió sin querer). Ahora me habla —hoy— dándome ciertas excusas sospechosas y divertidas (por el desenfado con que pretende darlas). La cosa —en el fondo, malignamente— me libera y me descarga la conciencia de algo que podría haber llegado a parecerse a casi una sensación de remordimiento. (De cualquier modo es un buen material para cargárselo a la cuenta biográfica de Jacobo en *Los errores*, ¡dios mío!, si algún día llego a continuar esa lejanísima y amada novela.)

8 de agosto. Por la noche, en la guardia, vemos a Fidel y escuchamos su discurso en la televisión, sobre el canje de billetes. Me preocupa gravemente. Según pienso, de lo que se trata, en el fondo, es de restringir el consumo en una forma dirigida, enérgica y sin escapatoria posible para nadie (primero el canje de billetes y en seguida la estricta limitación del retiro de fondos), como una medida previa al racionamiento. *Combate* de hoy (9 de agosto) desliza una iniciativa del barrio de Marianao, en La Habana, para que se generalice una propuesta para racionar la carne, y se dan noticias de las cantidades de trigo, maíz, jamón (¡cien toneladas!) que llegan en un barco proveniente de los países socialistas. La situación debe ser más dura de lo que podamos percibir. Comienza la parte dolorosa que tiene que recorrer *toda* revolución y en la cual los dirigentes deben cuidarse más que nunca de conservar todo el dominio de sus nervios y una seguridad política a toda prueba. (Ahora hay que permanecer más que nunca firmes junto a Cuba.)

Holbein, que también es pintor (departamento de "animación" del ICAIC), es mi jefe de pelotón en las milicias. Conversa de todo, cada vez que hacemos la guardia juntos. Se me ocurre hablar del "sentido trágico" de la Cuba revolucionaria. La juventud que se lanza por entero a la lucha clandestina contra la dictadura no tiene ninguna otra mira que un sentido trágico del impulso: sabe que irremediablemente va a morir; si alguien queda vivo, esto será un regalo: la vida será sobrevivida. Por tal causa la revolución triunfa (esto lo hago decir en *Bertillón* a uno de los personajes), pero la revolución triunfante no asume la nueva existencia sino como dilema: patria o muerte; sigue predominando el *pathos* de lo trágico y, en mi opinión, muy justificadamente. Cuba no está en condiciones de quedarse en un término medio: vida o muerte; sólo puede ofrecérsele una de las dos alternativas. Perecerá del modo más completo, a que no queden de ella sino las cenizas (y Cuba piensa que tal cosa también será fecunda y ejemplar), o vivirá en la forma más espléndida y magnífica.

Holbein me escucha y se vuelve a mí, con su rostro enmarañado, en las barbas que lo circundan y que le dan un vago aire de semejanza a ciertos rostros de Rembrandt. Sus ojos vivos y negros, de nutridas pestañas, resplandecen brillantes por algo que está a punto de convertirse en lágrimas. Su voz tiene una entonación extrañamente conmovida y cálida, en que se trasluce una desesperación animal, primitiva y solitaria.

—¡Es cierto! —dice—. Así es. Así hemos vivido mi mujer y yo en la lucha clandestina y nuestra disposición a morir es la misma ahora, después del triunfo. ¡Tienes que ayudarme, Revueltas! ¡Quiero aprender cómo se puede vivir para la vida!

No encuentro ninguna respuesta a la mano. Me toma por sorpresa. O creo que le doy una respuesta burocrática, estúpida, casi una consigna estereotipada, algún *slogan* de locutor de radio. (Agosto 7-8. Sí; tres o cuatro de la mañana.)

Con esa resignada actitud de melancólicos sentenciados a muerte que adoptan las personas —desconocidas entre sí— cuando van en el elevador [. . .][7]

11 de agosto. A cada momento me siento más alarmado y también más pesimista. Los discursos de Jruschov del 7 de agosto y el de hoy, ante la delegación rumana, indican hasta qué grado la URSS trata desesperadamente de presionar hasta lo último, para que la tercera guerra no estalle este año. El lenguaje de Jruschov no puede ser ya más enérgico ni su tono puede ser ya menos revelador de lo inminente del desencadenamiento de un conflicto armado. Es ese tipo de lenguaje premonitorio, brusco, grave e inequívoco que se usa en las vísperas, cuando los jefes de Estado ya saben que se está en el último momento, y que ya es cuestión de grados para que las cosas se precipiten de una vez. Tal es la sensación que, a mi parecer, trata de infundir Jruschov a los jefes de Estado capitalistas para hacerles saber que ya no se hace ilusiones y que está listo para devolver instantánea (o casi simultáneamente) el golpe. Esto puede producir una cierta indecisión en Estados Unidos, pero me temo que sea de esas indecisiones relampagueantes que preceden apenas en unos segundos a la tempestad.

Estados Unidos no ha propiciado la conferencia de Punta del Este para fracasar. Un fracaso norteamericano en el Uruguay será, en todo caso, relativo. Por lo pronto —y de cualquier modo por cuanto a los gobiernos burgueses de América Latina— la retaguardia latinoamericana de Estados Unidos no será peligrosa para éstos sino por cuanto a Cuba. Cuba está, pues, en el cráter de un volcán. Estos tres meses tal vez sean decisivos. Bien; personalmente se trata de saber ocupar uno su puesto y cumplir sin descanso, sin vacilaciones. Ante todo morir con decencia.

Acudo a Prensa Latina para recoger unos envíos de México (carta de Andrea y una preciosa lata de chiles jalapeños que me manda Dolores de la Mora). La miliciana de la posta en Prensa Latina —una negrita— ha colocado una blanca camelia en la boca del cañón de su fusil, y no parece darse cuenta de la infinita gracia que encierra este gesto prodigioso. (14 de agosto)

Agosto 14 y aún no se me invita al Congreso de escritores cubanos, que comenzará el 18. Son capaces de no hacerlo, lo cual será extraordinario desde el punto de vista de la terrible desaprensión de los escritores cubanos, por una parte, y por la otra del estúpido dogmatismo, del miedo, de la ignorancia y el espíritu burocrático que reina (o ha de reinar) entre los dirigentes. Por supuesto yo no me haré presente de ningún modo, aparte de que no me he preparado para participar (y luego la inmensa pereza de ver, tratar y hablar con los colegas, que en su conjunto cada vez me parecen —los de aquí y los de todas partes— una repugnante banda de filisteos y oportunistas miserables).

Notas sueltas

Asisto a la inauguración de las conferencias de planificación (23 de junio) que corresponde abrir al Che Guevara. Le profeso una admiración y un cariño extraordinarios. No hay ninguna fingida modestia en su forma de comparecer ante la masa que lo aplaude casi con delirio. Se diría que quiere sustraerse, que le angustia ser objeto de tal admiración. Tiene un fuego por dentro, un fuego constante y vivo, que brota a lo cálido de sus ojos, llenos de humanidad, de pasión, de una voluntad ya desde mucho tiempo atrás decidida y que no será capaz de doblegarse, firme, pertinaz, devota. Huye de las frases, de los efectos oratorios, como si tratara de abrirse paso en los cerebros con la sola herramienta de lo racional, de lo discursivo, de lo irrebatible desde el punto de vista lógico. Y, así, extrañamente, sus palabras tienen un calor inesperado, una vivacidad palpitante y comunicativa, que se adueñan del auditorio —no por simple entusiasmo, sino por ese efecto seductor que sobre el espíritu ejercen las cosas precisas.

En la calle 23, al bajar de la *guagua,* me encuentro con un cura. Lo examino más bien con curiosidad sonriente, pero él me devuelve una extraña, violenta mirada de odio. No lo comprendo y me desazona aquello, hasta que reparo en la causa: mi uniforme de miliciano.

La semana pasada un "siquitrillado" degüella a la presidenta del comité de defensa de la revolución. Los voluntarios para la limpieza de La Habana llegaron a limpiar un solar de este hombre, quien se niega en redondo a permitirlo. Los voluntarios acuden al comité. Cuando la presidenta aparece, el tipo, machete en mano, descarga un tajo sobre la mujer. Los milicianos lo aprehenden, herido, por haber hecho resistencia.

El ciego robado. En camión. Un ciego, vendedor de dulces, relata cómo fue robado por alguien. Discusión y comentarios de todos en el camión. "Toda la gente es así." Protestas. "Tú no digas eso. No toda la gente. El que roba a un ciego es capaz de matar a su madre. ¿Tú eres igual? No puedes decir eso, chico", etcétera.

Elmar Klos (director checo). "La banalidad y el aburrimiento son los pecados capitales del arte socialista."

Las latas de alimentos rusos en la casa de aquellos amantes llenos de impaciencia.

El directorio de teléfonos, grueso y grasiento como una biblia, totalmente sagrado.

Guardia, 3 am. Un gato me descubre y sufre un acceso de terror espantoso que no le permite moverse, engarabitado, paralítico hasta lo imposible. Entonces yo soy el que siente un vago miedo, como si descubriera que aquel gato tuviera una especie terrible y sobrecogedora de conciencia. Trasunto lejano del recuerdo de un cuento de Poe.

El cubano y la música. Hace música del ruido. Entonces su dedicación termina por llevarlo al ruido perfecto. El colmo de esto fue para mí ayer (19 de julio) cuando, en un paseo fuera de La Habana, encontramos un pueblo que se llama *Tarará*.

El humo que salía de los cuartos del piso inferior. El aviso a la telefonista. Cree que es una queja.

El especulador con quien me topo en la calle. Me propone "negocios" y no me atrevo a denunciarlo.

Aquel recuerdo de París. A las 8 am cuando un cochero de una carreta se detuvo a beber su *ballon* de vino a las puertas del restorán donde yo pretendía desayunar.

Cuco, el amigo de Marta. Nos encontramos después de la conferencia del Che. Sus descomunales luchas en Santa Clara como delegado provincial del ministerio de industrias. El aprovisionamiento de muebles, muy parecido a las doce sillas de Ilia y Petrov. "Me divierto como nunca", dice Cuco (abogado, gente de mundo, coleccionista de objetos de arte).

Las mujeres que, al sentarse ante la barra, se despojan del calzado. Aquellos pies que se frotan los unos a los otros (cafetería del hotel).

En el estadio de El Cerro (barrio Habana), ejercicios de corpografía a que se ha llamado a los milicianos para el desfile del 26 de julio (la compañía de muchachas y hombres del 197 batallón). Atrás de mí, una discusión sobre si las milicias son "militares" o no. Un negro delgado quiere explicar que ya no se trata del ejército permanente, pero no logra encontrar el lenguaje adecuado, lo que da lugar a que exponga ideas maravillosas sobre el pueblo armado.

Las bellas tempestades

Las tempestades en la bahía se han venido produciendo estas tardes entre las tres y las cuatro. La amplitud del horizonte y

120

el inmenso espacio que ofrece el cielo, permiten verlas en toda su integridad. Son unos desplazamientos de masas compactas que se desgarran sobre el mar, dentro de un cielo y un horizonte que a un mismo tiempo ofrecen distintas y contrapuestas calidades de color y consistencia. El mar se encrespa con una rabia interior, profunda, insensata y a la vez impotente, como de animal vencido. Pero la tempestad es breve. En seguida, entonces, el mar vuelve a su calma, igual que un gigante que hubiese despertado de una pesadilla y comenzara a sonreír.

Un barco tenaz y lento ha traspuesto hoy (agosto 14) la tempestad. Era inexorable y magnífico, bloqueado por las masas de agua gris. Enfilaba directamente hacia el canal de La Habana y por momentos se hacía invisible del todo, prisionero dentro del gris castillo medieval de la tormenta. Poco después se escuchaba su sirena ronca y trémula, pero vencedora, en la que parecía adivinarse una especie de emoción, como en las voces de los viejos combatientes cuando relatan la aventura recién pasada —esos artilleros napoleónicos de que habla Stendhal, antiguos y de grandes bigotes canosos— y entonces el lamento de la sirena se adivinaba como si lo matizara una leve humedad de llanto varonil.

27 de agosto. Nada más bello que las tempestades en la bahía. Es la Ilíada, una guerra de las nubes, pura, de donde están excluidos los hombres y en la que sólo los dioses tienen acceso a la lucha. Dioses ebrios y roncos que combaten como ciegos parsimoniosos, unánimes y solemnes, maldiciéndose unos a otros con gravedad, con acompasada resonancia, dignos y majestuosos, sin odio, pues no se lo permite la grandeza de la lucha, revestidos como se encuentran por las colosales armaduras con que se cubren y desde donde parecen más temibles y bellos. Hermosos dioses borrachos y severos, dentro de su olímpica ebriedad, que descargan el peso gris y furioso de sus espadas atmosféricas sobre el mar, como sobre una bestia esclava y tremenda, que les perteneciera, pero también con una ira temblorosa y delicada, acariciantes y amorosos, cada vez más inmortales y sin conceder un instante de tregua a su divinidad.

Jamás creí que pudiera yo compartir con nadie estas tempestades, pero de pronto —aunque después de soñarlo, de anhelarlo tanto— estamos Ella y yo juntos en medio de la tormenta, sobre el malecón, unidos y mirándonos, con todo mi amor puesto en sus ojos severos, en esa elocuencia negra y atónita de sus ojos quietos, fijos, atormentados con la extraña profundidad solitaria y desesperada con la que miran.

Por el sur la tempestad se aproxima y la esperamos abrazados con un deseo palpitante de que nos envuelva, de que nos fustigue, de que nos haga suyos salvajemente, de que le pertenezcamos sin misericordia. "Ahí vienen nuestros dioses", decimos. Ella también lo dice; también acepta que éstos sean dioses de los dos.

Ahí estábamos en nuestra Ilíada mientras los dioses llegaban con sus escudos sombríos, hasta caer sobre nosotros y mezclarse en nuestros besos, entre nuestros rostros fervientes, mezclarse en la mirada abierta y sin límites de Ella, en esa soledad donde nos enlazábamos sobre la superficie vacía del malecón, sin nadie, lúcidos de amor, en esa tempestad donde parecíamos estar en un lecho furioso, perteneciéndonos como si nos hubiéramos dado mutuamente los ojos, como suicidas devueltos a la orilla en dos pedazos de mar. No acabo de comprenderlo, pero ha ocurrido así, increíble, pavoroso y verdadero...

30-31 de agosto. Las cosas comenzaron por un libro. Era un juego interesante conjeturar quién podría ocuparse de Adler aquí. Hasta nada más por el calor, por este reto sofocante contra la inteligencia de cualquier cosa, aun del calor mismo. Y luego en la piscina del hotel, un acuarium para sirenas, un serpentario, un gineceo... El libro, incongruente y solitario, encima de una mesa bajo la gigantesca sombrilla de lona, en medio de las sillas vacías —sin siquiera alguna prenda dejada ahí como un simple dato de posesión, de transitoria propiedad privada— era sin duda un olvido de alguien. Nada serio, pues, para quien lo hubiera traído (como para pensar, por divertirse, en la existencia de ciertos agentes secretos del INIT —Instituto Nacional de la Industria Turística—, de ser posible un muchacho o una muchacha negros, encargados de mostrarse con el libro abierto entre las manos: Adler, sí señor; nos interesa desmesuradamente la cultura). En las librerías ya había visto yo extrañas promiscuidades: *Mis veinte años en el ring* junto a la vida de Lenin; *La venta comienza cuando el cliente dice no* junto a la *Eneida; Las siete columnas del éxito: seguridad, optimismo, confianza, simpatía, ambición, crédito, puntualidad*, junto a los *Fundamentos de la filosofía marxista*. Ahora Adler en la piscina del hotel, creo que en una atmósfera de cuarenta grados a la sombra, y olvidado en una mesa por algún agente secreto de turismo revolucionario.

Me senté precisamente en una de las sillas de esta mesa y este libro sin dueño, yo, que sí llevaba un libro y que —perdón— no era ningún agente secreto del INIT como para que pudieran justificarse las miradas de furiosa curiosidad conmiserativa y burlona que me dirigían los vecinos. De cualquier modo, en la persona que viniera por su Adler abrigaba yo una vaga e imprecisa esperanza de simpatía.

Esa persona era Ella, naturalmente, Venus que brotaba del mar, que emergía de la piscina (y, por supuesto, a esas alturas aún no estaba yo en condiciones de pensar y sentir por Ella en la forma tan inflamadamente cursi y lírica en que ahora puedo hacerlo). Bien, entonces no del todo Venus, aceptado.

Había hecho una graciosa flexión con los brazos, las manos apoyadas en el borde de la piscina, para disparar el cuerpo hacia arriba, desprendiéndose de las aguas con un impulso elástico y desenvuelto, y ese alterno ascender de sus rodillas y aquellos muslos compactos que se afirmaban sobre los pies, mientras Ella venía hacia la mesa —los ojos puestos en Adler y relampagueante, crítica, fugazmente en mí— daban en conjunto una muchacha de aire sonámbulo y lejano, dueña de una extraña fascinación onírica, como si la torturaran —o desease que la torturaran— tercas y misteriosas repulsas, o letales atracciones, sujeta a un espacio hermético, neutral hasta lo espantoso, invisible pero de una exactitud tan rigurosa como la de una celda.

Con el libro abierto entre las manos, los ojos fijos, sin límites, era como si las cosas ocurrieran al revés: Ella no leía, era el libro el que estaba leyéndola con una furia aniquilante. Aquello había ocurrido sin transiciones, sin grado alguno de mutación, a semejanza de quien cae de súbito en un foso inesperado. Desde la primera fracción de segundo en que el vacío desolado de sus ojos quietos y sin esperanza se habían fijado sobre las líneas del libro, Ella comenzó a ser su objeto, y no aquél el objeto suyo. Desde ese primer instante estaba invadida en absoluto, encadenada, destrozada, muerta como sujeto real.

(Ahora, mientras escribo esto, ha comenzado a formarse una de las tempestades de las tres de la tarde. A través de un vacío en el techo de plomo de las nubes, el sol bañaba con un fulgor hiriente y blanco tan sólo a La Habana del este, allá a lo lejos, al extremo de la bahía, como si alguien hubiese detenido ahí la luz de un reflector. El resto de la ciudad estaba muerto y ambiguo bajo la mordaza gris del cielo. La proyección refleja de la luz, a pesar de la distancia, hería mi ventana, esos apenas unos minutos antes, y ahora los dioses han venido a pelear de nuevo en su inmenso anfiteatro y convierten a La Habana del este en un negro montón de bastiones tenebrosos. ¡Sería espléndido que Ella me llamara en estos momentos! El mar, ante mis ojos, se ha vuelto un circo infinito, a cuya superficie emergen, mientras danzan y se balancean de un lado para otro, los incontables lomos de millones de elefantes cansados hasta el sueño, y a los que tortura sin piedad un domador loco.) (Ella no llamó, sino que vino en persona, el cabello mojado y lacio, como si hubiesen derramado tinta sobre su cabeza.)

Desde aquella vez de la piscina Ella no volvió a aparecer. Luego vino el encuentro... ¿Quién sabe lo que todavía falte por escribir sobre Ella? (31 de agosto, 5:45 pm.)

En el cuarto vecino, ese diálogo desagradable, que no se entiende en absoluto, pero en donde resalta la voz de uno de los interlocutores (hablan español); pero esta voz especialmente gangosa, extranjera, satisfecha de sí misma, metálica y activa, como si lo supiera todo y en todo debiera concedérsele una autoridad indiscutible.

Kafka, *América*. Alucinante, cruel, llena de piedad. Proust y Dostoyevski a un tiempo. Artista extraordinario, solo, rodeado de lectores cobardes, miserables. ¡Cómo odian a Kafka los filisteos! ¡Cómo lo engrandece este odio! (13 de septiembre de 1961)

En Cuba abundan los apellidos que son nombres: Juan Ramón, Antonio Miguel (del ICAIC). El colmo es el del hotel Nacional que vocean por los altoparlantes con una frecuencia alarmante: "compañero Jorge Jorge Jorge".

Encuentro una fabulosa cita de Goethe: "el ser humano jamás comprende cuán antropomórfico es".

18 de septiembre. Holbein otra vez. Su ternura es increíble. En la guardia me muestra los dibujos de su próxima película animada para niños (la historia de cómo un gusano se transforma en mariposa). Luego llama a su hijo par teléfono. Es maravilloso cómo habla y qué dulzura tan conmovedora, con su aspecto tremendo y sus barbas.

21 de septiembre. En espera de que mañana venga Román a visitarme.

22 de septiembre de 1961, 3:10 am. Debo poner en orden mis notas a partir del 27 de agosto, precisamente en que Omega y yo entablamos relaciones. Dio la casualidad que yo había interrumpido mis actividades del taller cinematográfico y del curso de marxismo, en espera de una reorganización del ICAIC con motivo del regreso de Alfredo Guevara de Moscú. Hemos dispuesto, pues, O[mega] y yo, de tiempo (para nuestro romance). Ella es una muchachita llena de talento y de un egoísmo que no parece tener límites (escribiré más). Acaso —y sin el acaso— muy joven para mí, aunque a ella no le importa nada en absoluto de nada mientras se siente feliz.

El tiempo pasa aquí en Cuba de un modo vertiginoso: O[mega] y yo cumpliremos en unos días más, todo un mes de habernos relacionado [y convertido en amantes: no cometo ninguna indiscreción al consignarlo, tanto más cuanto ella no tiene ningún cuidado en ocultarlo, sino pareciera que, al revés, en que se enterara cuanto antes el mundo entero.]*

Semana del 10 al 15 de octubre de 1961 (probablemente). Entre una y otra lectura de *El desafío*, de Kuprin, escribo las líneas que siguen. (Tomarlas en cuenta para el personaje de Jacobo en *Los errores*.)

Escribir es una comunicación absolutamente individual entre un yo y otro yo —entre nadie más, aunque ese yo sean muchos; el número no es aquí lo que importa. Es un acto privado, particular y secreto como el de quien se pone a conversar con las estrellas. De este modo también leer se convierte en un acto idéntico, entiéndase que, digamos, como hacer el amor: es individual y recatado —entre dos yo— pero en él se sustenta la especie. Leer, así, no viene a ser sino la realización del escribir: alguien escribe y alguien lee y cada quien comprende las cosas, inevitablemente, a su manera. Pero aquí es cuando se entrometen los sacerdotes con aquello del púlpito, de la redención de los pecados y de "escribir para las masas". Es decir, quieren que se predique, que todos hagamos moral, escritores y lectores, que nadie se contamine ni nadie contamine a otros. ¡Ay!, sin duda todo eso es rigurosamente necesario, pero no atañe ni al que escribe ni al que lee —y también, sin duda, ni al que predica ni al que escucha a ese sacerdote que está en el púlpito. Alguien escribe algo y, o puede no ser entendido en absoluto ni por su país ni por su tiempo, o —lo que resulta más frecuente— será entendido de otra manera a como quiso darse a entender. Al teatro griego, por ejemplo, lo estamos entendiendo cada vez —y esto desde el siglo VI A de C— siempre en una forma nueva y

* Tachado en el original.

distinta. Aquí me parece que radica el principio de nuestro trabajo literario.

Joaquín me llama por teléfono para avisarme que en estos momentos ejecutan por radio música de Silvestre. Subo. Oímos *Sensemayá* y el *Homenaje* [*a García Lorca*].

8 o 9 de noviembre. Echado hacia atrás sobre el respaldo de la silla contemplo por la ventana un trozo de mar, durante una pausa, mientras escribo mi conferencia para el día 10. El trozo de mar que contemplo no tiene ningún punto de referencia: es un mar aislado, un mar abstracto, como dentro del marco de una pintura. Un hombre flota bocabajo sobre las olas, apenas ligeramente cubierto por una delgada superficie de agua, y se mece, los brazos extendidos como si, con la cabeza inclinada, buscase algo en el fondo. La figura del hombre tiene esa precisión irreal de las imágenes vistas a través de unos prismáticos: ese descoloramiento que sufren los cuerpos cuando la lente los aproxima desde enormes distancias. Pero hay en el hombre una especie de abandono y laxitud, como si hubiese entregado al mar su cuerpo y lo dejase a la deriva, sin voluntad alguna de darle movimiento, esfuerzo, dirección, impulso, perdido un viejo poder de pelea. Permanece bocabajo, los brazos en cruz y las palmas vueltas hacia el fondo, mientras los hombros se mecen en un suave balanceo.

Pero de pronto me doy cuenta de lo que ocurre con una sensación de sobrecogimiento que nunca había experimentado: no es posible que yo pueda ver a este hombre en tales proporciones; ocupa la mitad de la bahía. Adelanto el cuerpo hacia la ventana y en mi angulo visual entran El Morro, a lo lejos, y aquí, abajo, en un primer término, el malecón. Estos puntos de referencia me servirán para recobrar la magnitud real de lo que sin duda he visto a causa de una extraña distorsión. Lo extraordinario es que aquel cuerpo sigue ahí, ahora descomunal, inmenso, a la orilla de la bahía: es un titán, un gigante que flota en las aguas del mar, y cuyos brazos extendidos, sueltos, podrán tener tal vez más de quinientos metros. Lo observo hechizado y aterrorizado a un tiempo, mientras se adueña de mí un miedo extrahumano, increíble, una especie de miedo cósmico que no acierto a describir —algo como sentirme en el infinito, ante una cosa sobrenatural y nunca revelada. El gigante logra levantar penosamente la cabeza que tenía caída sobre el pecho y la mantiene erguida por unos instantes; conserva los ojos cerrados y hay en su rostro un profundo rictus de dolor silencioso y sujeto.

Nunca he visto una tristeza más profunda, letal y terrible, reflejada en ningún rostro humano, nunca algo tan callado, tan noble y tan espantosamente sin amparo ni esperanza ni tan lleno de angustioso y digno sufrimiento. Me paraliza una sensación cósmica de pánico, un pavor de la inteligencia —no un pavor de los sentidos ni del instinto—, sino el pavor, el terror de las revelaciones. Comprendo entonces que sufro una alucinación y con un esfuerzo concentrado del cerebro, la imagen desaparece y con ello ese terror único y abismático. Pero aquí inicio un juego diabólico: sé que puedo atraer la alucinación otra vez, que puedo invocarla nuevamente, con un impulso cerebral en ese sentido. Repito entonces la experiencia y el titán agonizante aparece de nuevo. Y de nuevo ese terror cósmico, que me seduce y que cuando está a punto de llegar a su clímax no puedo resistir un segundo más, hasta que, temblando, angustiado, en el vacío, rechazo la visión hasta hacerla desaparecer. No obstante, esto parece irrenunciable —y ese pánico me cautiva, me tienta, y reanudo entonces el juego tres, cuatro veces más, hasta darme cuenta que me estoy aventurando a trasponer una frontera sin nombre. Cierro los ojos y permanezco largo tiempo con la cabeza entre las manos, en el vértigo de una extenuación que parece haber agotado la última de mis reservas. Es natural. La alucinación ha sobrevenido a los cinco días de no dormir y de no separarme de la mesa, mientras escribo, escribo, escribo como un desesperado.

14 de noviembre. Reconstruyo —hacia atrás— el último periodo, a partir de lo más reciente. Mi última actividad (el día 10): una conferencia sobre los problemas del arte (El materialismo dialéctico y los problemas de la expresión estética) en la Unión de Escritores. Los escritores brillaron por su ausencia, pero a cambio de eso, una nutrida juventud de diferentes escuelas de arte. Me presenta al público, Baragaño —de las nuevas generaciones literarias cubanas. No conozco su trabajo, pero se me dice que es de las gentes que valen. Opinaré más adelante.

Bueno. La conferencia, con todo, no resultó absolutamente mal —aunque no pude aprovechar, por falta de desarrollo, numerosos materiales, de los que me serviré más adelante.

Omega

Tenía una presencia suave y exacta. Se olvidaba fácilmente de todo lo que podía rodearla, tan sólo con verse. Entonces florecía

127

y una sonrisa casi humana llegaba desde lo más profundo, y desde lo más lejano, a su rostro. Era cuando, en cierto sentido, se disponía a existir, con tal de que no irrumpieran en su terrible alcoba, donde ella, sola, increíble, impura, de vez en cuando comenzaba, en alguna forma, a ser. Tarea submarina, onírica, en que había que considerar todos los materiales: un brazo, el seno, aquella axila derribada, un labio sin sentido. Entonces, organizarlo todo, como Adán. Pero como Adán cuando ya había perdido la palabra, cuando ya estaba desnudo, descubierto, cuando ya había dejado, en un solo momento, de ser dios, en medio de ese árbol por fortuna prohibido. Así ya, se ponía nombres: un seno podía ser el mar, un ojo podía perderse de estar destinado a ver, una caída podía ser un suspiro, una raíz, voz. También era la noche; era de una nocturnidad apacible y llena de sueño, de poblados, de hormigas, capaces todos de caminar por el silencio ajeno, de violarlo, de no saber qué nombre es posible o imposible dar: no tenía nombre porque en ella ya nadie estaba, apenas, apenas, una cierta tempestad.

Triste y hermosa bajo la lluvia
que pertinaz caía, quiso el destino
que te encontrara
aquella mañana fría.

No sé qué ensueño
vi retratado en tus negras pupilas
que fueron dos abismos
plagados de hipnotismo
para mi corazón.

Tuya, fue desde entonces mi alma,
tu alma desde ese entonces fue mía.
Y ahora sé que era más frío
tu corazón que aquella mañana cruel
en que te diera mi amor.

Vino la ausencia, vino el olvido
de la mujer amada.
Tuvo otros dueños
otros quereres
y ahora se ha vuelto mala.

No sé qué ensueño

vi retratado en tus negras pupilas
que fueron dos abismos
plagados de hipnotismo
para mi corazón.

[México, D. F.], diciembre 2, 1961

Omega querida: Les escribí una carta colectiva a ti, Fermín y Rafael, dirigida al hotel Nacional. Después he pensado si Fermín no se encuentra ya ahí y por ende la carta no les haya llegado. Por eso ahora te escribo a Camagüey, pero siempre en la incertidumbre de si recibirás o no esta carta.

Aquí trabajamos intensamente en el movimiento revolucionario, tan lleno de toda clase de problemas. Por mi parte, además del trabajo político he tenido que incorporarme en seguida al cine, donde me han recibido con el viejo cariño y, aunque la industria está semiparalizada, inmediatamente me dieron trabajo. Ahora me ocupo de escribir una película que dirigirá Gavaldón para Filmex. Bien; pero todo eso no tiene mayor importancia.

He pensado muchísimo en ti, querida, queridísima Omega, y no pocas veces con una especie de desazonante remordimiento, cuando recuerdo algunos de nuestros instantes difíciles en que acaso yo no haya sido lo suficientemente delicado para evitar exaltaciones o palabras duras. Estoy seguro, sin embargo, que me perdonas y los habrás olvidado.

¡Cuánto, cuánto extraño mi Cuba querida, su entrañable revolución! Claro que volveré y espero que, por lo pronto, al congreso de escritores. Entonces nos veremos nuevamente. ¿Cómo te encuentras? No dejes de trabajar por nada del mundo, es decir, de escribir. *Por nada del mundo*, ni te preocupe tampoco la *forzosidad* de que lo que escribas tenga, obligatoriamente, un "mensaje" o una actitud revolucionaria: eso sólo se logra cuando ya existe un dominio absoluto del arte, pero pretenderlo desde un principio, como una condición ineludible, conduce precisamente a lo contrario: en lugar de que se haga trabajo literario se hace simple y pura propaganda, además mala. Esto hay que hacérselo comprender a todos los jóvenes escritores. Escribe como sientas y como comprendas, con amor y con valentía; eso es el problema.

Provisionalmente yo estoy viviendo en la casa de mi hija, quien en compañía de su compañero e hijos salió de vacaciones. Después me instalaré seguramente en un departamento amueblado (o casa) que me alquilan en un lugar que se llama San Ángel Inn, cercano a los estudios, y que es una zona residencial de lo más burguesa. He arreglado con la compañía donde trabajo que sean ellos quienes paguen la renta, descontándomela de mi salario, para evitarme yo preocupaciones. Me preocupa en lo fundamental poder consagrar un tiempo, así sea pequeño, a mi novela. ¡Pero no te imaginas la cantidad de tareas que tengo que desempeñar, aparte de mi trabajo profesional! Reuniones, escritos políticos, organización de actividades, y compañeros que entran y salen! Nuevamente he comenzado a ya no dormir sino unas cuatro horas diarias, cuando bien me va. Interesantísimo, por otra parte. He recibido informaciones de que tratarán de detenerme en la menor oportunidad. Por supuesto, me cuido. Te lo aviso para que cuanto antes me envíes una dirección segura a la cual escribirte y hacerte saber mi situación en caso de que llegue a ocurrir cualquier "accidente" de esa naturaleza. Salúdame a todos los amigos. Tú recibe un largo, intenso, amoroso beso de / Revueltas.

[México, D. F.], abril 25, 1962

Omega: Te escribo estas simples líneas —a reserva de hacerlo con más extensión. Me preocupa mucho tu silencio. ¿Recibiste los dos ejemplares de *Cuadernos del Viento,* donde se publicó tu cuento "Mi primo Manolo"?

¡Escribe en seguida! Dame noticias de todo lo que hagas y emprendas. Estoy muy inquieto por ti y por Vladimiro [Omega estaba embarazada].

Olvida todas mis tonterías. Besos de / José

[México, D. F.], mayo 22, 62

Omega querida: Tu silencio me tiene bastante preocupado. La última carta tuya (ya fechada en Minas) me llegó hace cerca de un mes, y desde entonces no tengo noticias tuyas. Los muchachos espartaquistas te enviarán libros. Yo también te haré un envío especial (por lo pronto *Los mandarines* y mi propio libro [*Ensayo sobre un proletariado sin cabeza*], que ¡por fin! terminó por aparecer). Te aseguro que si yo no vengo en persona a impulsar la publicación de mi libro, todavía podía estar esperando en La Habana que se publicara algún día. Me inquieta saber qué ocurre con lo de nuestro Vladimiro. Quiero saber todas las noticias, por favor.

Ayer, con motivo del aniversario de la instauración de la República en Cuba, estuve en la recepción de la embajada. Le entregué a Lechuga mi libro.

Escribe, por favor. Yo estoy, como siempre, abrumado de trabajo. La semana pasada di una larga y ardua conferencia en la escuela de artes plásticas. El día 30 tendré otra en el Instituto Cubano y luego una serie de conferencias de la Liga Espartaco sobre teoría leninista del partido. En el PCM aquí ha habido una nueva "crisis" y la organización del partido en el D.F., y en otros lugares, ha desconocido a la dirección nacional. Ahora bien: los camaradas disidentes nos han llamado a reintegrarnos con ellos como una forma de nuestra rehabilitación como comunistas injustamente expulsados del PCM. Como ves la cosa se pone muy interesante. [Véase *Escritos políticos*, III.] Te lleno de besos y cariño. ¡Escribe, compañera monstrua! / José

México, junio 20, 1962

Omega querida: Recibo con enorme gusto tus cartas; la última —no sé si en fecha, pero la última por el correo—, la del 5 de junio, ayer o antier. Pierdo la noción del tiempo; escribo, escribo, amanece, duermo un rato, me baño, continúo trabajando —y de pronto ya no sé qué cosas acaban de ocurrir o qué cosas sucedieron hace ya tres días. No he podido ir a Cubana para ratificar (es decir, verificar el envío del mosquitero). Repito: no te lo envío a Prensa Latina sino a Minas (alguien deberá remitirlo desde La Habana a Minas, y lo absurdo que sólo hasta tu última carta es cuando tú me dices que irás a La Habana para que el gran duque Vladimiro nazca en la capital de la revolución. Bueno; todo se arreglará).

Libros: tengo que consagrarme por entero, cuando menos una mañana, para hacerte un envío serio, armar los paquetes y ver si por el correo o con personas amigas (un, ¿cómo dicen ustedes?, ¿batuque, telengue? ¡Ya está!, un *julepe* de todos los diablos. ¡Me costó trabajo acordarme!)

Estoy cansado como un perro que se hubiera propuesto seguir los pasos del judío errante a través de toda la tierra. Perdóname, vida mía, que no te escriba más por hoy. Ya no pude ni siquiera pasar en limpio un cuestionario que me sometió un periodista argentino, y del que me salieron más de treinta cuartillas. (Te enviaré la copia.) ["Sobre mi obra literaria", en *Cuestionamientos e intenciones*.] Tengo muchas, muchísimas cosas de que hablarte. Salúdame con enorme cariño a tu madre (me da una ternura inmensa que ya ame al Vladimiro). ¿Podrías poner un telegrama cuando el joven macabeo vea la luz de nuestra revolucionaria Cuba? Aquí todo mundo me hace la guerra y tengo que pelear como un rinoceronte acosado. Te ama, te recuerda, se emociona con tus palabras, te desea lo mejor del mundo, / José.

P.S. ¡Ay, los sobres de correo aéreo están muy lejos (como a cinco pasos de mi escritorio) y he tenido que levantarme, pues ya no puedo de fatiga, para tomar uno de ellos y escribir encima de él tu querido y maravilloso nombre! (¿Siquiera te da risa lo que te escribo?) Ya van tres veces que vuelvo a meter la carta en el carro de la máquina. ¡Basta!

México, julio 10, 1962

Omega querida: Recibí con enorme alegría —y gran nostalgia, pena, tristeza, deseo de estar a tu lado— el cable donde me informas que nació nuestra hija. Poco después una carta tuya, aun fechada en Minas, donde me das cuenta de la absurda historia del mosquitero (fechada el 4). Con ese envío no ocurre nada fantástico, sino simplemente que cuando uno demanda un favor de alguien la gente no pone el cuidado y atención que cuando se trata de algo personal. El bulto tenía mi letra y con toda claridad mi nombre como remitente. La cuestión fue que yo llevé el bulto a Cubana; ahí dejaron la cosa para que buenamente la llevase alguien a La Habana, y hasta ahí la historia del bulto: quién sabe quién será ese buen doctor de que me hablas y lo que habrá hecho, el pobre. Ahora te escribo a Minas, pero con gran incertidumbre, pues tu cable está fechado en La Habana y no me dices en qué sitio estás. Me ha hecho sufrir mucho tu telegrama, pues te veo muy sola y sin ayuda de nadie (¿ha estado tu mamá junto a ti? ¿Quién? ¡Escríbeme por favor cuanto antes!).

Bien; no te imaginas el estado económico en que me he venido encontrando hasta hace unos cuantos días. Todas las puertas se me fueron cerrando una tras de otra: un programa de radio en la universidad, una clase en el Instituto cinematográfico y colaboraciones en alguna revista. Todo eso se me cayó y de hecho no tuve el menor ingreso hasta principios de este mes, con la salida de un diario (*El Día*), hecho por algunos amigos míos que me llamaron a colaborar. Ahí obtengo una entrada para lo más indispensable: renta y alimentos. Pero antes de eso hasta tuve que

133

pasarme algunos días en blanco numerosas ocasiones. (Bien; son cosas inevitables, cuando tienes en tu contra a todo el mundo: pero no soy de las gentes que ceden, antes al contrario; eso me templa y me enardece más para la lucha.) Lo primero que me haré cuando reciba mi sueldo es comprarte algunas cosas, pero es preciso que me des la dirección a la cual enviarte todo: por lo pronto lo haré a Minas, porque estés o no ahí, tu familia te hará llegar lo que te envíe. Entiende, pues, que no ha sido por falta de voluntad el que yo no haya tenido el cuidado de atender en lo mínimo y miserable que puedo, tu situación. ¿Cómo está nuestra pequeña camaradita? ¿Pesó lo normal? Mándame un retrato en cuanto puedas.

Me duele mucho cuando me envías cartas amargas o cargadas de subyacentes reproches. ¿Por qué, vida mía? Vivo días sin tregua, peleando como un desesperado y mi única autojustificación es que trabajo hasta más allá de mis propias fuerzas. ¿Qué más puedo hacer? No tengo momentos alegres, que digamos; arremeto con la cabeza baja, las manos empuñadas y peleo, a eso se reduce mi existencia: sin nada personal en absoluto, entregado por completo a nuestra lucha. Quisiera escribirte sobre esto largamente, pero no parece interesarte mucho. En fin; lo que importa es recibir ahora noticias tuyas, saber de tu salud. Dale gran cantidad de besos a nuestra muchachita. ¿Cómo llamarla? Si quieres, el nombre de tu propia madre o el de la mía. Ésta se llamaba Romana. Tú decide. Iré a Cuba, necesariamente, pero no pronto. Por supuesto tendrás noticias. Besos, recuerdos y tantas cosas que quisiera darte: / José

[México, D. F.], julio 22, 1962

Omega querida: He recibido tus últimas cartas, que por cierto, después del nacimiento de la hija, has escrito con mucha mayor frecuencia y optimismo y que a mí me han llenado de alegría. ¿Por qué siempre pides excusas por referirte a cuestiones y sentimientos personales? ¿Es que acaso piensas que los revolucionarios no debemos ocuparnos del amor, de los hijos y de algunas "pequeñas cosas" que, no obstante, son muy grandes y significativas para cada vida? ¡Deja eso para los sectarios incorregibles, para los que han perdido el alma! No; la revolución es transformar la sociedad y establecer la justicia: pero no vamos a crear un sistema sin alma, un sistema muerto (aunque todos tengan qué comer). Los dos grandes discursos de Fidel contra el sectarismo (cuando menos los que hemos podido conocer aquí) son formidables y dejan ver que los errores y las exageraciones cometidas en Cuba por los pequeños burócratas terminarán radicalmente, aunque todo ello deba ser mediante un proceso que no podrá ser fulminante. Bien; hablemos de nuestras cosas.

Estuve enfermo desde la semana pasada y tuve que acostarme y no leer ni escribir nada (una estúpida colitis, que se combinó con mi hermosa hernia). Ya pasó todo. Ahora lo primero que hago, después de reanudar mi trabajo (me atrasé de un modo increíble) es escribirte esta carta. En tu anterior a la más reciente (la más reciente de fecha 12 de julio) me sugerías que quedara en mis manos lo del nombre de la niña. ¡Es un problema! Lo primero que hice fue consultar un almanaque y el nombre que le corresponde (si es que nació el 7 de julio, según tu telegrama) debería ser el muy sonoro e imponente de doña Edilburga, o si no, Sinforiana o Saturnina. Como puedes ver la religión católica no es muy generosa con la estética de las denominaciones que debemos llevar a cuestas por toda nuestra existencia según sus cánones. ¿Una diosa mexicana? Fíjate nomás: Mectancihuatl (la diosa del infierno), ¿no muy eufónico, verdad? Tonacacihuatl (señora de nuestra subsistencia)...

(A estas alturas han venido a interrumpirme unas personas, con una larga charla política que me ha quitado más de dos horas. Reanudo la carta, al fin...)

Otros nombres de diosas: Tetoínan (madre de los dioses), Toci (algo así como abuela de los dioses), Cihuacóatl (mujer serpiente), Xochiquetzal (diosa de las flores; éste no es tan feo), Ilamatecutli (diosa emparentada con el maíz y con la tierra), Chalchihuitlicue (diosa del agua), Meztli (luna), Ciltlali (estrella), Xóchitl (descubridora del pulque, bebida embriagante), etcétera. Pero más bien creo que un nombre normal es lo mejor que podría decidirse: Julia, por ejemplo, recordaría muy amable y alegremente al 26 de julio: Julia Revueltas. La cosa suena. En fin; prefiero que tú decidas [finalmente: Moura]. Esta visita de hace un rato me hace abreviar mi carta, porque aún tengo que escribir mi artículo de mañana y ya son las once de la noche. Espero que esta semana te pueda enviar por correo las cosas que me pides: tela, faja, etcétera. (Te escribiré mañana otra carta, para decirte más cosas y saber también más de ti.) Saludos a tu mamá. Me han dado mucha alegría tus noticias. Recibe muchos besos y cubre de ellos a nuestro retoño (mi retoño cubano) con toda el alma de / José

Omega querida: Los últimos diez días, a partir de mi última carta —que prometí reanudar al día siguiente—, han sido de una feroz actividad y de enormes dificultades materiales que nos ha impuesto la situación, al grado de que apenas si hemos dormido durante ese lapso el grupo de compañeros que hemos estado al frente de la actividad. Por fortuna el ritmo se ha apaciguado un tanto y me permite darme tiempo para escribirte. (Lástima que no te pueda informar en detalle del tipo de nuestras actividades porque tendría que entrar en pormenores que aún no se difunden aquí en México y que, lo principal, aún no culminan en los resultados que esperamos. Pero ya te escribiré más adelante sobre esto.) Bien; me he sentido terriblemente angustiado por no haber podido tener un respiro que me permitiese atender el envío de algunas cosas que te mandaré el miércoles próximo: la faja y algunas otras pequeñas cosas que te puedan servir. Ahora he optado por el sistema del correo común y corriente, sin recurrir al favor de amigos, pues éstos siempre se olvidan o lo toman como una verdadera molestia. El correo, si bien ofrece ciertas complicaciones técnicas, es, desde luego, más eficiente que la simple emotividad de las gentes en quienes cree uno encontrar una ayuda. No estaré tranquilo hasta no hacerte el envío, pues ya te digo que en medio de todas mis preocupaciones revolucionarias no me dejaba estar la angustia e intranquilidad de pensar que tienes por allá problemas. ¡Es absurdo!, pero nunca puede uno estar en calma y con verdadera tranquilidad espiritual respecto a los problemas personales y llega uno a sentirse un verdadero monstruo, irresponsable, egoísta, atroz.

Te dije que me han dado mucho gusto tus cartas positivas. Me ayudan a no sentirme mal, cuando acá la tensión de la lucha a veces se torna insoportablemente agotadora. El lunes pasado —que tenía a mi cargo redactar un manifiesto— llegó un extraño momento en que no entendía yo lo que escribía y cuando —horas después— lo leí, me pareció una cosa alucinante (con pies y cabeza, con lógica) pero en absoluto desprendido de la realidad como si lo hubiese escrito en un sueño. La cosa es que tuve que redactarlo de nuevo. La lucha acá es muy dura porque nadie quiere comprender cuál es el verdadero camino y tenemos que caminar pulgada a pulgada, con una paciencia a toda prueba y en medio del desdén y la burla conmiserativa de los oportunistas y "triunfadores" profesionales. Pero lo importante es que avanzamos, aunque a veces yo me sienta físicamente casi en el límite.

Sin embargo, me repongo después de unas horas de descanso y otra vez a la pelea. Mi casa está llena de compañeros desde muy temprano (ya he reglamentado un poco sus visitas, limitándolas al trabajo concreto) y literalmente todo el día estamos cambiando impresiones, escribiendo o atendiendo gente. Apenas me doy tiempo para mi trabajo personal (el que me da para vivir) y lo tengo que hacer apresuradamente y con descontento por cuanto a que no lo hago como quisiera (empezaré en el periódico *El Día* algo muy parecido a mis "memorias" políticas, literarias y personales, pues el género es para mí más cómodo que el estar escribiendo un artículo por semana y una columna diaria, cosa que he suspendido para escribir aquello último).

Estoy escribiendo con los pies esta carta, sin sintaxis y sin el menor orden interno. Es que, de inmediato, tengo otras cosas de que ocuparme en seguida y ya las están esperando. Dejo para otro día —¡a ver cuándo!— el escribirte una carta apacible, tranquila, "ociosa", en la cual pueda contarte las mil tonterías divertidas que rodean nuestra existencia. Besos a la compañerita Revueltas. Saludos a tu mamá. Besos para ti de / José

[CARTA A MIRTA AGUIRRE]

México, septiembre 26, 1962

Dra. Mirta Aguirre
Teatro Nacional de Cuba
La Habana, Cuba

Mi muy estimada Mirta: Distraigo la atención de tu trabajo, sin duda tan lleno, como siempre, de requerimientos para los que parece no bastar tiempo alguno en la Cuba revolucionaria, con el propósito de plantearte un caso que, aunque de índole personal, reviste sin embargo, según creo, aspectos y características ante los cuales, como militante marxista, yo no podía permanecer indiferente. Es entonces en la condición de tal militante marxista-leninista —y tú me conoces, nos conocemos, desde hace cerca de treinta años— que te escribo esta carta.

El caso es el siguiente. Por diversos conductos, y no sin asombro e incredulidad, me enteré de que a la joven escritora Omega Agüero (hoy con residencia en Minas, Camagüey, de donde es originaria) se le había retirado la beca del seminario de escritores del teatro nacional, en virtud de circunstancias incompatibles con tal beca, que estarían comprendidas en una cierta noción semejante a "embarazo ilegal". Sin que pueda dar yo crédito a la existencia de una taxativa de esta naturaleza hacia quienes reciben los beneficios y ayuda del gobierno revolucionario, el hecho que queda en pie, no obstante, es el de que la compañera Agüero ha sido despojada de su carácter de becaria del seminario de escritores a causa de encontrarse en la situación (cuando se le retiró la beca) de convertirse a corto plazo en una futura "madre soltera".

La compañera Omega Agüero es una joven escritora de gran talento y cuyas posibilidades de desarrollo podrían llegar a colocarla en las primeras filas de la producción literaria de nuestro continente. Baste decir que un primer trabajo suyo publicado en la revista mexicana *Cuadernos del Viento*, logró suscitar de inmediato en la crítica una enorme curiosidad y existe un sincero interés en los medios literarios de México por conocer nuevos trabajos suyos y seguir con toda atención su desenvolvimiento como escritora.

Conocí a Omega Agüero en el primer congreso de escritores y artistas, reunido en La Habana, y nuestra amistad terminó por transformarse en relación amorosa, resultado de la cual fue el que ella se encontrara encinta hacia las fechas en que yo debía abandonar (por razones de mi trabajo político en México), necesaria e inevitablemente, Cuba, después de seis meses de trabajo al servicio del gobierno revolucionario.

Las relaciones entre Omega y yo, libremente aceptadas por ambos al margen de cualquier convención, tampoco se influyeron por la eventualidad de que el divorcio de mi matrimonio en México se hubiese comenzado a tramitar por mi esposa desde tiempo antes de yo conocer a Omega en La Habana.

Pero el nuevo factor del embarazo de Omega nos planteaba a los dos, ante todo, un problema de conciencia. ¿Debíamos o no decidirnos por un alumbramiento prematuro? Sin vacilación de ninguna especie nuestra respuesta fue por la negativa: *ese niño debía nacer.* Bajo un sistema capitalista y bajo el peso de los prejuicios burgueses más atroces e inhumanos, una pareja de amantes podrá escoger entre alguno de los dos términos de la alternativa. Pero nosotros no teníamos derecho a conducirnos de otro modo que en la forma decidida, tanto, lo repito, por razones de conciencia, como por la convicción y seguridad de que en la Cuba revolucionaria nadie permitiría jamás que Omega fuese víctima de ninguna clase de los odiosos prejuicios que son la norma sagrada, a ese respecto, en los países donde aún domina el poder de la burguesía. Más adelante, pero sin que yo considerase esto más allá de una simple formalidad, apenas necesaria —por cuanto Omega y yo conveníamos mutuamente en que una convivencia armónica no sería posible entre los dos—, les escribí en el sentido de que, si esto era necesario, yo le enviaría la documentación del caso —en cuanto se liquidara el asunto de mi divorcio— a fin de que nos casáramos por poder y de este modo estuviera yo en condiciones mejores de asumir *legalmente* las responsabilidades de la paternidad, responsabilidades que, de cualquier manera, yo asumía y asumiría en todas las circunstancias, sin importarme cuáles fueran éstas.

Bien, compañera Mirta. No te escribiría esta carta de no considerar que el problema encierra fundamentales cuestiones de principio, que no se pueden pasar por alto en un país donde las masas trabajadoras han tomado el poder y construyen ya el socialismo.

Para mí es evidente que la anulación de la beca de que Omega Agüero gozaba en el seminario de escritores, no pudo ser obra sino de la supervivencia del dogmatismo en algunas personas —las responsables directas de la medida— y de la incomprensión sectaria, filistea, teñida del más despreciable puritanismo burgués, de ciertos problemas humanos como es el que se origina en las relaciones habidas entre Omega Agüero y yo.

Creo que problemas de este tipo no deben soslayarse, pero menos aún debe permitirse que sean presentados bajo deformaciones dogmáticas, sectarias y, en última instancia, contrarias al humanismo socialista. Por ser en esta ocasión parte de un problema en que la estrechez dogmática se ha expresado de modo tan inequívoco, me he sentido pues con el derecho de hacerles conocer el caso a los compañeros dirigentes como tú, seguro de que aplicarán en seguida el remedio, pero al mismo tiempo, con el deseo de extraer de esta experiencia viva ciertas consideraciones generales que a todos nos serán útiles, a nuestra vez, cuando tengamos que encarar, inevitablemente, las soluciones prácticas que en este terreno nos planteará la construcción del socialismo.

A mi modo de ver, así, nosotros, como marxistas leninistas, debemos dar la respuesta consecuente a las preguntas que no dejarán de presentarse siempre. ¿Aborto o parto natural? ¿Casamiento forzado o separación voluntaria? ¿Madre soltera o "esposa respetable"?

Para nosotros, revolucionarios marxistas leninistas, las respuestas no ofrecen la menor duda: no podemos adoptar las actitudes de condenación puritana e hipócrita de las viejas familias burguesas y feudales. Se dirá que tampoco —y esto atañe a la moralidad masculina— deberemos permitir "madres solteras" bajo el socialismo, donde el amor está regido —o deberá estarlo— por normas superiores y principios más altos de relación entre la pareja humana. Pero, igualmente, tampoco el socialismo podrá ni deberá admitir matrimonios sin amor, pues se caería en la más grotesca y trágica de la caricatura capitalista de las relaciones amorosas: un nuevo tipo de "matrimonio por conveniencia".

Perdona, estimada Mirta, que me haya ocupado en esta carta de un problema personal que en otras condiciones parecería un simple asunto de la "vida privada". Ya hemos visto que no lo es, y por lo mismo no he tenido reparos en abordarlo con toda franqueza.

Recibe mis saludos fraternales y revolucionarios. / José Revueltas

NOTAS, FICHAS Y OBSERVACIONES DE DIARIO[8]

[OCTUBRE DE 1962]

En octubre de 1962 la situación internacional devino extraordinariamente tensa y grave, al punto de encontrarse Cuba ante la inminencia de la invasión norteamericana y el mundo al borde de la guerra. Por divertido que parezca, todos los grupos de la "izquierda extrema" acudieron a la Liga Espartaco para conversar con nosotros y planear, en lo posible, una acción conjunta. Nuestra actividad durante la semana de la crisis llegó casi al delirio. Eran los momentos, también, en que debían tomarse decisiones personales irrevocables y de una importancia "privada" realmente excepcional. Había que pensar en que era necesario dejar todo atrás y que cualquier interés fuera del de la lucha misma ya no contaba para nada. En espera de lo peor decidí tomar algunas notas del día, registrando los acontecimientos principales de nuestra actividad y con la idea de narrar las eventualidades en que forzosamente nos veríamos comprometidos en muy poco tiempo. La situación pudo superarse, sin embargo, como todo el mundo sabe y, desde luego, las notas perdieron su razón de ser. He aquí algunas de ellas a las que siguen notas de simple carácter personal ya un tanto al margen de la política.

22 de octubre de 1962, 9 de la noche. Nadie falta a la reunión del comité central de la Liga. Estamos todos y, además, algunos invitados. Hay una gran excitación. Primero repasamos las noticias y hacemos un esfuerzo por examinarlas del modo más objetivo. El lenguaje de Washington es el de unos verdaderos locos. Entre nosotros hay una verdadera consternación. Tomamos medidas para esta misma noche y cada quien se marcha a cumplirlas. Citamos para las siete de la mañana. La reunión termina a las dos. A esa hora la emprendo con la terminación del capítulo v de *Los errores.*

23 de octubre de 1962. Reuniones a las 8 am, a las 3 pm, a las 7 pm, y a las doce de la noche. Dejamos constituido el organismo coordinador para el trabajo en favor de Cuba, integrado en la forma siguiente: comité [del D.F.] del partido comunista (antidireccionista) —Rousset y amigos—; fracción del Frente Obrero y Liga Leninista Espartaco (nosotros). Escribo esta nota a las 3:50 de la mañana.

A las 5:50 de la tarde, en un aparato de radio traído a casa por Julio Pliego, entre reuniones, tratamos de oír Radio-Habana por onda corta. Estamos Enrique y Eduardo Lizalde, Jaime Labastida, Pancho González, Rosa María Philips (la mujer de Lizalde Eduardo) y yo. Escuchamos la grabación del consejo de la OEA (Organización de los Estados Americanos). La voz del presidente del consejo somete a votación la proposición de Estados Unidos sobre el bloqueo contra Cuba. Adoptada por diecinueve votos contra una abstención accidental de la República Uruguaya, cuyo delegado pide excusas con una auténtica zalamería de verdadero lacayo. El pobre de Sánchez Gavito —el representante mexicano— interviene balbuciente para oponer una "reserva" a su voto favorable al bloqueo: las limitaciones constitucionales· del ejecutivo, en México, para decidir sobre política internacional. Lo hace de tal modo y es tan vergonzante su deplorable "reserva", que desde luego se advierte que no es otra cosa sino la excusa de la doncella mancillada que ahora ha debido terminar en una casa de asignación, pero hace constar a sus compañeras de prostíbulo que ella es, pese a todo, de una condición moral superior y más distinguida, sin que nadie, empero, acierte a explicarse el porqué de que las cosas deban ser así con una de sus iguales que no se les diferencia en nada.

En fin de cuentas no localizamos Radio-Habana y no podemos escuchar el discurso de Fidel.

Bueno. Esperamos la guerra y todo lo que ella significa. Pero nadie desmaya. Nadie. Hoy, a las tres de la mañana, todos parecíamos sonámbulos.

Hoy (ya 24 de octubre), mitin en la universidad y actividades políticas desde las 9 am. Procuraré dormir una hora, será suficiente.

24 de octubre de 1962. El mitin resulta aceptable en términos generales. Los trotskistas nos fastidian un poco en el mitin con intervenciones alocadas y demagógicas y un pequeño coro que las aplaude y trata de magnificar sus efectos. Pero no cosa de mayor cuantía. De cualquier modo, por más esfuerzos que hagamos, nuestra actividad no pasa de ser una gota de agua en el mar. Al bajar de la tribuna, me lastimo seriamente un brazo.

Por la noche, una reunión casi patética. Leemos todos los materiales y yo inicio los comentarios. Particularmente nos consterna una eventualidad que se desprende de alguna de las cartas de Jruschov a Kennedy. Parecería ser, según mi comentario —y hasta siento que la voz no puede menos que quebrárseme cuando lo hago—, parecería ser, repito, que se desprende de las palabras de Jruschov la posibilidad de una sustitución de Fidel Castro para allanar el terreno hacia un avenimiento con Washington. ¡Pero qué! ¿Aquí no cuenta para nada el pueblo cubano? ¿No contamos para nada los demás pueblos de América? ¿Se nos va a manejar a los comunistas del mundo, otra vez como en los tiempos de Stalin, sobre las bases y con las incognoscibles motivaciones de la "razón de Estado"? Es terrible para nosotros, para los comunistas verdaderos —que no para los burócratas—, esta lucha en dos frentes: de una parte contra nuestra propia burguesía, y de la otra contra la retaguardia burocrática, sus engaños, sus sofismas, sus transacciones, su casuitismo y su repentinismo político. ¡Como para ahorcarse de una vez!

[CON EL PROPÓSITO...]

Con el propósito de deslindar mi responsabilidad en forma precisa respecto a incumplimiento de tareas, transcribo a la CCC el diario de mis actividades políticas y personales, que comprende la semana del lunes 19 de noviembre [de 1962] al domingo 25 del mismo mes, del corriente año.

Lunes 19. Cierto conflicto doméstico con mi esposa, que tuvo su origen en incidentes de los días anteriores, se acrecienta desde el punto de vista de la crisis nerviosa que había originado en ella. Estamos a punto de sufrir un grave accidente automovilístico, que casi milagrosamente no se produjo. La situación alarmante de su estado de nervios me indujo a permanecer en su casa todo el tiempo que fuese necesario. Me excusé de asistir al comité central; el recado telefónico fue mal trasmitido al edificio Asís [donde vivía el autor] y mal retrasmitido asimismo a quienes preguntaron por mí y a quienes se les informó que "había ido al dentista", lo cual parecía una excusa tonta y obviamente falsa. Estuve de regreso poco después de las 10 pm.

Martes 20. Estuve por la mañana en la reunión del secretariado a las 9 am. Mi perspectiva para este día era extraordinariamente crítica por cuanto a la deuda de la renta y la renovación de amenaza de desalojo que, si bien semiconjurada días antes, se vol-

143

vería aguda al día siguiente. Por ser día feriado éste de hoy, no hubo posibilidad alguna de hacer gestiones respecto a mi situación personal. La alarma de las noticias internacionales se disipó al mediodía. Mi capacidad de trabajo fue nula en absoluto, debido a razones subjetivas (entre ellas la de que hubiese querido celebrar de algún modo mi cuarentaiocho aniversario, modo que fuese un tanto distinto al de permanecer tirado sobre mi cama, sin hacer nada. Con la circunstancia monstruosa de que este día no hubo un solo establecimiento donde se pudiese conseguir la más insignificante cantidad de ninguna bebida alcohólica, siquiera fuese para solazar mi atribulado espíritu).

Miércoles 21. Estuve en mi sindicato (en compañía del pintor H[éctor] X[avier]) para un proyecto de ediciones en que se nos emplearía. Por mi parte, además, con la esperanza de obtener quinientos pesos que servirían para sofocar un tanto el voraz fuego del casatenientismo militante que continúa amenazando con consumirme. Por la tarde acudo a una visita personal y en la noche a una exposición de pintura. La fiesta postexposición en casa de la pintora se prolonga hasta la mañana siguiente y después de acostarme (de vuelta a casa) ya con luz del día, parece ser que alguien debió venir a buscarme para alguna información o tarea política que, por supuesto, no pude asumir, en virtud de no haber escuchado si llamaban (el interfono ya este día amaneció descompuesto).

Jueves 22. Cuando (no podría precisar la hora) el compañero J[aime] L[abastida] me llamó por teléfono para referirse a alguna tarea pendiente a mi cargo, era obvio que (por mi culpa, naturalmente) no estuviese yo en condiciones de atenderla.

Por la tarde, con H[éctor] X[avier] hice un paseo a Coyoacán (a donde nos dirigimos a pie, acompañados y estimulados por cierto combustible al que ambos somos afectos). H[éctor] X[avier] se enfermó y era preciso instalarlo en algún punto donde pudiera recuperarse. Acudí a casa de H[uberto] Q[uiñones] y luego de E[duardo] L[izalde], en esta última donde ya me fue posible (después de una breve tregua) regresar a casa. (Salí y volví a regresar, en la seguridad de que la reunión que debía celebrarse se contracitó previamente.)*

Viernes 23. Infructuosas, patéticas y desmoralizantes gestiones

* Excepto un compañero que vino en vano por no haber recibido la contraorden.

144

Diego Rivera explicando a Revueltas (de espaldas) su maqueta de la escenografía para *El cuadrante de la soledad* (1950).

Revueltas sentado al lado de Siqueiros y varios miembros del partido, en un homenaje a la revolución rusa.

José Revueltas en 1961.

3

Durante unas vacaciones en Guadalajara en 1963, con María Teresa y Román.

A mediados de los sesentas.

Revueltas trabajando (mediados de los sesentas).

Viaje a Cuba, en febrero de 1968, como jurado para el premio Casa de las Américas.

En el balcón de su casa, a principios de 1968.

Revueltas estudiando en su celda de Lecumberri (1969 o 1970).

Lecumberri, 1970. De izquierda a derecha: Manuel Marcué Pardiñas, José Revueltas, Eli de Gortari, Carlos Sevilla y un compañero del sindicato de Autores de Cine.

Lecumberri, 1970.

12

Revueltas en su casa, convaleciente (1972).

Durante un paseo en lancha en Villahermosa con uno de sus nietos (noviembre de 1973).

Trabajando en su último domicilio (1974).

En México, con la edición original de su *Ensayo sobre un proletariado sin cabeza* en las manos (hacia 1974).

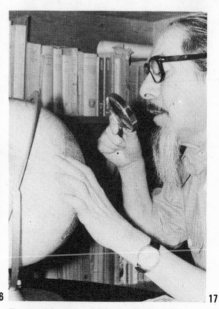

En su último domicilio, en Insurgentes Sur, hacia 1974.

18

Durante su último viaje a Europa, José Revueltas y Ema Barrón en Lisboa (octubre de 1975).

José Revueltas leyendo, 1975.

En la manifestación de la Tendencia Democrática del SUTERM, noviembre de 1975.

Martín Dozal hablando durante el sepelio de José Revueltas en el Panteón Francés, abril de 1976.

económicas desde muy temprano (para encontrar en su casa a la persona que podría ayudarme).

Salí pasada medianoche de casa y dejé una tarjeta excusándome de realizar ninguna de las tareas a mí encomendadas al día siguiente, a efecto de que alguien me supliera. Pasé la noche en casa de unas amistades y no regresé al edificio sino por la tarde del sábado.

Sábado 24. Parte de la ocupación de mi tiempo está dicha en el párrafo anterior. Regresé, como he dicho, por la tarde, estuve leyendo y tomando notas y desperté desde temprano del día domingo para preparar los materiales para la reunión de instructores.

Domingo 25. Reunión de instructores. Por la tarde (4:30 pm) de visita con M[aría] T[eresa] y mi hijo. Luego con Andrea, a fin de recoger los originales de mi novela. Desde entonces hasta hoy (martes 27, 7 am) no he parado de trabajar, entre escritorio y reuniones. Situación económica con perspectivas (de cualquier modo no inmediatas), pero que tendrán que apartarme *necesariamente* en una medida muy considerable de mis actividades políticas. (Aunque de cualquier modo, de no realizarse el proyecto económico de la película que tengo "apalabrada", el trastorno seguirá siendo igual, pues tendré que desalojar la casa y literalmente no tengo la menor idea de lo que yo mismo pueda hacer de mí.)

Nota: La intención casi humorística de la enumeración anterior hace obvio el hecho de que no pretendo cursarla oficialmente en modo alguno, a ninguna instancia. Pero tiene, en cambio, dos propósitos concretos: 1] reconocer mis faltas, y 2] poner de relieve lo grave que sería el que me muriese, aunque sólo fuera durante una semana, ya que los demás camaradas no sabrían ingeniarse lo suficiente para: a] suplir mi incumplimiento, y b] realizar sus propias y personales tareas, y respecto a las que, sin duda, soy ajeno.

Doy fe. / Revueltas.

CLEMENTINA

El escritor *merece* ser *desentendido.* ¡Se entiende tan poco y tan mal al escritor! (Bien, es posible que al artista en general o, de un modo exacto, al escritor que es artista.) Pero, digo, *merece* ser desentendido por los demás: es algo que el escritor conquista para que su obra realmente merezca ser humana, un reflejo de las cosas del espíritu que está llamado a tratar y que sólo él puede tratar. Aquí surgen todos los malentendidos de los filisteos: el escritor ante todo, es la primera víctima de los filisteos, la víctima por excelencia. "Pues, ¿qué es eso de que merezca ser *desentendido*, si su obra es para que se *le entienda*?" Claro, maravilloso, si se tratara de eso; es todo lo contrario. Cuando digo que *merece* ser desentendido (aislado, sin caricias verdaderas, sin el entendimiento de su ser por nadie de quien lo rodea), digo, *merece* ser escritor. Nació para ello de una manera trágica, horrible, siempre distante, siempre para que lo maten: hasta para que lo maten con el amor más misericordioso (o atento, o social, o solícito).

M, por ejemplo, que desea ser escritora (y que además puede serlo, muy buena en muchos aspectos) se niega a entender lo que probablemente no entiende de ella misma por una serie de limitaciones estúpidas (a las cuales me referiré después).

Hoy, pensando en nuestras relaciones (con un sufrimiento extraordinario de mi parte, que ella parece ser incapaz de comprender y de lo cual, por supuesto, no es culpable), escribí el pensamiento que sigue, de donde traté de derivar la cuestión más precisa del problema. (Las circunstancias personales en que fue escrito también son de una desdicha absurda, de un dolor personal un tanto indescriptible desde el punto de vista del dolor simple, del simple dolor mortal.) Ha sido el siguiente:

"La materia de un escritor es *su propia materia personal* (¡Dios mío!, claro está que no su materia *privada*, las gentes que trata, etcétera). Esto será siempre difícil de entender porque los demás referirán siempre el problema a la *materia vulgar* (inclusive menos que a las gentes de esa materia, las amantes, los deseos, las lujurias, las estupideces, las pasiones supuestas, etcétera), repito, menos que a la materia vulgar misma, a la que le suponen esas *malas gentes* (en su totalidad, inclusive los buenos) que son sus personajes. Entonces, el lector fácil e incómodo (y estúpido) se remitirá siempre a esos personajes, incluso a los mejores, en busca de una identidad cuyo sitio está en el lugar más insospechado: esto es, en el escritor mismo como un ser lleno del dolor total de lo bueno y de lo malo, confundiéndolo del modo más triste, más desolado y sangrante. Bien; pero comencemos porque los primeros lectores (los prelectores) son sus testigos: quienes abrazan al escritor, las mujeres que se acuestan a su lado, o las que pretenden amarlo (o compadecerlo o protegerlo y demás).

"Se trata, pues, de un juego diabólico de la más absurda incomprensión; del desentenderse y no entender de lo que se trata. El mito de Prometeo, aquí, resulta ridículo ('¡ah!, nos está brindando el fuego divino', de que tanto pueden abusar —y abusan hasta el más irritante extremo las mujeres de escritores—), porque son incapaces de comprender, en un sentido u otro: en el de la indiferencia o en el de sentir que comparten el fuego de Prometeo (de su Prometeo particular y doméstico, aunque pueda no llevarles el gasto), que precisamente el problema nada tiene que ver con ninguna de las dos cosas. Pueden creer que el escritor se autodevora o que ellas complementan esa autodevoración. ¡Dios! No saben que, simplemente, se *autoalimenta*."

Pero aquí, también, debe haber una tontería más respecto a esa forma de desentender al escritor: ¡Gozas! (Bueno, gozo en el sentido en que nadie sino yo puedo gozar, pero ¿debo pagártelo todos los días y a cada momento? ¡Protesto!) Entonces rodean al escritor del diezmo, de los impuestos, de las vilezas que debe suscribir para disfrazar ese goce que no es suyo: sino del escritor, de una cosa que no pertenece al propio escritor, sino como padecimiento. El círculo es infernal y aquí es donde resulta claro que uno *no debe ser* comprendido: porque si uno se autocomprendiera así, ya no habría remedio para su obra. Se autocomprendería como sus lectores: es decir, como la mujer que pretende quererlo a uno.

Esto se vuelve cada día más horrible para mí en muchos sentidos. Naturalmente que Mariate no puede comprender este sufrimiento, pero es inevitable que no debe permitírsele por más tiempo. La cosa debe terminar de algún modo.

(No quiero referirme ya a las circunstancias personales en que escribí estas líneas.)

Diciembre (18 puede ser) de 1962

Nota: Por supuesto, lo anterior lo he escrito cuando estaba borracho; pero sé que lo puedo suscribir —más lúcidamente— y que en cierto modo formará parte del material de *Los errores*.

[EVELIO VADILLO]

A propósito de su artículo "¿A qué van a Rusia los estudiantes?", aparecido en la plana editorial de *Excélsior* del 3 de octubre, el señor Rodrigo García Treviño se permite mencionar mi nombre, no sólo en términos injuriosos sino en relación con actitudes que él me atribuye como reales y que, sin demostrarlas con apoyo en los hechos, no se reducen a otra cosa que a una despreciable calumnia.

El señor García Treviño se refiere al funcionamiento, en Moscú, de la escuela leninista, por los años alrededor de 1935, y de la estancia, en dicha escuela de Evelio Vadillo y "un tal Ambrosio González", el primero, que no se avino a las prácticas del stalinismo, y el segundo que "calló servilmente, tanto en Rusia como aquí, a su regreso", ante el incalificable y brutal atropello —y aquí soy yo (JR) quien lo dice— cometido contra Evelio Vadillo por las autoridades soviéticas al detenerlo y, sin formación de causa alguna, haberlo mantenido en diversas prisiones durante veintiún años. Añade el señor García Treviño que no sólo Ambrosio González "calló servilmente", sino que "también lo hizo, con idéntica abyección, el novelista José Revueltas, quien por aquellas fechas también estuvo en Moscú".

Los hechos son los siguientes. En 1935, efectivamente, estuve en Moscú como miembro de la delegación mexicana al VII Congreso de la Internacional Comunista, delegación que integrábamos Hernán Laborde, Miguel Ángel Velasco y el que esto escribe. En Moscú se encontraban a la sazón, desde algunos meses antes, en calidad de alumnos de la escuela leninista, Evelio Vadillo, Ambrosio González y otros mexicanos cuyos nombres no recuerdo. De paso diré que la escuela leninista no estaba (pues dejó de existir) "especializada" en la enseñanza de ninguna técnica de la "subversión", sino que sus materias se circunscribían a impartir y profundizar los principios del materialismo dialéctico e histórico, así como, en general, todo lo referente al conocimiento de las doctrinas socialistas. (El señor García Treviño, que por aquel entonces, si no miembro "con carnet" del Partido Comunista de México, era un "compañero de ruta" muy próximo al comité central y muy apreciado por éste, debió estar enterado de las características y formas de funcionamiento de la escuela leninista, muchas de cuyas deformaciones burocráticas fueron objeto de crítica por algunos de nosotros en reuniones del comité central de la Juventud Comunista, al cual yo pertenecía.)

Nos encontramos, pues, en Moscú —agosto de 1935— quienes íbamos de México al VII Congreso mundial, con Evelio Vadillo y Ambrosio González. Ambos fueron incorporados a la delegación mexicana, el primero en la simple condición de invitado y el segundo como miembro efectivo. De tal suerte, Evelio Vadillo participó en todos los trabajos del VII Congreso y aun

148

estuvo presente en las asambleas parciales donde las delegaciones latinoamericanas celebrábamos consultas. Recuerdo que finalizado el congreso, nos reunimos más de media docena de mexicanos en casa del que fuera embajador soviético en México, Pestkovski (miembro de la Sociedad de Viejos Bolcheviques, disuelta ulteriormente por Stalin), reunión en la que mucho menos que ocuparnos de política, escuchamos discos de canciones mexicanas y rendimos nuestro ferviente tributo gastronómico a unas latas de chile chilpotle, con las que condimentó una conmovedora cena, en la que se advertía el propósito de obtener ciertas reminiscencias del sabor mexicano, la gentil esposa del propio Pestkovski. En esta modesta convivialidad estuvo presente Vadillo y no nos cansamos en ella de hacer recuerdos de nuestras vicisitudes revolucionarias en México, así como de referir muchas de las cómicas anécdotas vividas por tres de los presentes —Vadillo, Miguel Velasco y yo— durante la temporada en que estuvimos en las Islas Marías deportados por el gobierno de Ortiz Rubio.

En Moscú frecuenté a Vadillo en numerosas ocasiones y no fueron pocas las veces en que fuimos juntos a tomar cerveza en una especie de terraza, rodeada de cristales, que había en el bulevar Pushkin. (Detalle que, con otro contenido y nombres distintos, relato en mi novela *Los errores,* que muy pronto terminaré de escribir y en la que el señor García Treviño podrá comprobar que no guardo silencio sobre nada, como tampoco lo guardó la crítica que hice en la novela *Los días terrenales,* aparecida en 1949.) En ningún momento de nuestras entrevistas —fuera de ciertas vagas alusiones a que las cosas "andaban mal" en la Unión Soviética, cosa que, por lo demás, yo también advertía— Vadillo me dijo nada que pudiera considerarse como la más remota indicación de que estuviese en peligro de ser aprehendido o que se encontrara en dificultades políticas de alguna especie. En tal caso podría haber apelado libremente a Hernán Laborde, secretario general del Partido Comunista de México, a fin de regresar al país y no verse expuesto a graves contratiempos en Moscú.

A principios de noviembre de 1935, abandoné Moscú de regreso a México, después de más o menos cinco meses de estancia en la URSS, sin haber salido de Moscú en todo ese tiempo. Todavía tuve oportunidad, así, de ver a Vadillo y conversar largamente con él, amén de nuestras visitas a la cervecería del bulevar Pushkin, en las vísperas mismas de mi regreso. Desde entonces no he vuelto a Moscú sino hasta el año de 1957 y no por razones políticas, sino en plan de establecer un intercambio cinematográfico entre la URSS y México, intercambio en el que se interesaba un productor amigo mío quien, además, sufragó todos los gastos de mi viaje.

Años después de 1935 corrieron algunos rumores extraños en México sobre Vadillo, en el sentido de que algo "desagradable" le habría ocurrido en la URSS. Pregunté entonces a un miembro del comité central respecto a dichos rumores y la respuesta fue que Evelio Vadillo se encontraba en algún lugar de China, como comisario político adjunto a una partida de guerrilleros del Partido Comunista Chino. Era inútil averiguar más si las actividades de Vadillo supuestamente debían mantenerse ocultas tras del velo de la más estricta reserva.

No supe de la realidad completa de lo ocurrido con Vadillo —prisión, deportación y, más tarde, asilo transitorio en la embajada mexicana y otra nueva deportación— sino hasta que un amigo mío, que llegaba de Moscú, me contó los pormenores.

Mal hubiese podido yo protestar —cuando estuve en la URSS en 1935 y a mi regreso, en México— ni tampoco Ambrosio González, por el infame atropello que se cometió contra Evelio Vadillo, primero, porque en 1935 Vadillo estaba en libertad y sin que pesara sobre él ninguna amenaza; y segundo, porque yo, como todos los miembros del Partido Comunista Mexicano en aquellas épocas, fuimos engañados de modo abierto o se nos apaciguó con versiones verosímiles más o menos "tranquilizadoras" sobre el particular. (Hice constancia de tal hecho y de mi protesta consiguiente, al denunciarlo ante el partido en agosto-septiembre de 1957, en la conferencia de los comunistas del D.F., ante la cual fui delegado.)

Quede, pues, la calumnia del señor Rodrigo García Treviño en su sitio, y la abyección de que me acusa, sobre su nombre y sobre su inescrupulosa conciencia, enferma por la fobia anticomunista y cada vez más desequilibrada e irresponsable en la deformación de oficio que le ha causado su contumaz y sistemática traición a la verdad.[9]

4 de octubre de 1963

[DIARIO, 1963-64]

21 de septiembre de 1963. Hago una pausa en mi trabajo —serían las 11 pm— para descansar mientras escucho Radio Universidad. Comunica una voz: Paulino Masip ha muerto. Me causa una pena enorme. No sé por qué me pongo en pie y así permanezco varios minutos, en que se reproducen en mi mente escenas donde Paulino aparece en nuestros encuentros últimos. Busco en-

150

tre mis libros el *Diario de Hamlet García* para releerlo y sentir que Masip no ha muerto y que puedo encontrarme con él cuantas veces lea un libro suyo. Las palabras con que me dedica *Hamlet García* me llenan de una profunda nostalgia y una tristeza amarga y desconsolada. Paulino escribió para mí en la primera página de su libro: "A José Revueltas, escritor y hombre de fe robusta, dedico esta historia del máximo antípoda suyo con mi admiración y mi amistad cordial. Paulino Masip. México, 23 de septiembre de 1949".

31 de diciembre de 1963. Termina el año al mismo tiempo que me desalojan de mi departamento en la calle de Holbein 191. No tengo a nadie a quien acogerme; todo mundo está fuera. El día dos de enero me cambio, provisional y desordenadamente, al departamento que June Cobb arrienda en la casa de Mario Monteforte Toledo, también amigo mío.

5 de febrero de 1964. Hoy ya no he tenido para comprar cigarros. Ayer me prestó Raquelita —la sirvienta de June Cobb— para comprarlos. Menos que huésped, desde el día dos de enero soy un refugiado en la casa de June, después de mi desahucio de Holbein. Hoy, con noventa centavos por todo capital he aguardado con nerviosa impaciencia la visita de *Hirondelle* (alguien a quien amo mucho y que así he sobrenombrado, porque se trata de una verdadera golondrina), con la esperanza de que me complete la cantidad necesaria para comprar una cajetilla de los cigarros más baratos (los cuales cuestan, sin embargo, un peso veinte la cajetilla), pues tengo el propósito de trabajar toda la noche y casi no podría hacerlo sin tabaco. (No he querido volverle a pedir a Carlos —Carlos Manuel Pellecer, de quien haré más adelante una semblanza lo más objetiva posible, ya que se trata de un adversario nuestro—[10] ni a June, para gastos de nin-

---

Sexta etapa (1964-1968). Después de la expulsión de la LLE, su actividad política se limita a un grupo de estudios y a contactos esporádicos con estudiantes y militantes. Hacia finales de 1964, para sobrevivir, acepta desempeñar un trabajo burocrático en la SEP, al cual renuncia a principios del 68 después de un viaje a La Habana. Con una joven generación de escritores (Agustín, Sainz, entre otros) que lo "descubre", el premio Villaurrutia y la publicación de su obra literaria, Revueltas empieza a salir del ostracismo. Su participación en el movimiento del 68 lo lleva a la cárcel.

guna especie, ya que apenas hace unos días Carlos me "prestó" cincuenta pesos y además ambos me han estado proveyendo de pequeñas cantidades para transportes y demás. ¡Y la universidad que me debe mis miserables honorarios desde noviembre del año pasado!)

La *Hirondelle* vino a verme, pero sin propósitos de trabajar en la ordenación de mis materiales, tarea que hemos emprendido juntos. Se veía pálida, apagada —ya con una delgadez imposible— y muy extrañamente pensativa para lo que es su constante vivacidad. Le pregunté si se sentía enferma, con fatiga. No; débil, simplemente. Ahora ella (Chayo) y Eva (las dos *Hirondelles*) apenas comen, igual que yo en Holbein. A Eva no le pagarán en fisiología (de la UNAM) sino hasta junio, y Chayo (*Hirondelle* número uno) tampoco recibirá sus sueldos del ISSSTE (Instituto de Seguridad Social de los Sindicatos de Trabajadores al servicio del Estado) sino hasta dentro de unos dos o tres meses más. En su casa tienen alojados a la mamá de Eva, a la cuñada de ésta y a su marido: todos lamentablemente sin recursos. La cosa es absurda y catastrófica. Chayo se encuentra en las condiciones en que está, tan sólo por falta de una alimentación suficiente. "Antes siquiera comíamos", me dice con una sonrisa opaca. Para que se haya expresado así quiere decir que aquello casi no puede ser más terrible. Con todo, quiso que la acompañara a su casa para darme los centavos que me hacían falta para los cigarrillos. Acepto porque entre nosotros (Eva, Chayo y yo) todo esto ya no es otra cosa que un simple reparto de la miseria. Me prometo conseguir dinero a toda costa. Escribiré un artículo o haré algo.

24 de febrero de 1964. "Allá arriba" quiere decir —hay que convencerse de ello— algo más que el cielo; una gran zona misteriosa e inalcanzable, donde se deciden nuestros destinos sin apelación alguna. Estoy a punto (a principio de año) de obtener un excelente trabajo en el Instituto de Capacitación del Magisterio (excelente por el campo de actividad que ofrecía y al que me propuse entregarme en cuerpo y alma), pero, ya todo dispuesto, sólo faltaba un requisito: lo que dirían de mi nombramiento "allá arriba". Por supuesto, "allá arriba" (Torres Bodet y la señora Castillo Ledón, sin duda) dicen que respecto a mí la sola mención de mi nombre ya constituye, en sí misma, un peligro. Resultado: no se me da el trabajo.

Obtengo la vil —por mezquina y mal pagada— tarea de escribir algunos programas para la televisión de la universidad. El primer programa (la adaptación de la *Juana de Arco* de Claudel) no sólo resulta un buen éxito, sino que merece algún elogio de la prensa. Pero mi trabajo debe ser anónimo (lo cual no me importa) porque "allá arriba" —en los círculos directivos de la UNAM, desde el rector Chávez, supongo, hasta García Terrés, no quieren meterse en las complicaciones que le acarrearía el que figurara mi nombre en los programas. Acepto, porque no tengo más alternativa que aceptar. Así, en todo.

Julio Scherer García —de *Excélsior*—, en verdadero plan amistoso, que agradezco de todo corazón, se ofrece a hablar con Agustín Yáñez por ver si éste puede darme algún trabajo literario o de investigación que me permita salir del absurdo atolladero económico en que me encuentro. Yáñez ahora es algo así como secretario de la presidencia de la República o cosa parecida, no sé. Scherer hace a Yáñez una exposición casi patética del estado económico en que me encuentro, pero el buen Yáñez no hace sino adoptar la fría actitud de un burócrata consumado que no quiere asustar a sus superiores ni tampoco interceder por alguien tan poco grato a las gentes de "allá arriba" como lo soy yo.

El caso es que todas las puertas se me han cerrado una por una. Literalmente no tengo camino que escoger; ni siquiera aceptan publicar mis artículos, excepto (con reticencias) aquellos que son francamente anodinos. Parece ser que no tendré otro medio que emigrar al extranjero (pienso seriamente en Israel), pues aquí en México la vida ya me resulta *absolutamente imposible*. Me hago cargo de ello en forma objetiva: así es la lucha; no hay por qué quejarse. Pero ¡qué duro tener la verdad histórica y decidirse a pelear por ella hasta el fin!

Mariate sigue enferma. Tendrá que operarse de un oído. ¡Dios mío! Su enfermedad me atormenta del modo más espantoso y no puedo hacer nada por ayudarla; absolutamente nada. Dinero, dinero, dinero, dinero, esto es lo que soluciona el noventa y nueve por ciento de las cosas. Lo terrible es que ni siquiera una *gran* cantidad de dinero; cualquier miseria: pero ni esa miseria, ni las posibilidades de esa miseria están al alcance de mi mano. No tengo los sesenta centavos que necesito para el camión, cuando salgo. He de pedirlos prestados. La cosa se vuelve horrible. ¿Qué hacer? El mes entrante habrá que abandonar la casa donde ahora me asilo gracias a la hermosa camaradería de June Cobb y de Carlos Manuel Pellecer (¡ay!, camaradería que iba a terminar de modo lamentable, como lo contaré a su tiempo) [esta explicación no se encontró]. Otra vez con mis libros y papeles a cuestas, de aquí para allá, sin tener un sitio donde escribir, donde estudiar ni meditar. Por esto he trabajado como diablo durante este último periodo (a partir de enero) con el fin de aprovechar estas circunstancias transitorias tan favorables para poder escribir. Trataré de aprovechar al máximo los próximos días.

Nota: Fue en casa de June Cobb (o sea, de Mario Monteforte) donde por fin concluí de escribir *Los errores*. *L'Hirondelle* me prestó una inestimable ayuda al venir a trabajar en las copias conmigo. ¡La hermosa *Hirondelle*, la maravillosa criaturita!

Hermosa dedicatoria de Carlos Illescas a su *Réquiem del obsceno*. Dice, delicadamente: "Todo acto de inteligencia es pago parcial a la deuda que hemos contraído con José Revueltas; estos versos en lugar de reducir el débito lo aumentan." El libro de Illescas, verdaderamente hermoso, límpido, profundo, lleno de sorprendente luminosidad; de sabiduría. Hay un tono, una reciedumbre de Anacreonte, maciza, sólida, de extraordinaria fuerza y originalidad. Me propongo escribir un pequeño ensayo [no se encontró]. ¡Sugieren tantas ideas, meditaciones y emociones estos versos maravillosos —y *grandes*, sin exageración— de Illescas!

La madre y la hija observadas el domingo por la tarde en el camión. (Mañana escribiré aquí esta nota: el hecho tenía algunos aspectos extraordinarios. Éstas son las ventajas de no tener dinero para viajar en taxis: se acerca uno más a la realidad y al pueblo; entendido por *pueblo* todo: la vida, el pertenecer *uno mismo* a todos los problemas menudos que la gente vive todos los días, no como observador "desinteresado" y ajeno, sino como protagonista, como víctima y victimario, como testigo y como materia de testimonio.)

La madre y la hija.

Suben al camión y ambas quedan sentadas en diferentes lugares. El mirar el rostro de una y otra es, sencillamente, un viaje en el tiempo, del presente al futuro. Los rasgos de la madre, dulces, tranquilos, suaves, ligeramente melancólicos, serán mañana los de la hija, a tal grado las dos se parecen del modo más extraordinario. Pero examinemos a la joven —en realidad la madre no es vieja, sólo madura—, una joven extraña, singular, de una belleza dura, concentrada, áspera. El óvalo de la cara es regular y fino, pero el maxilar acusadamente enérgico, muy preciso y de líneas bruscas a partir del nacimiento de la oreja; los pómulos también muy marcados y de notable energía interna, que parecieran como la saliente de una fachada con dos únicas ventanas, dos antepechos rígidos en los cuales se apoyarían (literalmente, igual que si se apoyaran en los brazos) el par de ojos vivos e intensos, de mirar rápido, aprensivo y cálido, pero también todavía inseguro. Tendrá a lo sumo veinte años y su cuerpo es grácil, espigado, elástico, sobre unas piernas finas y muy bien dibujadas, de gacela. El cabello, apenas de un oro incierto, le cae sobre los hombros y a veces una banda ondea sobre su frente abierta y limpia, que ella despeja con el borde de la palma de una mano larga y hermosa, un poco vuelta hacia afuera. A veces entreabre los labios y permanece unos segundos con la boca abierta, para en seguida oprimirlos uno con otro hasta hacerlos desaparecer en la boca, no como si los humedeciera, sino oprimiéndolos entre los dientes como bajo el influjo de un pensamiento egoísta y calculador. Tiene destellos, expresiones fugaces y como no reprimidas a tiempo, de una determinación y dureza sombrías, llenas de frialdad y al mismo tiempo apasionadas, de la mujer capaz de amar y vengarse de un amor traicionado con idéntico ímpetu y furia. Todo esto aún se encuentra indeterminado en esta muchacha; son apuntes de lo que podrá ser su personalidad, pero también su destino. Lo comprende uno al mirar a la madre. La hija podrá llegar a ser como ella, espiritualmente, o lo contrario de ella por completo, dentro de los mismos rasgos: o esa bondad pacífica, reflexiva y nostálgica de la madre, o ese espíritu concentrado, pasional, cruel, profundo, atrayente como un abismo, que ya apunta en la muchacha como una especie de crepúsculo negro que se insinúa en el horizonte; un amanecer hacia la noche. Hay algo singularmente bello y homicida en esta mujer de cuya presencia casi me duele separarme y ante cuyo paso por mis ojos, en este encuentro irrepetible y único, me limito a esbozar, desde el fondo de mi corazón, un adiós melancólico y distante, mientras ella y yo desaparecemos verdaderamente para siempre. (Domingo 23 de febrero de 1964.)

21-22 de julio de 1964. Llego a la casa (ahora vivo en el departamento de Arturo Filio y su hermano Jorge, nuevo hospedaje dentro de mi trashumancia ya constitucional) y compruebo con cólera que he olvidado las llaves al cambiarme de saco. Son poco más de las doce de la noche, después de la reunión del Directorio estudiantil que comenzó a las 10:30 pm. Llamo al timbre con tímida insistencia. Nadie responde: Filio está enfermo y *La Yaya*, inválida, no se moverá (y sería desconsiderado obligarla con mi insistencia) ni hará rechinar sus muletas como lo hace todas las mañanas al cruzar frente a mi cuarto. Medito: ¿irme a un hotel? Examino mi cartera: veinte pesos justos; no tengo cigarros. Lo que me decide por el hotel es que en el portafolio llevo conmigo *La plenitud de la vida*, de Simone de Beauvoir. Tengo, cuando menos, lectura. Pero ¡cigarros, dios mío! Mi esperanza es que en el hotel haya cuartos de quince pesos y me quede entonces para comprar cigarros. Camino dos cuadras y entro al hotel Martí. El cuarto cuesta veinte; lo pago y luego, con una audacia de la que no me creía capaz, pido al hombre de la administración me regale un cigarrillo. Así provisto, subo en busca del cuarto 25, en el segundo piso. Mis zapatos no hacen ruido y en el extremo del corredor me aproximo a una mujer —que parece ser la del hotelero— para preguntarle. La pobre mujer, sorprendida por mi presencia súbita y mi voz, sufre un acceso de pánico y se echa a temblar, balbuciendo palabras de súplica y, extrañamente, de perdón. No logra calmarse sino hasta después de algunos instantes en que, al fin, logra conducirme hasta la puerta del cuarto 25, aún temblorosa y sin dejar de mirarme con una desconfianza llena de rencor y de agresividad. Me siento culpable de algo, como si en realidad hubiese tenido el propósito de matarla y mi crimen se hubiese frustrado por alguna razón inesperada. Y en efecto, así es. El miedo, el pánico, el resentimiento de esta mujer, hacen objetiva mi criminalidad. Yo soy el *tú* de ella. Su *tú* asesino y monstruoso, esto es, *el que no pudo matarla*. La incomodidad que esto me causa, el dolor, casi se hacen insoportables. Pero ¿cómo explicarle nada en este mundo de incomunicaciones? ¿Qué entendería si yo tratase de justificarme de algún modo?

28 de julio de 1964. Regresa Laily —¿después de cuántos meses? ¿o acaso después de un año y medio?—; regresa de quién sabe qué parte del mundo. Por supuesto de Estados Unidos, de su odioso Fayetteville. Me encuentra, naturalmente; esto yo lo sabía: ella siempre sabrá encontrarme. Yo no podré saber nada de ella nunca, dónde verla, cómo saber en qué punto está. En Fayetteville ahora trabajó de mesera en algo llamado *Rendez-vous*, una cervecería. Sus historias extraordinarias de siempre. La sirvienta alemana del *Rendez-vous*, una mujer gorda, fea, sorprendida por un blanco cuando le dirigía la palabra a un negro. El blanco la increpa, escupe en el suelo, le dice que si no tiene dignidad humana, que si no es capaz siquiera de comprender que ella misma es una blanca. Entonces la alemana se lanza contra el tipo y lo muele a golpes, furiosa, como enloquecida. El tipo tiene que resignarse a recibir la tunda, porque de haberle levantado la mano a una mujer, hubiera tenido que pasarla muy mal ante los jueces, que sin duda lo sentenciarían a una grave pena.

La historia de Toki Fuyi y la de Mac Naire. Ella, la Mac Naire, abandona al japonés Toki Fuyi, que es su esposo, por irse con un joven criminal de veinte años que acaba de asaltar una estación de gasolina en Nueva Orleans. El muchacho termina por abandonar a su vez a la Mac Naire. Entonces la Mac Naire pide a Toki Fuyi regresar a su lado. La negativa suavemente oriental pero rotunda de Toki Fuyi induce a la Mac Naire a suicidarse. Opta entonces por el sistema de lanzar su coche al precipicio, con ella misma dentro, cosa que siempre permite conjeturar a los deudos que se trata de un accidente. (Lo fantástico del caso es que le contó a Laily estos propósitos. Laily lo cuenta como una cosa sumamente lejana e independiente, como si lo hubiese visto en el cine.) Muerta la Mac Naire, Toki Fuyi, ahora, termina enamorándose como un japonés loco de Laily. Insiste, insiste hasta la desesperación. ¿Qué importa el marido de Laily? ¿No él, Toki Fuyi, visitaba todos los días a la Mac Naire y su amante, a pesar de que la Mac Naire lo había abandonado? Pero no; Toki Fuyi no se aplica el hara-kiri. El caso resulta menos trágico: grandes sesiones de opio todos los días, en quién sabe qué lugar secreto del abominable Fayetteville.

Algo más: Bob, un vividor de veintidós años, cliente del *Rendez-vous*. Quiere acostarse con Laily. Se oculta en la cajuela del coche de Laily y ésta no se da cuenta de que ella misma lo lleva a su propia casa. Cuando Laily se dispone a dormir. Bob entra a la casa y se desnuda por completo. "Vengo a hacerte el favor de acostarme contigo." Es la costumbre ¿no es así?, con las mujeres viejas (y para un muchacho de veintidós años, Laily debe ser ya una vieja desesperada). "Las mujeres de tu edad pagan por ello. Yo lo haré sin cobrarte un centavo." Laily termina por hacerlo huir amenazándolo con un cuchillo. Al día siguiente Bob, cuando Laily sale de la cervecería, trata abiertamente de colarse en el coche junto a ella. Algún caballero andante, que se encuentra por ahí cerca, salva a Laily de las impertinencias del joven vividor. ¿Se acostaría ella después con el caballero andante?, le pregunto. Laily no me responde. Una sonrisa maligna brilla en sus terribles ojos quietos, disecados hasta la ternura. En seguida me echa los brazos al cuello para besarme impetuosamente en la boca. Me siento embargado por una tristeza insoportable, por una melancolía de perro. Pero no es a causa de Laily. Es a causa de alguna otra cosa, de algún pensamiento solitario que me invade como un taladro y me rompe el corazón de algún modo. No sé de quién venga ni a quién vaya esta melancolía. ¿Quién me habrá herido y cómo y cuándo y dónde? [Véase "Cama 11", en *Material de los sueños*.]

LA MUERTE COMO EXPERIENCIA

10 de octubre [de 1964]. Sólo después de que se nos mostraron las fotos en la Procuraduría, pudimos darnos cuenta de la magnitud del accidente. El coche debió haber dado no sé cuántas volteretas hasta quedar con las ruedas hacia arriba después de haber sido rechazado por un poste, que constituyó su obstáculo final. Yo iba junto a quien manejaba. Nada, en general, me sorprendía: la loca velocidad, los zigzagueos y luego el aparatoso viraje hacia la izquierda, contra un camellón. Ante mí, en el parabrisas, aparecían todas las cosas —fragmentos de cosas— con un movimiento brusco e irregular, descompuestas y sin equilibrio a tiempo que nos zarandeaban los tumbos violentos del vehículo. Hasta aquí mi conciencia. Despierto, recobro el conocimiento, bocabajo sobre un pequeño declive recubierto de césped y a un medio metro del coche. Ante todo me siento confuso e irreal, pero con la idea muy segura y tranquila de que a nadie le habrá ocurrido nada grave. No acierto a ponerme en pie, el cuerpo extraordinariamente torpe y como perezoso. Alguien me ayuda: es Jaime.

—¿Te sientes bien? —creo oír que me pregunta. Respondo cualquier cosa. Me duele el parietal izquierdo y siento un ardor agudo en la oreja del mismo lado—. ¡Ven, ven! Jorge no se mueve —me insta Jaime.

A poca distancia, bocabajo, las piernas encogidas, inerte en absoluto, se encuentra Jorge Filio. Entre Jaime y yo lo ponemos en pie con dificultades y él se apoya en algo —no sé en qué— mientras acudimos en ayuda de Pepe Beristáin que se queja sentado en un promontorio de tierra. Bien; estamos vivos. Por ninguna parte podemos encontrar a la persona que conducía; luego, tampoco hay razón alguna para permanecer por más tiempo en el sitio.

—¡A la casa, a la casa! —reclamo apremiantemente.

Ya veremos allá lo que se deba hacer: por lo pronto, esquivar a la policía, eludir todas las monstruosas complicaciones que se dan siempre en casos como éste. Nos alejamos pues del coche lo más posible y salimos a unos edificios y una avenida. Jaime —del todo ileso en virtud de quién sabe qué milagro— va en busca de un vehículo y regresa en poco tiempo a bordo de un jeep cuyos tripulantes se ofrecen a conducirnos donde podamos tomar un taxi. Aparece el taxi y subimos. A la postre, por fin en casa. Pero Jorge y Pepe están muy mal. Nuestro amigo Bob —el médico— aconseja conducirnos a un sanatorio. Hemos de llamar entonces una ambulancia de la Cruz Verde y en ésta son trasladados los dos heridos. En el puesto de socorros se nos atiende —incluso a mí, que no me creía con lesiones— por cierto con gran eficacia y, después de acudir a la Procuraduría y declarar lo pertinente, se nos deja en libertad. Es todo. Prescindo de otros detalles. Lo importante es esta experiencia personal de la muerte.

En rigor, debimos haber muerto todos. Cualquier cosa puede explicarse de este accidente, menos lo de que hayamos podido salir con vida. Conozco pues ya un cierto tipo de la muerte: ésta, violenta, instantánea, sin sensación alguna, del segundo en que perdí el conocimiento. Lo mismo hubiera sido de no haber despertado jamás. Pienso que, en fin de cuentas, si el cerebro es lo primero que sufre el colapso, la muerte deja de tener cualquier significación para quien la sufre: es la nada, una cesación sin transiciones, sin dolor, sin angustia. Algo tan sencillo que casi resulta indescriptible. De pronto ya no se es y en esto se cifra el todo de la muerte.

Trato de decir más, busco palabras. Quizá el acto de morir —que por otra parte no nos pertenece—, aunque aquí no se trate sino de la forma concreta en que pude haber muerto (apenas poco antes de cumplir mi primer cincuentenario), pueda compararse, del modo más aproximado posible, a un entrar en tinieblas, donde uno mismo es ya, de golpe, tinieblas también. Pero en esta descripción el verbo *entrar* (entrar en tinieblas) resulta muy lento: no se entra, se está, se *hace* uno tinieblas de súbito, en menos de un segundo. No hay nada horrible, ni espantoso, ni siquiera extraño, sino ahora —a la distancia— algo sorprendentemente natural: un acto sin acción, el acto sin acción, el acto de ya no hacer, un acto puro hasta lo más absoluto de una cierta absoluta abstracción.

México, D. F., 19 de octubre de 1964

Mi muy querido Ralph Roeder: Gracias por su carta (14 de octubre) generosa y conmovedora. Ahora parecerá —por lo que sigue— que usted y yo nos entregamos mutuamente a una carrera de remordimientos: yo no le he escrito ¡y me abochorna tanto la debilidad de una y otra vez dejar siempre para otro día —nunca faltan autoindulgentes y exculpadores pretextos— el escribirle las numerosas cartas que llevo ya pensadas y que no he trasladado al papel!

Créame: pienso mucho y constantemente en usted con uno de esos afectos profundos, tan convencidos de sí mismos, que ni siquiera temen herir a la persona que constituye su objeto a causa de no comunicarse con ella, seguros de esa afinidad sin palabras —esa aquiescencia mutua e inconcreta— en que se finca la aprobación entre dos espíritus que se quieren y estiman del modo más obvio y claro. Y aún más; estos meses he estado día a día con usted cuando releo —y el deleite intelectual se depura y fortalece a cada nueva lectura— *Juárez y su México* (a propósito de una película que me encomendaron escribir sobre nuestro II Imperio), lo cual ha sido tenerlo a usted presente, vivo y en pródiga y sabia conversación. (¡Ah!, pero por fin le escribo una carta y esto me llena de alegría.)

No habíamos hablado antes de *Juárez y su México*. Me resultaban tan naturales el cariño y la admiración que este libro suyo me causaran desde la primera lectura, que parecía como si ya no fuese necesario hablar más entre usted y yo, sino que bastaba con limitarme al agradecimiento hacia usted por haberlo escrito. Era un error, pero también atribúyalo a mi tonta timidez.

De su *Juárez*, todo es bello, armónico. Luego flotan aquí y allá sutilezas irónicas, de una precisión extraordinaria. Tomadas al azar, le recuerdo las que me salen al paso.

Por ejemplo: "Napoleón se iba corriendo; pero la consigna era de salir caminando" (a propósito del retiro de las tropas expedicionarias francesas antes de lo previsto por el tratado de Miramar). La frase resulta particularmente feliz por la forma en que condensa la contradicción histórica del momento (1866), cuando Luis Bonaparte se anticipaba a no suscitar una mayor impaciencia de Washington, pero no quería que lo apremiante de sus disposiciones fuese a ser advertido en una prisa demasiado notoria de Bazaine para que sus hombres abandonasen el país.

Otro ejemplo de gracia implacable: "Todos sus recursos [de

Maximiliano] *eran hipotéticos o estaban hipotecados"*. Y una página más adelante: "Maximiliano, pese a su propio análisis, pretendía gobernar mientras se iban los franceses y después de que se hubieran marchado. *Con los ojos abiertos, sacaba la cabeza a remate"*. (¿Qué mejor forma de expresar el pasmoso desiderátum de Maximiliano? Nadie, sino él mismo, era quien ponía en subasta su propia cabeza y los reaccionarios mexicanos no perdieron un segundo en tomar el papel de "corredores" de ese trágico remate que culminaría en Querétaro.) Imagen que usted precisa con el tan acertado análisis histórico que le sigue en otra página (747): "Decepcionada de la intervención, burlada por sus promesas y castigada por sus consecuencias, la ralea de la pesadilla se agarró a la Corona con la tenacidad de la conservación propia y se vengó de Napoleón, sobornando a Maximiliano para que saldara la deuda que tenía con los vencidos".

Le confieso que me regocijó la encantadora malignidad con que describe usted la actitud del Papa Pío IX ante la atormentada Carlota. Dice usted: "Giovanni María Mastai-Ferretti tenía setenta y cuatro años de edad y, con la responsabilidad de dieciocho siglos en los hombros, estaba resuelto a contemporizar. Para un anciano que pensaba en términos de la eternidad, contemporizar unos cuantos meses más no le costaba nada; pero para su hija importuna la demora era la muerte." (¿Le será perdonado a usted el infierno por esta deliciosa irreverencia? Espero que sí, de todos modos.)

Mexicaniza usted a Maximiliano con justicia que es emocionante en sus labios, querido Ralph Roeder. "Así, al fin, purgándose del pecado original del invasor y reducido a sus propios recursos, Maximiliano se enfrentó a Juárez en buena lid y se nacionalizó mexicano para el último cuarto de hora en Querétaro."

Nadie, sin duda, podría haber dicho esto mejor que usted.

Vea, pues, cómo hemos dialogado a la distancia, sin distancia.

Nuevamente agradezco la carta en que deplora el accidente de tránsito que sufrí hace poco. Estuvo muy bien: no nos ocurrió nada serio a quienes íbamos en el automóvil de la volcadura.

Lo abraza de todo corazón, / José Revueltas.

UNA JORNADA AUTOBIOGRÁFICA (DE 1961 A 1964)

Escribo estas líneas en diciembre de 1964, vísperas de Nochebuena, sobre una de esas curiosas mesitas en que se conduce el alimento a los enfermos, dentro de un cuarto del sanatorio Durango, donde me encuentro recluido en espera de que se me opere de hernia. Ésta parece ser la confusa y aún no resuelta culminación de los tres años más llenos de sobresalto, incertidumbre y contradicciones que he vivido en mi vida adulta. Precisamente cuando el pasado noviembre cumplí los cincuenta de edad. En cierto modo estas notas constituyen, pues, dentro de la objetividad posible en algo que casi constituye confesiones personales, un balance crítico y autocrítico respecto a todo lo ocurrido y mi participación en ello.

Las relaciones entre María Teresa y yo habían quedado francamente rotas en vísperas de mi partida a Cuba, en mayo del 61. Nuestro bello y cómodo departamento de Alpes, desde cuyas ventanas yo miraba el bosque y la barranca limítrofes, debía ser abandonado para siempre. Los resultados de mi trabajo ahí —ahora no recuerdo cuánto tiempo lo ocupamos— no habían sido nada despreciables: el *Ensayo sobre un proletariado sin cabeza* y una biografía cinematográfica de Emiliano Zapata [véase *Tierra y libertad*] que hasta el presente me parece mi mejor obra de cine, sin contar conferencias, artículos, pequeños ensayos y un intenso trabajo político. Mientras escribo esto, puedo precisar el tiempo que estuvimos en el departamento de Alpes: desde poco antes de la expulsión de la célula Marx del partido comunista [abril de 1960], hasta la fundación de la Liga Espartaco y mi salida a Cuba [mayo de 1961]. (No tengo a mano las fechas, pero pueden establecerse por los documentos publicados a la sazón.) De todos modos un periodo rico en acontecimientos: huelga ferrocarrilera (1959) y quiebra de la política del PCM; ingreso de la célula Marx al POCM; expulsión de la minoría (Lizalde, G[onzález] R[ojo], Labastida y yo) del POCM, junto con nuestros amigos; fundación de la Liga; solidaridad de masas con la revolución cubana y, en fin, una lucha diaria con los granaderos, en medio de la más espantosa confusión política de todos los grupos de izquierda y donde nosotros (la Liga Espartaco), sin influencia alguna, fuimos los únicos en no perder la cabeza. Pero ya se escribirá la historia *real* de este periodo amargo y violento.

Hubo que abandonar mi querido departamento de Alpes, del cual, por otra parte, ya debíamos cuatro o cinco meses de renta que ascendían a dos o tres mil pesos. Algún dinero en efectivo, otro en letras de cambio —que el sindicato de autores debería cubrir con el saldo de mis honorarios por la película Zapata—, y esto nos permitió desalojar la casa de Alpes sin que mediara un embargo. María Teresa y Román se cambiaban a una casa distinta —y desconocida para mí— que ya no sería nuestro hogar.

[Cuernavaca], enero 13, 1965

Omega querida: Gracias por tu carta y gracias por decirme que me amas. Tenía grave aprensión a causa de tu silencio y de la circunstancia de que una de mis cartas me fue devuelta de Minas con la indicación de que ahí no se sabía quién era la persona a que la carta iba dirigida. Por cuanto a lo que me planteas de Moura, haré en el tiempo más breve posible una declaración notarial para mandártela en seguida y que regularices su registro. Siento gran alegría por todo lo bueno que me dices de la niña y de su viveza e inteligencia. El documento notarial te lo enviaré en cuanto se encuentre listo, cosa que será antes de un mes.

Me encuentro ahora en Cuernavaca, invitado por David Alfaro Siqueiros, mientras convalezco de una operación (la operación de hernia a que por fin tuve que resignarme) y después volveré a la ciudad de México, donde mi nueva dirección es la siguiente: calle de la Unión 161, depto. 1 - col. Escandón, Tacubaya, D.F.

Ahí podrás escribirme cuando gustes. Mi situación económica ha seguido mal, pero más o menos le hago frente como puedo. En política he sufrido nuevamente otros fracasos, pero sigo firmemente convencido de la justeza de mis posiciones. Constituimos un pequeño grupo marxista-leninista de poco menos que veinticinco compañeros, casi todos maestros universitarios y estudiantes. Batallamos en firme y habremos de vencer tarde o temprano.

Debes creer en tu talento porque realmente lo tienes, y no desmayar un solo instante. Escribir, escribir y escribir. "Vivir no es necesario, escribir es necesario", te diré parodiando a Magallanes. Hay muchos y hermosos libros que te enviaré poco a poco. Entre ellos *El cuarteto de Alejandría*, de Durrell, un poeta inglés; algo maravilloso. Por lo pronto, mi próximo envío será la propia novela mía, *Los errores*, que apareció en septiembre u octubre del año pasado. A ver qué te parece. Mándame todo lo que escribas (teatro o cuento) y aquí yo me encargo de que se publique en alguna de las revistas literarias de México. Tu primer relato publicado causó una excelente impresión. No dejes de enviarme, pues, nuevos materiales.

Salúdame a tu mamá y dile cuánto le estoy agradecido por el cariño que le merece nuestra criaturita. Mándame retratos de Mourita.

Te abraza, te saluda, espera muchísimo de ti, como escritora y como ser humano, / José.

CAMIÓN: ESPEJOS Y MUCHACHA

Estoy en el primer asiento, a la izquierda, detrás del chofer. Ella en la fila derecha. Hay dos espejos, afuera, de cada lado del camión. Uno grande, interior, horizontal, que ocupa todo lo largo del parabrisas; encima de éste, otro de iguales dimensiones, inclinado hacia adelante unos grados. Ella está en todos los espejos. Es hermosa. Advierto que en el ojo derecho tiene la pupila derramada: el iris le brilla intensa y fosfóricamente, como un ópalo. Se muerde los labios y estruja las manos con angustia patológica y luego habla sin emitir palabras. En un espejo, su perfil y el ojo enfermo; en otro, su rostro de frente, despejado y puro. En el de más arriba, sus manos contraídas y temblorosas, sus largas piernas esbeltas. Está atormentada por algo. No puede estarlo más. La condujo un hombre de edad, bien vestido, que bajó del camión a la siguiente cuadra, el sábado que pasó (iría a ser las 6:30 pm). Hoy lunes (Insurgentes y Álvaro Obregón) ha vuelto a subir (1:30 pm, miré casualmente el reloj). Es estremecedoramente bella y desdichada. Iba en compañía de otra muchacha que llevaba bajo el brazo carpetas de la universidad. (Lunes 23 de enero de 1967.)

*

En el camión. Le pregunto por qué calle entra él —es decir, el vehículo que maneja dentro de una ruta señalada— a la colonia Escandón. Mi pregunta le parece imprecisa y no es que se disguste, sino que hace el ademán impaciente de quien está seguro de que en la vida todo marcharía bien, sin confusiones ni enredos, si la gente razonara más sus actos y formulara con más lógica sus deseos, así que no me contesta sin constreñirme antes a que yo exprese mis intenciones de un modo más concreto.

—Dígame primero a qué calle de Escandón va usted, señor —me opone con aire represivo.

Por lo visto piensa por mí, se coloca en mi lugar y en el interés más racional que él tendría no tanto por saber cuál era la calle de entrada del camión, cuanto por calcular en qué punto lo dejaría respecto al destino en que iba. Preciso entonces:

—Voy a Unión y José Martí.

El chofer cambia la expresión de su semblante que apenas disimula su aire victorioso:

—Entro por Ciencias y cruzo José Martí —termina por fin.

164

Cuernavaca, Mor., marzo 11 de 1968

Licenciado Agustín Yáñez
Secretario de Educación Pública
México, D.F.

Estimado Agustín: Como fue del conocimiento general e informaron diversas publicaciones, el pasado enero hice un viaje en compañía de mi esposa e hijo a la isla de Cuba, hacia cuya capital, La Habana, partimos el día 19 del referido mes. El objeto de mi viaje era atender la invitación que me había hecho la Casa de las Américas, a través del poeta y ensayista Roberto Fernández Retamar —entonces en la ciudad de México—, para que yo participara como uno de los jurados, en el género de novela, dentro del concurso a que cada año convoca dicha institución cultural —la que por otra parte, dicho sea de paso, entre sus meritorias actividades, ha editado de usted su magnífica novela *Al filo del agua*—, evento de gran prestigio intelectual y en el que participan —y participamos, como en este de 1967— en condición de miembros de los diversos jurados (poesía, teatro, ensayo y novela), escritores de casi todos los países de habla castellana y portuguesa.

Era, pues, cosa de no tomarse en cuenta ni de concederle la menor importancia a los confusos, imprecisos y disparatados rumores, que algunos días antes del viaje me llegaban, sin viso alguno de autenticidad, acerca de que habría un cierto disgusto por mi ida a Cuba en las inmediaciones de un bastante metafísico "allá arriba" oficial, a mayor abundamiento del todo inconcreto e innominado.

Está por demás decir, sin embargo, que así se hubiesen presentado estos rumores bajo formas menos evanescentes y aun en términos inequívocos y rotundos, esto tampoco habría alterado mi determinación de acudir al cumplimiento de la tarea con que me honraba un organismo cultural, libre y democrático, que existe y funciona en virtud y a favor del triunfo, por primera vez obtenido en un país de América y de mi idioma, de las ideas socialistas que constituyen la razón misma de ser y la inquietud esencial de mi propia vida.

Ahora bien, de un modo que ya no se refiere a mi persona y, curiosamente, en otro sentido que examinaré más adelante, a ninguna persona particular ni concreta ni que pudiese resultar tangible y responsable —y aquí sí es donde se encuentra lo que interesa y alarma del problema—, se hace preciso hablar con absoluta franqueza de ese extraño sistema de indeterminaciones y nebulosidades por cuanto a su origen e inspiración, con el que se tratan algunos aspectos del contacto cultural, social, científico, informativo, económico o de otra índole, que intentan establecer o tienen establecido ciudadanos mexicanos con un país como Cuba, respecto al que México mantiene relaciones diplomáticas normales y a cuyo gobierno el nuestro reconoce como legítimo representante del pueblo y la nación cubanos. Es un hecho conocido de todos que los viajeros que van o vienen, hacia o desde Cuba, son víctimas en el aeropuerto internacional de México, de una numerosa suerte de vejaciones. Se les retrata, se les inscribe en listas destinadas a la policía, se les requisan los libros. En este punto es donde, por cuanto a sus móviles y punto de partida, comienzan las vaguedades y la impersonalidad de los hechos vejatorios y humillantes. El fotógrafo-soplón que con insana y alegre malignidad retrata el rostro del viajero con destino a los archivos policiacos; el esbirro que manosea groseramente los libros y los arroja con odio y repugnancia, apartándolos acaso para su ulterior incineración, son gentes reales y concretas, con nombres y apellidos y que reciben su abyecta soldada y la gozan, la consumen, la digieren y jamás se hartarán de ella. Pero, ¿cuál es la deidad invisible que ordena y dirige todo esto y al servicio de quién? Dónde están los jueces, los sacerdotes, los magistrados, los funcionarios, los inquisidores y los miembros del Santo Oficio que manejan esta realidad y cuándo y en qué sitio firman, pronuncian, sentencian, disponen la infamia? Al parecer no hay nadie ni nada; tras de las cariátides fascistas no hay nadie ni nada.

Ahora vuelvo a mi persona. Fui víctima también de estas mismas vejaciones en el aeropuerto de México, al regreso de mi viaje a Cuba el 19 de febrero del presente año. Me fueron secuestrados la *Biografía de Lenin*, escrita por el historiador francés Gérard Walter, y otros impresos, importantes para mi trabajo de escritor. Se salvaron de la requisa Tolstoi y los libros de mis amigos que ellos me habían dedicado con sus firmas. El filisteo cínico, especie que con tanta fertilidad medra en nuestro país, dirá que salí bien librado del trance y que, con todo, la cosa no resultó tan mal negocio a la postre. No; no quemaron los libros en mi presencia.

Pero aún me aguardaba otro encuentro más con la deidad invisible. Esto apenas ocurrió la semana pasada, en los primeros días de marzo. Algo, en el fondo, bastante simple: la orden de congelación del sueldo que devengo como modesto empleado de la Secretaría de Educación Pública. Nada del otro mundo, como puede verse. Una "orden superior", cuya fuente se perdía en las irrespirables alturas ozónicas del hermetismo gubernamental.

Parece ser que este tipo de medidas administrativas reviste características especiales, equivalentes a un cese de excepción sin responsabilidades para el Estado, cese que no obliga a indicar las causas, que se dan por supuestas incluso en la situación de la propia víctima, y que tampoco obliga a proporcionarle a ésta ninguna clase de datos mediante los que pueda explicarse fenómeno tan misterioso cuanto aterrador. En este aspecto, el único hecho que he podido conocer durante mi breve experiencia burocrática y el único del que me es posible testimoniar personalmente, en que se aplicó idéntica medida, fue el de un funcionario prevaricador y cuyas patentes fechorías fueron desenmascaradas —eso sí, en sigilo y hasta ahora sin consignación judicial— sin que a nadie le cupiera la menor duda de que había sido justo aplicarle tal medida. Resulta muy significativo entonces que cuando se trata de consumar una represalia política —como es obvio en lo que me ha ocurrido—, sus autores se vean obligados a servirse del procedimiento vergonzante de esconder y no expresar de un modo público la naturaleza verdadera de la cuestión, con los mismos recursos de que se valen contra los delincuentes convictos y confesos. Al atentado añaden la felonía y a ésta la humillación.

Querido Agustín: créame si le digo con absoluta honradez y sinceridad que estoy convencido, en forma rotunda, de que usted es ajeno a la "orden superior" cuya procedencia se ignora. Hago idéntica afirmación respecto a mi entrañable amigo Mauricio Magdaleno, junto a quien he trabajado con tanta libertad, tanta satisfacción y tanta camaradería como las más que puedan darse, durante estos casi cuatro años, y que nunca me fueron escatimadas por Mauricio, acorde siempre con su característica generosidad humana.

Llego, pues, a la lógica consecuencia final de esta carta: mi renuncia irrevocable a proseguir en la situación de un trabajador al servicio del Estado, trabajador a quien —en virtud de sus circunstancias personales y de su ideología—, por más insignificante que pueda ser el puesto que ocupe, una y otra vez siempre estará en el riesgo de que se le coloque ante la opción de un dilema entre una cosa y la otra. Mi elección es obvia.

Por último, un comentario no del todo marginal. Me he sentido incapaz por completo para servirme en esta carta del lenguaje formal que se supone debiera usarse en un documento que se dirige al ministro. En fin de cuentas, creo que es imposible hacerlo de otro modo cuando, por encima de las contingencias y la transitoriedad de cierta hora política, de cierto tipo de organización social y de cierto contexto histórico que por lo pronto no se puede sustituir por el que se necesita, pero que al fin será dejado atrás más tarde o más temprano —y Cuba es la muy vecina demostración de ello—, de lo que habrán de mirar en estas incidencias menores los ojos del futuro, quizá no quede otra cosa sino el dato de relación, de escritor a escritor, que hemos debido asumir, animados u obligados cada quien por sus razones, desde diferentes atalayas, ante las vicisitudes y conflictos que acarrea consigo una toma de conciencia determinada —sea cual fuere—, en una época de advenimientos y zozobras, de incertidumbres y esperanzas, que todavía no acaba de calificar en definitiva a los hombres que la viven.

De aquel lenguaje protocolar, cuyo uso se encuentra más allá de mis capacidades, quedan a salvo de la contaminación literaria, empero, dos palabras insustituibles y unívocas: *renuncia irrevocable*. Irrevocable renuncia a no importa qué abdicación de mi libertad.

Lo saluda cordialmente, / José Revueltas.[11]

[CARTA A OMEGA, 1968]

México, mayo 18, 1968

Omega querida: Apenas hace unos días recibí tu carta fechada en Minas el 11 de abril. Este retraso no se debe únicamente a la lentitud del correo, sino que tu carta —como otra correspondencia mía— estuvo retenida en la subsecretaría de Asuntos Culturales a pretexto de que nadie sabía ninguna dirección a donde enviármela. Bueno, antes de seguir: mis saludos, mis besos y mis recuerdos más conmovidos a la pequeña Moura, con quien su padre se porta tan mal. Pero ella sabrá comprender las cosas más adelante, cuando las conozca en detalle y pueda explicárselas. Por lo pronto puedes estar segura de que recibirá Moura lo que necesita, a pesar de que las circunstancias del envío de cosas a Cuba esté muy complicado y el correo ordinario no sea satisfactorio en ese sentido y ofrezca riesgos de que no lleguen los envíos. Con esta misma carta, mando otra a Hilda Gadea, pues a ella será a quien le entreguen las cosas que te envío: alguna cantidad de estambre para tejer y otras pequeñas chucherías. Así que es preciso que te pongas en contacto inmediato con Hilda para que estés pendiente del día en que le llegue el bulto.

Cuando esto ocurra, no dejes de avisarme a esta nueva dirección: José Revueltas - Asociación Mexicana de Escritores - Filomeno Mata 8 - México, D.F., Z.P. 1.

Ahora te contaré lo ocurrido. Apenas llegué a México después de estar en Cuba, cuando mi situación hubo de transformarse de golpe. Mi sueldo en la subsecretaría de Asuntos Culturales (un sueldo mísero, por otra parte) me había sido congelado, al parecer por órdenes de "muy arriba". La cosa era clara: se trataba de una represión política. Se me ofrecieron algunos otros ingresos oficiales y hasta superiores a lo que ganaba yo en mi puesto anterior, pero esto equivalía a un soborno, pues se me pedía en cambio que guardara silencio respecto a la represalia política. Por supuesto, yo no podía aceptar y presenté mi renuncia en declaraciones que hice a la prensa y que sólo publicó *El Día.* (Hilda puede entregarte el texto de dicha declaración, que estará sin duda en *Prensa Latina.*) Bueno, el caso es que de golpe y porrazo me encuentro en la calle, sin un centavo —literalmente— y en las peores condiciones. Acudí a mis amigos del cine para ver si me incorporaba de nuevo para hacer alguna película, pero me trajeron de un lado para otro sin resolverme. Es innecesario entrar en detalles. El caso es que pasé, de febrero a mayo, una situación angustiosa y estúpida en que tuve que depender de puras contingencias y pequeños ingresos inesperados de artículos o conferencias en la universidad. Ahora tengo trabajo como redactor en el Comité Olímpico, donde escribo los textos de las publicaciones durante una jornada de ocho horas diarias. Todavía no me pagan la primera quincena, pues entré el dos de mayo, pero al menos he podido contraer deudas con la perspectiva segura de pagarlas. No te imaginas qué energía he debido gastar para ocuparme de resolver el problema económico. A esta miserable causa se debe mi silencio y mi inoperancia respecto a la linda Moura. ¿Lo comprendes también tú? Me preocupa la salud de las dos. ¡Cuídense!

Reciban un gran beso de / José.

DIARIO DE LECUMBERRI[12]

[1968-70]

24 de noviembre de 1968

Orejamocha. (Soldado, marino, joyero, fundidor de metales.) Alojaba a su sobrino y a su hermana en su casa. Aquel le robó las joyas que ahí tenía. Posteriormente lo encontró en un cabaret y ahí lo golpeó terriblemente. Cuando descubrió el robo —algún tiempo antes del encuentro en el cabaret—, acudió con su madre —abuela del ladrón— para quejarse con ella. La madre reaccionó a favor del delincuente, exculpándolo de mil maneras. "Mi madre no me quiere", dice Orejamocha con rencor y un énfasis sombrío en sus palabras. En el cabaret, pues, agarró a golpes al sobrino. Éste fue a quejarse con la abuela —pero en un estado físico imposible, mucho más deplorable que aquel en que Orejamocha lo dejara: destrozado el rostro y con dos o tres "piquetes" en el cuerpo. Días más tarde, Orejamocha fue asaltado por unos pandilleros jefaturados por el sobrino y azuzados por la madre de Orejamocha. Éste logró salvarse gracias a que en esos momentos pasaba por la calle una camioneta que un amigo suyo llevaba y en la cual logró huir porque el dicho amigo no quiso prestarle su pistola para defenderse de los pandilleros. Más tarde —días o semanas—, Orejamocha quiso disponer de una pequeña sirvienta para los quehaceres domésticos. Se presentó

Séptima etapa (1969-1976). Queda encarcelado hasta mediados de 1971; en Lecúmberri su actividad intelectual es intensa y su posición independiente se afirma por completo. Se divorcia de María Teresa Retes. Sale de la cárcel con el organismo muy debilitado. Dicta muchas conferencias y hace algunos viajes. Se casa en 1973 con Ema Barrón, a quien había conocido un año antes en California. Su popularidad entre los estudiantes es muy grande y sus novelas se empiezan a reeditar. Pero su salud va empeorando; fallece el 14 de abril de 1976.

una jovencita a la que después de unos días fue necesario despedir. Días después, el hermano de la jovencita se presentó con Orejamocha para reclamarle por mal comportamiento con la joven y pretensiones de que la habría violado. Golpes. Tirado en tierra Orejamocha, el hermano lo amenaza con su pistola, pero antes de que su enemigo dispare, Orejamocha le mete cinco balazos en la caja del cuerpo. Ahora está acusado de homicidio y violación, etcétera. Es de Guerrero, de estatura media, moreno, manos expresivas, pómulos salientes, rostro triangular, ojos ligeramente oblicuos.

7 de diciembre de 1968. Las fugas.

a] El que salió por la puerta de la calle, disfrazado con una bata de médico; fue al Palacio Nacional y, al no ser recibido, acudió con su querida donde al siguiente día lo reaprehendieron.

b] Los dos que escaparon con motivo de un programa de televisión, desenrollando unos cables hasta la salida después de haber cruzado cuatro rejas.

c] El caballerango del director.

PERSONAJES DE LA CRUJÍA I

— El general Orlid, sentenciado a treinta años. Homicida de su amante. Pequeño, diminuto, semejante a un tití triste.

— Lupercio Bastar. Asesino político a sueldo. "Era muy travieso de chico", y así mató a un hombre disparando sobre un grupo de gente que se bañaba en el río de Teapa.

— El "maestro" Chávez Orozco, director del grupo coral. Se disfrazaba de cura para llevar a cabo sus raterías.

— *Tuno*, el pintor. Anhela irse a Australia cuando salga libre.

— Alarcón, "el orfebre" (Orejamocha en la ficha que hice de él).

— El "licenciado Bustamante". Impostor contumaz. Siempre lleva corbata. Se dice "rey del amparo" y, mediante tal truco, ha logrado estafar a ciertos reclusos. Sumamente cobarde. Un pobre diablo en toda la extensión de la palabra. Interesante.

— *Cerro*. Psicópata. La mujer lo abandonó en plena cárcel, a pesar de que robó para ella. Le presté *La casa de los muertos*, de Dostoyevski. La leyó repetidamente y le hizo una impresión terrible, pues se veía retratado en el recluso a quien su mujer engaña y al que ésta después, en el pueblo donde se encuentra la prisión, entrega unas monedas al verlo pasar entre los condenados que son conducidos al baño de vapor.

— *Bastar*. Pistolero a sueldo. Tabasqueño. Primo de los

171

Arenal.

Fedro Palavicini. Hijo de Félix Palavicini, el maderista y luego intérprete político de Carranza. Está por homicidio. Inteligente, interesante. Me ofrece su amistad; algunos servicios pequeños, de los que se agradecen con cierta molestia y aprensión. Mitómano en lo fundamental. Nunca acabó de gustarme. Le encanta el chisme, la pequeña intriga. También se le advierte una cola invisible, que agita en el aire con irreprimible alegría ante un "superior" o gente de lo alto (como he dicho de Castillejos, hablando con De Gortari y Martín Dozal).

NOTAS Y APUNTES EN CRUJÍA I Y EN LA M

Tengo la impresión desazonante, que pocas veces me abandona, de haber perdido mucho tiempo en mi vida y que gran número de propósitos los he dejado a medias con la esperanza de volver a ellos en alguna situación y circunstancias indeterminadas, que no me ocupo en precisar y reposan en mi espíritu como objetos abandonados —o guardados— que se volverán a ver y usar hasta agotarlos por completo, pero sin que aparezca el día en que debe emprenderse la tarea. Esto me produce un estado de ánimo lleno de remordimientos constantes y de zozobras llenas de angustia. (Sin fecha.)

*

Nota para "Géminis". Bien; estamos en esta pequeña isla que tiene su centro en todos los puntos y su circunferencia en ninguno, de acuerdo con la antigua y sabia definición de los viejos pensadores más distantes en la historia y más indiscernibles en el universo. (El plural del yo, etcétera.) [Véase *Material de los sueños*.]

*

Los "apandados" frente a mi celda de la crujía I. La introducción de la cabeza por la claraboya, el doblez de las orejas para que pasen. Luego, la cabeza del Bautista sobre el plato. Uno de ellos grita largamente: "¡Quiero un joven de pelo corto por tres cincuenta! ¿Quién dijo voy por él?" Me intriga mucho. Trato de saber a qué se refiere, hasta que alguien me aclara: se trata de que quiere una cajetilla de cigarros *Raleigh*. El "joven de pelo corto" no es otro que el retrato de sir Walter Raleigh, cuya cabeza reproduce tal marca de cigarros en ambas caras de la caja, que aquí dentro de la cárcel se vende al precio de 3.50.

172

*

Nota para memorias. Las hermanas Maples Arce, cuando eran nuestras vecinas en las calles de Querétaro 22, en la colonia Roma, por la década de los veinte: Lita, Amalia y Matilde. Manuel, amigo y compañero de Fermín Revueltas. Enamoraba por entonces a Emilia [hermana del autor], según me parece.

*

Nota en el periódico alemán *Das vegetarische universumum*: "entre China y el Tibet hay una zona montañosa denominada Bayán-Kara-Ula". (He olvidado por completo para qué tomé esta nota.)

*

El doctor Boehm, director del colegio alemán cuando ahí estuve de niño. Alto, calvo de la mitad de la cabeza y con una flotante melena rubio-canosa en derredor. Ojos azules tras de gruesos espejuelos. Debió ser muy bondadoso. A mí su sola presencia me infundía terror. Es posible que yo —nosotros como mexicanos— no supiéramos entender los ojos azules ni darnos cuenta de su lenguaje. Estos ojos resaltaban de una manera especial tras del grueso de los cristales, pero eran buenos. [Véase "El colegio alemán", en *Las cenizas*.]

*

El río de Teapa, en Guerrero. Las hazañas de Bastar, cuando dispara sobre los bañistas y mata a uno, "por travesura".

*

El Cuanaco. Cuento sobre Gilberta, en la Costa Grande.

*

El patrullero Martínez. Asesino del estudiante que pintaba letreros en las paredes, por la colonia del Valle. Trabajó en el anfiteatro del Centro Médico (donde su esposa es enfermera). Le encargaron el trabajo de "abrir" cadáveres ya autopsiados, a los que debía rellenar de papel periódico para que no perdieran la forma. Por las noches —me cuenta—, palpaba el vientre de su mujer, atónito, incrédulo.

*

Jan Palach se incinera el 16 de enero de 1969 en la plaza de

San Wenceslao, en Praga. Jan Zajic, el 25 de febrero del 69.

*

Apodíctico: *Log.* Demostrativo, convincente, que no admite contradicción. Apocatástasis: *Fil.* Retorno de todas las cosas o cualquiera de ellas a su primitivo punto de partida. (Vgr. "Ezequiel o la matanza de los inocentes" [cuento de *Material de los sueños*].)

*

Madame Bovary. De la página 130 en adelante: la escena de Rodolfo y Ema, simultánea al comicio municipal que se lleva a cabo en la aldea y donde han de entregarse premios a los vencedores de la feria. La estructura. Lo irónico de la simultaneidad del acontecer. El análisis social del reinado de Luis XVIII, el rey de los comerciantes, los industriales y financieros (paralelo con las litografías de Daumier —JR).

p. 142: la maravillosa descripción de la criada a quien se premia por la antigüedad de sus servicios, Catalina Leroux; el papel de los héroes "menores" de las grandes novelas. (Las lecciones fabulosas que ofrece Proust en este sentido. El ascensorista del hotel de Balbec, en *Sodoma y Gomorra*.)

Materiales como éste para un hipotético curso que podría llamarse: *el contenido del lenguaje y la estructura literaria.*

La técnica seguida en la escena de la posesión de Ema Bovary y León (pp. 230 y siguientes).

La escena en que Homais comunica a Ema la muerte del suegro. La semejanza de esta escena con la del duque de Guermantes (en *Sodoma y Gomorra*) cuando llega a su casa para vestirse e ir en seguida al baile de disfraces —después de haber asistido a la reunión del príncipe de Guermantes— y se le comunica, en la puerta, la súbita muerte de un pariente, lo que le impediría asistir al baile anhelado: "¡Exageraciones! ¡Exageraciones!", exclama. He aquí las palabras textuales del duque: "—¡Ha muerto! No. ¡Se exagera, se exagera! —y sin preocuparse de las dos parientas que, provistas de sus alpenstocks, se disponían a ascender en la noche, se precipitó en busca de noticias, interrogando a su mayordomo—: ¿ha llegado mi casco?"

Hacer un estudio paralelo: *Madame Bovary, Ana Karenina* y, de otra parte, *El eterno marido*, de Dostoyevski, y la señora Rênal con Julien Sorel, en *Le rouge et le noir.*

*

Aviso en un camión de Cuernavaca: "No pegue de gritos, toque el timbre. No olvide que no hago paradas a domicilio."

*

16 de marzo de 1969. Huelga de hambre de los escritores soviéticos Yuri Daniel, Yuri Galanskov, Alejandro Ginsburg y otros en el campamento de Potma, a cuatrocientos kilómetros de Moscú, donde se encuentran presos. Enviar protesta presos políticos mexicanos a Boris Kasantzer, encargado de negocios de la URSS en México.

*

Los gavilanes de Teotepec (¿Puebla?) que llegan en inmensas parvadas para devorar gente y animales. (Algo como la gigantesca ave Roc de Simbad el marino.)

*

"Alguna persona caritativa que ponga su puto radio ahí afuerita pa que l'oigamos los apandados" (súplica del apandado frente a mi celda en la crujía I, para oír la pelea de box entre *Chanoi* y *El Alacrán*).

*

Abril de 1967 (nota que me llega entre los papeles que me fueron enviados por Mariate). (En 1967 vivía yo en la calle de la Unión, en la colonia Escandón, donde ocurrió el hecho.) El niño que tira la bolsa llena de frascos para maquillaje y rompe todos ellos en el suelo. Un transeúnte (yo) al verlo tan consternado ante tan inmensa desgracia, le regala un billete de diez pesos. Pero aquí viene lo que cuenta (supuestamente) el niño, según mi propia hipótesis: "un viejo borracho se tropezó conmigo y luego me empujó, rompiendo todos los frascos. Cuando vio que la gente reclamaba, el muy méndigo sólo me dio estos diez pinches pesos".

* "Por su misma *mesmedad*." Expresión que vi escrita en algún lado y que me cautivó. "Rafael, el mono de laboratorio de Pávlov", leo en una nota mía, con el añadido "para un cuento" (¿?). Sin embargo, hay que recordar qué hay en esto. Alguna idea tuve.

* "Y aquel temblor de espigas enchiladas / que ríen y ríen en las *emes* del metate / las más sabrosas gracias a Miliano." Versos en un poema a Emiliano Zapata, entre todos aquellos que tuve que leer como miembro del jurado en los Juegos Florales de Poza Rica. Recuerdo la noche que pasamos en un burdel.

Extraordinario, en todos sentidos. Eso fue después de la entrega de premios. El "mantenedor" (al que yo designaba como "mantenedor de mis güevos florales"), un profesor local, resultó todo un personaje, y en el burdel se le respetaba con auténtica sinceridad: enseñaba a leer a determinadas prostitutas y éstas no le cobraban sus favores. Personaje fabuloso: mulato, gran tocador de guitarra y, por supuesto, poeta. No creo que los versos en homenaje a Zapata hayan sido de él; sin embargo, me encantaría que así fuese.

* Para los personajes de "El juego de los asesinos" [uno de los títulos provisionales para "El tiempo y el número" —véase *Las cenizas*]: no mirarse al espejo. (Ahora no sé lo que quise decir en esta nota.)

* El epiléptico que sufre un ataque a la salida de un mitin en las calles de San Jerónimo. (Mitin en el salón de baile *El Pirata,* por los años treinta. Habló Hernán Laborde, según lo recuerdo.)

* "Nacho y el Pollo se aman." Letrero escrito en gis sobre el muro, en una de las calles de Liverpool. Yo lo veía desde el camión, cuando me dirigía a Escandón en un Roma-Mérida. Mis observaciones de aquel entonces (1966-67) fueron extraordinariamente interesantes y me fascinaron por completo.

* Tomar a AZ como el arquetipo de la oportunista política en la izquierda. A pesar de la repugnancia que me causa el tema, creo que sería una omisión lamentable el no abordarlo, tal vez en una novela corta, o para introducirlo como personaje *no muy incidental* en algún trabajo más largo. Acaso "La contingencia opaca". Bueno; habrá que meditar sobre esto. (Analaide, provisionalmente, mientras se le encuentra un nombre menos transparente.)

* Alina (un personaje completamente distinto). Trabaja en una empresa de publicidad, en donde desempeña el cargo de inspeccionar camiones y tranvías, para reportar el estado en que se encuentran los anuncios, reportes en los que debe indicar número de placas, anuncio, ruta del camión, etcétera.

* El "gigantismo estético", la enfermedad específica que sufre Siqueiros como resultado de un mal funcionamiento de la tiroides y otras glándulas de secreción interna, que distorsionan con una "elefantiasis" progresiva sus conceptos sobre la obra de arte y la función de los pintores y del "muralismo".

* Julio de 1957. El gran temblor y la caída de la Columna de la Independencia en el Paseo de la Reforma ("la caída del Ángel"). Para tomarlo en cuenta en la novela sobre "la contin-

gencia opaca".

* Más o menos las tres de la mañana. Escribo algo y me interrumpo para escuchar: ruidos, voces, golpes, chillidos. Algún programa de televisión, pienso. Pero quince minutos después sale corriendo por el pasillo una mujer, que aúlla perseguida por unos pasos macizos, feroces. "¡Puta desgraciada!", oigo que le grita una voz ronca a sus espaldas. Luego, una extraña confusión y la pareja regresa sordamente al edificio. (En el departamento donde yo vivía en Unión.)

* Ella entró de obrera. Lo anhelaba con toda su alma. Cambió en una forma notable: se sentía libre, alegre. Hablaba de sus compañeros de un modo maravilloso, como seres vistos por primera vez. Yo la veía —comprendiéndola— pero desde muy lejos, de un modo incierto, doloroso, pues sufría mucho por otras causas.

* Cuento. El velorio del dedo arrancado por la guillotina a un obrero de la imprenta. (Precisamente la imprenta donde se hizo el *Ensayo sobre un proletariado sin cabeza*.)

* Las películas con tema "obrero" plantean un problema terrible (a propósito de la película sobre la huelga de Río Blanco en 1908). Necesariamente han de recibir el tratamiento dicotómico de un western: los buenos, los malos, y el "muchacho", la "muchacha", el villano, etcétera. Habría que tomar a los obreros, desentendiéndose de la clase, como individuos y de un modo opuesto a como lo hacen la política y la historia. El resultado sería algo realista, vivo y verdaderamente trágico. Pero ni siquiera el propio productor "burgués" lo quiere así. El cine, una de las más bellas formas de expresión, es al mismo tiempo la más distante y la menos alcanzable para las formas puras del arte. (Por lo pronto, antes del siglo XXI.)

* Tema. La persecución de un recuerdo muerto. Es de noche, en Monterrey. X se siente perseguido por un agente. No logra zafarse. En un momento dado, el agente, mediante una estratagema, logra salirle al paso y lo enfrenta cara a cara. El agente, que venía llamándolo con un nombre falso: "¡Gustavo, Gustavo!", ahora se muestra desconcertado y enormemente incierto, vacilante. Explica: "Ya no sé nada, perdone. Creí que usted era Gustavo, un viejo amigo, entrañable y querido como ninguno. Pero al mirarlo en este momento a usted y enfrentármele de pronto, recuerdo súbitamente que Gustavo murió hace cinco años. Perdone."

* La expresión mexicana "yo *me la rifo* con cualquiera", no puede ser más expresiva por cuanto a la azarosidad con que

se hace vivir el mexicano, sin conciencia alguna respecto a un desaparecer súbito, sin huella, sin testimonios, como si su vida no fuese otra cosa que una ficción, algo imaginado y que no le pertenece de ningún modo.

* La parte cubana de mi futura novela ("La contingencia opaca", cada vez más provisionalmente). Los cubanos del 26 de Julio durante su estancia en México. Oltuski cuando viene de Miami a traerle algún mensaje decisivo del Movimiento. El edificio de Holbein, adecuarlo como escenario. (Ver notas de mi diario en Cuba, 1960 [en realidad, 1961]. Pedir material a Mariate.)

* La realización del hombre en sus objetos, tanto desde un punto de vista teórico como práctico, es lo que constituye la esencia de la *desenajenación*. Quiere decir, una fusión de la teoría y la práctica; la elevación del hombre *social* al nivel de la teoría, diluyendo al máximo la contradicción entre el pensar contidiano y el pensamiento abstracto.

* Maurois habla en sus *Estudios* de los "murmuradores de la filosofía". Magnífico descubrimiento. Los "chismosos" de la filosofía, los "correveidile", en fin. (p. 25)

* No sé dónde tomé esta nota realmente importante, ni a quién pertenece la frase entrecomillada. *El pensamiento que se sobrepasa a sí mismo en el pensamiento.* "Este lado está implícito aquí en tanto que la conciencia como conciencia pura tiene su punto negro, no en la objetividad alienada, sino en la objetividad como tal." (Debe ser en algún estudio sobre Hegel o en Hegel mismo. Habrá que averiguarlo cuando pueda revisar mis libros.)

* Para la creación literaria resulta provechoso observar a los buenos actores. Un buen actor nos muestra en sus rasgos más nítidos los sentimientos y pasiones humanos, en grado mejor que cualquier otro individuo. En el actor ya ese rasgo está elaborado artísticamente, ya es una síntesis; en cambio el individuo nos ofrece tan sólo un fragmento que nosotros debemos profundizar, recrear, tipificar.

* Había tres mujeres robustas, de rostro lozano, que indistintamente hablaban en español y en una jerga de alemán, que debía ser sin duda yidish. Comían con voracidad grandes trozos de pastel. Una de ellas, la más satisfecha, estaba embarazada. El tiempo no parecía transcurrir para ellas. Exudaban una tranquila y glotona felicidad por todos los poros.

* En el café estaba un grupo de personas, todas ellas con el aire extrañamente obstinado, en torno de una mesa, en silencio,

que hacían movimientos pensados y precisos, con la seriedad grave y responsable de un comandante militar que se da cuenta del alcance de sus decisiones. De cerca uno se daba cuenta que jugaban a las cartas. El camarero me dijo que lo hacían desde el día anterior, sin haber dormido y sin levantarse de la mesa fuera de lo estrictamente indispensable.

* La familia se reunía después de comer, en la sala del balneario, para deleitarse con la lectura de las esquelas fúnebres de los periódicos, a cuenta de las cuales hacían los comentarios más insólitos y divertidos. (San José Purúa.)

* La esfera de saliva que se le formaba en el labio inferior mientras hablaba.

* Volvía el rostro para inquirir hacia un interlocutor con una extraordinaria expresión de alarma. Pero lo único que ocurría es que estaba completamente sordo.

* Las discusiones que se suscitan sobre un cuadro, sólo tienen la virtud de borrar el cuadro y dejar únicamente las opiniones.

* Enfrente de mí el hombre sonreía melancólicamente, sentado en la banca del camión donde viajábamos. Tenía el aire atormentado de un artista, los cabellos en desorden y cierta tibia humildad y gratitud en la mirada. Me llamó la atención que, al sonreír mostrara una dentadura singular entre los labios. Alternativamente cada uno de sus dientes era blanco y negro, un blanco brillante y un negro intenso, lo cual daba la impresión de una fila del tablero de ajedrez. Alguien que acababa de subir al camión, saludó al hombre sentándose a su lado.

—Y ahora, ¿cómo van las cosas? —dijo el desconocido.

El sujeto de la extraña dentadura arregló nerviosamente su corbata papillón con la apariencia de haberse turbado. Sus mejillas enrojecieron como si lo que iba a decir fuese una confesión que le costaba gran trabajo y vergüenza expresar.

—Ahora —dijo entonces con la voz ahogada y temblorosa—, ahora, amigo mío, *vivo del piano*...

Lo comprendí todo con un estremecimiento de horror: ¡estaba ante el devorador de pianos!

* (13 de noviembre, 1957.) Ayer por la noche Ortega Arenas. Tres largas horas de conversación. Habla, habla, habla. En la primera entrevista que tuvo con Siqueiros y conmigo habló durante cinco horas seguidas, sin que en total nos permitiera a Siqueiros y a mí decir más de cuarenta [palabras]: veinte por cabeza; estrictamente racionadas. Ahora fue la cuestión electoral. ¡Ah!, esta formación libresca de Ortega Arenas. Libresca al modo de un artesano machacón y lleno de esas ortodoxias fijas de

quien descubre por primera vez el Mediterráneo. No intuye para nada lo que es la frescura siempre juvenil y alegre de la dialéctica y entonces construye teorías como quien hace enchiladas: el gobierno "intermediario", la "guerra campesina" (en lugar de la revolución burguesa democrática) y otras por el estilo. Es tozudo y me parece que vanidoso (defectos terribles para un político marxista). Sí; ama al comunismo, pero necesita recorrer todavía un largo trecho para transformarse. El partido le servirá mucho. Haría un buen líder regional: sabe tratar a las gentes y tiene cierto instinto de masas.

* *El aborto*. La verticalidad sangrante del sexo, como un vómito. La especie de estique escultórico que usa el médico. Luego el cadáver del feto: pequeño como una lagartija, pero perfecto en sus proporciones humanas; en su par de bracitos cruzados sobre el pecho (como un buda de alambre) y su cabeza enorme; todo ello que cabía en la palma del médico y que fue envuelto en un paquetito de gasa, con una simple inscripción administrativa escrita sobre una venda; bajo la anestesia la mujer estertoraba con el ruido de un pozo de palanca. *El parto*. Lo asexual pero amoroso de la posición ginecológica. El corte de tijeras de la parte inferior de la vagina. Las manos del médico que se hunden en la caverna. Emerge una masa negra y al parecer pastosa. Pero no: es la cabeza del niño (el "producto", dicen los médicos). Las manos del médico hacen girar la cabecita y extraen a la criatura. Un largo y nudoso cordón umbilical. Luego las pinzas que lo sujetan y el corte. Se tira luego de aquello y va saliendo la placenta. La criatura viene envuelta en una blanca crema.

* El perro al que sorprendí huyendo de la panadería donde había robado un pan; sus reacciones absolutamente humanas (en los estudios de San Ángel).

* La literatura —es decir, otra cosa— como profesión es una de las más grandes vergüenzas que puedan sugrirse. El oficio es otro problema. ¡Dios mío!, ¿qué haría uno sin oficio? ¿Qué haría uno sin ser zapatero, herrero (portero no, porque no es oficio)? ¿Qué haría sin ser otras cosas, como postes sin luz, como habitaciones, como brazos? Porque todo es un oficio. ¡No sé! Nos volveríamos literatos.

* Un elegante caballero de edad circula por las calles llevando de la correa a un perro pastor alemán, pero todo con una actitud en que no se sabe si porque esté ciego o esté aburrido (café Las Américas).

* Las rejas de las persianas. Ella estaba presa, en algunos instantes, pero después presa, terriblemente presa de la vida y el

sol, etcétera.

* Comían fascinadoramente, con una voluptuosidad satisfecha, tranquila. Sus ojos no se perdían de las maniobras mientras preparaban los manjares, y en esto había una absoluta negación de todo lo bello que pueda tener el hombre.

* Camina despacio, noche. Y tú no amanezcas del todo, amada mía.

* Fumo; fumo enteramente sin darme cuenta que ha pasado un siglo y entonces estoy cubierto de ceniza, desde los pies, como dentro de un sepulcro anónimo, donde caen, cada vez más lentos, más impersonales, algunos copos de humo, casi sin lágrimas. También podría llamarse yo soy mi infierno, yo soy mi límite, mi cielo, mi caída, yo soy mi cárcel, mi nada, algo donde me quemo y me sustento; esto es: *yo soy mi casa*.

* Valentín [Campa] y Lumbreras no habrán avanzado mucho en la línea del desarrollo progresivo, pero en la del regresivo es indudable que llevan un gran camino recorrido hacia adelante.

* La lentitud recíproca del rompimiento entre amantes: cada quien cree que el otro es el que menos se separa y ambos caminan a igual velocidad en sentidos opuestos; resultado: ambos se sorprenden y se llaman a robados, también recíprocamente.

* ¡Oh! Ella es una persona realmente maravillosa. Disciplina su cultura con una eficacia pasmosa; sabe opinar sobre todos los temas y se complace —con naturalidad obvia y diríase sospechosa— cuando alterna con intelectuales o gente famosa (a lo cual la obliga su trabajo como secretaria de X). Si se exhibe una película como "El príncipe idiota", no acude al cine antes de haberla "releído". Después os dirá: "bien, la película no trata sino una primera parte de la novela". ¡Es culta como ella sola!

* Aquellas dos muchachas atormentadamente homosexuales, una frente a la otra ante la mesa que las separaba —las unía— con una tétrica voluptuosidad. Acabadas, distintas, excluidas para siempre, como en un espejo, como en una cama inasible.

* Aquel rostro bello —los ojos negros y los labios dibujados con líneas puras— junto al cuerpo deformado por el trabajo: un vientre crecido, las caderas llenas de cansancio, las piernas delgadas y hacia afuera los pies planos y sin gracia (mesera).

* *Tema*. Alguien manda un recado a sus vecinos: "como no puedo trabajar a causa del ruido de su fiesta, les ruego me inviten a participar en ella, pues tampoco me dejarían dormir".

* Ese aire envejecido que adopta aun el marido más joven cuando va en compañía de su mujer y de sus hijos.

* El contramaestre de pelo hirsuto bajo el birrete marinero,

mejillas abultadas y unos ojos casi perdidos entre las cejas y los pómulos gruesos, la mirada vivaz, aprensiva pero torpe, las manos pequeñas y gordas, los ademanes cortos, rápidos y familiares —parece que para él todo lo militar consistiría en juntar los talones de los pies ante los superiores. Fue el mismo a quien el comandante interrogó sobre los cinco hombres armados.

* Silbaba una melodía que evidentemente era invención suya, pues fácilmente se notaban las líneas arbitrarias y una especie de automatismo, como si se dejase llevar de lo primero que le venía a la mente. A ratos incurría en algo realmente musical en que a X le pareció reconocer el *Vals capricho* de R. Castro. (Observación en un coche.)

* Tan su única capacidad era lo heroico, que de otro modo jamás hubiera *podido* adquirir la tuberculosis.

* Escribir: "Los paraísos naturales".

* La línea: una sucesión de puntos para escapar del universo.

* Los siriolibaneses tienen unos ojos hundidos, tristes. T hace versos en secreto y cuando bebe dice frases llenas de metáforas y comparaciones elementales, muy árabes, por otra parte. (Dedos como pinceles de sándalo, etcétera.)

* Tres semanas más tarde —el mismo bar, a las mismas horas— y la cantante, morena, elástica, que en cada entreacto, sentada ante la misma mesa, seguía leyendo, inexplicablemente el mismo libro *Carlo Magno*. (En el Cristal, 13 de noviembre de 1967.)

* Las liberaciones emocionales: ruptura de lazos amorosos, sacrificios, que exige una obra literaria para que esas emociones que uno ama puedan ser expresadas libres de su objeto: la mujer de que se está enamorado, etcétera.

* Conversación con Fanny [Rabel] (domingo 14 de febrero, 1970). El partido; nuestros años treinta. Estamos mareados. El XX Congreso. Su crisis espiritual. "Tus personajes se parecen extrañamente a los de Malraux y Sartre." Divididos, densos, desgarrados en la conciencia.

* El cuento de la bizca a quien se acepta en un restorán, con dificultades.

* Un cuento sobre las relaciones amorosas en la cárcel. La mujer deja de ver al preso. Pasa un largo tiempo. El amante de la mujer viene a saludar al preso y lo mata. Después, es la viuda quien viene con una constancia eterna a visitar al asesino. ("Todos matamos lo que amamos.")

* La luz especial —póstuma— que brilla en los ojos de los agonizantes, una luz viva y única, relacionada con una flexión

aguda de la zona subcortical y que no tiene relación alguna con ningún sentimiento o disposición de ánimo específicos.

*

Leer *Nat Turner*, de William Styron. Urge.

*

Testus. Para un relato a partir de las tarjetas AB (libreta nº 2). Dos tiempos: el contemporáneo de la cárcel (presos políticos) y el del relato —también contemporáneo, pero en tiempo pasado. Se confunden —pueden confundirse, pero sólo por un entrelazamiento perfectamente delimitado, muy preciso, donde sea posible advertir la transparencia de las líneas como las venas de colores diferentes en una ilustración anatómica semejante a las del Testus (*Testus*, éste puede ser el nombre), venas, ramificaciones rojas, verdes, azules, el sistema arterial sobre tejidos rosáceos, luminosos de constelaciones.

*

La Circaciana (sobrenombre provisional). Hermosa hasta quitar el aliento. Mujer de Néstor, escribiente en oficina de libros.

Grey, "mayor" de la Eme (jefe del gang de traficantes de droga).

El Chalichanque. Homicida. Cortó la cabeza de su víctima con un tajo de machete, en una pulquería. Condujo la cabeza, rodándola con los pies, hasta un basurero cercano donde fue aprehendido en los momentos en que escondía la cabeza cortada entre la basura.

El Chalichanque y cinco reclusos más, de "sopas" largas, se juegan a un volado la culpabilidad en la muerte de El Armenio (ahorcado) para proteger a Grey, de quien reciben droga.

Anatolio. Maestro de filosofía. Viudo (ceguera progresiva que no confiesa a nadie).

Chen. Pasante de geología. Lo apodan así por el personaje de *La condición humana.*

Los grupos políticos.

Ramiro. Amigo íntimo de Grey, su carnal.

Axayácatl, agente provocador infiltrado entre presos políticos.

Maribel. "Compañera de ruta" en los grupos de extrema izquierda. Siempre sobrevuela en los altos círculos de las direcciones revolucionarias: partido comunista, sindicatos poderosos, funcionarios gubernamentales, burgueses liberales. Partidaria del poder (en los medios revolucionarios); enemiga de las disidencias, oficiosa, filistea, oportunista hasta la médula. Le gustan los dirigentes y los héroes; se acuesta con todos los que puede, los "colecciona", pero siempre oculta hábilmente sus relaciones, aprovechándose del puritanismo hipócrita de determinados "líderes" cabrones.

Homero. Héroe tonto. Temerario por pura estupidez. Famoso por haber quemado una bandera norteamericana en un mitin.

Valdomar. Mayor del ejército, jefe de vigilancia en la cárcel.

Hay un grupo de nueve maestros y estudiantes presos (UNAM, Poli) y tres procesados políticos anteriores, por diferentes causas. Todos en la Eme.

Galarza. Aislado en la Eme cuando era crujía de peligrosos. Anarquista. Había "ejecutado" a *Falcón,* diplomático, agente confidencial de Franco en México.

Zeta, asesino de T (supuestamente Trotsky). Relaciones psicológicas de Z y Galarza, llenas de situaciones extraordinarias, de supuestos, adivinaciones, acechanzas. La moral del asesino político. *Las paralelas se juntan.* Zeta desarrolla la teoría de Lobachevski, aplicada a la política en tanto que muerte, desesperación y soledad. "¿Sabes lo que significa esa frase estúpida de 'el Estado soy yo', para gentes como nosotros? Tú y yo somos el Estado, pero ¿qué es el Estado?"

*

Hay que responderse a una pregunta que sale de la cárcel: ¿es nuestra vida la revolución? ¿Qué es la revolución para cada quien?

*

Un revolucionario ha de ser, al mismo tiempo, un hombre de Estado. Así, en la situación revolucionaria, se conducirá como se necesita y en una situación no revolucionaria, fuera del poder, sabrá conducirse como un dirigente político real. Si nada más es revolucionario, en la situación no revolucionaria carecerá de sitio y si persiste en su acción, terminará en fascineroso. (Desarrollar idea.)

*

10 de julio de 1969. Nos visita Adelita Castillejos.

*

Taller literario.
Vocablo y palabra. Siempre leeremos mal; pero también siem-

184

pre leemos mejor. Descubrimos así en el escritor, con la relectura constante, palabras escondidas y usos insospechados de las pequeñas ataduras que forman su lenguaje, que muestran una riqueza no advertida antes, en elementos tales como las voces: con, por, de, sin, ya, aun, me, y otras aparentemente tan humildes. (Leyendo *Alteza real*, de Thomas Mann.)

Los diferentes "sentidos" de la palabra, de una palabra, tomemos por caso: a] sensible concreto, b] interno, c] abstracto.

*

Los perros de Putla

Los perros de Putla (Oaxaca) en la gira del candidato oficial a la presidencia [Luis Echeverría]. Son los verdaderos habitantes, los únicos, junto a los demás seres del lugar. Los hombres tienen simplemente un no rostro, pétreo y distante. La flacura de los perros, por el contrario, es humana por completo, con los ojos —o la mirada— también flacos: una delgadez que no sólo es hambre y desnutrición, pues son también perros, que si bien orgánicos, pertenecen a la naturaleza inorgánica de igual modo que retienen algunos elementos vegetales, como en el caso de los ojos, que son una especie de frutos del cacto, ojos con espinas, aunque aquí no se sabe si uno está describiendo a los perros o a los hombres y en qué punto de su cuerpo o de su angustia un perro deja de ser hombre y un hombre comienza a ser perro, pues tienen, además, los mismos pies descalzos, llevan los mismos rebozos sobre la cabeza y miran al candidato con un gran fervor indiferente, como algo infinitamente no suyo y que, sin embargo, es Dios. (Septiembre u octubre de 1969; fecha en periódicos.)

*

—He decidido suicidarme con la huelga de hambre.[13]

— Quiere decir que conservo una esperanza débil de salir victorioso y vivir.

— Hay que hablar con franqueza: ¿espero vivir?

— La respuesta es muy difícil; lo único, en este caso concreto, que depende de mí, es mi muerte y no mi vida.

— ¿Servirá de algo mi muerte? Espero que sí; no ahora, en este tiempo, sino a la distancia de no sé cuántos años. Por eso dejo este documento último, testamentario.

— Hay que analizar todos los argumentos objetivamente, con la impersonalidad de un científico ante un problema que [requiere] lucidez, toda la lucidez y toda la honradez de su ejercicio.

185

— Argumentos de "la razón conveniente", el orden, la familia, la situación jurídica en que me encuentro, la "táctica revolucionaria", mis capacidades como escritor y como "teórico", lo que aún debo escribir, etcétera.

— Bien; los anteriores argumentos y "los otros", los míos, los que no tienen nada que ver con todo eso.

— ¿En qué está mal el país? Mi respuesta es poco ortodoxa: México tiene una enfermedad del alma, lo han enfermado del alma y necesita un alma nueva. ¿Qué quiero decir con este lenguaje tan poco científico y cómo puedo justificarlo?

*

28 de mayo de 1970. Ahora leo *Journal d'exil,* de Trotsky. Me propongo llevar notas de mi propio diario, convencido de que, por mucho que resulte molesto, engorroso y casi repugnante escribirlo, tiene cierta utilidad. "L'avantage du journal intime —dice Trotsky—, le seul hélas, c'est qu'il permet de ne se soumettre à aucune obligation ou règle littéraire." Esta última frase terminó por convencerme de mi propio *journal intime.* Aprovecho la lectura del *Journal* de Trotsky para enriquecer mi vocabulario. Acaso traduzca el libro (editado por Gallimard) si me llegan noticias de que no exista edición en español. (Son las 4:10 pm. Vuelvo a la lectura de Trotsky y a mi trabajo "¿Nacionalismo burgués o socialismo revolucionario?" [véase *Escritos políticos III*] que se me ha colgado tanto, debido a mi situación carcelaria, cada vez más estúpida. Ya diré en qué consiste.)

[CARTAS A OMEGA Y MOURA]

Cárcel preventiva de la ciudad de México, febrero 11, 1969

Omega querida: Apenas hoy recibí tu carta sin fecha pero cuyo sello (cuño) señala el 7 de septiembre. ¡Imagínate qué cantidad de tiempo y cuántas cosas han ocurrido en estos meses! Te suponía enterada de los acontecimientos de México, pero veo que allá escasean del modo más alarmante las noticias. Te informaré en seguida del modo más breve.

Desde julio (precisamente el 26, a partir de una manifestación en homenaje a la revolución cubana), aquí se desató en todo el país un gran movimiento estudiantil que comprendió a todas las escuelas y facultades de la Universidad, Politécnico, y escuelas y universidades de provincia. Algo grandioso y sin precedente. Desde el primer día yo me incorporé al movimiento gracias a los vínculos que siempre he tenido con la Universidad y especialmente con la facultad de filosofía. A partir del 26 de julio continuaron las manifestaciones, protestas y diversos actos de masas. En la ciudad de México llegaron a desfilar cerca de medio millón de jóvenes. El origen de la protesta fue la represión brutal empleada por el gobierno contra los estudiantes de dos escuelas politécnicas el día 23 de julio. Los granaderos se apoderaron de las escuelas, vejaron a los maestros, golpearon a los estudiantes. Después —el día 24, me parece— atacaron la Preparararatoria 1, derribaron la puerta con un disparo de bazuka e hirieron a un número indeterminado de estudiantes. Así que la respuesta estudiantil no se dejó esperar y el movimiento cobró un desarrollo extraordinario cuestionando al régimen en su conjunto, no sólo pidiendo la destitución del jefe de la policía, sino un cambio total de procedimientos en el gobierno y un respeto real a la democracia. El gobierno ha respondido con la represión más despiadada. El 18 de septiembre, entró el ejército en la Universidad y puso presos a gran número de estudiantes y maestros (siguen aquí y yo junto con ellos). El 2 de octubre hubo un gran mitin de masas en la plaza de Santiago Tlatelolco, que se llenó de decenas de miles de gente del pueblo, estudiantes, mujeres y niños. Aquí ocurrió lo más bárbaro que puedas imaginarte. Al anochecer, antes de que el mitin terminara, un helicóptero alumbró el lugar, en una ancha zona, sobre la multitud, con una luz verde de bengala. Ésta fue la señal para que se desatara una balacera de ametralladoras y fusiles contra la masa inerme. Todavía no tenemos información precisa sobre el número de muertos: oficialmente confiesan 34 o 45; aunque en la realidad son algunos centenares, pero cuyas familias han sido intimidadas (y compradas) para que no digan nada. Sabemos que decenas de cadáveres de jóvenes fueron incinerados y aún hay madres y familiares que siguen preguntando por sus hijos y sus hermanos, sin atreverse a creer que hayan desaparecido para siempre. Algo horroroso y terrible, para lo que no hay palabras. El gobierno de esta burguesía infame y miserable que tiene el poder, terminó por desenmascararse sin el menor rubor. Ahora, naturalmente, reina el miedo, pero eso no ha logrado apagar el espíritu de lucha. Desde la toma de la Universidad por el ejército (el 18 de septiembre), yo —junto con otros compañeros más— tuve que hacer vida clandestina con todas sus exigencias de cambios de domicilio, a veces en plazos de veinticuatro horas, para no permanecer en ninguna casa que estuviese amenazada. Desde septiembre se libró orden de aprehensión en mi contra. Terminaron por detenerme el día 16 de noviembre después de que el día anterior había yo dado una conferencia en la facultad de filosofía, días después de que el ejército desalojó Ciudad Universitaria. Permanecí secuestrado en manos de la Dirección Federal de Seguridad durante tres días en un lugar al que me condujeron vendado de los ojos. Los compañeros y amigos se imaginaron lo peor y hasta llegaron a suponer que me habrían matado, pero no fui objeto de golpes ni de malos tratos, excepto el secuestro mismo. Ahora estoy ya consignado a un juez y se me acusa de diez delitos contra el orden establecido: sedición, conspiración, acopio de armas, rebelión y aun cosas tales como "homicidio" y "robo", a causa de alguno que otro policía muerto en alguno de los encuentros y los diversos incendios de *guaguas* que hubo en el transcurso de la lucha. Nuestra libertad, así, aparece muy problemática; desde luego no es de esperarse que permanezcamos poco tiempo encerrados aquí: más bien pensamos en términos de años, si es que la situación política no evoluciona a nuestro favor. Estamos en la cárcel preventiva más de ochenta personas, la mayoría estudiantes y el resto maestros. Vencidas las primeras y ofensivas dificultades, al fin logré que se me permitiera escribir y aun tener máquina para hacerlo, pero sobre mí está pendiente en todo momento el peligro de que me la quiten y me desarmen: pero, aunque sea con un clavo o con la uña, nadie podrá impedir jamás que yo exprese mi pensamiento. Pero, con todo, no la pasamos demasiado mal. Estudio y escribo, procurando aprovechar el tiempo a su grado máximo. Tengo una celda en compañía de un compañero dirigente de la Central de Estudiantes Democráticos (CNED), Arturo Martínez [Natera], con quien no tengo dificultades de ninguna especie, cosa que me permite trabajar. En fin de cuentas la cárcel, para nosotros, no es sino un simple cambio de frente, para seguir luchando. No te imagines nada por el estilo de la prisión del conde de Montecristo, aunque esto no deja de ser cárcel en ningún momento. El porvenir se presenta, desde un punto de vista personal, bastante problemático y oscuro. Pero no veo por qué desmayar, aunque tener cincuenta y cinco años (que cumpliré en noviembre) no deja de ser una cierta molestia, bien que mi espíritu se mantiene joven, entusiasta y alegre.

He pensado mucho en ustedes —en la pequeña y coqueta Moura (mándame algún retrato reciente de ella). Dile que, pese a las circunstancias, no me olvide. Que le tocó un padre desobligado, sin principios y mal padre en general, pero que esta idiota sociedad burguesa ni siquiera nos permite ser padres más o menos aceptables. Zapatos, vestidos, alimentos... ¡Esto me atormenta de un modo absurdo! Sin embargo, voy a encargar a alguno de nuestros simpatizantes que les haga llegar algunas cosas, pues es insoportable que ustedes carezcan hasta de lo más elemental. Bueno, haré lo posible por que incluso te lleguen libros. No creas que estos envíos sean utópicos del todo. Hay buena disposición de la gente para ayudarnos, pues el movimiento cuenta con la simpatía general de todo el pueblo y nuestras amistades han permanecido firmes.

Una cosa: puedes escribirme aquí a la cárcel, así: José Revueltas - Cárcel preventiva de la ciudad - Dormitorio "I" - México 9 D.F. Parece que no hay aquí censura. Pero de cualquier modo, más adelante te enviaré una dirección. Lo que no quiere decir que no me contestes *de inmediato* a esta cárcel; o sea, contéstame a la dirección de aquí en tanto te envío alguna otra que ofrezca mayores seguridades.

Las recuerdo mucho. Con un gran remordimiento por no haberles ayudado nunca en nada. (Ya no mandes las cartas a la Asociación de Escritores: es como tirarlas al mar.)

Besos, largos besos, de / José.

Cárcel preventiva, diciembre 15, 1970

Mi pequeña y querida hija Moura, compañerita, cubanita mía: Tuve noticias tuyas y de tu mamá en una revista de La Habana que llegó a mis manos hace dos o tres meses (me parece que *Bohemia,* pues no se trataba sino del recorte de un artículo). En sus páginas aparecías tú, tu mamá y ¡maravilloso! tus versos (¡adelante, joven poeta!). Te mandé saludos, pero a través de tantas personas hasta llegar a la que iría a Cuba por esos días, que dudo mucho hayan llegado hasta ti. Pero a cambio de eso, tu hermana Andrea te escribió una carta a Minas, Camagüey. (Mira, antes de continuar quiero decirte que, si me contestas esta carta, me envíes una dirección segura a la cual escribirles a ti y a tu mamá, para no hacer que las cartas que te mando tengan que dar ese rodeo hasta Camagüey para que las recibas.) Bien; estos últimos meses han sido para mí de mucho quehacer y he tenido que consagrarme a mi defensa política ante el tribunal, lo mismo que a otros trabajos literarios y políticos que, a pesar de que no lo parezca, han ocupado todo mi tiempo. Esto no quiere ser una excusa para justificarme de no haberte escrito, pero siempre que he podido hacerlo, pido a los compañeros que van a Cuba, establezcan contacto con tu mamá y contigo para tener noticias; hasta el momento, parece ser que me han fallado. Esta carta te la mando directamente a Minas, con la esperanza de que te llegue antes de Navidad. El caso, pues, es que mientras tuvimos la necesidad de ocuparnos de nuestro proceso, era muy difícil hacer otras cosas. Finalmente nos han sentenciado a diversas penas, entre ocho y dieciocho años de sentencias. A mí me correspondió una sentencia de dieciséis años. Sin embargo, nuestros amigos esperan que el actual gobierno de la República (que ya no es el mismo, aunque esencialmente responda al mismo contenido burgués) expida una ley de amnistía que pueda ponernos en libertad a todos los presos políticos que hay en el país. (Por mi parte no me muestro muy optimista, pero habrá que esperar todo este mes de diciembre, por si acaso. Pasado diciembre, será tonto conservar cualquier esperanza. Bueno, pero dejemos todo este asunto desagradable.)

Hay una compañera, Teresa Zelma (o Selma), artista de teatro, que está por ir a La Habana. Espero conectarme con ella, para ver si por su conducto recibes algunas cosas que te enviarán mis amigos y compañeros, a quienes les he hablado de ti. Óyeme: estás muy hermosa en tus retratos. Andrea, tu hermana, conserva las páginas de la revista, porque no quise tenerlas aquí, ya que correrían el peligro de perderse, pues hace un año fuimos víctimas de un atraco a manos de los presos comunes, y quizá pudiera repetirse un atentado semejante. Hay muchas cosas que uno cree en México que ustedes ya saben en Cuba, y luego resulta que no están enterados allá de nada. Sería largo y aburrido contarte de estas cosas, que no siempre son agradables.

¿Cómo está tu mamá? Escríbeme cuanto antes y mándenme fotografías. Pueden escribirme (y es lo mejor, para no andarnos con rodeos) aquí mismo a la cárcel, con la siguiente dirección: José Revueltas - Cárcel preventiva de la ciudad - Crujía "M" - Administración 9 de Correos, México, D.F.

Ante todo, mi pequeña Moura, espero que estudies *mucho*, muchísimo, lo más que puedas, y no dejes de escribir tus versos, hacer tus pinturas, y ser siempre tan linda. Reciban mis saludos. Besos de / tu papá / José Revueltas.

APUNTES SOBRE LAS RELACIONES ENTRE PADRES E HIJOS

1. No podemos pretender que los hijos sean quienes comprendan a sus padres *desde* sus padres mismos. Para ellos los padres no son *su* pasado —el que habrían de continuar y enriquecer, con los medios de que sus padres los dotaron para ello—, sino *el*

pasado del que quieren emanciparse y que quieren abolir. Este pasado es *su* presente: el mundo tal como se les da, hecho y establecido, y contra el que dirigen toda su cólera, cargada de rencor, en primer lugar contra sus padres, contra nosotros mismos, como agentes de ese pasado e inductores directos de la corrupción de nuestros hijos, a los que queremos ver insertos, integrados y manipulados dentro de nuestras ideologías, sean cuales fueran éstas.

2. Los padres, en relación con sus hijos, no podemos autojuzgarnos desde un punto de vista subjetivo, por más honrado y leal que consideremos este proceder nuestro. Esta subjetividad sería (es) la de asumirnos a partir de nuestras *ideologías* (o sea, a partir de algo que consideramos "superior" y que, por ende, consideramos como esa "emanación espiritual" por encima de las relaciones personales donde se anula nuestra subjetividad *interesada* y se vuelve generosa e "impersonal"). No; y entiendo por ideología *todas* esas "emanaciones espirituales" donde se afirma nuestra seguridad de padres y nuestra aberración "moral" como tales padres (comunistas, católicos o lo que sea). Afirmación que arranca desde la tiranía del "amor filial" hasta la tiranía de las ideas "nobles, puras y desinteresadas". Desde la mezquina revancha (compensación) con que se quieren devengar los sacrificios *invertidos* en los hijos (como cualquier otro capital que reditúa intereses), hasta la no menos mezquina de querer "cobrarse" en las ideas y la continuación de éstas en nuestros hijos.

3. Los padres debemos entender que no somos el destino de nuestros hijos. En *cualquier caso* ésta es una idea monstruosa. Queremos negarles el derecho a elegir, mediante el juicio *a priori* de que los padres representamos la experiencia, el buen juicio, las rectas intenciones y el mejor bien, acumulados para nuestros hijos, incluso si toda esa bondad aparece bajo la forma de un capital económico que los padres ponen a disposición de sus hijos, simultáneamente para que lo acrecienten y para que se corrompan. La imagen de este "capital acumulado", sea material o espiritual, vale de igual modo para los padres "revolucionarios" que no tenemos más que heredar a nadie. Es preciso ir al fondo de la cuestión *radicalmente*, hasta sus raíces. Si no comprendemos que esta *bondad* —burguesa o no burguesa— *es monstruosa,* no habremos comprendido nada. ¿Acaso la *maldad* de los padres no es idéntica a todo esto? ¿Acaso la *maldad* no es también un *destino* —una maldición— a que los padres condenan a sus hijos

191

desde afuera de ellos (de los hijos), inscrita ya en sus vidas desde antes de que nazcan, como lo más inmerecido e injusto que pueda imaginarse? ¿Por qué lo que nos parece transparente, irrecusable, válido, lógico, desde el punto de vista de la *maldad,* no nos parece lo mismo —y hasta lo vemos como su opuesto— desde el punto de vista de la *bondad?* Los padres nos instalamos con el mayor aplomo, la más absoluta confianza y la desconsideración más despótica, dentro de una *seguridad* en la cual se origina toda la naturaleza enajenada de las relaciones con nuestros hijos: la seguridad de que —lo quieran ellos o no— *están condenados a ser nuestros hijos.* A partir de aquí ya no importa de ningún modo —y hay que comprender el problema como totalidad: padres, hijos, familia, relaciones sociales, amor, mundo contemporáneo—, ya no importan ni la *bondad* ni la *maldad* de los padres. Desde el punto de vista de esta *condenación* todos los padres somos malos. *Malos* y *malditos,* pues en esta condenación encontramos nuestro goce más íntimo, nuestro poderío que se realiza del modo más sutil e inaprehensible, incluso cuando los condenamos a no ser nuestros hijos y los "desconocemos", pero siguen *condenados,* ahora bajo la forma de hijos ingratos, desnaturalizados, perversos o lo que sea. Nosotros somos los jueces y, como tales, estamos por encima del delito, ya que somos, desde el principio, el Bien. El Bien *no absuelve,* pues su objeto es el Bien mismo: su objeto no es otra cosa que la objetivación de su propia sonrisa complacida y que en él se complace sin contradicción alguna, pues no es un objeto condenable. Luego, cuando el Bien se estatuye en Juez, no lo hace para condenarse a sí mismo, única cosa que no puede su Poder, ya que lo convertiría en Mal. De este modo, los hijos, *condenados* a ser nuestros hijos, pues ésta es su maldición congénita, lo están por cuanto a su maldad, ya que el Juez no puede condenar su propia bondad de Juez —y que se objetiva en los hijos— como *su* propia bondad y no la de ellos. Cuando los hijos condenados a ser nuestros hijos no aceptan esta condenación, entonces, necesariamente, lo que escinden de nosotros es *su* propia maldad y no la bondad *nuestra.* Se escinden, nos niegan y nos condenan a su vez, en virtud de su maldad *condenada,* por cuanto su rebeldía a la condenación ya indica, en sí misma, que han dejado de ser el objeto de sus padres, o sea, el objeto de esta bondad inmanente que representan los padres cuando se erigen en el Juez de sus hijos. Los hijos son buenos tan sólo porque son nuestros; dejan de ser buenos, entonces, cuando "se hacen" malos por sí mismos.

4. Si se invierten los términos de esta relación enajenada entre padres e hijos, el contenido no se altera, a pesar de que es diferente. Es diferente por cuanto a que los hijos no nos *condenan* a ser sus padres sino hasta el momento en que ellos mismos *se saben* condenados a ser nuestros hijos, es decir, hasta el momento en que asumen esta conciencia. Lo que sucede es que esta enajenación dispone de un potencial de astucia de dimensiones increíbles y casi infinitas (en ambas partes). Encuentra sus recursos en cualquier lado, en todas las situaciones y en todos los momentos. En la psicología del amor filial, en las normas morales, en el contexto de las costumbres: es una astucia dotada de fuerzas autónomas, que se mueve por sí misma e incluso, en su mayor parte, inadvertidamente para la persona que se sirve de ella, pues actúa desde la esfera del instinto. Hijos y padres se hacen víctimas mutuas, por igual y de modo recíproco, de esta astucia. Desenajenar esta relación implica, ante todo, restituirla —o establecerla por primera vez— como relación *humana* que se desmistifica y recobra *en acto*, es decir, en su desenvolvimiento cotidiano.

Se pueden plantear, entonces, algunas conclusiones generales:

a] Debemos dejar de ser, radicalmente, padres e hijos. Liberarnos de la condición del amor filial, que es un amor enajenado y zoológico.

b] Establecer la amistad, en tanto que es la expresión más elevada y depurada del amor humano, como el vínculo esencial y más poderoso de nuestra relación de padres e hijos.

c] Derivar la actitud ética de nuestra relación (y entiendo por actitud ética la honradez en el trato, la franqueza, la camaradería, la no-violencia, la tolerancia, el respeto a la individualidad y la aceptación de las diferencias y *lo diferente* de cada quien), derivar dicha actitud, repito, de la *racionalidad* y no ésta de nuestros supuestos éticos, pues entonces tal racionalidad deviene, se convierte por sí misma en manipulación, en cálculo, en astucia, en doblez, en intención oculta, en acechanza. Para que esta actitud sea real y no ficticia ni simulada, es necesario, insoslayable, la *autocrítica*. Y para que esta autocrítica sea real a su vez, necesita expresarse en la aceptación de la crítica del *otro,* pues de lo contrario se convierte en formalidad pura, en actitud vacía.

d] La condenación de ser padres o hijos no se libera a capricho, por decisión arbitraria o impuesta por alguno de los padres (como recurso de un padre contra el otro, en el matrimonio, cuando se trata de maniobrar con los hijos como instrumento, pues entonces ya es un problema de otra naturaleza, del cual tendrá que responder alguien, a su tiempo), sino que obedece a su propia necesidad interna. Esta necesidad se indica con mayor transparencia y honradez en los hijos, se entiende que cuando no oculte una mistificación o sea producto de alguna manipulación intencionada, *aunque los hijos estén equivocados*. Aquí no importa, *en absoluto*, la equivocación de los hijos, porque la honradez y lealtad del planteamiento, en sí, absuelve *en absoluto* la equivocación. Buscar las causas de esta supuesta equivocación —en caso de serlo—, indicarlas y establecerlas en una realidad objetiva y existente (pero aún peor, en un supuesto dado), para de ahí derivar la actitud que se deberá asumir ante los hijos, *es el error más grave, dañino y peligroso* que puedan cometer los padres. Los padres no tenemos razón alguna para arrebatar a nuestros hijos el derecho a equivocarse, que es el mismo e idéntico derecho que reclaman, de no estar equivocados, cuando plantean su desenajenación de nuestra irracionalidad congénita de ser sus padres y proceder como padres que los condenan a ser sus hijos. Esta actitud de los hijos *en ningún caso* es equivocada. Si junto a esta actitud de los hijos coexiste una equivocación ajena, no podemos atribuir a ésta el origen de la actitud, porque entonces ya estamos cuestionando la honradez y la lealtad del planteamiento que nuestros hijos nos hacen de su libertad. Nuestros hijos tendrán toda la razón al rebelarse en nuestra contra. Habremos perdido en ellos, con nuestro prejuicio, lo más por lo menos (salvar nuestro prejuicio mismo): dejaremos de ser sus padres precisamente en aquello en que ellos no quieren que dejemos de serlo y que nos piden ser: amigos y camaradas. Permaneceremos para nuestros hijos —hasta el último día de su vida y después de nuestra muerte— no como sus padres, sino como su maldición. Maldición de la que no podrán liberarse sino maldiciéndonos.

Septiembre de 1970

[UNA CARTA A OLIVIA HIJA]

Cárcel preventiva, diciembre 5, 1970

Querida Jati, hijita mía, compañera: He estado pensando mucho en ti, pero con gran angustia. Involuntariamente —y así ha de ser, si lo hice— acaso no tuve la suficiente atención contigo en alguna de tus últimas visitas y me conduje inatento, distraído y poco accesible a tus problemas y tus actividades. Pienso tam-

194

bién en la niña [nieta del autor] y no sé siquiera cómo se encuentra. Parece ser que atraviesas una crisis espiritual o de relaciones, ante la que te encuentras con nuevos obstáculos que debes resolver de algún modo. No conozco los términos de esta situación, así que no hago otra cosa que preguntarte sobre ella y en qué consiste. En todo caso, debías haber venido a conversar conmigo y que viéramos juntos el problema. Durante las últimas cuatro o cinco semanas (en que se preparaba la vista y luego la sentencia), era muy difícil pensar en acreditarte como mi defensora, para que tuvieras acceso entre semana a la cárcel. Me siento incapaz para hacer todo esto yo solo y no he acertado a cómo moverme: mañana le firmo una hoja en blanco a Andrea para que la llene de acuerdo con los formulismos que se necesitan a fin de que tú vayas después al Juzgado y te registres como mi defensora y así puedas venir, poniéndote de acuerdo con Andrea para los días de visita, pues no nos dejan recibir a más de un defensor. Bueno; todo esto es absurdo para ocupar una carta.

El caso es que he estado muy preocupado contigo, pero ante todo sintiéndome horriblemente culpable. Es cierto que a veces soy muy desaprensivo o me conduzco de algún modo en que, por timidez de no herir a una persona, puedo lastimar, sin darme cuenta, a otra. Me ha ocurrido en diferentes situaciones en que temo pueda aparecer una tensión determinada o en que se produzcan circunstancias conflictivas: me ha pasado con frecuencia. Pero, ¿me coloqué —sin quererlo, te aseguro— en una situación semejante cuando tú y Román se conocieron? Lo que recuerdo es que me dio una alegría infinita, y es una de las mayores satisfacciones que he tenido en mi vida, que hasta vale por sí misma para justificar la cárcel: desde entonces, te lo juro, me siento más feliz y no te imaginas lo que para mí representa tal cosa, como liberación moral, como superación y como autocrítica. Te amo, confío en ti y espero que sepas luchar con la misma valentía de siempre en todo. ¿No vas a oscurecer todo esto distanciándote de mí, verdad?

Te espero. Salúdame a nuestra gordezuela y dale un beso. Saludos a Jorge. Te abraza, te quiere con toda el alma, te espera tu papá, / José.

[1970-71]

Árbol de lo imposible

El árbol de ramas mutiladas, junto al muro y la puerta de

entrada al jardín. No tiene follaje. Sus brazos truncos, de plomo ennegrecido, se elevan verticales, sin cabellos, como una melena cortada al rape que debió ser frondosa. Ya no es un objeto de la naturaleza y así resulta más bello que todo lo natural: ahora es un boceto al carbón, con el trazo de esas cinco gruesas bandas que se elevan del tronco, ondulantes, pero apenas nada más —dibujadas, torcidas como una soga y luego, a la altura de la mitad superior, que se abren en bifurcaciones rígidas pero al mismo tiempo con una especie de torcida suavidad. Hay todavía más: la planta trepadora de grandes hojas en forma de corazón, verde-amarillas Van Gogh. Se ha lanzado contra y sobre él, sobre el árbol, como ante el temor de que éste pasara de largo, sin detenerse a dirigirle una mirada, árbol transeúnte y distraído, ensimismado. Un salto voraz y suplicante, rendido, con la púdica elasticidad de un movimiento de danza. Se ha lanzado desde la base del muro, hacia lo alto, como cuando se hace correr la película hacia atrás para ver a la inversa el movimiento de la clavadista que se arrojó al vacío desde el noveno o décimo piso del cielo, en el último concurso de ángeles que hubo, de los últimos ángeles. Deja así, en el aire, el giro diagonal de los antiguos puentes de Babilonia, cándidos y sensuales. Luego, ya encima del árbol, se introduce y derrama en él, invasora, poseyente, igual a un caudaloso río cuyo delta de manos encimadas desembocara en el cielo. Río que rompe las leyes fluviales de la horizontalidad y quiere ser follaje de árbol, comienza, abajo, en un arroyo y luego se introduce y extiende sus dedos vegetales, sus hojas digitales entre las numerosas axilas y torsos y muslos, cada vez más ancho, cada vez más río y más trepadora y más enredadera, y a los extremos más distantes y osados, un hilo de hojas sucesivas que ascienden unas tras otras, igual que en la ordenación de una cuerda de alpinistas, que sobresale, sola, aparte del grupo intenso y extendido de las demás hojas, sobre el perfil más alto de una rama. Alguien, arriba, en las nubes, desde la más pura libertad, abre la ventana y la luz escapa de su otra prisión celeste. Todo lo atraviesa y traspasa de resplandores verdes y amarillos que se mecen a este impulso, pero no como si el movimiento fuese luz, sino aire luminoso que encendiera y apagara las hojas poco a poco, por partes alícuotas y delicadas, una vez aquí, otra allá, con un pincel discreto y suave, sin moverlas, en un viaje recíproco de los verdes y amarillos que se miran entre sí. Pero en medio de todo, caído y vencido de cualquier modo, nada puede ocultar el mástil desnudo de una rama sin corteza que emerge del haz de brazos suplicantes. Es el mástil de un barco que se hundió hace mucho, muchísimo tiempo, cuando el árbol era el mar.

Una mañana de algún día de septiembre
de 1970, en el jardín de la crujía M.

Zenzontla (para cuento)

El 15 de marzo de 1921, Pedro Zamora, vencido hace un año y amnistiado, se levanta de nuevo en armas en Jalisco (ver recorte).

El cabecilla es "duramente escarmentado en Zenzontla, de donde huyó herido gravemente, como lo demuestra que fueron recogidos su caballo y su montura".

La Secretaría de Guerra informa que el jefe rebelde Pedro Zamora murió después de un combate en Zenzontla.

Asegura la Secretaría de Guerra que varios barcos, de matrícula extranjera, intentaban desembarcar un contrabando de armas, en las cercanías de Mazatlán, para el rebelde Zamora. Desistieron al saberlo muerto en reciente combate. (Información del 20 de marzo de 1921. *Excélsior*, "Hace 50 años".)

Proyectos para relatos y cuentos (1971)

"No se culpe a nadie de mi muerte." Nunca ha sabido escribir ni siquiera la más modesta composición escolar, pero ahora que se trata de su propia muerte, quiere dejar un testimonio literario que conmueva de algún modo a la gente. "No se culpe a nadie de mi muerte...", escribe. Luego se hunde en todas las reflexiones que la frase sugiere. "No se culpe a nadie..." ¿A quién podría culparse...? En primer lugar al amante de mi mujer. ¡Bien! ¡Sería horrible! Me ha hecho daño, sí; pero, ¿por qué cargarlo con mi asesinato? Sería una venganza ruin; además, él, Víctor (o Fabricio, algún nombre delator de amante de intriga del siglo XIX) está lleno de calidades (las enumera, las recuerda, las analiza, describe las situaciones y se conmueve hasta las lágrimas). "¿A quién más podría culparse injustamente de mi muerte?" Así revisa todos los posibles. Termina suicidándose o no —es lo de menos—, pero en realidad nadie es culpable de su muerte. Queda por decidir quién es el culpable de su vida.

El agente comunista dentro de un movimiento revolucionario —y que se conduce heroicamente, pero lo traiciona.

Un guía de guerrilleros que tiene que servir a todas las faccio-

197

nes que luchan entre sí, lo mismo que al ejército que lucha contra
todas las facciones. Su vida se hace absolutamente insoportable.

*

24 de enero de 1971. Han pasado ya algunos meses desde que
Mariate dejó de venir a visitarme. La última vez fue días antes
de que Román regresara a Israel. Esto ha sido —para decirlo
con palabras que no califiquen nuestras respectivas actitudes—
un *triste final*: ninguna otra cosa que eso, algo simplemente *triste*. Un final que no reclama, siquiera, el cuestionamiento de las
razones que ella tenga —y en el que yo, menos que nadie, no
tengo ningún interés en argüir las propias. Nuestra vida en común ha sido una equivocación tan sostenida e increíble, que no
queda nada más que suprimirla, darla por no existente, aun en
el recuerdo: no hay enmienda posible, nada que corregir, nada
que rectificar, ningún error que reconocer ni tampoco ninguna
virtud. (Y hubo, sin duda, errores y virtudes, pero ¿qué significan?, ¿qué significan *ahora*? Han perdido nombre, data. Y no
son sino objetos de enumeración y contabilidad, inertes y vacíos.) Ella es mi *nada* amorosa por cuanto a esta relación que
se desata: no hay siquiera una *ruptura* (ya que ésta denotaría
una actividad cualquiera); es un simple desasirse, un salir de esa
nada, un olvidar ese olvido ("...y un viento, un viento, un
viento, y en ese viento mi alarido...")

25 o 26 de enero de 1971. La libertad de De Gortari me hace
heredar su celda para mí solo. Entre otras cosas, vuelvo a la
lectura de los *Diarios* de Paul Klee.* La forma incómoda en que
hube de leerlos antes —en el jardín o, inatentamente, en la tortura de la celda compartida— me había impedido tomar notas
y hacer en el texto de Klee las llamadas correspondientes. Ahora,
por fin *solo* en una celda, ejerzo mi libertad casi en plenitud
(la única no plenitud es que estoy preso) y anoto, de sorpresa
en sorpresa, este extraordinario material de Paul Klee. La sabiduría y la riqueza de observaciones de los *Diarios* de Klee, sólo
me parecen comparables a lo que Delacroix escribe en el suyo:
cosa no frecuente en la mayoría de los pintores —o artistas
plásticos— que ni siquiera saben llevar un diario. De este modo,
pues, me apresuro a transcribir los textos de Klee, sin esperar
a una lectura completa, hasta el fin, ya que corro el riesgo de
dejar el libro para un futuro trabajo que puede ir cayendo en

* Paul Klee, *Diarios 1898/1918*, ed. Era, México, 1970.

198

el olvido o la despreocupación. Mis anotaciones en el libro comienzan en la página 193, así que dejo lo precedente para una nueva lectura.

"Luego me enseñaron un libro inglés sobre Blake. Karl Hofer había hablado mucho de él. Se hallaba más próximo a mi propia tendencia. Fenomenales me parecieron las obras de Goya: los *Proverbios*, los *Caprichos* y especialmente los *Desastres de la guerra*" (p. 193).

Excelente invitación de Klee para un ensayo comparado de los *tres* pintores: él mismo (Klee), Blake y Goya, un poco en relación con las imposturas de José Luis Cuevas, a quien miramos con nuestro obtuso criterio colonial mal informado.

Nota 592. Klee participa en un concierto a beneficio de las víctimas del Domingo Sangriento, ocurrido en San Petersburgo; el inicio de la revolución de 1905.

Nota 599. "¿Qué crea el artista? ¡Formas y espacios! ¿Cómo los crea? En proporciones elegidas... oh sátira, dolor de los intelectuales."

(Agrupar todas las opiniones técnico-estéticas para considerar en conjunto ideas realmente extraordinarias.)

Copiar *in extenso* nota 605, sobre el estado interno del creador artístico, que debe suprimir sus "convulsiones" (pp. 204-205).

P. 206 (nota 607). Sobre Gogol. (Ojo nota 626, p. 210: "mirar con un solo ojo" [en el libro de Klee, al calce de esta nota, el autor escribió: "mirar con la cámara"].)

26 de enero de 1971. Constituye un horror muy simple, de tan vacío que deja el espíritu y la desesperanza que nos invade, pensar que en el siglo XX hemos vuelto al canibalismo, y esto precisamente en Europa —la parte de la tierra que durante los últimos veinticinco o treinta siglos representó por excelencia la cultura y el centro gravitacional de los más grandes y ambiciosos proyectos humanos. Canibalismo en los campos de concentración nazis de la segunda guerra, canibalismo en la Unión Soviética de la colectivización de la agricultura. Esto debe inducirnos a la reflexión más grave y más despojada de orgullo humano respecto a lo que en realidad somos en el mundo contemporáneo. El desarrollo técnico, científico, social, etcétera, quizá no haga sino ocultar la etapa del mayor empobrecimiento en la historia del hombre.

Le rouge et le noir
(Cap. VI:, "L'ennui")

Non so più cosa son,
Cosa facio. (Mozart, *Figaro*)

"Con la vivacidad y la gracia que le eran naturales cuando estaba lejos de las miradas de los hombres, madame de Rênal salía por la puerta-ventana del salón que daba sobre el jardín, cuando percibió cerca de la puerta de entrada la figura de un joven campesino, casi todavía un niño, extremadamente pálido y que acababa de llorar."

Éste será el primer encuentro de madame de Rênal y Julien Sorel. ¡Cuánta malicia literaria hay contenida en las anteriores líneas! Aquí está el núcleo de toda la relación madame de Rênal-Julien Sorel. Este estado de ánimo "lejos de las miradas de los hombres" encierra la actitud entera de la señora Rênal hacia Julien, a lo largo de toda la novela. De hecho, nunca cree estar bajo "la mirada de los hombres" cuando está bajo la mirada de Julien, hasta que no comprende estarlo, en el momento culminante en que ya está perdida, cuando nada puede impedirle caer en sus brazos. El juego stendhaliano es magistral y empieza a desplegarse en este encantador capítulo y en ese instante en que, requerida por el señor Rênal a que opine sobre la "adquisición" de Julien como preceptor, ella "miente":

"—Que te semble de cette nouvelle acquisition?, dit monsieur de Rênal à sa femme.

"Par un mouvement presque instinctif, et dont certainement elle ne se rendit pas compte, madame de Rênal déguisa la vérité à son mari."

*

¿Quién se atreve a decir que la naturaleza no copia al arte? He aquí una muestra que nos da Maupassant en "La baronne" [uno de los cuentos de *Le rosier de madame Husson*], cuando describe a un *marchand* de antigüedades y objetos de arte:

"Era alto, delgado, calvo, muy elegante. Su voz dulce, insinuante, tenía un encanto particular, un encanto tentador que daba a las cosas un valor especial. Cuando sostenía un bibelot entre sus dedos, le daba vueltas, lo miraba con tanta destreza, flexibilidad, elegancia y simpatía, que el objeto aparecía de pronto embellecido, transformado por el tacto y la mirada. Y se le estimaba de inmediato mucho más caro que antes de haber pasado de la vitrina a sus manos."

En los tiempos en que Maupassant escribía esto, el *marchand* era un tipo aislado, singular. Uno solo para todo París —cuatro o cinco para toda Europa. Ahora el *marchand* ha proliferado, se ha industrializado, pero el *tipo* queda —a millares, a decenas de millares— tal como "lo hizo" Maupassant: encantador, insinuante y ese modo único de acariciar su mercancía que "paraissait aussitôt embellie, transformée par son toucher et par son regard". La naturaleza copia al arte, cierto; sólo que después de copiarlo, lo reproduce en serie.

*

Urgentemente: releer *Del amor,* de Stendhal.

*

Occidente nos puede llamar de mil modos, porque no tenemos nombre: "tercermundo" y demás. Debía abochornarse de nuestra ingenuidad.

*

Tengo ante mí a ciertos hombres que amo más allá de mí mismo, de mis relaciones y contingencias, sin que ponga yo en ello la menor dosis de fetichismo ni de religiosidad. Los veo diariamente y, si puede comprenderse lo que digo, diariamente los amo. Primero trataré de describirlos. (El retrato de Lenin, Mártov y demás fundadores.)

*

[APUNTES SOBRE ALGUNOS ESCRITORES][14]

(Aragon. En la Universidad Carolingia de Praga. ¿1964?)
"Ejercen un triste oficio...", dice Aragon de los críticos. Pero la gente dista mucho de verlo así. El crítico es para la gente el Dios en que delega su pereza mental y moral, del mismo modo en que lo hace con el juez, el fiscal y el verdugo. Los críticos resultan siempre mejor *post festum,* después de conocida una obra. Pero la gente prefiere no ir (o ir) al teatro o no leer una novela, si antes el crítico la ha prevenido de antemano. Muchos crímenes judiciales se evitarían con que sólo el público se enterara de sus circunstancias y tuviera, no la valentía, sino la no-pereza de cuestionar el problema, de enterarse y hacer algo. A medida que la importancia de la crítica aumenta —y cada día será más y más grande— la obra de arte se aísla y desaparece.

El arte y sus obras llegarán a convertirse en clandestinas en tanto que la crítica terminará ocupándolo todo, junto con los jueces, los fiscales y el verdugo, en el orden penal. Éste puede ser uno de los resultados del desarrollo de las fuerzas productivas y de la socialización, mientras no se acepte que a la vez que "el hombre es el mundo de los hombres", el hombre, *sin individuo*, no es nada sino una entidad serial, cifrada, manipulada, dirigida por el *Crítico* o la *Crítica Omnia*: Estado, Moral Social, Instituciones Sociales, Sindicatos, Asociaciones de Artistas y demás instrumentos tras de los cuales se ocultarán la toga y el birrete del Juez, el dedo acusador del Fiscal y el hacha del Verdugo.

La frase de Aragon sobre el triste oficio de los críticos, se desprende de lo que líneas arriba dice respecto a que el artista, de vez en cuando, ha de hacer teoría para defender su obra contra "el dogmatismo y la utopía". Esta última palabra (utopía) es una concesión que Aragon hace a la crítica oficial y oficiosa de los partidos comunistas contra la obra de arte. La utopía jamás ha sido algo que amenace al arte. ¿Cómo explicarnos a Lucas Cranach y a los Brueghel, sin la utopía? ¿No son una *utopía* los *Desastres de la guerra*, de Goya? Utopía de lo real, espanto de lo real. No; el artista no debiera explicarse. Debe hacerlo porque lo obligan los prejuicios, el contexto social, las amenazas políticas y, *sobre todo*, la existencia de los críticos. Toda gran obra de arte es una teoría: crea una teoría; ésta es la unidad teórico-práctica del arte: *Madame Bovary*, *El Quijote*, *La Ilíada*, *Edipo Rey*, *Ulises* de Joyce; cada novela que escribimos es una *teoría de la realidad*, vista desde donde sea. Con esto quiero decir que el arte es una realización de la historia: una objetivación del ser humano genérico y, por ende, *en cada una de sus expresiones*, una *totalidad*.

Bueno; a todos nos entusiasmó la tesis del "realismo abierto" de Aragon. Sabíamos que se trataba de una mera "aproximación", una rendija a través de la cual respirar. Ahora veo claramente que hay que llegar a las cosas desde su raíz, en cuanto se decide uno por desmistificarlas. Estas tesis nos desarmaron hace diez años y nos hicieron bajar la guardia durante algún tiempo. ¡Nada más infecundo y estúpido! En aquella ocasión, la tesis de Aragon casi interrumpe la polémica. De cualquier modo, interrumpió la investigación crítica y la hizo tomar otros caminos.

*

Observaciones en Vargas Llosa [*Conversación en la catedral*]

P. 13. Santiago mira la avenida Tacna "sin amor". ¿Por qué

sin amor? El novelista *todavía* no tiene el derecho a calificar la subjetividad del personaje, por cuanto esto es una intención *a priori*. Escoge, pues, el *amor* y esto ya establece una relación prefabricada de Santiago con las cosas, *en* y *con* cuyo contacto ha de definirse *en alguna* medida y forma; el mirarlas "sin amor" ya las determina, sin demostrarlas. No debió mirarlas "sin amor", sino, en principio, sin sentimiento alguno, para después ya poder mirarlas *sin amor*, como el novelista quiere, pero como el personaje aún *no quiere* mirarlas, porque no nos lo dice ni lo expresa. ¿Cómo puede usted permitirse que alguien a quien usted ve u observa en la calle —de pronto, sin antecedentes, y éste es el caso del lector que se encuentra con Santiago en la puerta de La Crónica— mire "sin amor" o sin lo que sea, nada de lo que mira? ¿Por qué me está usted imponiendo esa mirada? Entonces hay que decir cómo mira *en realidad* (para mí, que soy quien lo está mirando) Santiago. Mira entonces con un sentimiento *indeterminado* que pueden ser *todos* los sentimientos, según su situación, totalidad de la que usted tiene que tomar uno, dos, tres, cuatro o los que sean, dentro de tal *situación,* que es la que está a su cargo, como novelista que es. Éste viene a ser su asunto, no el mío. Pero, por favor, no me haga leerlo a usted mismo, Vargas Llosa, *sin amor* desde los primeros dos renglones.

*

Gerardo de la Torre, *La línea dura.*

Bien; este libro de Gerardo de la Torre me ha hecho reflexionar en muchas cosas. Lo cierto es que aquí, a favor de un cambio ventajoso en mis condiciones de vida, en mi *habitat*, he vuelto a reasumir el lento vicio de la reflexión y me detengo largamente en ciertos aspectos de un acontecer total que a cada vez me asombran como nuevos, recienvenidos con otro rostro: significados globales y singulares, raíces, gentes, mitos, pretextos, apariencias, situaciones. Pero vayamos al caso: este libro, esta "línea dura" de G. de la Torre, y ya volveremos más adelante sobre lo anterior, pues de eso se trata.

Lo que puede decirse de inmediato acerca de *La línea dura,* escrito por Gerardo de la Torre, es que se trata de un libro esencialmente "vacilador" en el estricto sentido, con todos sus usos y derivaciones que tiene esa palabra en México. Luego pues, debemos comenzar por el sentido mismo de tal palabra y la muy vasta extensión de sus significaciones. "Vacilar..." ¿Qué es lo que constituye en México —fuera de todo diccionario— el "vacilón", el "vacile", la "vacilada", lo "vacilador" y de dónde pudo extraer sus contenidos algo que en su origen no indica sino la duda, la perplejidad, la incertidumbre, el simple *vacilar*, la oscilación entre dos o más opciones y el equilibrio inestable que no se decide a caer en alguno de los puntos que lo rodean?

*

Los mexicanos, que no podemos evocar una cultura honda y distante, ¿qué somos? No somos, es la respuesta. Patria es terrenalidad, no nacionalismo, y nosotros somos nacionalistas sin patria, que ni siquiera estamos a la búsqueda de un espíritu, inauténticos, falsificados, hipócritas, machos avergonzados de ser hombres.

*

Elena Poniatowska, *Hasta no verte Jesús mío.*
Sería secundario clasificar este libro: novela, relato, documento. No se trata de la magia, la fantasía, la imaginación literarias: realismo mágico, o fantástico o imaginativo. No; simplemente de ese género que se llama literatura "maravillosa": maravilla de lo inmediato, maravilla del día, de los días, de los años; Alicia, no: Elena en el país de las maravillas. Pero a fin de evitar equívocos vayamos al diccionario. "Suceso o cosa extraordinaria que causa admiración." Sí, pero también una yerba, también una flor y también "ser muy extraordinaria y admirable". Muy extraordinaria y admirable, pues, esta literatura maravillosa que le sienta a las mil maravillas a Elena con las mil maravillas de *Hasta no verte Jesús mío.*

*

Martín Luis Guzmán. Corresponde al muralismo en pintura. La penetración psicológica. La anécdota como algo más.
Juan Rulfo. La novela ensimismada, de signos subacuáticos y casi irrespirables.
Carlos Fuentes. La lucha o actitud antiprovinciana, pero que no logra liberarse, sino que traslada a otros países y paisajes las propias limitaciones que quería superar. Dentro de valores formales bien obtenidos y páginas a veces bellamente logradas.
Fernando del Paso. Propone una novelística maciza, plural en sus intenciones narrativas, que logra algunas formas nuevas de situación, mediante hallazgos semánticos que, sorprendentemente, apenas si son caprichosos, antes están incorporados a la trama y movimiento de los personajes.

Leñero. ¿Se justifica la estructura abrupta?
José Agustín. Un estilo, una forma de penetración.
Elizondo. Una realización desde el principio.

*

"Aprendizaje maravilloso / del comienzo: / negro y blanco / me dijeron la verdad oculta / bajo el vestido de estrellas".

La comunicación poética como el conocimiento de los demás y de lo demás. El poeta, al comunicar, al comunicarse, se conoce más allá de sí mismo: resume una experiencia vivida y anticipa otra, puesto que para él todo lo que vive son signos: signos de hoy, biográficos, vividos; y signos de mañana, descifrados: encuentra lo de más de los demás.

Al poeta Jaime Goded lo conocí aquí, en la cárcel de Lecumberri. No que él estuviera preso, entonces, cuando lo conocí: lo estuvo antes y salió en libertad un mes más tarde de que yo entrara en prisión, de tal modo que no pudimos conocernos sino después, cuando su hermano Félix me prestó un libro suyo y Jaime ya no estaba aquí y antes, en diferentes crujías él y yo, no pudimos vernos. Así que fue meses más tarde cuando pude conocer al poeta Jaime Goded pero sin verlo en persona, sin encontrarnos y aún hoy ignoro cómo es, pues no lo he visto jamás en mi vida de ninguna otra manera que con las miradas de la poesía en este libro [*Poesía,* ed. Punto de Partida, UNAM, 1968] que me prestó su hermano y cuyas páginas llevo ya cubiertas de notas al pie de imagen, al pie de verso, como un modo de conocerlo más, de entenderme cada vez más con él.

P. 11. *Cotidianidad* y *poesía*, el reloj del poeta que mide otros minutos del tiempo y aparece, de pronto, "en el jardín", donde ya no hay tiempo.

La *gnosis poética*: "Rotas las reglas del juego. . ." Al poeta se le da un juego del conocer, "el primero en descubrirlo [yo lo descubro siempre, a cada amanecer, Yo, el poeta genérico, el poeta del acecho] dibujó la nieve entera / con sangre disuelta / en sangre".

El "adivino ilustrado" que hay en cada cosa, "formas escondidas en la sombra / de lo nuevo": un ir encontrando con la *conciencia del corazón* —y no con otro instrumento, corazón, además, que en todo caso ha de quedar "en otra parte"— el mundo inédito en cada una de sus dobles acepciones, "relojes atrasados" y "otros [que] se rompen [¿quién los rompe?] a propósito".

P. 13. Aquí la clave del poema anterior se despliega por

entero, toca las cosas con ese tacto adusto que reprueba —establece— y rechaza el sistema de ser de tales cosas y el modo en que se insertan en la realidad antipoética y hostil, que trata de hacernos cosas a "honoris causa": la poesía es un perro conductor de ciegos en el mundo cosificado, hecho para destruir y herir y devorar cada día las entrañas encadenadas —también— de un hombre encadenado.

La poesía no es un tema, no es una discusión, sino un *estar ahí* (¿cómo, cuándo, dónde?, éste es el misterio sin misterios): *"Nadie se parece a su significado".*

P. 14. "Nadie se parece a su significado, / es un rostro ciego / que empaña los cristales." Empañar con el aliento de la vista (la "alienación de los sentidos", en los Manuscritos filosóficos del Marx del 44). "...y yo, que no escribo la verdad".

P. 15. Un borrador del mundo subvertido, mentido, dicho de otro modo. El mundo subvertido por un no saber —ni poder— decirse, que es aquello contra lo que el poeta combate, lo que trata de descifrar de algún modo.

P. 16. El conocimiento de lo que se desconoce y debe decirse de otro modo. "Resbala mi mano por la mejilla / del dormido..."

P. 19. "Sabrás de expertos labios [...] lo que te espera / al torcer la esquina / una mañana." Tus labios inexpertos de hoy (inexpertos tan sólo por estar detenidos en *cierto* tiempo, en una incertidumbre cierta) sabrán de sorpresas ya averiguadas y tenidas y sorprendidas. Ellos, pues, son tú mismo, cuando vuelvas la esquina donde Galileo esperaba a Copérnico, o donde éste sabía que Galileo acechaba. Cada noche es el despertar de los que dormirán mañana al abrigo de la esquina cuyas calles todavía no tienen nombre "desde antes", porque el grito ciego aún no ha llegado al momento de nombrarlas con la mirada, con los ojos, sino apenas con la voz "entre las manos".

*

Sobre Marcel Proust.
La ausencia de claves (a propósito del estilo de Flaubert).

Enojosa situación para un artista como Proust, tan meticuloso, entero en sus detalles como en la paciente fábrica, pieza por pieza, adorno por adorno, de una inmensa catedral. ¿Podríamos decir, en paralelo con Debussy —de quien parecería que la sonata de Venteuil ha salido de sus mismas manos—, podríamos decir, "catedral sumergida"?

Hay más de una razón para decirlo: Proust es arquitectura y

orquestación; una pieza colocada ahí, donde apenas la vemos, más adelante es arcada, dintel; un instrumento que se oye como de paso, después ondula, serpentea, se instituye como melodía, como frase.

Apuntes. La locura es a Nerval lo que el *tiempo perdido* es a Proust: esa escafandra de que hablamos: un sumergirse en el mar del tiempo, cuya superficie es la cotidianidad, el transcurrir aparente que *los otros* confunden con la vida; las relaciones sociales, los prejuicios. Escapar de esta cotidianidad mediante lo cotidiano de quienes la habitan: esas señoras, esas duquesas, sus comedias de familia, sus jerarquías, sus modales, sus distingos. *Los otros* de Proust, sus barón de Charlus, sus Norpois, sus marquesas de Villeparisis y sus Swann y Saint-Loup y Verdurín, son su puerta para salir del tiempo, no obstante, sin abandonarlos, metido entre ellos como uno de sus iguales. No necesitará disfraz: tan sólo su invisible escafandra, pues, repetimos, su asunto no es con la sociedad, ni siquiera con Dios, es con el tiempo, es con *el mar de Heráclito*: nadie se baña dos veces en el mismo mar del suceder. El tiempo, así, viene a ser para Proust la manera del destierro: no se puede soportar el tiempo sin olvido; es, precisamente, una *emoción olvidable*, una *psicología del espacio,* como el mismo Proust lo dice en términos transpuestos: "Así como hay una geometría del espacio, hay una psicología del tiempo" (en Claude Mauriac, *Proust por él mismo*, Compañía General de Ediciones, México, 1958, p. 101).

Aquí, en estas dos extensas citas, están comprendidas la memoria y el olvido dentro de una suerte de *unicidad antónima*; se excluyen unidos, son los dos rostros de Jano y es un tiempo específico el que los unifica. ¿Qué clase de especificidad? La de su *recreación*: el tiempo perdido es, *al mismo tiempo,* el tiempo recobrado; la poesía como aprehensión y conocimiento y como teoría de sus formas, dispuestas en el propio hacerse, estructuras, ritmo, transiciones, donde Albertina es Gilberta y Gilberta es Albertina, en el fluir de un sueño.

Hay una *anámnesis*: el conocer es recordar. "Todo conocimiento es una reminiscencia" (Hessen, *Teoría del conocimiento*).

Pero hay algo más: también es olvidar, *conocer por el olvido*: niega a Albertina con Gilberta, las funde en la memoria de un solo y único *amor olvidado*.

Apuntes en torno a Proust.

Con una frecuencia abrumadora el público confunde al escritor con su vida, y de ésta deriva su obra como anécdota, como sucedido particular, como confidencia. Pero en la realidad ocurre todo lo contrario: la vida misma del escritor es su obra; no existe para otra cosa, no vive sino para crearla, para escribirla día con día y su mundo todo de relación no viene a ser sino una experiencia literaria cotidiana, tensa, vivaz, a la que nada escapa, ni siquiera —o menos que nada— el sueño. Los primeros años literarios de Proust aparecen penetrados hasta lo más hondo de este equívoco, irritante para todo escritor. Nadie lo toma en serio, fuera de los íntimos, y *Los placeres y los días*, su primer libro, no logra disipar el prejuicio general que no pasa de considerarlo, si bien encantador, un *boulevardier*, un diletante mundano, rico, un poco extravagante, pero nada más allá de un simple personaje de salón.

Por supuesto que Proust es un hombre de salón y no falta nunca a los más renombrados y exclusivos, de los que más tarde hará deliciosas crónicas para *Le Figaro*. El salón de la princesa Matilde, sobrina de Napoleón; el de Madeleine Lemaire; el de los príncipes de Polignac; el de la condesa de Haussonville. Pero bajo esta apariencia de mundanidad frívola e intrascendente hay algo más para Proust: éste es el mundo submarino en cuyas profundidades explora, encerrado en su escafandra del *tiempo perdido*. La princesa Matilde, retocada, acaso más espiritual, con mayor hondura, será la princesa de Guermantes. De ahí saldrá la nutrida población de su obra entera.

[CARTAS A MARÍA TERESA, 1969-72]

[6:40 pm, 21 de octubre de 1969]

Vida: Es un momento amargo éste por la humillación que se nos inflige por el Gobierno y que no tengamos otra alternativa que aceptarla, aunque sea rechinando los dientes. Me siento muy triste y abatido por todo lo que esto significa de impotencia nuestra, y de insolente cinismo del Gobierno, pero todo ello dentro del ambiente de indignación nacional y de abyección de las cuales el país parece que no puede salir, a pesar de las luchas sostenidas. ¿Estaremos hechos los mexicanos de una pasta tan ruin y envilecida que no se pueda hacer nada para que las cosas sean de otra manera? Fíjate: me expulsan del país; nos expulsan, cuando cualquier otra patria del mundo se sentiría orgullosa de algunos de nosotros, fuera de toda falsa modestia. ¿Por qué precisamente en México son los gobernantes quienes más se caracterizan por su abyección, indignidad y vileza? Digo, ¿los gobernantes mucho más que cualquier otro grupo social? Es un asunto para reflexionar respecto a ciertos aspectos específicos de las horribles deformaciones psicológicas del mexicano. ¡Qué habitantes de este país! Te escribo en un momento de gran cansancio moral. Odio con toda mi alma a esta desgraciada burguesía y me hiere en carne viva lo que nos hace. Pienso que nunca hemos podido hacer una vida normal y nunca he sabido ser ni un padre ni un esposo. ¿La nueva vida en el extranjero nos deparará una perspectiva mejor en este sentido? Lo dudo. Pero hay que persistir y luchar hasta lo último. Me inscribí —y te inscribí en este destino. Debes saber que te amo. Te escribo en este electrocardiograma, sobre mi propio corazón. No es literatura. Cuéntaselo a Román.

Hasta la vista... / José.

*

[San José, Cal., 9 de abril de 1972]

Vida mía: Ya tengo la absoluta seguridad de que no recibiste, primero, un telegrama que te envié a poco de llegar y, luego,

209

una carta breve en que te indicaba la dirección definitiva a donde escribirme. Para evitar esto, ahora te escribo por conducto de Carlos Eduardo [Turón], ya que, sin mi libro de direcciones —que perdí— sólo me quedó la dirección de Carlos Eduardo que éste escribiera sobre una hoja de la novela de Troyat que traje conmigo.

No he tenido otras dificultades que las puramente físicas. De todos modos fue prematuro ponerme a trabajar aquí, en California, sin conocer las condiciones. En primer lugar, las inmensas distancias que deben recorrerse. De tal suerte que de aquí a Stanford hay —en millas— una distancia mayor que de México a Cuernavaca, y no se diga San Francisco y Berkeley. He cumplido bien, pero termino con una enorme fatiga física. Me atiende un médico de San José y gracias a él se ha normalizado mi presión arterial y continúo atendiéndome la lesión pulmonar. Mi dirección segura es la siguiente:

José Revueltas.
Saint Claire Hotel.
Market and San Carlos Sts.
Room 617.
San José, California 95113.
Tel. 295 2626.

Escríbeme a vuelta de correo si te es posible, pues comprenderás mi ansiedad por la falta de noticias. Te anoto el teléfono del hotel, por si puedes hablarme, tomando cuenta de la hora del Pacífico a efecto de que aquí sean las 10 de la mañana.

No te escribo más largo a causa de que debo descansar y la máquina de escribir constituye cierto esfuerzo.

La dirección del médico que me atiende aquí es la siguiente:

Dr. Jerome A. Lackner M.D.
2100 Forest Avenue, suite 104.
San José, California 95128.
USA.

El médico desea que, de ser posible, el doctor Manuel Campuzano del Hospital de la Nutrición, le envíe la parte de mi historia clínica que considere pertinente. (Aquí será traducida.)

Te hablaré por teléfono (en cuanto me sea posible) entre diez y once de la mañana o entre cuatro y cinco de la tarde (hora de México).

Termino pues mi carta. Saludos a todos. Mándame las direc-

ciones más indispensables que tengas, para escribirles.
Recibe el cariño de / José.

P.S. La dirección exacta de Román, por favor.

[San José, 2 de mayo de 1972]

Vida: Ésta es sólo para comunicarte mi nueva dirección. Recibí tu carta del 25 de abril. Pero yo estaba en el sur de California, abajo de Los Ángeles, en las Universidades de Ilvine y Claremont. Visité esta galería de la cual te mando la presente reproducción. Sólo me fue posible visitar las salas del siglo XVIII inglés. Mi salud va en marcha hacia el pleno restablecimiento. Mándame la dirección de Román. La mía va en sobre.
Besos / José.

[San José, Cal., 3 de junio de 1972]

Vida: No te había escrito ni contestado tus cartas por una sola razón: continúo enfermo. Es decir, no he logrado recuperarme y literalmente limito mis esfuerzos a cumplir nada más mis obligaciones, sin que pueda llegar a más. Lo he hecho bien, pero sólo hasta ahí. No te lo había querido decir para no alarmarte. Discúlpame con todos por no haberles escrito. Me dispongo a regresar entre el ocho o el doce de junio, no bien califique a mis alumnos. No hay ningún caso de permanecer aquí como un semi-inválido, aparte de que me resulta *imposible* aceptar ningún nuevo compromiso, pese a que me solicitan de muchos lugares y los amigos de Nueva York quieren organizar una gira nacional. Te incluyo algunos retratos. Mi apariencia es buena, pero no así el funcionamiento interno. Perdona que termine y no me refiera al contenido de tus cartas; pero el esfuerzo de hoy ha sido duro: tuve que estudiar una tesis de doctorado que su autor (Adolph Ortega) me trajo desde Los Ángeles, sobre mi obra literaria. Tesis magnífica y muy bien documentada. Así que dejo para el domingo el exclusivamente dedicarlo a escribirte. Ha sido muy duro físicamente este viaje para mí y ya no puedo más. ¿Tienes noticias de Román? Tampoco he podido escribirle e igualmente tampoco a Andrea. Recibe besos de / José.

P.S. De cualquier manera no es cuestión de alarmarse. Pronto nos veremos.

211

Cárcel preventiva, marzo 30, 1971

Querida hijita Andrea: Recibí tu carta del día 21 con sorprendente rapidez, el martes o miércoles de la semana pasada (debió ser jueves, lo cual supone de cualquier manera tres días a partir de cuando fue expedida). Ver el sello de expedición me causa una especie de nostalgia del futuro: Avenue du général Leclerc, 17:45 hs., 14e arrondissement. Y es que también busqué por todas partes, en el sobre mismo, en la carta, al trasluz, alguna dirección a la cual contestarte: ¡no habrías de negar la cruz de *nuestra* parroquia!; olvidaste, por supuesto, incluir una dirección. Bien, habrá que esperar la visita de Irina [Coll] —el domingo pasado no pudo venir y se excusó. Pero prefiero esperarla, ya que otros conductos no me merecen mucha confianza que digamos. No te contesté de inmediato porque la víspera había terminado la horrible traducción y la pasé en máquina de un tirón. Los dedos me dolían tan fuertemente que me era imposible usar de nuevo la máquina. Añádele a esto una gran pereza. Me eché dos días a dormir.

¡Con qué cariño agradezco a Dominique y a Aureliano sus atenciones contigo! Son gente maravillosa, todos ellos. Conozco la revista que dirige Pronteau, muy buena. [Se trata de *L'homme et la Société*]. ¡Ah, los hombres de los treintas! Describes a Pronteau como sin duda debemos vernos todos nosotros: pero hay una tristeza más profunda de la que puede vérsenos por encima. A veces terrible. La cuestión es no detenernos un segundo. Testimoniar y desmistificar hasta el fondo, ahí está nuestra tarea. El trotskismo no es una salida —en realidad no indica ninguna salida: se ideologiza a grandes pasos y además, se le advierte cada vez más satisfecho en su ideologización, ya un poco, aquí y allá, con la autosuficiencia del burócrata (de los "trotskistas" mexicanos, mejor no hay que hablar).

Comprendo que para los disidentes en Francia, el problema sea más pesado. Me dices que para nosotros, en México, cuando menos el partido comunista es un fantasma, no existe. Pero que allá tienen un partido respetable, con grandes masas, con autoridad moral y política. ¡No sé! Pero después de la traducción que hice del material de *Économie et Politique,* la cosa no es para hacerse ilusiones. Éste parece ser el material que destinan a los cuadros sindicales y medios del partido. Pues difícilmente encontrarás nada más manipulante, tramposo, pedestre. Tiende a escamotear y mistificar todo lo nuevo a título de una interpretación "marxista". Los cambios en la composición orgánica de la clase obrera y de las nuevas capas productoras de plusvalía, el papel del Estado (esto es, nada menos que la subordinación de la economía a la política), todo esto, no lo considera sino en función de esquemas fijos: correlaciones entre el capital variable y el capital fijo, entre trabajo vivo y trabajo muerto, etcétera, dentro de una machaconería rodeada de estupidez. (Pero te estoy haciendo una reseña muy superficial. Quizá me ocupe de escribir un pequeño trabajo al respecto.) Lo que te quiero decir, es que este tipo de publicaciones no aventajan en nada a las de los partidos socialdemócratas, avejentados y solemnes. El Partido Comunista Francés ahora no es sino un nuevo tipo de partido socialdemócrata: con masas, respetado y respetable, satisfecho. Dispone de la misma estabilidad institucionalizada que la de los partidos socialdemócratas anteriores a la primera guerra: con su gigantesco número de votantes, sus cooperativistas, sus tiendas de consumo sindical, etcétera, que evocan tanto al socialdemócrata alemán "bebedor de cerveza" que después arrojaría espuma por la boca contra Liebknecht. Nuestras esperanzas no encuentran a dónde dirigirse: quizá al Partido Comunista Italiano. (Hasta ahora empiezo con sus materiales. Te ruego me envíes todo lo que encuentres a la mano.) Pero no debemos esperar de nadie, sino de nosotros mismos: pensar, escribir, luchar, con audacia, despojados de todo fetiche, de todo dogmatismo, no importa el punto a que lleguemos.

Apareció por fin la selección que hizo Fernanda [Navarro] de Bertrand Russell. La ética de Russell es realmente decepcionante. Yo tuve la mala fortuna de comenzar mal con Russell (con su *Autoridad e individuo,* un trabajo muy menor) y desencantarme prematuramente. Comenzaré de nuevo, aparte de todo por el inmenso cariño que inspira.

¿A quién más has visto? ¿A Lise, a London? Puedes decirle a London que me he propuesto un trabajo extenso sobre *L'aveu* [*La confesión*], no sólo en el sentido literario-político, sino en todas sus significaciones por cuanto los *procesos* como la realidad del socialismo enajenado, la real subversión hegeliana de la Idea Absoluta convertida en historia objetiva. Ya estoy en eso, y por lo pronto no pienso aceptar una nueva traducción del tipo de la que me encomendaron.

El domingo pasado estuvieron a verme Jati [Olivia] y tu mamá. Por supuesto fuiste el tema dominante de la conversación. Tu mamá es una gran, excelente persona. Al día siguiente me hicieron llegar ropa interior —que me faltaba y de la que siempre me olvidé decirte algo, enfrascados en nuestras conversaciones metafísicas. Me decían que el correo te resulta muy caro... ¿es cierto? Los libros puedes enviármelos por correo ordinario. No necesito decirte cuáles (por ejemplo, muchos de la colección *Idées,* de Gallimard). Anthropos edita cosas muy buenas. Tengo a la vista el anuncio de una *Introduction à la sémantique,* de Adam Schaff. Me imagino que es Anthropos mismo el que edita el capítulo VI de *El capital.* Inútil decirte la importancia de tener esos libros. Envíamelos por la vía más barata.

Escríbele alguna nota o tarjeta a Román. ¿Tienes la dirección? Rehov Kibuts Hagalviot 31 ♯ B. Holon, Israel.

Espero con ansiedad tu próxima carta.

Te abrazo inmensamente. Grandes saludos a Dominique y a M. Griffoulier.

Tu papá, / José.

P.S. Toda la semana no he leído nada sino en francés: *Le rosier de madame Husson* (cuentos de Maupassant) y *La force des choses.* (Por vía de ejercicio traduciré un cuento de M[aupassant].) Saludos.

Cárcel preventiva, abril 29, 1971

Querida Andreíta, hija mía: Hasta ahora sólo he recibido dos cartas tuyas (la primera, del 21 de marzo —directa por correo— y la segunda, del 30 de marzo, por conducto de tu mamá). Te digo esto porque tengo noticias de una tercera carta que alguien no pasó a recoger —con tu mamá— a tiempo, y entonces tu mamá la trae con ella, viajando por Villahermosa, a donde salió. Esto significa que deberé leerla con un innecesario retraso *de semanas* (ya van dos transcurridas) hasta que Raquel [sobrina del autor] me la traiga. Para evitar esto en lo sucesivo, será bueno que me escribas por conducto de Irina o directamente a la cárcel (pero sin certificar, para no ir al polígono). Dime, de cualquier modo, las cartas que hayas escrito dirigidas a la cárcel, porque en este mismo momento me ha entrado la duda de que no me las hayan entregado en vista de mi resistencia a salir uniformado de la Crujía. Esto es muy importante (y lo mismo le escribiré a Román) porque si se trata de que devuelvan mis cartas arguyendo que no salgo a recibirlas (esto es, que "me niego"), yo haré una queja contra Correos, que tiene obligación de entregar *a domicilio* la correspondencia, y mi domicilio no es el polígono, sino mi celda. Por mi parte te he escrito dos cartas (¿dos?), la segunda bastante voluminosa, donde comentaba la lectura del prefacio del capítulo inédito de *El capital* [carta incluida en *Dialéctica de la conciencia*]. Es importante saber si las has recibido y ahora no recuerdo, de pronto, si han sido tres cartas las que te he escrito o esta misma es la tercera (es horrible cómo se dispersa la memoria aquí dentro).

Bueno, hay algo de importancia. Han comenzado a salir con destino al extranjero algunos compañeros: en total doce, en su mayor parte antiguos miembros del Consejo Nacional de Huelga. Pero todo esto requiere una explicación (lo que te explicará también por qué me he negado a promover ninguna gestión para mi salida en tales circunstancias). Estos compañeros han salido del país no como exiliados políticos, sino en la condición de particulares y en virtud de gestiones personales realizadas por sus familiares, por supuesto con la anuencia y solicitudes de los interesados (Raúl Álvarez, Luis González de Alba, Emery, del Valle, etcétera). El gobierno chileno se negó a dar las visas, *si no se trataba de presos políticos* oficialmente reconocidos así por el gobierno mexicano, pues de la cárcel fueron llevados al campo aéreo directamente. Chile hizo muy bien, pues no iba a encubrir al gobierno mexicano en una impostura más. Pero esto pone de relieve y descubre que en la impostura se contó con la complicidad de los mismos deportados. Éstos han tenido que irse al Perú y al Uruguay. Ahora resulta que no fue el gobierno mexicano el que propuso la salida en estas condiciones, sino que fueron los presos mismos quienes, incluso, se han pagado el pasaje (excepción de unos cuantos —no sé el número—, a quienes se lo pagó la universidad; pero este último dato no es seguro). Ellos, pues, realizaron las gestiones y aparentaron que habría, de parte del gobierno mexicano, una selección que comprendería a los ex miembros del Consejo Nacional de Huelga: no, ellos se seleccionaron solos. Yo estuve enterado de todo esto, que me fue llegando en fracciones, hasta antes de que salieran, pero no quise hacer ningún comentario fuera de éste: cada quien tiene la opción de buscar su libertad por los medios que quiera y manejando a su antojo su honor y dignidad revolucionarios; si no toma en cuenta esto, es cosa suya. (Resulta irónico que entre los que obtuvieron su libertad mediante este recurso, se encontraran los más "radicales": Emery, Martín del Campo o el simplemente majadero de Fausto Trejo.) Cuando fui requerido por la inefable Paz Cervantes respecto a la salida mía en tales circunstancias, mi respuesta fue una negativa rotunda, que a Paz pareció molestarle (ella ha sido una de las "gestoras" oficiosas al respecto). Como comprendes, aquí no se trata de "valentía" ni nada que se le parezca. Es una cuestión de principios en la cual no puedo ceder ni cederé nunca, así me quede a cumplir la sentencia entera. En la M, sólo Heberto Castillo tiene mi misma posición: *todos* los demás se han apresurado a firmar sus solicitudes de envío "voluntario" al extranjero. Los compañeros del partido comunista han adoptado mi misma actitud (por separado), aunque sufrieron la "indisciplina" de cuatro de ellos (De la Vega y otros) que aceptaron irse... y se fueron. Lo grave de esta actitud de la gente que ha aceptado salir, es que le allana al gobierno el camino para que no nos saque por los conductos que lo venía haciendo: la libertad condicional o bajo protesta, por desistimiento del Ministerio Público respecto a delitos comunes, sino que "voluntariamente" nos vayamos al extranjero. El riesgo, pues, de quedarme largo tiempo aumenta de modo considerable. Pero no puedo hacer nada. Si me expulsa del país el gobierno, que lo haga; no podré oponerme, pero no con mi consentimiento. Otra cosa es que, *ya en libertad*, yo tenga que abandonar el país: será otra forma involuntaria de expulsión, pero que deja a salvo mi honor y dignidad política. Esto plantea la necesidad de que se prosiga la lucha por nuestra libertad allá afuera, particularmente en el extranjero. Hazlo saber a nuestros amigos, porque aquí estamos en el riesgo de quedarnos absolutamente solos, en medio del grosero cinismo "a la mexicana" y "por pendejos", como lo dirá toda la gente de este abominable país.

Es horrendamente desagradable hablar de estas cosas. Hubiera querido hablarte de algo distinto (y tengo muchas cosas que decirte: ¡ah!, terminé el cuento de "Hegel y yo" [incluido en *Material de los sueños*]; no salió del todo mal. Es posible que haga una serie del mismo título. Te lo enviaré en mi próxima). Pero el tema de esta carta me ha quitado la inspiración.

Abrazos entrañables y todo el cariño de tu papá, / José

Cárcel preventiva, mayo 7, 1971

Querida Andreíta, hija mía: Es realmente molesto escribirte de estas cosas, cuando las cartas pudieran ser de temas mejores. Me refiero a la "grilla" de aquí dentro, que sigue en su apogeo respecto a las salidas al extranjero. Fuera de unos cuantos, te decía en mi anterior —entre ellos Heberto Castillo y me parece que Martín Dozal—, entre ellos yo, por supuesto, todos se han apresurado a firmar sus solicitudes: pero lo hacen a mansalva, escondidos unos de otros, maniobrando aquí y allá. Esperemos, cuando menos, que obtengan un buen resultado. Te adjunto la declaración que hice hoy para la prensa [véase *México 68...*] y que enviaré mañana a los periódicos: de ser posible, sería muy bueno que se publicara en París. Yo no deseaba hablar; pero la aparición de unas declaraciones del grupo que salió para Uruguay y de ahí a Chile, me hicieron ver la necesidad de hacer pública mi actitud. Lo que ellos dicen es lo que puedes imaginar: en un lenguaje demagógico e izquierdista hacen aparecer las cosas como un nuevo atropello del régimen "contra el movimiento", cuando ellos mismos fueron los gestores de todo. En fin, mis propias declaraciones te harán ver las cosas. Era preciso hacer énfasis en mi no pertenencia a ningún grupo o partido; esto está dirigido directamente al GCI (Grupo Comunista Internacionalista), que no ha venido a caer sino en el proverbial grupusculismo de siempre, maniobrero, torpe, autosuficiente, y que me ha venido dando un trato de algo así como estampilla postal, buena para conmemoraciones, deslizando aquí y allá que pertenezco a sus filas, cuando les he insistido con todas sus letras que somos, a lo más —ustedes, [Juan Manuel] Dávila, Marta [Obregón], tú, Julio Pliego y yo—, una corriente teórica, independiente, que no desea de ningún modo enajenarse a la "grilla" de toda esa gentuza inútil. Todavía tendré que escribirles una carta pública puntualizando estas cosas, para disipar cualquier equívoco. Me da una pereza espantosa; lo haré un día de éstos, sin que pase de la próxima semana.

Salúdame con todo el cariño a Dominique y a Nicole. ¿Recibió Dominique la nota que le envié? Les escribiré una carta más detenida.

Por la carta colectiva *à mon parent*, me enteré que recibiste la mía donde hago los comentarios al capítulo VI de *El capital*. He interrumpido el estudio estas dos últimas semanas, debido al estado de zozobra que existe en la crujía y que no deja de ser contagioso. El domingo pasado vino a verme Octavio Paz. Vino en compañía de Montes de Oca. Como siempre magnífico, limpio, honrado, este gran Octavio a quien tenía más o menos ocho años de no ver o algo así. Ya te escribiré. Nuestro tema fue, por supuesto, Heberto Padilla. Te mandé la copia de mi artículo para *Siempre!* [véase *Cuestionamientos e intenciones*], ¿no es así? ¡Dios, esta memoria, en la cárcel! A veces me inquieto y pienso que es una pérdida personal mía, pero a los demás les ocurre lo mismo con ciertos aspectos de la memoria: nombres, actos, días. Bien, no es de cuidado, pero hay que estar atento, no vaya a llegar un momento en que pierda la memoria de que he perdido la memoria. Estudio francés en *linguaphone*, todos los días. (Ya te contaré en detalle.) Batallo mucho y también me desespero: cuando escucho el disco sin el texto, no entiendo ¡nada! Pero soy terco y quiero pronunciar de un modo pasable. En mi próxima (texto en mano) te contaré lo cómico que resulta todo, lo monstruoso de las lecciones y todo lo horriblemente francés que resultan algunas cosas a través de tales lecciones. Bueno. Besos y abrazos mil, de tu papá, / José.

México, D.F., junio 14, 1971

Querida Andrea, hijita: Resulta increíble que sólo hasta ahora, que vuelvo a la clandestinidad, tenga nuevamente tiempo de escribirte. Los primeros días fueron de "relaciones públicas", en el sentido que puedes imaginarlo: reuniones con diversos grupos de amigos y un incesante entrar y salir de visitantes en el lugar en que me encontraba. Luego dos o tres días que pasé en casa de Rosaura en Cuernavaca —donde descansé algo— y en seguida la ola de actividad política casi llevada a extremos delirantes por cuanto al cansancio que me producía mi desentrenamiento. La facultad concertó una primera conferencia mía, que convinimos presentar como una continuación de la que di en 1968 [véase *México 68...*]. Para esto imprimieron un póster maravilloso, sirviéndose de una espléndida foto de las que me tomó Julio [Pliego] en Lecumberri. (Haré que te llegue el póster de algún modo, pues te va a gustar.) Luego, di mi primer conferencia (el día 8), al día siguiente, en Antropología. En los auditorios no cabía un alfiler y el debate fue particularmente interesante en Antropología. Ya para entonces nos preocupaba gravemente la manifestación planeada para el día 10. El comité de filosofía (y [Roberto] Escudero, que llegó de Chile) junto conmigo, estuvimos en contra de llevar a cabo la manifestación; los *peces*, al principio también estuvieron en contra, pero a última hora cambiaron de frente e influyeron de modo decisivo en los comités de lucha y en el coordinador. Filosofía no tuvo más remedio que plegarse a la mayoría. Pero todavía en la víspera (es decir el día 9) y antes de dar mi conferencia en Antropología, se me aseguraba que a última hora la manifestación sería suspendida. Pero ya en la noche del mismo día 9 era imposible detener los preparativos y todas las asambleas habían decidido participar. Por supuesto yo expliqué a todos los compañeros que no participaría en la manifestación (era absurdo ir) ni siquiera en el caso en que hubiese estado de acuerdo. Aceptaron con gran comprensión mi postura e incluso con cariño, pues todos tienen un miedo enorme de que me pase algo y creo que hasta me protegen con exceso. Bien; de lo que se sigue, creo que ya estarás enterada por la prensa: el ataque de los "halcones" (grupo paramilitar, fascista, dependiente del gobierno del Distrito) y los muertos consiguientes (diez oficialmente, treinta establecidos por un testigo —*Excélsior*, 12 de junio— en el hospital Rubén Leñero y que afirma haberlos contado). La mayor parte de la prensa se ha portado con objetividad (fueron salvajemente agredidos sus reporteros) y ha definido la agresión señalando a los "halcones" y demostrando que la manifestación estudiantil era evidentemente pacífica. Echeverría mismo, al día siguiente de los hechos, hizo declaraciones a los corresponsales extranjeros en el sentido de que se había hecho víctimas de una agresión a quienes expresaban su derecho a la libertad. Se ordenó una investigación, pero de aquí en adelante las cosas empezaron a tomar nuevamente un carácter turbio y "a la mexicana". Para mañana se plantea una concentración de grandes masas PRI-Congreso del Trabajo. Este acto *no es de apoyo a Echeverría,* lo que indica la gravedad de la situación y cómo la provocación del día 10 contra nosotros era, al mismo tiempo o principalmente, contra el propio presidente Echeverría. Estas últimas horas encierran todas las premisas de una perspectiva ominosa si es que Echeverría no quiere o no puede asumir una actitud enérgica contra sus enemigos, que son también los nuestros. Lo que ocurra el día de hoy (14 de junio) decidirá el porvenir político que nos espera. Si Echeverría concilia, las perspectivas se ensombrecen de un modo total.

Bueno; ahora debo hablarte por cuanto a mi persona dentro de esta situación. Desde que salí de Lecumberri, eludía a los periodistas y no quise hacer declaración pública de ninguna especie. Por cuanto al Movimiento, les dije a los muchachos que yo no debía participar en ninguna actividad política, sino ceñirme exclusivamente a mi participación académica (conferencias, seminarios, mesas redondas). Así ha sido hasta ahora y, por ejemplo, no he querido mezclarme a ninguna de las presentaciones y otras actividades que realizan los muchachos liberados de Lecumberri. Pero tú sabes que en México uno pone y alguien misterioso, desde las alturas, dispone. La Procuraduría ha empezado a llamar a la gran mayoría de los ex-presos políticos y a los miembros de los comités de lucha (ahora reconstituidos democráticamente), dizque para "investigaciones", y niega las denuncias hechas contra los "halcones" que han sido fehacientes. Por mi parte yo fui citado por mi juez (junto con Cabeza de Vaca, Heberto Castillo y me parece que Tayde) para algo que se me dijo que era una simple diligencia banal. No he querido creerlo ni he querido correr el riesgo de que se me detenga (ya hay órdenes de aprehensión contra Marcué). Sobre todo, lo que me decidió a no presentarme es la situación política tan incierta y grave que atravesamos. Mientras no se decidan las cosas a favor de una facción u otra de las que están combatiendo en la élite del poder, las víctimas propiciatorias vendríamos a ser nosotros. De este modo, el comité de la facultad se movilizó para "guardarme", cuando menos mientras las cosas se esclarecen lo suficiente. No está excluido pues que vaya a parar con mis huesos a París, pero todavía no puedo decirte nada seguro al respecto.

Hay algo más. A los cuantos días de liberado, me llamó por teléfono a la casa donde yo vivía, Rodolfo Echeverría, el hermano del presidente y director del Banco Cinematográfico. Nuestra entrevista fue muy cordial y me invitó a trabajar con él como "consejero literario", lo cual acepté, pues no se trata sino de un trabajo técnico, además, que corresponde a mi oficio. Rodolfo tuvo que salir al Brasil y no regresa sino hasta pasado mañana, en que me pondré en contacto con él para que, de paso, esclarezcamos la situación en que me encuentro y saber si puedo o no seguir en México con las suficientes garantías de poder trabajar en calma. Ésta es, en suma, la situación. He recibido todas tus cartas. Las contestaré todas en otra, más adelante. Termino ésta, para que se la lleve el "enlace" hoy mismo y no permanezca en mi poder. No estés intranquila. No te imaginas qué conciencia culpable he padecido por no haberles escrito ni a ti ni a Román. Ahora nuevamente "el tiempo es mío" y vuelvo a disponer de mis veinticuatro horas completas por día. Saludos muy cariñosos a Nicole, a Dominique y Aureliano. Sigue escribiéndome por conducto de la gran Irina. Besos, abrazos, / tu papá.

México, D. F., agosto 26, 1971

Querida Andrea, hijita mía: Te estoy escribiendo a las ocho de la mañana después de haberme acostado a las seis y media haciendo un trabajo político importante. Tu última carta lleva fecha del 6 de agosto, pero no te la había podido contestar por dos razones; una, la de que no me he portado muy bien (como puedes suponerlo), y otra, que estoy abrumado de compromisos y los muchachos literalmente no me dejan. He dado un número de conferencias que ya no puedo precisar: en la facultad, en Antropología, en Chapingo, en la Prepa Popular, aparte de seminarios y otras actividades.

Respecto a tu carta, para referirme a lo más esencial: hablé ya con Muñoz, a quien le di tu dirección a fin de que lo pongas en contacto directo con Goytisolo y los de la revista [*Libre*], para que se organice una buena distribución aquí. El artículo sobre el libro de Claudín [*La crisis del movimiento comunista*] todavía me llevará algún tiempo porque tengo el plan de abordarlo "en profundidad", ligado, además, con el libro de Artur London. De tal suerte, resultará en cierta medida un ensayo, pero hecho de tal manera que pueda publicarse como artículos autónomos. Sinceramente no es posible menos, porque ninguna de ambas cosas se puede tratar superficialmente, y menos aún en un tono periodístico. Antier fui a ver *La confesión*. Me pareció espléndida como cine y como cine altamente político. Si logro que nos la presten para la universidad, haremos un cine-debate de primera.

Recibí carta de Bob Crespi, en que me trasmite otra donde le dicen que me haga saber que me esperan en la Universidad de San José, en California, para dar un curso de conferencias (además sobre mi propia literatura) con un mínimo de diez semanas, pagadas a un precio excelente y acompañado de los miembros de mi familia que señale. El problema del permiso judicial para salir del país, se resuelve más o menos fácilmente (ya está en trámite), pero lo que queda en pie es la visa norteamericana. Será cosa de que la propia universidad lo solicite a la embajada norteamericana aquí. La cosa será a mediados de septiembre, con la opción de extender el contrato por más tiempo. He pensado lo siguiente: decirle a Román que si quiere venirse a California dos o tres semanas, si sus circunstancias de estudio se lo permiten en Israel; por otra parte, parece ser que su maestra de violín (la que tuvo en Israel) se encuentra desde hace casi un año en San Francisco, de donde se distan unos pocos kilómetros del punto donde viviríamos. Pero también se encuentra la alternativa de que pudieras venir tú y encontrarnos en California junto con Román, lo que sería una verdadera dicha. Sin embargo, es cosa de vuestros estudios. Todavía no recibo carta tuya donde me informes sobre cómo llegó tu mamá a París y qué hacen. Me contó Pablo algunas cosas, desprendidas de una carta que recibió Fermín. (Pablo vino a México para asistir como oyente al Congreso Internacional de Veterinaria.) Bien; lo del viaje a California todavía está pendiente, en razón de factores ajenos a mi voluntad. Así que todavía espera noticias pero no dejes de prevenirte, por si las moscas. Podrías luego regresar a París.

Sobre mis relaciones con el Grupo Comunista Internacionalista, puedes decir a los compañeros de la Liga Comunista lo siguiente. Mantengo con ellos estrechas relaciones. Resulta que yo fui uno de los fundadores del GCI, en 1968, durante el Movimiento. Se trataba de *fundir* la corriente nuestra, del espartaquismo primitivo, con los trotskistas; pero después de la represión y en la clandestinidad, los compañeros trotskistas "cortaron" a nuestra gente y a mí me empezaron a dar un trato de "santón" verdaderamente no político y casi repugnante, a pesar de que no me dejaron de enviar enlaces a la cárcel, pero en absoluto ineficaces e inútiles desde el punto de vista político. Ahora esto parece irse superando, pero todavía existen cosas pendientes de mi parte, que se trata de que enfrentemos abierta y claramente. como debe hacerse entre comunistas. Hemos creado —aunque mi participación ha sido muy indirecta— una especie de "agrupación de tendencias", que ellos llaman Alianza Marxista Revolucionaria (GCI, grupo Teoría y Práctica, el llamado Partido Mexicano del Proletariado y el Núcleo de Marxistas Independientes, donde nos encontramos Escudero y yo). Te informaré con mayor detalle para que a su vez lo hagas a los compañeros de la Liga Comunista. De paso me temo que los informes oficiales que salen de aquí para los demás organismos internacionales, carecen de objetividad, modestia y exactitud. Leí en *Rouge* el informe hecho sobre el 10 de junio y me causó verdadera molestia por la distorsión estúpida de datos y apreciaciones: treinta mil manifestantes, el régimen de Echeverría se tambalea, etcétera. Tú conoces a nuestros mexicanos, de cuyas "virtudes" no se salvan ni los comunistas. Respecto al llamado Partido Mexicano del Proletariado, es la excrecencia que quedó del "roussetismo" y no veo muy claro respecto a ellos. Precisamente de lo que me estoy ocupando en estos momentos —y que interrumpí para escribirte— es de una crítica del primer número de la revista mimeográfica de la Alianza que ha aparecido y que ayer me fue entregada en la universidad: *Brecha*. Pero ya hablaremos más largo de estas incidencias a fin de hacértelas más diáfanas y comprensibles. [Véase *Escritos políticos,* III.]

Me he portado mal con nuestra hermosa Irina, con quien apenas me comunico por teléfono: pero materialmente vivo en un vértigo y quiero trabajar en firme y al más alto ritmo por aquello de que intempestivamente pueda cambiar la situación política (todavía con cierta dosis de incertidumbre) y que entonces avancemos lo más que se pueda, por si nos puede ocurrir una nueva desventura. Vivo en el departamento que me dejó Mariate (quien vive con su mamá hasta en tanto se cambie a su departamento propio). Ya estamos divorciados, pero mantenemos relaciones amistosas y me ayuda en las cuestiones prácticas para las que resulto casi del todo incapaz, aparte de que me siento todavía muy inseguro e inadaptado (el trabajo político me salva, pero casi no querría salir a la calle, ni para comprar cigarrillos). Salúdame con gran cariño a Goytisolo (y que me tenga paciencia), lo mismo a Claudín, a Semprún y —si es que lo conoces y lo ves— al poeta ecuatoriano Adoum. Me da angustia tu timidez, directamente heredada de la mía: pero hay que vencerla, *es indispensable.* Bueno; termino, para escribirle a Román, a quien también he mantenido en silencio. Mi dirección, a la que debes escribirme: Herodoto 61, dep. 8, México 5, D.F. Te abraza entrañablemente, / José, tu papá.

México, D.F., 25 de octubre de 1971

Andrea querida: Contesto tu carta (22 de septiembre), como lo ves, con un retraso increíble. Debes atribuirlo a un exceso de compromisos. Casi no atiendo a ninguna otra cosa que al trabajo entre los universitarios. No se pasa una semana sin que tenga que dar conferencias y, por supuesto, hay que prepararlas. Tengo el proyecto de desarrollarlas por escrito a fin de que pueda salir de ahí bien un folleto o acaso hasta un pequeño libro. La cosa es que esto se hace necesario: el concepto de autogestión penetra poco a poco en gran número de estudiantes y en todas las facultades se hacen numerosos intentos y ensayos, todavía mal bosquejados; esto requiere una guía teórica y voy a intentar —en medio del vértigo de tantas tareas— emprender la elaboración cuidadosa y lo más diáfana y comprensible de estos materiales. Nos encontramos en el momento ideal para eso. En Sonora desarrollé una actividad bastante provechosa. Llegué a dar hasta tres conferencias por día, amén de las reuniones con los muchachos. La inquietud en Hermosillo es increíble; las preguntas, después de cada conferencia, indicaban una verdadera *ne-*

cesidad de encontrar un camino nuevo para todo: para la educación, para la vida, para la acción revolucionaria. Quedó establecido un cierto método para algunas formas de autogestión, por ejemplo, a grandes rasgos: a] conferencia; b] formación de núcleos de discusión según los cuestionantes (para funcionar después de la conferencia, durante los días o semanas que se requiera); y c] nueva asamblea general, pero ahora de carácter crítico, como lucha de tendencias. Como ves, esto constituye una buena premisa para interpenetrar la contradicción entre individuo y colectividad a través de lo que he llamado "democracia cognoscitiva". Me ha servido mucho la *Crítica de la razón dialéctica,* de Sartre, a la que, por desgracia, no he tenido tiempo de volver (pero ya voy a regularizar mis estudios; la cuestión es saber administrar el tiempo y no dejarse llevar por fruslerías ni tampoco por el "amor de las masas").

Los estudios Churubusco me dan a dirigir una película mía: es decir, sobre un asunto mío. Ellos mismos sugirieron "La palabra sagrada" (uno de mis cuentos en *Dormir en tierra*). Comprenderás el placer, mezcla de terror, que me impone la tarea. La cosa es que a mí todo se me presenta siempre con carácter perentorio: la película debe hacerse este año, por lo menos en lo que respecta al script. Ya esto constituye un *handicap* de los mil demonios. Tendré que reducir, por fuerza, mi actividad universitaria (lo cual, ciertamente, me duele en el alma), pero no habrá otro remedio. La cosa es entregarse ciegamente al trabajo, sin desfallecer y resistiendo a toda clase de tentaciones. Lo haré, por supuesto.

Pero hablemos de ti. No debes inhibirte por el francés. Incluso a ellos les gusta escuchar de los extranjeros (mucho más si son mujeres) un cierto acento exótico. Acuérdate del encanto de Fermina Márquez, en la novela de Valery Larbaud. Y Fermina era colombiana, me parece. Búscala en alguno de los puestos del Sena o si no en la biblioteca y date un tiempo para leerla. Orfila me encargó ya oficialmente la traducción de *Le manifeste* [*différentialiste*], de Lefebvre. Llevo traducida una buena parte, pero no le he podido volver a meter mano. (¡Se hará, Dios mío, se hará...! (Me encuentro muy disperso y desordenado, pero ya pongo el remedio, y esta misma carta ya es una demostración. ¡Escríbeme!

Te quiere muchísimo, tu papá, / José.

P.S. Raquelito te manda saludos.

224

Queridísima hija: Hasta ahora puedo contestar tu carta más reciente, o sea, la que fechas el 5 de diciembre y que he leído —como todas— con enorme pasión, interés, amor y, luego, esta angustia, esta desesperanza. (Te aseguro que de no estar yo con los jóvenes y rodeado por ellos, se me haría insoportable *todo*: no se puede con el asco, se trata de algo orgánico.) Comienzo por referirme al *tract* [volante] de la facultad de Vincennes. ¡Qué hermoso, qué juvenil! Me serviré de él en la serie de conferencias que estoy dando sobre reforma universitaria. En este sentido he trabajado bien y con intensidad. Conferencias en Hermosillo, en Jalapa, en Puebla, en la Iberoamericana. No te imaginas la avidez intelectual de estos jóvenes de la generación que abrió los ojos en 1968. La lista de mis conferencias (que hace algunos años habría sido recibida hasta con burlas), hoy, por el contrario, suscita un enorme interés. Los auditorios se llenan a reventar y el número de preguntas se vuelve casi torturante. Te doy los títulos: "Reforma universitaria" (como autogestión y universidad crítica); "Los nuevos contenidos de la realidad contemporánea"; "Problemas del lenguaje: contenido literario y contenido político"; "La revolución de octubre y su actualidad" (una crítica despiadada contra el stalinismo y el neostalinismo; de paso y amablemente, una crítica contra el estancamiento y cierta estrechez del trotskismo); "Autogestión y democracia cognoscitiva"; esto entre los que recuerdo. Como ves, la lucha hay que darla en todos los frentes y esto resulta un trabajo extenuante. En la Universidad de Sonora avanzamos a grandes pasos. (Todos dicen que mi paso por ella ha significado una revolución; exageran, por supuesto.) La cosa es que el trabajo ha resultado agotador (en Jalapa me fatigué verdaderamente). Pienso desarrollar por escrito toda esta temática, de lo que bien puede resultar un libro, que nos puede servir como "organizador colectivo". En otra ocasión te daré cuenta más detallada, pues me parece, sin inmodestia alguna, que nuestra posición, en muchos aspectos, es más avanzada de aquella que sostienen teóricamente en Europa (aunque no hay que descartar el hecho de que estamos en México —donde se aceptan todas las palabras, pues, como tú dices, no hay capacidad ni vocación para conceptualizar— y a la mejor todo esto no resulta sino algo fantasmal, macondiano y vacío). Todavía estoy por cumplir compromisos en Monterrey, Sinaloa, Veracruz y otros lugares. Me solicitan mucho y de continuo recibo comisiones o me telefonean de larga distancia. Vino a verme

Irina, la bella y sin par. Me dijo que hablaron ustedes por teléfono para enterarse respecto a la libertad de los muchachos. Salieron ya todos los del 68. Me habían dicho que también René Solórzano y La Piraña, pero luego me enteré que sólo fueron absueltos por los delitos mayores (homicidio) y que sólo obtendrán su libertad bajo fianza. (Trabajaremos en eso.) Siguen presos los de movimientos anteriores (entre ellos el bueno, el magnífico [Mario] Rechi). Ahora que estamos en vacaciones, procuraré ver qué se puede hacer. La cosa terrible fue el asesinato de Pablo Alvarado. Para mí fue algo muy doloroso. ¡Me duele tanto! Me deprimió horriblemente y aun incurrí en la debilidad de no decírtelo inmediatamente, por no causarte el mismo dolor. Espero recibir la información detallada, con lo cual escribiré un artículo o un folleto (es decir, ambas cosas). El hecho es que terminé dos o tres días en cama. Acudí al Centro Médico donde diagnosticaron un enfisema pulmonar, premisas de una probable insuficiencia hepática y desarreglos gastrointestinales. Pero la cosa dista mucho de ser delicada y me disciplino a las indicaciones médicas. Por favor, no vayas a alarmarte, pues luego la gente informa en términos desmesurados. Esto parece complacerle extraordinariamente.

En Sonora es casi seguro que la nueva ley orgánica de la universidad establezca en su declaración de principios la universidad crítica y la autogestión. Será la primera universidad de América que lo haga. Por lo pronto, hemos establecido ciertas formas prácticas de autogestión, sobre la base de mis conferencias. Te explicaré. Primero, la conferencia ex-cátedra, cuestionada al final por los asistentes. Después, formación de núcleos de cuestionamiento bajo la responsabilidad de aquellas personas que hayan hecho preguntas fundamentales; trabajo de varios días en los núcleos, con la participación del conferenciante y, por último, una nueva conferencia general, pero ya no como una exposición ex-cátedra, sino como conferencia crítica, esto es, una lucha de tendencias. Yo también, a veces, exclamo ¡abajo la democracia!, cuando comparecen esos tipos desorbitados que sólo quieren oírse a sí mismos. Pero esto es uno de los males necesarios. Se trata de ir perfeccionando una *democracia cognoscitiva* verdadera. La cosa ha resultado bien en Sonora, salvo deficiencias de orden práctico. Como puedes ver, se trata de *mayor* trabajo académico, tanto para el docente como para el dicente, pero es el único camino. (Leí con horror lo que se refiere a la implantación de "reforma" educativa en Checoslovaquia —naturalmente por los soviéticos—, donde se hace jurar a los maestros su fidelidad al marxismo-leninismo. ¡No puede ser más abominable! Incluso si se tratara de un marxismo-leninismo auténtico.)

Pienso seriamente en ir a Francia por la primavera del 72. Esto será posible si hago mi película ("La palabra sagrada", basada en mi cuento de *Dormir en tierra*) cuyo primer trazo ya escribí y cuya filmación se decidirá en el mes de enero. Entonces habrá el dinero necesario. De cualquier modo mi decisión está tomada y no me faltarán ideas ni artilugios para lograrlo. Así que, sin soñarlo demasiado, nos veremos en París el año entrante. ¡Será una felicidad tan extraordinaria!

Leo *La invitada* de nuestra Simona [de Beauvoir]. Todavía no la termino. Pero a cada página pienso en ti, en París, en los medios intelectuales franceses, tan generosos, tan rigoristas y al mismo tiempo tan exclusivos y complicados y absurdos en tantos aspectos. Encuentro cierta analogía entre Javiera, el personaje de *La invitada*, y el Hidalgo Ernesto, de Jacob Wassermann, en su novela. Ambos deslumbran por su pureza, por el halo de maravilla de la que están rodeados —e igualmente por sus pequeños caprichos inocentes, no comprensibles para los demás, pero cargados de contenido psicológico, amoroso y lleno de angustia.

Algo divertido. Amnesty Internacional me puso en correspondencia, desde la cárcel, con alguien —una mujer, en todo caso— que reside en Härnösand, Suecia, a unos seiscientos kilómetros al norte de Estocolmo, casi en el círculo polar y lindando con la tierra de los lapones. He terminado por llamarla mi "novia" sueca. La correspondencia ha continuado, después de salir libre. Pues bien; en su carta más reciente, Bodil Naegele se describe a sí misma —a fuerza de mis requerimientos— como una mujer demasiado alta, de 18-19 años, excesivamente rubia (yo pensé, albina), huesuda, flaca y de enormes pies. La muy tramposa, con motivo de Navidad, me envía una tarjeta con su retrato: ¡no te imaginas qué belleza, qué elasticidad, qué cuerpo de Diana! Por supuesto estoy enamorado (¡!) y le contestaré como se merece por su perfidia y coquetería. (Hablo en broma.)

Tu relato de la conferencia de London y de la intervención de Pronteau, te lo confieso, me hizo llorar. ¡Los comunistas...!, es decir, los comunistas auténticos. Disto mucho de ser un buen comunista, pero no disto nada de nuestro sufrimiento y ¿por qué no decirlo?, de nuestra amargura. Cada vez que me encuentro con un comunista de los treinta —y quedan pocos—, me basta mirarlo a los ojos: son un pozo de tristeza, de larga, increíble soledad. Queda algo importante: el amor que nos tenemos y la decisión —desesperada, si lo quieres— de seguir luchando. ¿Fe en el hombre? Quizá no pueda contestarse afirmativamente. Hubo un hombre (yo lo llamo preprimitivo en mis conferencias) que no dejó huella alguna sobre la tierra, que no tenía lenguaje (sólo aullaba) ni inscribió señal alguna. Pues bien, ese hombre (del cual provenimos necesariamente) representa la *historia no hecha*, pero, al mismo tiempo, la *memoria*, una memoria. De no aceptarse esta hipótesis, tendríamos que resignarnos al hombre como un conjunto de reflejos condicionados. Así pues, en tanto que existe retroceptivamente una historia *no hecha*, esa misma historia existe prospectivamente: la historia no hecha del futuro, nuestra memoria que quiere ser. Somos, de este modo, y nada más, *memoria*: memoria por hacerse, presente desgarrado. ¿Qué dirección tiene el hombre? Ninguna. Esto puedes verlo si profundizas en la *Tesis doctoral* de Marx (¡no sabes cuánto te la agradezco!). En la libertad reside el *todo* del hombre, el hombre como totalidad y sin fin alguno, fuera de su lenguaje, o sea, de su saber y de su saberse despiadados. (Esto, que lo expuse en una conferencia en Chapingo, le causó un verdadero pavor a nuestra querida Virginia, que actúa como una especie de "espía" intelectual del bien.) Lo anterior está dicho muy condensadamente, pero constituye un punto esencial en un modo de pensar que se ha ido formando lentamente en mí a lo largo de una serie de reflexiones. Recordarás que ya hemos hablado de ello en Lecumberri. Bien; mi anhelo es entregarme por entero a estas reflexiones, al mismo tiempo que continuar mi trabajo literario (¡tan abandonado, Dios mío!). Pero están los malditos requerimientos de la acción. ¿Pero cómo puedes no arrojarte al agua si alguien se está ahogando? ¡Claro! Tú también te ahogarás.

Te envié mi entrevista con Bob Crespi (por cierto que la publicó en un periódico inmundo).[16] Ahí planteo, aunque esquemáticamente, el problema de nuestra cultura americana, en contraste con la cultura mundial. España, a partir de la Contrarreforma, se convirtió en un gueto cultural de alcances planetarios, "donde nunca se ponía el sol" —lo cual acaso explique el reblandecimiento intelectual—, gueto que apartó al lenguaje castellano de todas las manifestaciones avanzadas del pensamiento. Aquí reside el punto de arranque de nuestra tragedia. La conquista, en lugar de representar un avance, no hizo otra cosa que producir un engendro, un monstruo desintegrado: cabeza de perro en cuerpo de serpiente con alas y un arcángel diabólico por dentro. Cosas por el estilo. De ahí el asombro —un tanto perverso— de los europeos. (Se asombran sin comprometerse y ¡por Dios!, que tampoco se comprometan a la manera de Régis Debray.)

¡Muy bien que te dirijas seriamente a Hegel y al joven Marx! Es ahí donde está el punto de partida de toda la problemática contemporánea. (Es lo que yo también trato de estudiar.) Hay que desmistificar, sin lugar a dudas, la famosa "ruptura" de Marx con la filosofía crítica. Lo que ocurre es que la gente no sabe leer ni situarse en las "superestructuras semánticas" —por llamarlas de algún modo— del contexto histórico —más bien cotidiano—, en que los materiales fueron escritos. Bruno Bauer (los dos Bauer), Arnold Ruge, Marx y el resto de filósofos contemporáneos (sin excluir a Feuerbach), se servían (como dice Borghese de cierta literatura italiana) de un "lenguaje estatuario", monumental. Imitaban a Júpiter Tonante en la imposibilidad de tomar como modelo a Wotan, un dios alemán y por ende bárbaro. Sus cuestionamientos de la religión —tan llenos de contenido, cf. Strauss, Feuerbach— están envueltos en un lenguaje que nos parecerá indescifrable de necesidad, si no nos adentramos en el estilo de la época. Los malos lectores, así, se quedan con la música pero sin advertir la orquestación: y una melodía sola nunca te dice nada; la puede silbar un perro a la salida del concierto.

Tengo *La sagrada familia*. Sin embargo, te voy a enviar —por supuesto con la ayuda de Irina— un ejemplar que no sea el mío, porque lo tengo como libro de uso continuo. Tu mamá se fue de tour con Pablo hacia las remotas tierras de Chiapas, en busca de los confines del mundo, y por eso no he podido recurrir a ella. No pude acompañarlos, primero por razones de mi pasajera enfermedad, y luego porque esperaba diversos contactos con estudiantes del interior, a los cuales no podía dejar plantados de ningún modo. (Inevitablemente me he permitido ciertos excesos moderados, como puedes suponerlo.)

Mi vida personal transcurre un tanto vacía, de no ser por los camaradas jóvenes. Nada me dice, nada tengo que ver, ya no puedo tolerarla siquiera, a mi estúpida, oportunista generación. Están hundidos en la *merde*, aunque de vez en cuando la rocíen de lociones aromáticas (firman manifiestos) y crean que cagarse en ella constituya su negación: mierda sobre mierda igual a mierda superada. Pero, ¡qué le vamos a hacer! ¡Ay, México! Pero habría que parafrasear a Magallanes cuando decía: "vivir no es necesario, navegar es necesario". Vivir no es necesario, luchar es necesario.

Te abraza, te ama, / tu papá, José.

P.S. Saludos, naturalmente, a todos los amigos: Dominique (conocí a Aureliano, ¡qué hombre espléndido!), a Nicole, a los London, a Goytisolo, Semprún, Claudín —a Pronteau—, a toda esa gente maravillosa a la cual tanto quiero.

México, enero 12, 1972

Andrea querida: He leído con enorme interés tus cartas del 31 de diciembre pasado y del año nuevo. Las fechas indican —como no podía ser menos— que aún no te llegaba mi carta del 30 de diciembre, lo cual es obvio. Me refiero a dicha carta, porque en ella está contenida una especie de adivinación respecto a la problemática contenida en las tuyas. Tú sabes cuánto he querido —y queremos— el libro de Gérard Walter sobre Lenin. (De paso, he leído otras cosas de él y amo mucho su honestidad y su rigor: *María Antonieta* y una biografía de Marat escrita en colaboración con Louis Barthou, aquel primer ministro francés asesinado en las calles de París cuando acompañaba al rey Alejandro de Yugoslavia, si no estoy equivocado.[17] En este último libro se advierte que predomina la mano de Walter, pese a que figura en segundo lugar a la cabeza del libro. Desde hace años ando tras de otro libro suyo: *Robespierre*, pero por esta o aquella circunstancia nunca lo he logrado obtener. Lo buscaré en francés.) Bueno: Lenin y la teoría del partido, el espíritu centralista de Lenin, su impiedad política hacia los mencheviques. (A propósito de tu referencia a la carta de Engels a Vera Zasulitch, ¡qué curioso!, Lenin tuvo oportunidad de conocer a Engels y con más o menos pretextos no llegó a encontrarse con él. No te puedo dar en estos momentos la fuente de esta información —creo que está en el mismo Walter. ¿Qué significación, desde luego más psicológica que política, habrá habido en esta actitud? ¡Qué apasionante averiguarlo!) Bien, continúo. El blanquismo de Lenin, la "restauración" capitalista en Yugoslavia, y todos los demás problemas que planteas en tus cartas. Ante todo esto debemos tener la cabeza muy fría. Te voy a contestar en una carta muy pormenorizada y reflexiva, para la que, por desgracia, en este momento no tengo tiempo. Pero te anticipo un punto de vista muy general, Lenin, en efecto, "adolecía" de estos rasgos. (La frase de Axelrod lo pinta de cuerpo entero: un hombre que sólo piensa en la revolución. Preguntado Newton acerca de cómo pudo descubrir la ley de la gravedad y establecer sus principios, responde: "pensando *siempre* en ello".) Adelante, pues. ¿Eran justas las críticas de la minoría "iskrista" contra Lenin: Mártov, la Zasulitch y luego el propio Plejánov? Evidentemente sí, si las

230

aislamos del contexto histórico en que se produjeron y de las necesidades del proceso revolucionario ruso. Pero veamos las críticas de Rosa Luxemburgo contra Lenin y Trotsky, ya éstos en el poder. Evidentemente, en el poder, no se puede seguir sosteniendo una metodología "conspirativa" sin caer en la dictadura más abominable. Con Lenin, esto se podía aceptar, sin Lenin, ¡jamás! Quiero, entonces —y debo y voy a hacerlo— escribirte una carta "teórica" basándome sobre todo en el pensamiento de Rosa Luxemburgo. Rosa vio muy lejos, más, muchísimo más que el propio Trotsky, lo que ya es bastante decir. Creo firmemente que la teoría leninista del partido —así como la teoría del Estado y de la dictadura proletaria— deben, a la luz de las experiencias de esta segunda mitad del siglo xx, deben y pueden ser superadas. La tarea no es simple, pero ya están empeñados en ella hombres como Henri Lefebvre. Te recomiendo que *de inmediato* —si te es posible— releas, de Rosa Luxemburgo: *Crítica de la revolución rusa, La huelga en masa, partido y sindicatos, Reforma y revolución.* Respecto a *La acumulación primitiva del capital,* tan criticada por Lenin, te diré que pienso, provisionalmente, que el capítulo inédito de *El capital,* de Marx le da la razón a Rosa. Sin embargo, este punto de vista mío por lo pronto carece de una sustentación teórica seria, hasta que no lo estudie del modo más exhaustivo posible. Bueno; hago la solemne promesa de escribirte sobre el asunto.

Otras cuestiones. [La revista] *Libre,* en primer lugar. *Personalmente* me ocuparé del asunto. El caso es que he estado cargado de trabajo y mis salidas al interior me han impedido seguir de cerca lo que, más bien, no se ha hecho ni se hace, evidentemente. Esto marchará en brevísimo tiempo; puedo asegurártelo. Por lo pronto, escribiré un artículo sobre México, lo más objetivo, abierto, claro, pues no sabes hasta qué grado me irrita que sean otros (y precisamente los centristas democrático-burgueses como Carlos Fuentes) quienes lo hagan, no porque les niegue tal derecho, ¡por supuesto que no!, sino por el hecho de que seamos nosotros mismos quienes permanecemos callados e inactivos frente a las mistificaciones. Creo que sería muy conveniente —a partir de mi colaboración *real* en *Libre*— que les dijeras a los compañeros de la necesidad de que establezcan una correspondencia directa conmigo. Esto será muy fecundo para ambas partes. El ensayo sobre Claudín —paralelo al de una consideración teórica de London y los "procesos" de los treinta para acá— se ha ido retrasando por mi afán de emprender exhaustivamente la tarea y mi tendencia al "trascendentalismo". Lo haré, lo haré.

Por separado te envío un póster que anuncia la revista que representa, de hecho, la "nueva izquierda" en México: *Punto Crítico*. Aparecerá en estos días el primer número, del cual te enviaremos diez ejemplares para que los hagas llegar a todos nuestros amigos de allá. (Claudín, Goytisolo, Nicole, Dominique y Aureliano, los London. Recibí unas líneas de Lise, con un renglón de su hijo o la hija —no comprendí la grafía de la firma. ¡No te imaginas mi emoción y agradecimiento! Comunícaselos, por favor, a reserva de que yo les escriba.) Nuestro programa va más adelante que Vincennes, creo. ¡Y cómo me gusta Vincennes!

He recibido ya la invitación formal de la Universidad de Stanford para dar allá (California) un curso de diez semanas. Saldré en marzo. Les envié un bosquejo, a reserva de llevarles el plan completo —en el cual ya trabajo. El curso será sobre "Problemas del lenguaje y sus contenidos" (lenguaje cotidiano, lenguaje ideológico-político, lenguaje literario y lenguaje ontológico). Te enviaré una copia del plan. Por supuesto, el curso se ciñe a una problemática actual, donde el eje lo constituye la antinomia libertad-alienación. Mi intención, como te dije, es ir a París después del curso (en junio-julio). Podríamos, tal vez, ir a Israel para encontrarnos con Román y María. Incluso coincidiría con el viaje de tu mamá, que por las mismas fechas quiere verte. ¡Ojalá no esté yo soñando!

¿No te mandé el primer cuento de "Hegel y yo"? Creo que no. Voy a ponerme a trabajar en la serie, que acaso llegue a convertirse en una secuela de diez cuentos o en toda una novela (es muy posible esto último). De cualquier manera haré una copia que recibirás pronto.

Bueno. Termino. Espero con cierta ansiedad tus comentarios a mi carta del día 30. Tu mamá me informó por teléfono que te habían aceptado la licenciatura en Vincennes, lo que por ende te permitirá realizar ahí mismo la maestría. No te dejes llevar de la tentación de volver a México. Este país necesita de gente que sepa disparar las armas de la crítica, de lo contrario se lo llevará el carajo.

Te abraza con todo su corazón y más que el corazón mismo, / tu papá, José.

México, enero 29, 1972

Andrea querida: Te escribo una carta rápida con el solo propósito de informarte de mi salud. El caso es que me han llegado rumores respecto a que te encuentras muy alarmada y aun estarías dispuesta a venir a México para estar a mi lado. ¡Por Dios! Lo que sucede es que te llegan informes descabellados y absurdos. Conoces bien cómo la generalidad de la gente es muy dada a exagerar únicamente por ocio, por falta de qué escribir, por hacerse importante o quién sabe por qué diablos. (Tu mamá, entre esas personas. No sabes en qué tono lastimero y deprimente me habla de ti y de tu situación allá en Francia. Si a sus informaciones le restas el cincuenta por ciento, todavía quedará un crecido cúmulo de datos sombríos y augurios más o menos terribles). Por favor: no aceptes ningún informe que no provenga directamente de mí o de Irina, ni vayas a tomar ninguna decisión precipitada. Mi malestar no tiene orígenes profundos ni insuperables. Para tu tranquilidad te transcribo el parte radiológico dictado por los médicos que examinaron las imágenes a través de rayos X. Dice así el que se refiere a la "serie gastroduodenal":

Impresión radiológica: No se encontró lesión intrínseca en la serie gastroduodenal. A juzgar por el rechazamiento gástrico hacia adelante especialmente aparente con el paciente de pie y el posible rechazamiento también hacia adelante del ángulo duodeno yeyunal, se puede decir que son datos que están de acuerdo con la impresión clínica de crecimiento a nivel de la cola del páncreas. Existe acentuada diverticulosis del colon.

Firman los doctores Jorge Deschamps y Rodolfo de Castro.

Como puedes ver —en medio de ese lenguaje críptico— no se trata de otra cosa mayor que de una inflamación del páncreas, donde puede apreciarse un "seudoquiste" (así se llama técnicamente) en la "cola" del propio páncreas, cosa que puede absorberse o extirparse. El médico que me atiende, doctor Horacio Jinich, que, además, es una eminencia en gastroenterología, está por decidir la semana entrante si será necesario o no una sencilla intervención quirúrgica. Te mantendré informada o, en su caso, te escribirá Irina. Te transcribo el otro parte, que se refiere a la impresión de "radiografías simples del abdomen en decúbitos dorsal y ventral". Dice así:

Impresión radiológica: El funcionamiento renal es excelente. No se ven lesiones de tipo intrínseco ni tampoco extrínseco. Hay discreto crecimiento prostático y moderada retención urinaria. Hay extensas calcificaciones en placas de ateroma en la aorta adbominal y en las iliacas primitivas.

Firman los doctores F. Bassols (hermano del difunto Narciso), J. Deschamps y R. de Castro.

Si tienes a la mano un médico amigo o algún estudiante de medicina, cualquiera de ellos te puede traducir al lenguaje profano el significado de este lenguaje misterioso. *No se trata de nada grave ni que pueda agravarse.* Lo único molesto son los dolores, más o menos agudos, pero a los cuales hago frente con calmantes. Estaré libre de todo esto en una quincena más. A partir de la segunda mitad de febrero tengo compromisos para dar conferencias en Torreón, Monterrey, Veracruz y me parece que en Durango. Creo que, si bien por falta de tiempo (no por enfermedad), podré cumplir con algunos, otros será imposible, pues en marzo debo estar en la Universidad de Stanford, California, para un curso de diez semanas.

Cada vez se hace más real el hecho de que podamos encontrarnos en París para el mes de julio. Te lo confirmaré ya sin lugar a dudas cuando me encuentre en Stanford y haga un avalúo de las posibilidades económicas.

Por lo pronto no te dejes llevar de *nada en absoluto* que distraiga tu concentración en el estudio. Necesitamos energía, intrepidez, valor. Te repetiré aquí una frase de Carlos Liebknecht en una carta de la prisión dirigida a sus hijos: "Fuertes, con la mayor cantidad de luz dentro del corazón".

Hay que alimentar esa luz en el corazón y no permitir que se extinga o disminuya.

Te abraza, te ama y desea siempre lo mejor para ti, / tu papá, José.

P.S. Acabo de recibir carta de *Libre* en que me recuerdan el artículo que, por tu conducto, prometí escribir sobre México. Ya estoy en eso y pronto lo recibirán, a tiempo para que entre en el número tres. Salúdame a todos ellos.

Te quiere, / tu papá

El empleado de la compañía de fianzas. Se ocupa de gestionar la libertad bajo fianza de los presos por delitos penales y civiles. Describe el *modus operandi* del soborno de los jueces para la fijación del monto de las fianzas. La compra del turno de los jueces, para monopolizar todos los casos que se produzcan en los mismos. Está atacado de ácido úrico y tiene los miembros llenos de forúnculos.

Un anciano que no habla. Asiste a las reuniones de la sala con absoluto mutismo, lo que no es obstáculo para que, cerrados los ojos, como si estuviera profundamente dormido, asiente o niegue con la cabeza, según el curso de la conversación.

Los tres alegres gotosos. Ocupan el cubículo 73-78 con otros tres enfermos. Son divertidos, juegan a las cartas, apuestan en futbol, se cuentan chistes. Los tres se reúnen, dos en sillas de ruedas, uno con muletas, en la sala de día.
* Primer gotoso: expresión llena de maliciosa alegría. Mientras conversa, desliza la silla de ruedas, incesantemente, de atrás para adelante.
* Los dos restantes gotosos tienen igual sentido del humor.
* Cuarto gotoso: largo, taciturno, desencantado. El contrapunto de los otros tres. Éstos le esconden la silla de ruedas, para embromarlo. Él echa siempre la culpa a una persona distinta (afanadora, mozo, etcétera). (Mauro)

El enfermo grave (hemorragias internas, sin coagulación). Los tres gotosos lo llaman *El Hispano*, por ser español. (No aparece en escena sino por referencias.) Siempre a punto de morir. Su esposa hace guardia junto a él y ha de dormir en el sofá de la sala de día. Muy objetiva, acepta la muerte del marido con gran desenvoltura. (Rubia, bien formada y de no malos bigotes.)

Cubículo 79-84. 79: yo. 80: relativamente joven, hijo de un pequeño agricultor en la sierra de Puebla. Dos operaciones, esófago ulcerado, hemorragias internas. (Músico de su pueblo.) 82: el gotoso estólido; patético en su dolor ignorante. Ebanista y tapi-

235

cero de la casa Chipendale. Se queja amargamente de los "arquitectos" (diseñadores de muebles).

Agricultor siempre sonriente (de Morelos). Narra el cuento (que atribuye a su padre) del tlacolol, el mapache o tejón, las mazorcas y la perra parida, de la que el mapache mama.

Alma Lilia (la reidora muchacha); *Conchita* (semiciega); *la de anteojos* (Rosita). Todas jóvenes, divertidas.

Personajes administrativos: el repartidor de medicamentos.

Conchita. Aparece en la sala y entre las muchachas —Rosita y Alma— causa risa su aspecto aturdido, con el ojo izquierdo entrecerrado y ambas pupilas dilatadas al extremo que le impiden discernir lo que ve: manchas, borrones, objetos opacos. Ella misma ríe y luego, casi a tientas, se deja caer en el sofá. Alma bromea como una loca, y hace comentarios divertidísimos a costa de "doña Pera", la anciana extravagante que ocupa el mismo cubículo de ellas y que ya da muestras claras de locura senil.

Dos días más tarde me encuentro a Conchita en el corredor de los elevadores, sentada en una silla hasta la cual la ha conducido de la mano una enfermera. Me aproximo.

—¿No me ves, Conchita? —pregunto medio en broma, a dos pasos de distancia.

No; ahora ya no me ve en absoluto. Su gordo y simpático rostro mofletudo, ahora se hace más doloroso, enternecedor, con la pérdida absoluta de la vista.

—¡Ya no veo, ya no veo! —llora.

Yo mismo estoy a punto de llorar. Me cuenta cosas de su vida con una espontaneidad simple, sin reticencias: la peregrinación "de limosna" a San Juan de los Lagos, con su madre. "Siempre hemos sido muy pobres." La madre trabajó cierto tiempo en una tortillería; ahora lo hace en un "puesto" de jugos. "Ora que vino mi mamá, ya no pude verla, ya no la miraba ni de cerquita. Ella me consoló, diciéndome que lo de mis ojos va a pasar pronto."

Hablé con uno de los médicos acerca de Conchita. Se mostró escéptico. Se trata de una complicación metabólica desde el nacimiento, que afecta el nervio óptico de algún modo.

—¿Quedará ciega? —pregunto.

El médico mueve la cabeza.

—Haremos todo lo que se pueda por que no sea así —dice— pero su diagnóstico es muy grave.

¡Dios! ¡Qué horrible piedad siento, espantosa, una repugnante piedad que me duele hasta lo más hondo!

El estólido no se da cuenta que habla a solas. Dice estas cosas involuntariamente:

—¡Mamacita! ¡Qué fatigado, qué fatigado estoy! ¡Ochocientos pesos a la semana —la cuota que se paga en el INN [Instituto Nacional de la Nutrición]—, ochocientos pesos!

Sufre endemoniadamente. El lunes o martes (hoy es sábado 5 de febrero [de 1972]), lo operarán de la vesícula. Grave, sin que él lo advierta del todo.

Lunes 7 de febrero

* Más sobre *El estólido* (ocupa la cama 83 en mi cubículo). Luego hace preguntas o comentarios increíbles.

—¿Es cierto que la luna es más grande que la tierra? Eso es lo que dicen los que fueron allá. Ahora ya no se anuncian los viajes a la luna. Nomás los hacen sin avisar a nadie.

El cinco de febrero, que fue día feriado (aniversario de la Constitución de 1917), alguien pregunta qué es lo que se conmemora este día. El estólido explica: "fue cuando España reconoció a México"; o si no: "la batalla de Zaragoza en Puebla". En otra ocasión, tan sólo por preguntar algo, me dice:

—¿Y cómo puede hacerle uno para ser artista de cine? ¿Nomás se mete uno a los estudios y ya? ¿O hay que saber cantar?

Cada vez se entrega con mayor inconsciencia a ese abandono de hablar solo. Balbuce las palabras como si rezara, en un murmullo ininterrumpido y gesticulante, dialogando con un interlocutor invisible. Por momentos se detiene y sonríe hacia el vacío, con una mirada dirigida a su propio interior, con un aire de profunda comprensión. Después prosigue el soliloquio, fluido, continuo e impreciso, donde sólo llegan a ser claras algunas expresiones sueltas: "¡Pinche mundo! ¡Mamá, mamacita! ¡Ay, ay!" Sus ayes no son de dolor físico. Hay algo muy triste y oculto en él y, al mismo tiempo, un aire —cada día más acentuado— de extravío. Pienso que las preguntas y los comentarios disparatados que hace, no son sino el recurso de que se sirve para ocultar una pena muy intensa, un sentido de autocompasión lleno de miedo, al que acecha una especie de vaga seguridad en la próxima muerte. Está en espera de una intervención quirúrgica en la vesícula. No lo han podido operar a causa del ácido úrico que le mantiene terriblemente hinchado el pie derecho y que le

237

provoca agudos dolores.

* El enfermo de la cama 82 (don Luis). Es mediero en las tierras propiedad de las filantrópicas hermanas Orvañanos en el estado de Guanajuato. Hoy fue operado del páncreas, en una intervención análoga a la que se me hará a mí (también un *seudoquiste* o tumor). Lo han traído en la camilla de ruedas y he podido contemplar su sorprendente rostro de cadáver: terroso, sin luz, y ese color —esa falta de color— que parece estancada en la piel muerta, opaca. Todavía no se queja a causa de los dolores postoperatorios gracias a que aún permanece anestesiado o bajo fuertes analgésicos. Pero mañana sin duda comenzará la danza.

México, marzo 9, 1972

Querida Andrea, hija mía: Una carta breve, a vuela pluma o vuela máquina. Primero, salí perfectamente bien de la operación, como ya lo sabrás por nuestra gran Irina. Segundo, el lunes próximo (13) saldré a dar mi curso de tres meses a Stanford, California, USA. Te escribiré en cuanto llegue para darte la dirección. He recibido todas las informaciones que has enviado (particularmente sobre Checoslovaquia). Haremos todo lo necesario. Yo me reúno con los muchachos el domingo y moveré la cuestión para las protestas. También nos enteramos por *La Cause du Peuple* de la manifestación por el entierro del joven trabajador de la Renault. El maoísmo francés da una impresión de gran racionalidad y sobre todo de ser un representante real de la conciencia obrera, junto con los trotskistas. Tendremos que aceptar la teoría de la pluralidad de partidos obreros que sostenía Rosa Luxemburgo, de lo contrario (sin Lenines ni Trotskys) caeremos en la misma dictadura burocrática, anquilosada y reaccionaria a la postre, que se ha venido dando en los últimos decenios, y que supera, con mucho, a la vieja y cínica burocracia socialdemócrata.

Vi tu artículo en *Politique*. Muy bueno. Firma con tu nombre de ser posible, en lo sucesivo. Esto es necesario por cuanto a caracterizar los puntos de vista y no se trata en modo alguno del "culto a la personalidad" inventado por los neostalinistas.

Hasta ahora me ha sido físicamente imposible escribir, por culpa de mi enfermedad pancreática y luego la operación. Pero ya estoy nuevamente en condiciones. Recibí carta de *Libre,* pero en una situación en que me fue imposible contestarla.

Termino, porque tengo muchas cosas pendientes. Te escribiré largo y tendido de Stanford.

No me has escrito. ¿Qué pasa? Procura hacerlo, dentro de tus ocupaciones.

Te quiere, te abraza, te desea lo mejor, / tu papá, José.

P.S. Ya comentaremos las nuevas tuyas que me llegan de segunda mano; el hecho de que Lefebvre dirigirá tu tesis, etcétera. Definitivamente iré a París en septiembre, después de una temporada política en México terminando con Stanford. *Au revoir*.

San José, [California] mayo 2, 72

Querida hija Andrea: Recibí tu carta de varias fechas de abril, la que leí con enorme alegría y emoción. Estuve fuera, al sur de California en Irvine y Claremont, dando conferencias, por eso no te había contestado. Ésta es únicamente para que tomes la dirección que va en el sobre y me escribas. Estuve en la fantástica galería [en San Marino] de la cual es este cuadro. Por desgracia sólo pude visitar las salas del siglo XVIII inglés. Espera larga carta pronto, / tu papá, José.

México, D.F., agosto 21, 1972

Andrea, hija mía: Espero que esta carta ya te encuentre en París, pues me enteré que ibas (o ya estabas) en Mallorca y que de ahí irías a otros lugares. Te habrás encontrado con tu mamá, sin duda (es que no sé si se habrían concertado de antemano tú y ella). Llegó a verme un muchacho francés y me entregó el cargamento de libros que no pudo llegarme más oportunamente: la antología de Mandel sobre control obrero, consejos y autogestión (¡espléndidamente útil!); *Les années rouges*, de [Mariano] Constante; *Un "procès de Moscou" à Paris* [de Charles Tillon]; así como la colección de la revista *Autogestion,* con la que me he puesto a trabajar de inmediato. Aunque todavía no logro recuperar mi viejo ritmo preoperativo, ya casi lo recupero. Sucede que me acomete una gran fatiga y debo procurar no gastar mi energía en esfuerzos físicos (no te alarmes: me descubrieron una incipiente lesión pulmonar —tuberculosa— contraída en Lecumberri; pero estoy en tratamiento y se trata de algo perfectamente superable).

Tengo mucho que contarte. Mi gira por California tuvo muy buen éxito. Tu última carta fue muy buena; me gustó tanto que se las leí a mis alumnos de San José State College y de Stanford.

Bueno. Tengo que cortarla porque estoy muy atrasado en el trabajo. Llevamos todos los martes un seminario sobre la enajenación donde participan Bolívar Echeverría, Garzón, Campuzano, Roberto [Escudero], Julio Pliego, Juan Manuel [Dávila] y Marta [Obregón], así como otros más, éstos últimos en calidad de oyentes. Va por muy buen camino. Trabajamos aquí mismo en la casa. Estuve con Paquita [Calvo, quien estaba en la cárcel] el domingo antepasado. Tiene una moral magnífica, así como la mayor parte de ellas. Me comprometí a escribirles un curso por correspondencia sobre problemas de organización. Te enviaré las copias.

Perdona la brevedad. Escríbeme largo y tendido, así como yo lo haré en mi próxima. Saludos a Dominique y Aureliano. Cuando veas a Irina dale un enorme beso de mi parte.

Te quiere y siempre espera lo mejor de ti, tu papá / José, hijo del Hombre.

[México], sábado 21 de abril, 1973

Querida Andreíta, hija mía: Te escribo desde la casa de Berdecio, donde vine a pasar unos días mientras se organiza la operación del cambio de casa, que ya se encuentra en pleno proceso. La nueva dirección es la siguiente:

Insurgentes sur 1442, depto. 5.

Tengo enormes dificultades para escribir, pues los dedos no me responden con la suficiente energía. Pero esto irá mejorando, y cada día que pasa me recupero más y más. Ya empiezo a leer libros teóricos o sociológicos. Me ocupo ahora de releer la *Historia de la revolución rusa*, de Trotsky. Resulta que aquí se está editando la obra completa (por la editorial Juan Pablos; ya van en el volumen once). La estoy comprando entera y así podré cotejar textos con los antiguos materiales o semistalinistas o de los propios trotskistas de "buena voluntad" que nos daban obras mutiladas, que editaban sin responsabilidad o para "llenar un vacío"; llenarlo con un vacío más peligroso. Recordarás la grandeza de la *Historia* de Trotsky. El solo prólogo es una obra maestra. Una sagaz teoría de las revoluciones, cargada de ideas y rica en puntos de vista. Yo no conocía este prólogo genial y me ha servido de mucho. En seguida —después de esta "preparación artillera"— empezaré a ocuparme *en serio* de los otros campos. La crisis histórica del marxismo y sus premisas contenidas ya desde la *Tesis doctoral* y luego la lucha contra "los doctores de Berlín" (los Bauer, los Stirner y demás gente, de la cual aún tenemos mucho que aprender, pese a cuanto pueda decirse).

Es lógico que de aquí se derive una correspondencia más nutrida contigo. No te librarás tan fácilmente de leer mis mamotretos. ¿Cómo estás tú? ¿Tus problemas de trabajo? Entiendo que está en marcha —si no es que ya resuelto— el problema de tu beca.

zada —el secuestro del cónsul norteamericano mediante el cual se logró liberar a treinta compañeros presos. ¿Pero qué significa todo eso a espaldas de las masas? Una especie de "boxeo de sombras", que es uno de los modos con que se entrenan los deportistas: pelear con la propia sombra, "verse" a sí mismo en la pared. Pero la acción de combate, el terror, en México y a estas alturas, es menos que eso: es el vacío, apostar a la nada.)

Pero volvamos sobre el prólogo de la traducción y su contenido. Muy certero —si acaso un tanto tímido. Sí; se hace indispensable una revisión de la teoría leninista del partido. Se olvida con harta frecuencia que no surgió históricamente, de la noche a la mañana, como tal teoría, sino como una disciplina de grupo, un comportamiento de fracción dentro del Partido Social-Demócrata Ruso. Se hizo teoría *a posteriori* y se le dio una forma férrea e inaguantable a partir del X Congreso, que suprime las fracciones bajo la aquiescencia provisional y como un "mal menor" por Lenin. De ahí en adelante deja de ser siquiera una "teoría" para convertirse en un sistema de poder, que cada vez se individualiza más. En mi nuevo prólogo al *Proletariado sin cabeza* lo diré abiertamente, basado en viejos apuntes todavía no desarrollados, pero en los cuales me parece que puede sustentarse una revisión a fondo de los "principios" del centralismo democrático. Esto entre otras cosas se apunta en la "Advertencia" de los autores del libro. Pero desde luego que hay muchísimo más. Yo sostengo que nos enfrentamos a una *crisis de la historia* como tal historia humana, que se refleja desde luego en la quiebra de las ideologías. Hemos sido demasiado "ideológicos" —o nos hemos circunscrito exclusivamente a la ideología—, lo cual nos ha llevado muy lejos del conocimiento real. Hay que volver abiertamente a Hegel, al joven Marx y a la economía política "más allá" de *El capital*; quiero decir, al marxismo "ignorado", al marxismo que fue puesto en *epojé* durante más de cincuenta años y no sólo por el stalinismo, sin olvidarnos de lo que puso de su parte la socialdemocracia teórica para hacer un tanto más "refinadas" las falsificaciones. Empero siguen en pie Rosa Luxemburgo, el Kautsky de su primera época y algún "revisionista" de cuya lectura pueden extraerse consecuencias importantes. (Me viene a la memoria el "revisionista" ruso Tugán Baranovski y el "revisionista" belga Henri de Mann, que yo leí en la biblioteca de Hacienda en México, en quienes se pueden encontrar ciertos juicios parciales interesantes y capaces de proporcionarnos una pista, así pueda no ser muy segura, para esta nueva empresa teórica de la segunda mitad del siglo xx. Por mi parte me propongo leerlos de nuevo en la biblioteca, pues no habrá modo de conseguirlos en ningún otro lado. Te informo de esto porque en París deberán estar libros como éstos y otros que son indispensables. ¿Por qué en Francia alguien no reedita las *Memorias* de Mártov? ¿Quién conoce, entre los revolucionarios, este libro, que ha de ser fundamental en la indagación sobre la teoría del partido? Sugiérelo tú a las personas adecuadas y entre ellas se me ocurre que Pronteau podría ser una.)

Es preciso planear una forma segura de intercambio de libros. Irina, sin duda, nos ayudará en eso, mediante los viajeros que continuamente van o vienen de Francia. Aquí no se pueden editar peor los viejos libros que luego se reducen a simples recensiones o a fragmentos inarticulados que se toman de aquí y de allá, sin el menor criterio ni orden.

Bien. El caso es que no debemos desesperar —y hablo en plural porque yo también me siento dentro de la crisis y busco ardientemente la salida. Te hablaré *in extenso* del desarrollo de mi trabajo a medida en que vaya reconquistando el ritmo de mis lecturas y vuelva al carril de lo sistemático y antivagabundo, en que me hizo caer mi debilidad física, ahora ya superada.

A Ema —que te saluda— le causa enorme satisfacción el que tú la menciones en tus cartas y aun nos hayas escrito colectivamente.

Te incluyo la copia de tu traducción, con la "corrección" indicada y espero lo más pronto noticias tuyas. / Tu papá, hijo del Hombre.

México, agosto 28, 1973

Querida Andrea, hija mía: Ahora sí no me cabe ninguna excusa por no haberte escrito. Trabajo, compromisos, conferencias, entrevistas, pero lo que resulta peor, cierta vagancia irreprimible. El hecho es que a cuestiones puramente literarias y al estudio, no he podido dar el menor tiempo.

Ayer nos presentamos Ema y yo al Registro Civil, con nuestra solicitud de matrimonio (acompañada de la sentencia certificada de mi divorcio) y el juez fijó la fecha para el próximo viernes 31 de agosto. Así que cuando ésta te llegue, ya estaremos convenientemente uncidos al yugo. Testigos, de parte de Ema, Consuelo y Emilia [Revueltas]; de la mía, Roberto Escudero y Mireya Zapata (prima de Paquita y compañera de Roberto). Bien, en medio de todo este ir y venir, reuniones con universitarios de Sonora, Monterrey, Durango.

¿Cómo la pasaron tu mamá y tú? Supe que ella regresó hace

es mucho. Intervengo en gran número de trabajos, pero ya conoces nuestro medio: creen que con el entusiasmo y la cólera de los mítines y las colectas, ya se hizo todo.

Regresaré a México el domingo próximo. Te saluda Ema muy cariñosamente. ¿Cómo se encuentran los Griffoulier? ¿Cómo está Gérard, es decir London y Lise?

¿Mandaste el original de *Nos esperan en Abril* por correo ordinario? No importa, el caso es que todavía no llega. Besos, abrazos y el cariño de / tu papá.

[México], 11 de diciembre 1973

Querida Andrea, hija mía: No te había escrito por absurdas razones de salud. Advertirás, incluso, la inseguridad de mi pulso [la carta está escrita a mano]. Ahora me he recuperado en el hospital de la Nutrición, que es magnífico. Saldré en unos cuantos días más. Esta carta te llegará por manos de Tali, tu amiga, alumna de Vincennes. Te escribiré próximamente largo y tendido. Román regresó a México. Me visita diariamente. En fin, todo comienza a marchar de nuevo. Ema te saluda.

Recibe mis abrazos y besos con todo el cariño de tu padre, / José, hijo del Hombre.

[México], enero 2, 1974

Andreíta mía, querida: Comprendo tu malestar porque no te haya escrito. Por supuesto no hay excusas. Te mandé un libro que acaso pueda servirte respecto a la estructura del Estado en México. Tengo muchos más, pero resultaba imposible que la persona (que me presentó Irina) pudiera llevarse todos. Estoy trabajando en las notas para mi próxima carta. Todas se refieren a mi punto de vista sobre las *revisiones* que tenemos que hacer respecto a la teoría del Estado. Desde Lecumberri te hablé algo de ello. Mi trabajo se llama: "Los nuevos contenidos de la realidad contemporánea". Pero esto me lleva cada vez más lejos y en México casi no me atrevo a dar a conocer mis puntos de vista: el dogmatismo es mucho más de lo que nos podemos imaginar.

Bien. ¿Cómo te encuentras? ¿Trabajas lo suficiente o más? Quiero que volvamos a dialogar. Pero yo mismo he estado lleno de preocupaciones ajenas, abstrusas y fútiles. Tengo tu retrato ante mi escritorio, me lo regaló Fermín. ¿Cómo pasaste el fin de año?

Estuve leyendo mis notas sobre Lefebvre y estoy semicontento de ellas —semicontento por mí, no por Lefebvre [véase *Dialéc-*

tica de la conciencia]. Las trabajaré con toda conciencia en cuanto me libere —que será muy pronto— de "ocupaciones imaginarias". Bien. Entiende que no he perdido la voluntad ni la energía, pese a la bestial realidad que enfrentamos. Lo cierto es que el mundo está en nuestra cabeza, y ahí es donde podemos hacer algo. Lo creo firmemente, como Sócrates.

Saludos cariñosos de Ema. Te abraza y te desea siempre lo mejor, tu padre, más o menos atormentado. / José

México, febrero 11 de 1974

Andreíta querida, hija mía: Tu más reciente carta lleva la fecha del 16 de enero. Me explico el retraso por la inmensa sobrecarga que tienen los correos durante esos días de Navidad y año nuevo. Me pides por lo pronto que precise la zona postal donde vivo: era ZP 21 pero cambió a 12 por razones misteriosas que sólo saben los burócratas de la administración. No recuerdo carta alguna tuya sobre mi comparecencia en el coloquio sobre Checoslovaquia. Mi teléfono es: 5 34 70 26. Bueno; es todo en ese aspecto. Pasemos a la orden del día. Te envío por separado unos recortes de una conferencia dictada por Fausto Zapata. Éste es uno de los ideólogos más significativos del PRI y secretario de la presidencia. Hay que leer su conferencia entre líneas y sacar las conclusiones. El libro de Pastor Rouaix que te mandé es un libro importantísimo. Ahí puedes encontrar las fuentes de la ideología real del régimen. El "obrerismo" del régimen, visto desde un ángulo antifeudal y burgués, que confunde a la clase obrera con la masa campesina, y la trata entonces como a los siervos de la gleba y en una forma "paternalista". De ahí proviene la enajenación actual de la clase obrera. Te serviría mucho mi folleto sobre *México: una democracia bárbara*. Pero desgraciadamente no lo tengo y habrá que localizar a los compañeros que lo tienen.

El problema general del Estado —y de la historia misma— es lo que más me preocupa. Por lo pronto mis conclusiones son "yugoslavas". Me apasiona la nueva constitución yugoslava y su carácter esencialmente autogestionista. Por lo pronto no veo más allá. Desde luego que la autogestión social no es nada fácil. Aquí no hemos podido avanzar ni siquiera en las universidades, que podrían dar un buen ejemplo. Pero la autogestión es un problema de la conciencia social y de una elevación de ésta a los niveles más altos.

De cualquier modo la perspectiva que nos ofrece este final del

249

aunque creo que ya habrás recibido mi carta anterior. Ciertamente que me vi un poco mal, pero fui atendido a tiempo y con gran eficacia. Ahora me siento en perfectas condiciones y me preparo para el viaje a California, aunque todavía parece incierto (se trata de que la Universidad de Berkeley me envíe la documentación necesaria para poder obtener la visa de Estados Unidos).

Y bien. ¿Cómo estás tú? ¿Cómo la pasaste en casa de Lefebvre? Hazle conocer mi más cordial gratitud por su gentileza. Pienso en las posibilidades de ir yo mismo a Francia (me acompañaría Ema). Pero de cualquier modo esto no sería posible sino hasta después de mi curso en Berkeley, esto es, después de junio. Habría que pensar cuál es el tiempo más adecuado.

No he escrito ahora nada. Me he dedicado a toda clase de lecturas de "descanso" desde que salí del hospital: novelas e historia. Pero ya haré cesar esta vagancia muy pronto, tengo muchas tareas por delante, cuya enumeración me aterra y me bloquea a punto de que me paraliza y no me deja hacer nada. Pero es cuestión de método. Tomar una sola de las tareas y olvidarse de las demás, como si no existieran. La cosa es que yo mismo, en lo interno, no logro superar mis contradicciones. Por ejemplo: la teoría del partido. Es evidente que debe enfocarse desde un *nuevo* punto de vista. Pero este punto nuevo es el que se resiste a salir y ser formulado con toda valentía. ¡Emprendámoslo, sin embargo! Hace falta una negación dialéctica del centralismo democrático. Bien, ésta se encuentra en la democracia cognoscitiva: ahí está el camino. Pero es necesario profundizar la cuestión, desplegarla en todos sus aspectos y, al mismo tiempo, huir de las sistematizaciones como del fuego. Estos obstáculos teóricos han dificultado mi empeño para escribir el prólogo al *Proletariado sin cabeza*. Este prólogo ya debe anticipar mis puntos de vista sobre un nuevo enfoque de la teoría del partido, el eje en torno del cual giran todos los problemas de la época contemporánea.

Que podamos o no superar en nuestro tiempo este problema: el de la inexistencia histórica de la conciencia organizada, es una cuestión aparte. Hay que descubrir los resortes de un devenir de la Idea y su continua enajenación y desenajenación históricas. Es preciso volver a la Fenomenología de Hegel, lo queramos o no.

Como ves, la cuestión es enormemente complicada y ardua, y lo que te señalo en los renglones anteriores no llega siquiera a un simple esbozo.

Hablaremos más en nuestras próximas cartas. Recibe besos y abrazos de tu papá, / José, hijo del Hombre.

Berkeley, Cal., mayo 14, 1974

Querida Andrea, hija mía: Te envié una tarjeta para darte mi domicilio en ésta. Ya tengo por acá cerca de tres semanas y si no te escribí antes fue por el hecho de que no lograba ajustarme al ritmo ni horarios de este país. Al día siguiente de haber llegado tuve que dar mi primera clase, pues ya el curso estaba en marcha y me suplía una maestra amiga mía, Lila Garfinkel. Las cosas marchan y cuento con casi una treintena de alumnos bastante interesados y atentos. Mi curso oficial es "Introducción al marxismo" y los textos de Lefebvre me han sido de un valor inestimable, en particular su opúsculo sobre marxismo y el prólogo para la *Lógica formal, lógica dialéctica*, donde tomé el fragmento sobre *topía* para ilustrar la problemática de los chicanos. Pero, en fin, mi curso es muy variado (dentro de su enunciación general), estamos viendo también problemas de literatura y estética, aunque todo de un modo superficial y condensado, pues resulta muy breve el término de un trimestre —con seis horas de clase por semana.

Bien, ¿cómo te ha ido? Recibo los periódicos de México con un retraso de días, así que sólo estoy informado de las elecciones francesas hasta la primera vuelta y el triunfo en ésta de Mitterand. Un triunfo de Mitterand en la segunda vuelta resulta problemático, así que no me hago demasiadas ilusiones.

Visité en San Francisco un hermoso museo. No nos bastó una mañana para ver todo, apenas si unas cuantas salas. Pero tienen Rembrandt y el Greco. Con todo, aquí parece no alcanzar el tiempo para nada; quizá se deba a las largas distancias que debe uno recorrer. En San José fuimos, un grupo de alumnos y yo, a un concierto donde se tocó el *Homenaje a García Lorca* y *Sensemayá*, ante un público sorprendentemente bien enterado y efusivo. También ejecutaron una obra para percusiones de Chávez, que me gustó mucho. Leí en *Excélsior* que la Sinfónica de México tuvo un resonante éxito en Nueva York, con música de Revueltas. Ojalá no se trate del entusiasmo del reportero al escribir su nota, pues se conduce de modo muy grandilocuente.

La semana entrante voy a dedicar un día entero a la biblioteca Bancroft, de la universidad, que es muy rica, según se me ha dicho, y tiene un gran catálogo en francés y español. Con esto me bastará para sentirme "encontrado" en este país, donde prácticamente no puedes hacer nada ni visitar lugares sin automóvil, así que te debes someter a la buena disposición de los amigos

rición de un nuevo tipo de Estado, para el cual no queremos encontrar nombre. Añade a esto la presencia de un neocapitalismo, que sabe sortear los obstáculos y que extrae fuerzas de sus mismas contradicciones, a causa de la falta de una verdadera vanguardia a escala internacional que trate de hacerle —y le haga— una verdadera y real concurrencia política e histórica.

El proletariado —cuando menos en nuestra América— constituye una clase errática, bajo direcciones enajenadas y enajenantes. ¿Cuánto tiempo necesitaremos todavía para armarnos teóricamente y organizar las fuerzas para hacer frente a todas las vicisitudes que se aproximan? Es muy difícil responder. Por lo pronto debemos aprovechar esta sombría etapa de baja y de derrotas para estudiar y tener la cabeza lúcida.

No basta acertar en la crítica. Necesitamos descubrir la positividad crítica necesaria y arremeter entonces implacablemente contra los status.

Pero creo que estoy perdiéndome en palabras vacías. Dices que te cuesta trabajo superar tu ansiedad y los estados depresivos que te acometen. A mí me ocurre lo mismo. Nuestra enfermedad es el estado del mundo, la quiebra de nuestros presupuestos políticos, la incomprensión general.

No te escribo más porque en estos momentos irá Ema a depositar la carta al correo, aprovechando a una amiga que la llevará en coche. A propósito, tal amiga: Alicia y su esposo, Amador Bustos —ambos alumnos míos—, quizá nos acompañen a Francia. Son magníficos chavos. Ya te darás cuenta cuando los conozcas.

Me despido. Hazte fuerte. Estemos tranquilos, aunque a veces debamos llorar un poco.

Recibe los besos y abrazos de tu papá, / José, hijo del Hombre.

[Berkeley], julio 14, 74

Querida Andreíta: Veo que hoy es 14 de julio y las imagino bailando por las calles. Nosotros con la mala novedad de que nuestro equipaje completo se nos extravió y no nos fue entregado en Los Ángeles, de suerte que no sabemos dónde pueda estar. Pusimos queja a la compañía y de no recibirlo cuanto antes interpondremos una demanda. Lo terrible de todo es que en las maletas iban numerosos manuscritos míos, anotaciones y esquemas de trabajo. Si ganamos la demanda —caso de no recuperar el equipaje— los Amadores piensan que deberán indemnizarnos por un millón de dólares —jamás habré ganado tanto dinero por toda mi obra completa. [Finalmente el autor recuperó su equipaje.]

Le estoy hincando el diente a *L'archipel* [*du Goulag*]. Lo leo muy despacio. Hasta la parte donde estoy se refiere a la represión de los años 17 a 20, es decir en plena guerra civil. Cierto que señala injusticias y crímenes sin nombre... pero, ¿qué se puede pedir en un combate despiadado y sin cuartel? Iguales o peores crímenes se pueden tachar a los blancos. Decía Lenin que es imposible medir si un cañonazo es justo o injusto, es un cañonazo necesario o innecesario y lo demás no cuenta. Resulta terrible decirlo, pero tal es la historia, nos guste o nos disguste —esta aborrecible historia que vivimos y de la cual no hay otra y sin duda no la habrá.

Me leí en el camino la correspondencia de Lenin y Krupskaya con sus padres y hermana. Ya conocía yo algunas cartas, pero su lectura y relectura causa una enorme satisfacción. La célebre equivocación de Lenin entre libras y metros cuando se trataba de adquirir telas y nada menos en el tiempo que dedicaba todas sus energías a escribir el desarrollo del capitalismo en Rusia.

Estamos viviendo con los Amadores (2321 Then St. Berkeley, Cal.). Resulta que la TWA está dispuesta a gestionar una extensión de mi visa, en atención al extravío del equipaje y podremos esperar unos días más. De cualquier modo resulta un fastidio.

Te saludan Ema y los muchachos. Dale mis mejores recuerdos a Jean y a todas amistades. Saludos a Jorge y Mauricio. Si me envías la dirección del padre Maurice, tendré mucho gusto enviarle algunas líneas, lo mismo que a los Rama. No me acostumbro a esta máquina de Amador, la cual tiene incluso un defecto que impide en determinados momentos el funcionamiento de las teclas para lo cual hay que manejar el retroceso, lo que resulta un tanto molesto. Escribe aquí a Berkeley. De no alcanzarnos la carta, los Amador nos la retrasmitirá a México. A nombre de Amador Bustos.

Recibe todo mi cariño, abrazos y besos, / tu papá, José

[México], julio 28, 74

Querida Andreíta, hija mía: Te escribo esta carta con una enorme felicidad. Estuvo a verme Gildita. ¡No te imaginas qué alegría! La encuentro una muchachita encantadora, llena de voluntad y denuedo. ¡No sabes cuánto te ama, te respeta y cuánto has significado para ella en su formación y en su elevada moral, según ella misma lo dice! Estudia francés en la Alianza disponiéndose para reunirse contigo en París. Cuando le dije —según supe por Jati— que vendrías en agosto (el 8) por unos cuantos días, literalmente estalló de gozo. Estuvimos platicando durante algunas horas, desde las primeras de la tarde hasta que empezó a ponerse el sol. Piensa ingresar a Psicología en cuanto termine el bachillerato, pero de inmediato irá como oyente a Filosofía, por la cual tiene un gran interés. Convinimos en que vendrá dos veces por semana, para que juntos estudiemos filosofía y cuestiones del socialismo. Quiere compenetrarse respecto a qué es aquello por lo que tú y yo luchamos. Dile a Jean que puede hospedarse aquí en la casa, si lo desea: hay siempre un cuarto disponible. Salúdamelo con cariño muy de veras. Continúo con Gildita: sus hermanos están muy bien y ambos con inquietudes intelectuales pese al deportismo (¿de José René o Juan Cristóbal?), pero creo que Juan Cristóbal devora toda clase de libros y comienza a escribir pequeñas cosas. Gilda —dice que ocasionalmente— escribe versos. Me parece que insistirá en la gaya vocación, para nuestra alegría. Alguien le comentó: ¡Pero si tú eres la nieta de José!, a lo que ella repuso: ¿y por qué no? Estuvo muy graciosa, apasionante y muy inteligente. Tiene todos los elementos para llegar a ser una gran mujer, para nuestro orgullo. Habló de su padre ligera y discretamente, pero nos dio a entender la existencia de una cierta tensión. Estima a la esposa de su papá, pero conservando alguna distancia y sin conflictos. Se le deja libertad, por lo que ella se muestra satisfecha. En fin, la encuentro muy sana, sin timidez (¡maravilloso!) y llena de cariño para nosotros, y en particular por ti.

Otra cosa. Sigo leyendo *L'archipel*, ahora en español. Es sobrecogedor y me ha hecho meditar hondamente, *esencialmente*. Tengo muchas ideas sistemáticas. En cuanto termine, te escribiré una carta pormenorizada. El socialismo soviético es una gigantesca NKVD, no en el sentido figurado. La NKVD es una enorme empresa económico-política, que se sustenta en la imperiosa necesidad de extraer la plusvalía absoluta a la fuerza de trabajo tomada en su conjunto, con fines de consumar la acumulación primitiva del capital. La primera fase de la plusvalía absoluta fue el stajanovismo, sin descuidar los campos del archipiélago. Después ha sido solamente el Gulag. Es un libro que me ayuda mucho para mi formación del concepto del Estado soviético —no tan único en la historia si reflexionamos sobre el modo de producción asiático.

Salúdame a todos. A los London en particular. Termino porque esta carta está por salir con Ema hasta el correo.

Te abraza, te quiere, te extraña tu papá, / José, hijo del Hombre.

Querida Andreíta, hija mía: Perdona el inexcusable retraso. Es que un cúmulo de pequeños padecimientos me había impedido sentarme ante la máquina de escribir. Por último, me brotó un furúnculo en la rodilla y hubo necesidad de una intervención de cirugía "menor", como dicen los médicos, que no por menor resultó menos dolorosa. Afortunadamente ya estoy bien del todo. Nuestros vinos de Santo Tomás y Los Reyes han resultado bastante aceptables en lo que cabe, y Ema y yo los consumimos casi a ritmo francés.

Extraño mucho París y sueño con frecuencia sus calles. Ojalá que podamos volver a la mitad del año o antes. Vendrán por acá François y Dani, a quienes desde luego les ofrezco la casa si lo desean, por lo pronto hasta que se establezcan, pues vienen por una temporada larga. Hazles saberlo así.

No he estudiado casi nada. Relecturas, aunque abundantes, pero no libros estrictamente teóricos: historia de México, Trotsky, memorias y alguna que otra novela. Es decir, lecturas de sanatorio. La carta que me mandaste con un propio, llegó a mis manos. Ya se estaba en plena huelga postal en Francia y, aunque ya terminó, me dice Irina que según le han dicho, el rezago de correspondencia no se normalizará sino hasta marzo.

Me dio mucha alegría que te hayas encontrado con Pablo; él me lo contó emocionado, pero al mismo tiempo me habló de cierta crisis por la cual atravesarías. Creo que en todo caso ya la habrás superado, como lo indica tu última carta. No podemos tirar la toalla en el último round. Dime: ¿ya se encuentra Lefebvre en París? Yo hablé en la universidad de su disponibilidad para venir a México. Resulta que el encargado de las relaciones internacionales de la facultad es Eduardo Lizalde, quien ya lo tenía en la lista de profesores invitados junto con otros maestros. Si tienes tiempo escríbele a Lizalde a la facultad de filosofía, así nada más, a la dirección de la misma. Le llegará la carta sin duda alguna.

Extraño mucho a Pronteau y le envío mis más cariñosos saludos.

Por acá, la misma confusión política de siempre y que tú conoces tan bien como yo. Yo me reduzco a pronunciar conferencias y una que otra entrevista. Los chavos me visitan diariamente; así que cuando me ponga a trabajar en serio tendré que poner un límite, si bien son en su mayor parte políticas no dejan de constituir un impedimento para la labor continuada y maciza (me refiero a las visitas).

Bien; debo terminar porque tengo puesta la placa dental y esto no deja de ser un fastidio, el cual debo dominar a toda costa hasta vencerlo. ¡Disciplina!, Dios mío.

Saluda a todos los amigos. Jorge [Lobillo] estuvo aquí en casa y trajo consigo a la poeta Enriqueta Ochoa, que es magnífica.

Recibe mis grandes abrazos y besos. Tu papá, / José, hijo del Hombre.

[México], marzo 1975

Querida Andreíta: Recibí tu carta que me hiciste llegar con Maurice Barth. Al hermoso Maurice no pude verlo, pues tenía contado el tiempo y le era imperativo regresar a Europa con una escala en Cuba para enlazar con un avión de Aeroflot (soviética) hacia Europa. Según me contó después Irina, se fue muy impresionado de México, sobre todo del discurso de Echeverría en la asamblea plenaria de la Comisión internacional de denuncia de los crímenes de la junta militar de Chile. Le causó mucha impresión que un jefe de Estado tomara oficialmente la causa del pueblo chileno, pues en el mundo sólo dos gobiernos han hecho algo igual: Suecia y nosotros.

Bien. Antes de proseguir: estuve en cama, a causa de un problema diabético. El caso es que hubieron de aplicarme suero y esto me inmovilizó por completo, con el brazo encadenado al frasco. Por fin me retiraron el suero y aprovecho para escribirte. No te inquietes. La cosa no fue del otro mundo y ahora me encuentro en pleno restablecimiento, aunque sometido a un tratamiento de insulina, que tampoco me permite salir a la calle. Pero me entretengo. Leo un libro ligero —novela— por día, y ya empecé a explorar mis papeles para entregarme intensamente al trabajo.

Una buena noticia —¿no te lo había dicho?—: la editorial Posada decidió editar *toda* mi obra política. Así que ya he ordenado los materiales para en seguida acotarlos con notas históricas. Me faltan algunos materiales, pero no es difícil recopilarlos aquí y allá. Por lo pronto me dedicaré exclusivamente a esta tarea. (Nota cómica: la misma editorial instaurará, para mediados de año, el premio "José Revueltas" —100 000 pesos— para ensayos. ¡Hazme el favor!)

Estoy leyendo como un loco. Como no pude leer en casi una

semana, ahora devoro libros. Bien te repito esto —que ya decía más arriba— para llamarte la atención sobre algunos de los libros: *El recurso del método* (Carpentier), comienzo a hincarle el diente a un libro de Lefebvre que aparece con el nombre editorial de *Contra los tecnócratas.* Me parece que aquí hay una trampa de los editores en lengua española: sospecho que se trata de un "refrito" de algunos listos de la industria editorial. Te mando la ficha para que se la trasmitas a Lefebvre: *Contra los tecnócratas* (trad. Serafina Warshaver). Ed. Granica, Buenos Aires.

Aunque es posible que me equivoque y se trate de una edición seria. Sin embargo, antes que nada debo leerlo.

Ema ya logró inscribirse en la universidad: letras españolas. Se muestra muy entusiasmada.

Tengo el mismo escepticismo tuyo respecto a la situación mundial. No se advierte la salida. Espera en mi próxima carta opiniones y reflexiones más detenidas. ¿Te ha escrito Román? Acabo de terminar una carta para él. Salúdame a Jean y todos los amigos. A Cristina Rubalcava, si la ves. ¿Ya tuvo su hijo?

Abrazos, besos. / José, hijo del Hombre.

México, marzo 31, 75

Querida Andrea, hija mía: Extraño carta tuya, ya con cierta inquietud. Por mi parte ya he salido de todos mis quebrantos de salud y ahora me encuentro en perfectas condiciones, al grado de haber vuelto a mi antiguo ritmo de trabajo con un promedio de 12 a 14 horas y en ocasiones un poquito más. Trabajo en reescribir todos los trabajos trazados en la cárcel y de anotar mis antiguos escritos políticos (de los cuales he encontrado algunos datados en 1936). Estoy dando fin a mis "Apuntes para una dialéctica de la conciencia", de los que tenía apenas unos esbozos y que ahora he logrado integrar un poco más orgánicamente. Te mandaré una fotocopia en cuanto termine. Es un trabajo de todos los diablos y que escribo con enorme timidez.

Para descansar leo una maravillosa biografía de Proust, que acaso conozcas, de George D. Painter (inglés). Es un trabajo exhaustivo, meticuloso, "muy francés" por otra parte y de extraordinaria amenidad. Me ha hecho sentir una aguda nostalgia por Francia, por París, apenas conocidos pero entrañables. Recuerdo casi fotográficamente la Beauce, que recorrimos conducidos por el queridísimo Maurice Barth, cuando fuimos a Chartres, las llanuras cubiertas de trigo, los pueblitos de Saint-Denis, de Étampes, todo tan cerca de Illiers (¿por qué no se nos ocurrió visitarlo?). Te suplico recorras, a mi nombre, las casas que habitó Proust en París: boulevard Malesherbes, de Courcelles, boulevard Haussmann. Los cafés (¿existen aún?). ¡Lamento tanto no haberme quedado en París un poco más y luego visitar las catedrales! Amiens y todas aquellas que Proust recorre evocando a Ruskin. Decididamente hay que volver y antes de que tú regreses. Acaso sea posible, para junio —si puedo tener algún dinero del productor de *El apando*, que se llevará al cine. Ya libre de tus estudios recorreríamos lo más apasionante de Francia, descansadamente y con libros en la mano.

El libro de Painter logra quitarme algún tiempo. He dicho algo que ha parecido una exageración: la obra de Proust es, a la sociedad francesa (costumbres, ritos, fetichismos), lo que *El capital* es a la crítica de la economía política del sistema capitalista. Habría que meditar un poco sobre esta comparación "escandalosa", pero que a mí no me lo parece tanto.

¿Cómo están Pronteau, el padre Maurice, los "pollitos" y demás amigos? Aquí me he visto muy poco con los franceses: Denise vino a visitarnos, pero después se fue a Chiapas o Guatemala; Sophie me habló por teléfono —ahora está en Guerrero y me prometió venir a visitarnos esta semana.

En fin; yo casi no salgo de la casa, lo cual me causa un gran contento. ¡He vuelto a mis buenos tiempos de estudio y trabajo y me siento feliz!

Escribe y contesta a esta carta optimista. Tu papá, / José, hijo del Hombre.

México, mayo 21, 1975

Querida Andreíta, hija mía: El viernes próximo es casi seguro que saldremos a California, donde yo daré unas conferencias en Berkeley y veremos a la familia de Ema en Oakland.

Las dos últimas semanas me ha invadido una improrrogable ola de pereza, después de haber terminado algunos trabajos (entre ellos "La dialéctica de la conciencia", del que te mandaré una copia desde Berkeley, a donde me lo llevo).

El resultado de esta pereza es que leo como un endemoniado y entre otras cosas he vuelto sobre *La guerra y la paz*, que me ha hecho recordarte mucho, cuando en Lecumberri me contaste la película soviética y la escena de Bonaparte, cuando advierte al príncipe Bolkonski, al parecer muerto, sujeto al asta-bandera de su regimiento. *Quelle belle mort*. He vuelto a gozar línea por línea la maravillosa obra, aunque ahora la encuentro demasiado "arreglada" por cuanto a las relaciones amorosas de los personajes y las circunstancias entre unos y otros. Por ejemplo, el príncipe Andrey y Kuragin, herido en el mismo hospital; Nikolai Rostov salvando a la princesa María en la finca cercana a Lusy Gori. (A propósito, ¿sabes una cosa? Lusiya Gori —escribo la ortografía de memoria— quiere decir en ruso monte o montaña pelona. En nuestros países, que no saben la significación histórica del lugar, por eso traducen la obra de Glinka, que tiene ese nombre, como "una noche en la árida montaña", cuando precisamente Glinka quiso rendir un homenaje a la lucha de 1812, poniéndole a su obra "Lusiya Gori", que era un lugar muy próximo a Smolensk, donde se libró la primera gran batalla contra Napoleón en territorio ruso, con la derrota de los rusos. Bueno, a la mejor yo estoy equivocado.)

Así que leo endemoniadamente, por supuesto, novelas.

Me preocupa mucho tu situación económica. Espero que de California pueda yo hacer algo. Me habló Jorge Lobillo diciéndome que tú o él se habían escrito y que él te habría enviado alguna pequeña ayuda.

¿Cómo marcha tu trabajo? *Ça va, ça va?* ¿Lefebvre? ¿Pronteau? Felicita de mi parte a Cristina Ruvalcaba por el "fruto de su vientre Jesús". Estuve un poco enfermo la semana pasada. Resulta que a cada baja de la glucosa se registra un alza de los "cuerpos cetónicos" en la sangre y entonces a tomar azúcar y luego, en el caso opuesto, a inyectarme insulina, hasta alcanzar el equilibrio. Pero no hay cuidado. Ema es mi ángel de la guardia. Ahora me encuentro en excelentes condiciones. La cosa es cuidarse y ya he tenido que tomar en cuenta esto.

Te escribiré de California, aunque no espero poder recibir carta tuya allá, por la brevedad de mi estancia (debo regresar el 15 de junio). ¡Escríbeme! Tus cartas me dan inmensa alegría.

Te abraza, tu papá. / José, hijo del Hombre.

México, junio 5, 75

Querida Andreíta: A su llegada a México los Fuentes [Manuel y Rosa] me trajeron tu carta y los recortes de periódico. La carta de Dubceck fue publicada aquí, lo mismo que unas declaraciones de Soljenitsin, que no sé si son las mismas de *Le Monde*. Leeré las de *Le Monde* para verificarlo. En las que conozco, Soljenitsin se pasa por completo del lado occidental y pierde su actitud crítica. No me extenderé sobre esto sino hasta mi próxima carta, pues tengo un trabajo endiablado. Finalmente no creo que iré a

Estados Unidos porque hasta ahora no me han dado la visa y creo que me la negarán, pese a gestiones que hace la Universidad de Berkeley.

No tomes por lo pronto ninguna decisión en lo que hace a regresar a México. Yo estoy en espera de una cantidad de dinero considerable, por los derechos de *Los errores* y la adaptación cinematográfica, pues el Banco quiere llevar la novela al cine. En ese caso me dispondría a volver a París y que hagamos un breve recorrido para ver a Cuca [hermana del autor] en Stuttgart y luego Italia y tal vez España, aunque sin duda Portugal. No importa que gastemos todo el dinero ya que, de todos modos, volveré a mi actual condición. Así que no tomes ninguna resolución hasta que yo te escriba.

He deseado mucho escribirles a los Rama y a los Franqui, pero de un lado mi salud y del otro muchas ocupaciones, me lo han impedido.

Releo *La confesión* y esto me hace recordar muy vivamente a los London. Salúdamelos con gran cariño de mi parte. La relectura de *La confesión* no es gratuita, sino que obedece al propósito de escribir un ensayo sobre el sentido esencial de los procesos desde el punto de vista de la aparición de un nuevo tipo de Estado (es decir, de violencia) en las relaciones humanas de este bestial mundo contemporáneo. Me auxilio del libro de Merleau-Ponty sobre *Humanismo y terror*, la polémica con Sartre sobre la dialéctica y la relectura de Sorel, sobre la violencia, amén de otras lecturas sobre filosofía de la historia. Me llevará tiempo, de todos modos. [Sólo se encontraron notas —véase *Dialéctica de la conciencia*, pp. 139-43.]

Tengo que hacer algunas salidas: Chilpancingo, Jalapa y otras "plazas". Ya he hablado con los de Jalapa respecto a una cátedra o investigación en la Universidad Veracruzana; mi visita servirá mucho para eso y les diré que te escriban para fijar los términos de tu trabajo.

Me ha dado un gusto enorme la visita que te hizo Román. Si puedo ir a Europa, que sería por agosto, lo visitaremos en Lieja.

Bueno; ahora me dispongo a corregir pruebas de una segunda edición (por Novaro) de *Los motivos de Caín*. Me traerá disgustos, pues pretenden que modifique o suprima algunas "colas" que sobran en la composición (por fallas de formato) pero que implican una mutilación a la cual no estoy dispuesto.

Escribe. Dime cómo marchan tus estudios. Besos y abrazos de tu papá, / José, hijo del Hombre.

P.S. Ema te saluda mucho.

ANEXOS

[AUTOBIOGRAFÍA][1]

Mi padre [José Revueltas Gutiérrez] era comerciante y ambulaba vendiendo de pueblo en pueblo. Ya después se estableció en Santiago Papasquiaro, Durango; pasó una breve temporada en Guadalajara, regresó a la ciudad de Durango, de donde nos vinimos toda la familia, por el año de 1920, a la capital del país. Mi padre lo prefirió así en razón de sus negocios y de la inestabilidad política en que se encontraba el estado, las partidas revolucionarias que se dedicaban al saqueo, etcétera.

Fuimos una familia numerosa: doce hermanos, al viejo estilo provinciano. De ellos, Maximiliano —cuyo nombre llevo también— y Maura, que era menor que yo, murieron muy pequeños. En orden de edades éramos: Silvestre —el mayor—, Fermín, Maximiliano, Consuelo, Emilia, Cuca, Rosaura, Luz, yo, María, Maura y Agustín.

Se trataba de una familia conservadora, más o menos bien establecida, que llegó a tener cierto desahogo económico y que, a partir de la muerte de mi padre, en 1923, declinó grandemente en ese sentido, hasta llegar al extremo máximo de la precariedad.

Como en todo tipo de unidades familiares matriarcales, en la nuestra mi madre [Romana Sánchez Arias] intervenía bastante. Por supuesto, mis hermanos mayores —Silvestre y Fermín—, debido al inestable sistema de México en aquellas épocas, fueron enviados a Estados Unidos, donde se licenciaron en música y pintura, respectivamente. En mi casa no existían prejuicios hacia la idea de tener hijos bohemios, sino más bien al revés: una proclividad al arte; como es muy frecuente en provincia, todas mis hermanas tocaban el piano. Si bien dedicado a actividades comerciales, mi padre siempre mostró una gran preferencia por la poesía, el arte y la cultura; poseía muchos libros en los que leíamos bastante.

El catolicismo que nos inculcaron fue en el aspecto formal: ir a misa, la primera comunión, y hasta ahí; ni siquiera confesión, porque a mi padre le repugnaba. No había de hecho una actitud antirreligiosa, sino anticlerical.

Mi educación resultó un tanto abrupta: primero en Durango mismo, kindergarten o parvulitos, como se le llamaba. Justamente por las ideas de mi padre, cuando llegamos a México nos inscribió en el colegio alemán, ya que la educación estaba dominada en gran parte por el clero y sólo las escuelas privadas impartían enseñanza liberal; ahí permanecí hasta el cuarto año de primaria. Después entré a una oficial, para varones, que estaba situada en la esquina de Jesús María y la Soledad, frente a la iglesia de Jesús María, cerca del negocio de mi familia, ubicado en la calle Uruguay, en la Merced. El cambio de escuela me favoreció, pues aventajé más que en la particular. Fue por esa época cuando murió mi padre de una uremia.

De mis primeros años en Durango tengo recuerdos muy vagos, y no sé por qué razón están un poco ligados a la política; por ejemplo una vez que acompañé a mi papá a votar por el gobernador del estado; él era muy observante de las leyes y me acuerdo casi fotográficamente que me llevaba de la mano. Su candidato fue Jesús Agustín Castro [1920-24], así es que la fecha puede ser establecida con mucha presición; creo que era el primer gobernador constitucional. De la revolución nada más recuerdo una ocasión en que nos sacaron de la casa a todos los chiquillos, para llevarnos a la de mis sirvientes, porque iban a entrar los revolucionarios; lo único que me viene a la memoria es el trajín, la nerviosidad para salir.

Nuestra llegada a la ciudad de México ocurrió en 1920, ya muerto Carranza; de ello hubo una resonancia entre mi familia, puesto que teníamos un primo militar, capitán del ejército constitucionalista que se levantó en armas con Fortunato Maycotte y murió.

A la crisis económica de mi casa, mi hermana mayor, Consuelo, se hizo cargo del negocio; pero no contábamos con otro apoyo —mis hermanos se encontraban fuera del país y además nunca vendrían a manejarlo. A nadie le interesó intervenir, así que terminó por quebrar a causa de las deudas y los malos prospectos. Estuvo mejor, por supuesto. Mi madre, entonces, comenzó a vender propiedades en Durango y otros puntos del país. Y a sobrevivir, nada más; naturalmente mis hermanas empezaron a trabajar.

Primero vivíamos en la colonia Roma y luego nos cambiamos a la Merced, en la calle de Uruguay y Las Cruces, donde permanecimos varios años. Más tarde nos mudamos a las colonias aledañas, la avenida Chapultepec, la calle de Reliquias, la de Pescaditos.

Al proseguir mi educación entré a la secundaria, pero me pareció un sistema demasiado lento, no satisfacía mis necesidades de aprendizaje, así que decidí estudiar solo. Abandoné la escuela antes de concluir el primer año y durante tres me fui a la Biblioteca Nacional. Mi familia se mostró siempre un tanto carente de atención por cuanto a que no se fijaba en cosas materiales; con saber que estaba estudiando, se desentendía en dónde y cómo lo hacía. Aprendí por la libre, completamente.

Durante una breve temporada, estuve en una escuela de electricidad, dependiente del Sindicato de Electricistas; ahí asistí a un pequeño curso, sólo que ya comenzaba el movimiento revolucionario de 1929 a hacerse ostensible. Los estudiantes, incluso, fuimos perseguidos a tiros por las azoteas del edificio aquel de la calle de Colombia número nueve. Esto me llamó la atención de una manera poderosa. Sin embargo, no fui vasconcelista; sobre todo porque yo ya estaba inclinado hacia la izquierda revolucionaria y al comunismo, de tal manera que veía el vasconcelismo como un movimiento antimperialista interesante pero muy aficionado a las fuerzas reaccionarias. El propio Vasconcelos ya declinaba bastante y empezó a ser aliado de fuerzas muy oscuras.

En la universidad tomé contacto muy superficial con varios muchachos vasconcelistas: [Enrique] Ramírez y Ramírez, [Rodolfo] Dorantes, los más jóvenes de este movimiento; desde entonces empezaron a hacerse amigos míos y después pasaron a la izquierda.

No obstante mi juventud, al fundarse el partido comunista en 1919 me relacioné de modo directo con él. El hecho es el siguiente: mi hermano Fermín fue fundador de *El Machete*, junto con Diego Rivera, Orozco y varios pintores. Yo devoraba ese periódico que se publicaba semanalmente; pasaba todos los días por el local del partido, ubicado en un lugar pequeño, compuesto por unos cuantos cuartos, en la esquina de Mesones e Isabel la Católica, y allí lo leía, al igual que otras publicaciones revolucionarias entre las que había algunas de movimientos hermanos, como el de Nicaragua: la defensa de Sandino y Roa; por supuesto yo era un sandinista apasionado, pero no me atreví a pedir mi ingreso, porque se me hacía que yo era muy chico y me iban a salir con burlas o algo por el estilo. Fermín ya era miembro muy especial. ¿no? Todos los pintores decían serlo, sólo que no eran de carnet ni de cédula, ni nada que se le pareciera.

Mi hermano Silvestre estaba por llegar al país, anduvo en San Antonio y Boston. Cuando lo hizo, inició un movimiento revolucionario en la música, junto con Carlos Chávez. También Fermín comenzó en la pintura otro, al lado de Charlot y otros más. Ambos se encontraban dentro de una gran tendencia cultural en

México.

En aquella época yo buscaba libros socialistas, marxistas, para enterarme de todo ese proceso y asumirlo con conciencia; uno de ellos fue muy importante para mí: *La doctrina socialista*, de Kautsky; luego leí *El materialismo histórico*, y más tarde algunas corrientes del marxismo heterodoxo, Vandervelde y otros teóricos de la II Internacional, que me abrieron mucho los ojos para entender la base fundamental del marxismo. Después emprendí la lectura del resumen de Gabriel Deville de *El capital*, no había otra cosa. Ya no tuve contacto con el anarquismo, aunque simpatizaba con él desde el punto de vista puramente revolucionario. Sentía más la necesidad de consagrar mi vida a una causa y buscaba cuál era la más adecuada a mi temperamento, a mis ideas, pero no existía una razón sentimental propiamente ante el sufrimiento de la clase obrera y la opresión, la mía era más bien una actitud teórica, en el sentido que ésta puede tener en un muchacho tan joven.

Como buen autodidacta estudié, inclusive, la historia de las religiones para cerciorarme si el ateísmo tenía razón; concluí que no existía Dios y esta respuesta me satisfizo mucho. Mi madre no discutía, pensaba que eran cosas un tanto extravagantes, nada más. En cuanto a la lucha, me decía: "¿Por qué no la hacen los demás? ¿Por qué tienes que meterte tú?"

En aquel tiempo conocí a Alfonso Caso cuando me inscribí en unos cursos de epistemología que él dictaba en San Ildefonso; yo estaba como oyente, me sirvió muchísimo, por cierto. Era un hombre avanzado, un buen maestro, un buen expositor.

Dentro del partido comunista se consideraba a la revolución mexicana como un injustificado movimiento burgués y era necesario transformarlo en socialista, en una revolución proletaria, se decía entonces. Precisamente en 1929 pasó a la clandestinidad; ya estaba yo en contacto con los compañeros y sufrí mi primera prisión. A los quince años participaba en los actos de los comunistas, de las ligas antimperialistas o de los rojos de la Internacional. Se organizó una manifestación para celebrar el aniversario de la revolución rusa en el Zócalo y se colocó una bandera roja en la catedral. Yo tenía la tarea de adiestrar al populacho. Llegó la policía y nos cargó. Me llevaron a la sexta delegación, luego de ahí tuve unos días sombríos, aislado, pues me llevaron a la correccional. Me procesaron y me sentenciaron a un año y un día por benevolencia del juez, porque la pena no era menor de cinco años; fue benéfico su dictamen, me sirvió mucho para estudiar, ya que recibía libros que enviaba el Socorro

Rojo. Logré que me aislaran... bueno, lo hicieron como castigo, pues intenté fugarme y me pusieron en un garitón con centinela de vista; quedé feliz porque no deseaba estar con toda la grey. Sin embargo, mis demás compañeros de la manifestación fueron a la penitenciaría; yo quería que me pasaran con ellos e hice una huelga de hambre, pero no: fue horrible.

Durante aquella época éramos stalinistas por la URSS, no estábamos muy al tanto de la lucha interna que sobrevenía en los altos círculos de la Internacional Comunista. Todo lo aceptábamos como quien recibe la bendición papal ¿no?, según la línea que nos señalaban; justamente en 1929 hubo un giro en esa pugna y pasó de la derecha a la extrema izquierda; ocurre uno de esos casos insensatos que después son reproducidos y que, por cierto, los revolucionarios contemporáneos no han estudiado: esta historia podría resultar muy aleccionadora para evitar los errores que se han cometido. Pareciera que el hombre no acaba de aprehender sus experiencias y, además, pierde la memoria histórica, sobre todo nosotros, los comunistas. Es una especie de tara política, porque si alguien nos da ejemplo de memoria histórica son precisamente los grandes teóricos del socialismo en general: Marx, Engels, Lenin.

Asimismo, buscaba y leía mucha historia de México, deseaba encontrar la raíz de un movimiento social propio; fue cuando estudié a Flores Magón, quien fue de modo evidente un socialista muy peculiar, pues era utópico. El mismo hecho de llamar a su partido "liberal" —y no socialista—, indica que quería recoger las esencias de una etapa pasada para reincorporarlas a un proceso nuevo, y se dio cuenta tanto del problema obrero como del agrario. Las rebeliones de Las Vacas, Acayucan y Viesca fueron grito y golpe de la revolución, pero ya con bandera roja. Llegué a tomar contacto con los restos de los Flores Magón; por ejemplo, Librado Rivera, que jefaturaba la Casa del Pueblo, aquí en México. Yo iba todas las semanas a los actos que se efectuaban, ya que eran los únicos lugares donde podíamos asistir libremente. Los comunistas nos vaciábamos en esas asambleas.

Leí a Lucas Alamán, quien me interesó mucho; lo sigo defendiendo como una expresión verdadera de un análisis científico de la historia de México; la conocía muy bien y, además, era luminoso en cuanto a apreciaciones de su contenido; pertenece al bando de los historiadores progresistas. Puede haber sido conservador en política, pero no en la historia; debemos volver a él, a estudiarlo.

Algunos manuales de historia prehispánica constituyeron en

principio mis lecturas, las cuales amplié cuando la emprendí con *México a través de los siglos,* dirigida por Riva Palacio; a Chavero no lo leí luego luego. Por supuesto a Justo Sierra. Más tarde —y acerca del tema de la Independencia— vino mi lectura de Alfonso Teja Zabre. En cuanto a la revolución, pues todavía no era ni siquiera historia, sino opúsculos y publicaciones de partido, faccionales; sin embargo, no sé por qué el estudio me orientaba hacia Zapata en lugar de Carranza. Por un lado, ello es fácil de comprender, pero también era fácil equivocarse puesto que don Venustiano era el jefe de la revolución y lo mismo Obregón o Calles. Por Villa nunca tuve profunda simpatía, yo veía el aspecto puramente sangriento, anárquico y sin programa ¿no? Aparte que no me gustaba mucho su actitud agraria. En cambio Zapata encarnaba muy bien su situación social, pues su idea se encontraba muy implicada con la vieja pertenencia de la tierra comunal; su lucha fue personal, la reconstrucción del ejido, del suyo en Anenecuilco, de tal forma que había un segmento, el cual podía haber orientado la contienda hacia la restitución de la antigua comunidad agraria.

El VII Congreso de la Internacional Comunista tuvo mucha influencia sobre mi formación política, ya que orientó a todos los partidos a sus raíces nacionales. Con el propósito de abolir el divisionismo, imprimió a las secciones derroteros muy rígidos, inclusive fines inflexibles. Sobre eso, se puede escribir muchísimo. Ya para entonces mis visitas frecuentes a la biblioteca poseen una mira muy definida: la de enriquecer mis conocimientos sociológicos; leía desordenadamente todo cuanto caía en mis manos.

Salí del país por primera vez en el año de 1935, con la finalidad de asistir al Congreso de la Internacional Comunista. El aparato clandestino del partido nos organizó todo el viaje a Moscú. Ya estábamos atisbando en las relaciones sociales mexicanas e inclusive a bordo del buque *Bremen* empezamos a estudiar. En la delegación iban Hernán Laborde y Miguel A. Velasco; después se reforzó en la capital soviética con Ambrosio González y Alberto Lumbreras.

El partido tuvo primero una etapa meramente propagandística y campesina; fue fundador de las Ligas por intervención de Úrsulo Galván, quien era miembro del comité central y dirigente agrario. Luego tuvo su época clandestina, digamos, y salió a la etapa legal con el cardenismo. Desde Moscú redactamos una carta dirigida al Partido Comunista Mexicano, anunciándole los cambios y señalando la necesidad de apoyar a Lázaro Cárdenas en su lucha antimperialista y crear un movimiento obrero de corte independiente. Creo que no resultó: el apoyo se convirtió en sumisión. Cuando planteé, por ejemplo, la urgencia de crear una organización campesina autónoma, en alianza con la central sindical, pusieron el grito en el cielo. Me acusaron de luchar contra Cárdenas; yo respondí: "¿Por qué? Vamos a hacerla, representa la independencia de la clase campesina".

El partido comenzó a anquilosarse y vino una etapa de un oportunismo increíble; ingresaron funcionarios públicos, logias masónicas y cosas por el estilo; todos los viejos miembros quedamos vistos como apestados por los que se incorporaron. Nosotros nos concentramos sólo en la Juventud Comunista, y después en Juventudes Socialistas Unificadas.

Hubo una especie de ilusión de los grupos comunistas dentro del contexto político; el oportunismo se enseñoreó en todos ellos. Luego el stalinismo tomó fuerza en el interior del partido, ya como tal, y la dependencia respecto a la Internacional fue muy estrecha, dejó de existir una discusión interna de los problemas nacionales. Entonces vino la época terrible que se llamó browderismo, en la que se pretendía casi la disolución de los partidos comunistas de América Latina para obrar en favor del esfuerzo de guerra.

Cuando el PNR se transformó en Partido de la Revolución Mexicana (PRM), nosotros lo justificamos por el hecho de querer apoyar a Cárdenas contra Calles, contra el eventual peligro de un golpe de Estado. Ya después abandonamos las Juventudes Socialistas, salimos de trabajos de esa índole y la organización empezó a desperdigarse más y más hasta que nació el INJUVE. Para desarrollar nuestra labor, hubo gente como Luis L. León, que participaba en todas las coaliciones democráticas o avanzadas, en fin, nos dedicamos por completo a esas áreas siguiendo la línea trazada por el Congreso de la Internacional Comunista, aportamos muchas consideraciones. Las condiciones socialistas ya nacían un poco dañadas por el contexto político.

El interés por convertirme en escritor se debió a todo este proceso; mis primeras armas, digamos, literarias, las he conseguido en el movimiento revolucionario; siempre he sido llamado para escribir periodiquitos, clandestinos o no; ahí empecé a forjar un poco el espíritu literario. En general me interesaba la prosa; el cuento me gusta mucho, la novela desde luego y el ensayo.

Así, en los albores de los años cuarenta, ya había escrito *Los muros de agua* y *El luto humano,* con la que resulté triunfador de un concurso. Fue una selección, entre otras novelas mexicanas, para un concurso internacional en Washington; como resultó un escritor electo, se manipuló el hecho para otorgar después el premio nacional de literatura; entonces por inercia se siguió diciendo que lo era, pero yo no recibí un solo centavo por él, ni nada que se le parezca.

He escrito pocas obras para teatro, no me han dejado nunca satisfecho: "Israel" y "Nos esperan en Abril" son inéditas y nadie las conoce [véase el volumen 21 de las Obras Completas].

En 1944, Gabriel Figueroa me invitó a trabajar en el cine para adaptar *El mexicano*, también conocida como *El despertar de una nación*. A Gabriel lo conocí porque yo era amigo de Esperanza López Mateos, hermana del que después fue presidente; ella deseaba hacer una película sobre mi hermano Silvestre y le habló a Figueroa. Tuvimos una junta en su casa y ahí comencé con él.

Yo veía mucho cine mexicano, todo lo que se producía entonces, *La calandria, El compadre Mendoza* [ambas de 1933]; estoy hablando de la prehistoria ¿no? De chico siempre me desvivía para que me compraran proyectores con lámpara de alcohol, iba al Volador a comprar cintas viejas por metro, ya deterioradas. Era pedacería, algunas italianas y las pasaba en la casa; luego descubrí cómo ponerle un foco a mi proyector de manivela.

Recuerdo, inclusive, el cine que ya veía en Durango. Era gratis, ponían una sábana en la plaza y proyectaban películas; a mí me parecía algo mágico, verdaderamente extraordinario, ponían un piano para acompañar la imagen. Y en la ciudad de México no faltábamos cada ocho días a la matiné del Royal; ahí se exhibían los filmes de Chaplin, que era un ídolo, y de Mary Pickford; pasaban de manera fundamental cine norteamericano e italiano.

Ya un adulto, asistía a los estudios invitado por amigos que trabajaban en alguna película, como Jesús Bracho. Durante la filmación me fijaba como si se hubiese tratado de una lección. Después los compañeros me llevaban a cortar, es decir, editar, manejar la moviola, cuando lo hacía Jorge Bustos.

Inicié, pues, mi larga carrera de adaptador con *El despertar de una nación*, basada en un cuento de Jack London. Hice muchísimas; bueno, rehacía los argumentos, me dedicaba de plano ¿no? Hacía cosas nuevas, originales. Todo lo aprendí solo, pero trabajé siempre con gente muy capaz y hábil, al principio con Agustín P. Delgado.

Realicé en 1945 la adaptación de *Cantaclaro*, novela de Rómulo Gallegos llevada a la pantalla por Julio Bracho. Asimismo, mi interés se enfocaba desde luego a una temática social, me inclinaba siempre por que estuviese bien definida en cada una de las cintas. Tenía que discutir, pero ellos —los productores— me respetaban.

Obtuve el premio a la mejor adaptación de 1947 por mi trabajo en *La otra* (1946), dirigida por Roberto Gavaldón, con quien inicié una larga relación cinematográfica. Después de que hizo *La barraca*, frecuentaba un café en el Paseo de la Reforma; nos hicimos amigos y comenzamos a laborar juntos; discutíamos mucho y llegábamos a un acuerdo.

Nunca escribí directamente para cine, porque no servía mi literatura para ello. Los textos y el material tienen un límite, ha dicho García Márquez, y tiene perfecta razón; hace uno subproductos literarios que deben ser mejorados en la pantalla, el ejercicio del adaptador es muy distinto al del cuentista, o aun del argumentista.

Largo es el proceso que sigo al desarrollar mi trabajo, pero el tiempo que empleo es un secreto profesional, pues me tardo muy poco. Primero anoto el material que tengo a mi disposición, generalmente lo reestructuro, pues el argumentista dice: "caminaba por la calle y se encontró a mengano". Todo esto tiene que visualizarse de alguna manera: ¿qué calle? ¿cómo? [...]

En algunos casos hice adaptaciones que no se filmaron por razones económicas o por cuestiones políticas, como *La huelga de Río Blanco* [adaptación de la novela *Los treinta dineros*, de Jesús Cárdenas]. Naturalmente me interesaba mucho, sólo que era una época política no favorable; se realizó el script, fue aprobado, después sobrevino el misterio y no se rodó.

Se me encargó el argumento de *La malquerida*, de Jacinto Benavente, pero la cinta se filmó con otra adaptación, pues mi historia no satisfizo al productor.

Cuando se realizó *La diosa arrodillada* [1947], ¡Dios mío, no quisiera ni acordarme! Me pareció una obra inconsistente, muy mala y lo dije, pero nada; además era para María Félix, así es que... Tuve una disputa con Gavaldón: no sé, le faltaban algunos detalles al script, pero fueron de pura mecanografía; entonces no me lo quiso aceptar porque carecía de esas composturas mecánicas y le dije que reducía al escritor de cine a un amanuense al servicio de las estrellas (*Revueltas ríe*). Por supuesto era una réplica.

Al principio, el galán y la estrella no se necesitaban; sin embargo, poco a poco la taquilla se fue imponiendo y hubo que escribir para la figura: uno tiene que hacer maroma y media, todo es posible, pero se padece muchísimo. Trato, por lo tanto, de dejar la responsabilidad al director y al productor y apartarme de toda querella.

Una vez aprobado el libreto, supuestamente el adaptador ha concluido su tarea y se va a su casa. No obstante, yo tenía interés por ver el desenvolvimiento y asistía a la filmación. Los parlamentos me los respetaban por razones de producción y, si no, ahí mismo trabajaba en las secuencias. Después las veía en su primer corte y con eso me bastaba aunque, en realidad, entre el adaptador y el editor no existe relación alguna.

Mi intención era también dirigir cine y realicé documentales: hay uno al que el productor le impuso un nombre tonto: *Diferente alborada,* que era idéntico a *Distinto amanecer* de Julio Bracho. Y otros experimentales, en el año cuarenta y cinco, para mi consumo personal. Entre Álvarez Bravo y yo rodamos uno sobre un cuento mío: "Cuánta será la oscuridad" [de *Dios en la tierra*]; él fotografió a la gente del pueblo; a propósito, nunca lo editamos por pereza, se quedó enlatado en manos de no sé quién. De esto hace ya mucho tiempo, pero él ha de tener los negativos.

Hacia 1957 se intentó filmar una cinta en coproducción con la URSS, y estuve allá. En 1961 fui a Cuba, donde permanecí más de seis meses. Di clases en el ICAIC a algunos muchachos, estudiantes de cine, aunque no hice ninguna película ni vi cintas de Cuba. Bueno, sí filmábamos, como parte de la enseñanza. Fue una época maravillosa, ya que aprendíamos con todos los medios a nuestro alcance, moviolas italianas magníficas, de pantallas grandes.

Establecer la diferencia entre un argumentista y un adaptador es difícil, porque generalmente el escritor de argumentos debe participar en la adaptación; si no lo hace, reduce su tarea a un relato, una narración, y ya. Sin duda la labor de un adaptador es muy compleja, pues es un cinedramaturgo. En México los hay muy buenos, ahorita no se me ocurren nombres. Trabajé en *La otra* con Jackson Wagner, muy competente.

Existe una relación entre el adaptador y el productor, quien vigila que no se sobrecargue el gasto de la producción: si una secuencia abunda en ella, la recorta; claro que uno la defiende en las famosas lecturas —que son una tortura medieval, lo más espantoso del mundo. Casi se trata de un examen, participan el productor, el director, el galán, la estrella. . .

Con el realizador suele ser una relación sumamente difícil. Con todos los que he trabajado ha sido cuestión de jornadas diarias de trabajo, de las horas que resulten necesarias, en que discutimos cada secuencia, cada diálogo, pues es una tarea muy coordinada. A veces es mutua, porque el director propone cosas interesantes, o el adaptador constituye también un punto de vista que se escucha. Creo que éste debe tener capacidad para crear imágenes plásticas y pienso que yo la poseo, he sido muy aficionado a esas artes, inclusive la música. Por ejemplo, en *La escondida* [1955], "La cama de piedra" fue una sugerencia mía, pues sentí que era muy bonito el efecto en una escena amorosa a bordo de los furgones de un ferrocarril, [con] una canción lejana: "de piedra ha de ser la cama / de piedra la cabecera..." Hay un enamoramiento de la muerte ¿no?

Trato de incluir simbolismos en mis temas cuando lo considero adecuado. Sin embargo, en ocasiones me gano conflictos serios, sobre todo de prejuicios. Un productor no deseaba que el personaje de una cinta cometiera perjurio, lo cual resultaba irreal, absolutamente estúpido. Tuve que declararme en huelga, estábamos filmando en Poza Rica y acabé dejando la película, la abandoné con sus boberías.

En relación al mensaje político, lo inserto cuando la coyuntura se presta, porque tampoco hay que forzarlo: si lo es, resulta chocante para el espectador.

Por cuanto hace a la crítica, siempre está uno expuesto a ella, en un sentido u otro. En México hay algunos buenos, García Riera por ejemplo; alguien más... el que escribe en *Diorama* [José de la Colina]: son de lo mejor que puede haber en el ambiente del cine.

Asumo una responsabilidad manifiesta en los "churros", que son lamentables e insoportables, pero no ha habido más remedio, la posteridad no da para más. Nunca he hecho cine de una manera satisfactoria y menos, tratándose de la "edad del churro", cuando he trabajado en uno de ellos. Por el contrario, recuerdo con agrado *La escondida, El rebozo de Soledad* [1952], *La otra* y *La casa chica* [1949], que está bien estructurada pero nada más. El material que se me proporcionó en *El rebozo...* era adecuado para trasmitir un mensaje; se trata de una novela bastante liviana, pero que tenía un filón muy importante como para resultar un filme estético, y aunque ni una ni otro se semejaran, el cine se prestó para lograr una buen trabajo, tanto más cuanto introdujimos un personaje que no existe en el libro, el que interpretaba Arturo de Córdoba, quien tenía, entonces, que encarnar una idea, una situación. [...]

A partir de *La escondida*, realizada en 1955, el cine comenzó a fastidiarme, pues se deterioraba cada día más, mientras que la labor del escritor tendía a ser menos comprendida. Nuestra cinematografía se llenó en esa época de una cantidad de personas sin escrúpulos, particularmente argumentistas, que hacían lo que se les pidiera por dinero. Mi hermana Rosaura me ayudó cuando ya estábamos un poco mal y había crisis del cine; yo me encontraba bastante boicoteado, no me daban trabajo. Fue precisamente el tiempo en que empecé a ver a Gavaldón para adaptar *El rebozo de Soledad*.

Pienso que al premiar no sólo se estimula, sino que se hace una promoción, aunque a veces es al revés: el premiado deja de trabajar. Claro que en mi caso nunca me sentí boicoteado por razones ideológicas. El productor no es un capitalista propiamente hablando, es un alto empleado, un alto funcionario cinematográfico, con bastante buena afición, así que se vuelve un compañero.

El cine llamado mexicanista me molesta mucho; lo folklórico me parece muy limitado, poco expresivo, además demasiado hermético, de tal suerte que no se puede comprender fuera del país. Lo que atrajo en el extranjero fue la calidad de realización, no tanto la temática, que es muy pobre. El nuestro es un cine baldado; luego de cintas como *Canto a la Virgen de Guadalupe,* con Esperanza Iris, empezaron ésas de la revolución. Creo que todo cine debería ser político; en México ha habido intentos como *Distinto amanecer*, de Julio Bracho y *La sombra del caudillo* [1960]. Cinematográficamente puede no gustarnos, pero es así. Hay casos en los que lo político se da de un modo espontáneo en nuestro país, porque éste posee una temática propia, *El prisionero trece* [1933], por ejemplo. He dejado de ver cintas nacionales, ya no asisto en general a las salas; es que me cuesta mucho trabajo desplazarme; si no me invitan amigos en coche, no voy. No obstante ello, he visto algunas películas y me parecen sin coherencia, sin unidad, extravagantes en el mal sentido de la palabra.

La cinematografía mexicana tiene sus peculiaridades a pesar de ella misma, porque el país es ya de por sí una expresión; el cine se coloca dentro de esta expresión no porque la busque, sino debido a que lo mexicano se encuentra en la superficie, no hay que ir muy lejos, la propia plasticidad de México es la que ayuda. [...]

Vino una época que tuvo gran importancia en México, pero además un arrastre increíble: el cine cómico; muy certero nuestro humorismo, me gusta mucho el de Cantinflas o el de Tintan, que es un género; desde que en un cabaret establecí contacto con él, me interesó vivamente a causa de un fenómeno de interculturación con el mexicano del otro lado. Como yo había visto eso con prejuicios —y más ahora, que es creciente nuestra relación con los chicanos—, me sirvió para comprender mejor el problema idiomático, por lo cual me parecía muy bien la introducción de esa corriente, no debido a una actitud conservadora respecto de las tradiciones lingüísticas del español, sino porque me resultaba necesario hacer frente a esa psicología del idioma. No podría definirme como purista de la lengua, sólo que me gusta respetar el castellano, pero no traicionar el lenguaje de los personajes. Yo no incurro en localismo dentro del contexto, lo hablado de la novela, y cuando se presenta el caso, inmediatamente lo trato en el propio contexto para no tener que recurrir a un vocabulario al final del libro.

Es importante el cine cómico en la producción global mexicana; hay buenos intérpretes, algunos notables, que han surgido: Tintan, Resortes; de los viejos, ni hablar: el Pulgas, el antiguo Cantinflas, cuyas nuevas cintas ya no me atrevo a ver, a la última que fui, me salí; Medel, que fue olvidado, era muy bueno, al igual que Pardavé. [...]

La literatura mexicana ha sido aprovechada muy poco por el cine a causa de la incultura de nuestros productores y directores; es un problema puramente cultural. Para los adaptadores el asunto es muy complejo: uno sugiere temas y novelas mexicanas, el productor no los lee y pregunta: "bueno, ¿ahí cabe María Félix o fulana de tal?" Después ya ni se los leía, para qué insistir. Al principio no era de tal manera; por ejemplo, Fernando de Fuentes hizo *La calandria*. Me han gustado muchas novelas que he propuesto sin el menor éxito. *La sombra del caudillo* me pareció mal adaptada, la actuación está completamente invertida, supongo que esto es responsabilidad del director.

Recuerdo que escribí un Zapata [*Tierra y libertad*], con intermedio y todo, que resultaba de veinte rollos y nunca llegó a filmarse. Algunas cintas sobre la revolución han sido muy acertadas otras desequilibradas, con una baja producción, muy trocadas.

Por otra parte, he incursionado en diversos ámbitos: mi experiencia en la radio ha sido desde el punto de vista político; teníamos dos horas semanales en la XEFO, con las Juventudes Socialistas; inventaban ahí programas raros: más o menos dramatizaciones... ruidos, cantos, voces. Lo hacía meramente como tarea revolucionaria, pienso que tanto la vena creativa como la política van en mí al parejo. Y en el medio televisivo hice algunas emisiones culturales para la Universidad, pero era frustrante porque no nos daban un espacio definitivo, la programación era arbitraria: un miércoles, un jueves, etcétera, pues nos regalaban el tiempo.

La imaginación de algunos cineastas es casi obvia: si vamos a buscar una locación nos sacan del hotel y "¡miren qué bonita placita!" Pues en ésta filmamos. Y ahí se va, no tienen el menor contacto con la gente, con el pueblo; así les salen las cosas, lo mismo les da el rodaje en Chihuahua que en las Lomas de Chapultepec. Esta incoherencia se debe a la pereza cultural, hay una falta de inquietud real, muy pocos tenemos ésta, y son menos los que leen el periódico fuera de las noticias cinematográficas. No se enteran de la política, no les interesa, viven en una ínsula, compran las bibliotecas por metro, para retratarse.

Junto a ellos existen grandes realizadores, como Buñuel, aunque me parece desigual, con genio desde luego, a veces caprichoso; sólo trabajé con él en *La ilusión viaja en tranvía* [1953], en combinación con Mauricio de la Serna y Luis Alcoriza. Después no participé, ellos tenían ya una línea resuelta y no me necesitaron.

Entre otros escritores con quienes he unido mi trabajo, se encuentra Luis Spota: lo conocí como compañero, siendo ambos reporteros. Hice periodismo en *El Popular,* la revista *Así, El Día* y varios diarios más. A él y a mí nos encargaron una tarea común y emprendimos un viaje a Perú, durante el cual entablamos una relación amistosa. Escribimos juntos diversas películas. Algunas de sus novelas son francamente políticas, independientemente de su actitud ante la problemática. Pero a mí no me han caído sino sus libros más cinematográficos. Además, yo nunca he practicado proselitismo en el medio, cada quien es responsable de su propio destino político.

En 1949, para mi gran sorpresa, me eligieron secretario general de la Sección de Autores y Adaptadores del Sindicato de Trabajadores de la Producción Cinematográfica, del que fui casi fundador. Primero fue una sociedad de autores y después evolucionó hacia su incorporación; yo fui muy activo sindicalmente. La renuncia de Gorostiza coadyuvó a mi elección y extendí la lucha contra el monopolio de la exhibición cinematográfica.

Mantenía contactos —lo reconozco— con algunos productores que me proporcionaban información, es así que jugaban una doble carta.

Desde el punto de vista gremial el sindicato mismo tiene poca consistencia, porque el productor no es el patrón; en realidad, hay otros problemas mucho más importantes, como devengar los derechos de exhibición —que se ha reducido al mínimo—, con lo cual podríamos tener entradas benéficas. [...]

El sindicato cinematográfico contó con mucha inclinación de parte de Miguel Alemán, lo erigieron protector nuestro; la suya fue una época de facilidades, de dinero, del oportunismo en el cine.

Entre nuestra organización y el sindicato de la industria cinematográfica —que ya existía— se vino un convenio para dividirnos las fuentes de trabajo; a ellos les quedaron los Estudios América, y a nosotros los restantes. El antagonismo del principio se derivó en una confrontación violenta; inclusive amenazaron con apoderarse de los que nos tocaron en la repartición.

Pero nosotros les ganamos de mano; hubo un choque entre Gabriel Figueroa y un líder del STIC, el cual agravó las relaciones al grado de encuentro físico, de golpes. A partir de ello creamos el otro sindicato para romper con el de los trabajadores de la industria cinematográfica, a cuyo secretario veíamos como un líder charro, cosa que además era cierta. Nos agrupamos de modo autónomo y nos adherimos al Sindicato Mexicano de Electricistas; consideramos que era lo más correcto. Aquello llegó a ser muy violento: dormíamos en los estudios, dominamos las entradas y almacenamos bombas molotov. Se firmó después un convenio donde se establecían las condiciones respectivas.

No obstante, lo nuestro fue una algarada sin principios, uno defendía su sindicato creyendo que se abrían fuentes de trabajo. No había politización sino que, a contrario sensu, en la medida que los otros líderes eran vaquetones, miserables, nosotros nos considerábamos más puros, invendibles; los más metidos de nuestro grupo fueron Gavaldón, Figueroa, Negrete. Luego, no volví a intervenir en las huelgas sindicales.

Redacté en 1949 un documento conocido como el Código ético: fue una especie de maniobra de nuestra parte para impedir la censura: traté de lograrlo abstrayendo el problema en relación con las películas en concreto. El código era una suerte de razón subjetiva que nosotros dábamos para defender nuestro trabajo creativo; pero no fue comprendido, sino que se sintió como una clase de coerción ideológica; entonces yo repelé, pues intentaba eludir el problema de lo que significa tener una edad determinada para que el consenso moral permita ver una cinta. Creo que la moral es algo que no debe preocuparnos en absoluto; tal vez habría que efectuar una demarcación, desde el punto de vista psicológico, si por ejemplo un niño o un adolescente pueden ver ciertas cosas. Pienso que no debe haber restricciones, sólo que ¿quién sabe hasta qué grado una película de violencia pura —no me refiero a la política, sino a la provocada por razones sociales— puede inducir a una conducta antisocial? Es un problema muy complicado, no es fácil de resolver. [...]

Pienso que del cine se puede decir que es la épica de nuestro tiempo, es un instrumento de comunicación extraordinario que ocupa, por ejemplo, el lugar que la novela de masas del siglo XIX tuvo en los periódicos, los folletines, donde se leían a los grandes escritores del siglo pasado. En el mejor de los sentidos es una comunicación de sentimientos, ideas, actitudes. Surgió de una prolongación del espectáculo teatral, en primer lugar, y luego de una prolongación de la creación literaria; desde mi punto de vista, el cine integró, condensó los intereses generales y los revistió con una forma de expresión mucho más directa. No sustituyó a sus antecedentes teatro y literatura, sino que es una mezcla simultánea de ambos, complementaria o autónoma, dentro de la situación. Con la novela se relaciona recíprocamente: la novela moderna es cinematográfica casi de modo necesario. Estoy convencido de que el cine ha influido de manera determinante en la creación literaria. Es un arte, y puede ser bueno o malo, como hay buenos o malos versos.

Como tal, se encuentra vinculado a diversos grupos humanos. Es muy difícil referirse a las razones del público para ir al cine: el espectador común y corriente va como entretenimiento, como diversión; otro tipo asiste para confrontarse personalmente, ver sus problemas en la pantalla; y existe uno más: el que acude a los filmes políticos, aquel que va a ver cintas como *El asesinato de Trotsky* [1972] y que no lo hace por entretenerse, sino para cuestionar un problema muy importante y entenderlo. Llorar o reír son parte de la diversión.

El que a mí más me gusta es el cine realista; se requiere un poco de escape de la vida cotidiana, la cual fastidia al habitante; hay que buscar una ruptura de la cotidianidad, pero no se debe olvidar que los recursos son monótonos y se agotan. Muchas películas son de gran éxito porque precisamente pertenecen a la vida diaria: una cotidianidad oculta unas veces y otras manifiesta, el caso es que el público va a mirarse, en cierto sentido. Como en un espejo siente que lo expresado es lo inexpresable de sí mismo.

Soy marxista sin partido, no sigo la línea de la URSS ni la de China. En el movimiento estudiantil de 1968 participé —como todo el mundo sabe— de un modo individual y militante, y me incorporé al comité de lucha de la facultad de filosofía, desde donde empezamos a dar la batalla con nuestra actitud crítica [...].

El movimiento obedecía al pasado inmediato: los paros de los ferrocarrileros y los médicos en 1958. Todo se comenzó a trabajar, de manera sistemática, a favor de un cambio en las relaciones políticas mexicanas: democracia, libertad de expresión, derecho a ir a la calle; ello sólo podía encontrar un reflejo más factible en la estructura académica de la Universidad. En ella se sigue la línea democrática por excelencia; la libertad de cátedra y la autonomía han permitido que los sucesos políticos se reflejen más íntimamente ahí; por eso se podía percibir que era el camino adecuado para desembocar en un proceso donde la clase obrera conquistara su independencia y adquiriera su papel dirigente dentro de la sociedad. Ésta era la mira en 1968, pero la represión nos hizo polvo e interrumpió el proceso.

El estudiante en aquel año fue un poquito desproporcionado, desorientado de las formas para conectar con los obreros; su desconocimiento de la situación real de éstos impidió que existiera una soldadura entre ambos sectores. Las idas a las fábricas eran puramente románticas, carecían de contenido; nosotros hablábamos a los trabajadores de *El capital,* de la explotación del trabajo no pagado y la plusvalía, de esas cosas que no les llamaban la atención de ningún modo. El nivel político de la Universidad no alcanzaba para una etapa de tipo socialista; había falta de conocimientos e inmadurez.

Durante las manifestaciones, los transeúntes expresaban una simpatía afectuosa, mas no de tipo político; después empezó a fraguarse ya la conciencia popular, la simpatía del principio se hizo más sólida, sobre todo comenzó a dirigirse contra las estructuras de las formas políticas. Ya era contraria.

Algunas reacciones antagónicas al movimiento, expresadas en las calles, eran manipuladas, yo creo. No me di cuenta, indudablemente me encontraba muy encerrado en el conflicto estudiantil ¿verdad? Tanto así que vivía en las oficinas de la dirección de Filosofía; me trasladé ahí porque en realidad yo habitaba en Cuernavaca y era muy latoso estar haciendo viajes; además, peligraba, puesto que fuera de la Universidad la policía —que ya andaba detrás de mí— me podía aprehender en cualquier momento. Me buscaba como un agitador peligroso, dañino ¿no? Sin embargo, me capturaron mucho después de la entrada del ejército a Ciudad Universitaria; la víspera de aquel día fui a trabajar a Cuernavaca, ya que en Filosofía no había luz. A la mañana siguiente, cuando volvía, me enteré por los periódicos del hecho, regresé a mi casa y me rasuré.[2] Al tiempo que saltaba los muros, para salir, la policía entró a buscarme.

El 2 de octubre de 1968 no me encontraba en Tlatelolco: habíamos resuelto no ir todos los dirigentes para no descabezar el movimiento. Dos libros refieren los acontecimientos de la plaza de las Tres Culturas: el de González de Alba [*Los días y los años*] —que leí en la propia cárcel—, a quien di mi opinión por escrito, desde el punto de vista literario [véase *Visión del Paricutín*...]. Es importante porque se trata de una primera novela y siguió dedicándose a escribir. Algunos protestaron diciendo que tenía cierta vaciedad política y que se perdía en anécdotas, en lugar de entrar... pero olvidan que tampoco es un libro teórico, ya que no es ningún intento de análisis político, sino una novela. El otro es *La noche de Tlatelolco*, de Elena Poniatowska; en cuanto al de Elenita me parece muy bueno, muy útil, pues cita y da la pista para una gran cantidad de exploraciones ulteriores. Todavía no se ha realizado ninguna descripción profunda sobre los sucesos, puesto que en el fondo hay poca información, apresuramientos, contradicciones de todos los grupos que participaban, a lo cual se debe encontrar común denominador, en todas las corrientes existe un movimiento social. Armando Castillejos, junto con el doctor Fausto Trejo, eran un grupo; los compañeros maoístas, otro; uno más el de los compañeros partidarios de la guerrilla. De Gortari, algunos más y yo permanecimos independientes. Esta división interna se debía a la falta de una conciencia colectiva, es decir de un partido consciente, realmente capaz de entender los procesos y de estudiarlos ¿no?

La participación del partido comunista era a querer o sin ganas, pues era un movimiento de masas, un poco ocultando el rostro; hablaban así en signos misteriosos, con el fin de conectar gente —no saben hacer otra cosa. A nosotros nos importaba fortalecernos, pero no lo lográbamos.

En México no se ha radicado la teoría marxista en la realidad nacional por pereza mental, es un problema de incapacidad, de adaptación de un principio científico a una realidad que no se logra comprender; las contradicciones tienen que reducirse —desde el punto de vista del materialismo— para abarcar el movimiento y los procesos. Eso no lo han entendido.

Finalmente, el conflicto estudiantil de 1968 puede ser considerado como un movimiento de identificación de la unidad nacional, muy profundo, que todavía hay que estudiar, desarrollar y analizar teóricamente, puesto que los investigadores no han tenido a su disposición sino los volantes y no lo mejor de él, que es su interioridad. Ahí es donde se veía la conciencia colectiva de la lucha, porque autocensurábamos los desplegados, así es que no daban una imagen exacta. [...]

Invitado por algunas instituciones educativas extranjeras, decidí viajar hace dos años a Estados Unidos; fui a dictar unos cursos en las universidades de Stanford, San José, Berkeley y otras más de California. Se trata de un país impresionante, muy fuerte y poderoso donde, al contrario de lo que pudiera parecer, no existe una opinión pública, sino un "borreguismo" y un conformismo; la gente prefiere la estabilidad y la seguridad a la libertad. Efectivamente, los únicos que actúan son minorías, aunque fuertes e influyentes. También en la URSS hay "borreguismo", distanciadamente, pero es lo mismo; la dictadura, el peso del Estado, un poco más democrático en Estados Unidos; sin embargo, son países que jamás renunciarán al ejercicio del Estado total, estatizados.

Por ello mi militancia política actual es independiente; uno va perdiendo el optimismo porque éste es tan subjetivo como el pesimismo, uno ve más bien la realidad con ojos subjetivos. El mundo se encuentra en una encrucijada terrible, las perspectivas históricas se han perdido: el siglo XX no ha existido, es la prolongación de lo que fue el XIX, respecto a las ideas políticas. Sólo ha crecido el desarrollo de la revolución técnica y científica; no hemos hecho otra cosa que desembocar a la bomba atómica y a un cambio de contenido del Estado, del cual no se puede decir que posea una naturaleza neta, de clase, ya sea de burguesía, imperialismo o proletariado; no, es el poder solamente, como virtud intrínseca. A principios del siglo abrigábamos el ideal de un poder democrático, la dictadura del proletariado. La solución vendría a ser la revolución mundial, pero no es posible concebirlo: se han roto todas las corrientes, fracturado todas las fuerzas, y lo que se avizora es la gran catástrofe.

Hice cine porque fue uno de mis grandes ideales, como medio de expresión. Siempre me gustó. Hoy estoy ya fatigado; bueno, argumentos podría seguir escribiendo, eventualmente, pero lo que me dejaría satisfecho es dirigir, filmar películas, claro. Antes no me entusiasmé, pues vi que el ambiente comercial no me permitía realizar cuanto yo deseaba. Sin embargo, es difícil, ya que tengo tantas tareas que cumplir, literarias y teóricas.

Como viejo cineasta, mi mensaje a las nuevas generaciones consiste en que estudien —en primer lugar— y se apropien de todos los valores culturales y universales para que sepan ver las cosas, que no crean que nada más es manejar una cámara y emplazarla caprichosamente. Vivimos el tiempo de los grandes cineastas, por ejemplo el contenido del cine de Antonioni: sin cultura es difícil apreciar su simbolismo, porque parte de una filosofía —el hecho de que no sea obvio, vulgar, ya es otra cosa. Él representa la teoría de la enajenación y la describe con una maestría extraordinaria; no se pueden hacer filmes si no se comprende lo que la enajenación significa.

Finalmente, de poder determinar ahora el derrotero de mi vida, haría lo mismo, me habría dedicado a la actividad que tengo, no cambiaría, seguiría siendo como hasta hoy un escritor revolucionario, politizado.

APUNTES PARA UNA SEMBLANZA
DE SILVESTRE REVUELTAS[3]

A mi hijo Román

Dejad las puertas abiertas,
esta noche, por si él
quiere, esta noche, venir,
que está muerto.

. . .

¡Abierta
toda la casa, lo mismo
que si estuviera de cuerpo
presente en la noche azul,
con nosotros como sangre,
con las estrellas por flores!

Juan Ramón Jiménez

Hace algún tiempo, cuando Silvestre aún no había muerto, escribí un artículo que comenzaba con las siguientes palabras, que pudieran parecer quizá demasiado intencionadamente efectistas: *Ayer conocí a Silvestre Revueltas...*

Sin embargo, el primero que juzgó natural y lógico que apenas hasta el día anterior yo lo hubiera conocido —no obstante ser hermanos, no obstante tratarnos diariamente—, fue el propio Silvestre. Eso estaba bien, así ocurre, no había por qué alarmarse, pues no es fácil *conocer* a nadie, saber quién es verdaderamente y cómo es, ni aun en virtud de ese milagro incidental de estar unido a él a través de la misma sangre.

Silvestre era mi hermano. ¿Pero quién era? Yo podía dar muchas respuestas a esta pregunta, probablemente más respuestas que cualquier otro, puesto que lo amaba, lo admiraba desde mis primeros años, desde que tuve uso de razón. Pero desde luego no se trataba del amor o de la admiración, ni de que yo supiera si Silvestre era esto o aquello, músico o santo, sacerdote o bandido, profeta o criminal.

Digamos: uno sabe lo que es un terremoto, lo que es una tempestad, lo que es un relámpago, pero al mismo tiempo —y es lo más corriente— uno no sabe lo que son tales fenómenos, aparte de eso que nada más ha captado con los sentidos, con los pobres ojos, con el pobrecito tacto.

¿Quién era Silvestre? Cualquiera podía proporcionar alguna de esas triviales informaciones de programa y hablar del "compositor destacado", del "feliz ejecutante", del "fiel intérprete" y demás. Pero, repito, no se trataba de eso. Ninguna de estas estúpidas cosas eran el terremoto, el relámpago, la tempestad. En suma, hasta entonces yo no había conocido a Silvestre. Simplemente no lo había conocido, y ésta era la cuestión.

No obstante tenía que llegar el momento en que yo me encontrara frente a frente de eso que se llamaba Silvestre Revueltas. No recuerdo las palabras con que lo narré entonces, en aquel artículo, pero las imágenes permanecen intactas en mí, tan vivas y precisas como desde la primera impresión.

Aquello sucedió una mañana en que Silvestre tenía ensayo con la orquesta en el foro de Bellas Artes. Por alguna razón llegué tarde a la cita con Silvestre y el ensayo ya había comenzado.

Es *El pájaro de fuego*, de Stravinski, según me parece. Entro por la parte de atrás del foro y me detengo para no hacer ruido. Estoy rodeado de los más extraños enseres teatrales, decorados de escenario, farolillos, "diablas" al ras del suelo, bambalinas, cortinajes, bastidores y las gruesas cuerdas de la tramoya, que cuelgan del telar o están enrolladas en los rincones. Un barco. Me encuentro en el puente de un navío solitario y fantástico abandonado por sus tripulantes, y todos esos objetos que me rodean no son sino fantasmas intangibles, distantes esqueletos de lo que alguna vez habrá sido la alcoba de Desdémona o el severo palacio de Anfitrión. La música parece encontrar en la penumbra un obstáculo blando, y llega hasta donde me encuentro ya un poco caída, ya un poco como en plenamar, sumamente atemorizada.

Pero no; no es la penumbra. Se trata de que han puesto la concha acústica y esto apaga los sonidos hacia la parte interior del foro, que es el sitio donde estoy.

Así pasan largos instantes. A pesar de todo la música corre, juega, danza, se expande en el aire, se contrae, y todo lo hechiza al contacto del frenesí de su vértigo jubiloso. Pero de pronto, lleno de impaciente y colérico apremio, se escucha un ruido a cuyo requerimiento se desbarajusta aquella arquitectura musical, desarticulándose en pedazos que van cayendo al suelo, de un lado y de otro, igual que los muros de naipes de un castillo sinfónico: el director golpea imperiosamente con la batuta el filo del atril, demandando silencio a causa de alguna desafinación en que se habrá incurrido.

La orquesta termina por enmudecer en escalonadas gradaciones descendentes y en seguida se escuchan, aquí y allá, esas peculiares toses psicológicas de los conciertos, que siempre parecen aprovechar la menor ocasión de silencio, entre dos tiempos, para libertarse. En medio de todo esto oigo la voz de Silvestre, que reclama.

—¡Pero muchachos... así no! ¿Dónde demonios aprendieron a tocar música?

Aprovecho el silencio de la orquesta y corro a colocarme atrás, junto a uno de los contrabajos, de aquel lado de la concha acústica donde se encuentran los músicos.

Ahora tengo ante mí a Silvestre. Su cólera de los momentos anteriores ha cedido para convertirse en una especie de bonachona mansedumbre, indulgente y como arrepentida. Su mirada salta de un sector al otro de la orquesta, de los metales a las maderas, de éstas a las cuerdas, para verificar que cada quien se encuentra en su sitio y preparado para la batalla.

Nunca había visto a Silvestre desde el sitio de los músicos, sino siempre desde el público, dándome las espaldas, pero en esto no hay nada de especialmente extraordinario, y Silvestre todavía es el hombre cotidiano, familiar, al que veo todos los días, con el que converso en su casa, el hermano con quien visito a mi madre por la tarde de todos los domingos.

Pero hay en el mentón de Silvestre un imperceptible movimiento hacia arriba, luego su cuerpo se yergue con una actitud que parecería de reto, eleva los brazos y de pronto indica vigorosamente la entrada con un movimiento rotundo, preciso, que me sobresalta como el estallido de un petardo, y es aquí cuando comienzo a ya no darme cuenta de las cosas.

La música nace nuevamente, pura y sin obstáculos, se eleva y extiende en arrolladora invasión, satánica y celeste a la vez. Entonces me siento como galvanizado, víctima de algún sortilegio que me inmoviliza el cuerpo y casi interrumpe mi respiración, en tanto una suave nostalgia embriaga mi espíritu y arrebatadoramente lo aturde con su veneno sutil y alado. De súbito me doy cuenta de algo increíble, inaudito, de algo que me parece asombroso y cautivador: ahí, ahí está mi hermano delante de mis ojos, y es él quien dirige la orquesta.

Me pregunto qué es lo que ocurre y si será esto posible. Hay algo que no puedo precisar, algo semejante a un milagro diabólico, bello y siniestro, como si contemplara, sin premeditación, desarmado, desnudo, alguna catástrofe jamás vista de la naturaleza. Sin embargo, una catástrofe tan sencilla e inaparente, tan invisible e interior, como la que se produce en los momentos en que una planta ha sido fecundada o en los instantes en que dentro de una nebulosa se forma un nuevo sol.

No; no es Silvestre el que está dirigiendo la orquesta, hay algo más allá de todo y que no se puede decir con simples palabras.

El rostro de Silvestre se ha transfigurado hasta volverse el de un desconocido, el rostro desconocido de alguien que no es mi hermano. Es Silvestre el que está dirigiendo la orquesta, pero no es mi hermano, no es aquel hombre a quien frecuento, con quien charlo en las reuniones, con quien me río. Ni aun mi madre lo reconocería. (No, ella sí; ella ya lo había visto desde antes, mucho antes de que Silvestre naciera.)

Hay en este hombre que dirige la orquesta, en este hombre de cuyo cuerpo, de cuyas manos salen los sonidos, una expresión atormentada y feliz, soñadora y dolorosa, como si estuviera en comunicación directa con esa región inalcanzable donde habitan los monstruos de la música y cuyo lenguaje, aterrador y grandioso, tradujera en estos momentos, robándoselos a su descuido igual que Prometeo, igual que un Prometeo desencadenado.

Entrecierra los ojos, escuchando algo que los demás no podemos oír, y su rostro se ilumina, se apaga, resplandece, sufre inimaginablemente. Sufre: ahí está su verdad, en el sufrimiento de ese goce que deberá pagar dejándose devorar las entrañas todos los días, a cada hora, a cada minuto de todas las horas.

No es mi hermano; tampoco es Silvestre: no es nadie que tenga nombre y apellido, es un ser anónimo, es el hombre anónimo que a nombre de los hombres traspone la frontera prohibida y desde ahí trasmite sus señales, esas que apenas nos es dado comprender, pero que nos inundan y estremecen de agradecimiento y misericordia.

Ha perdido el nombre y ya no podemos clasificarlo sino con aquellas palabras de García Lorca que parecían destinadas al mismo Silvestre, en espera de que se lo identificase alguna vez, el día de su resurrección, en el Valle de Josafat de los ángeles demoniacos, ésos para los que no hay reposo en sagrado, ni reposo de ninguna especie: *es un pulso herido*. Esto es tan sólo Silvestre, a eso se reduce su abrumadora soledad, a ser "un pulso herido que ronda las cosas que están al otro lado".

Porque cuando hace música desaparece, se nos escapa, se entrega a los monstruos contra los que combate, y es ahí cuando formula esa contraseña de la entrega, la contraseña de los que esperan el pelotón de los fusilamientos: *estoy dado*, que son las palabras que Silvestre siente y dice cuando dirige, cuando toca, cuando compone. Está *dado*, nació dado para crucificarse en la música y que ésta lo aniquile y reparta entre todos la carne y la sangre de su donación total, de su apasionada entrega.

Es así como conocí a Silvestre Revueltas, como únicamente podía conocérsele, *in fraganti,* con las manos en la masa, en pleno delito de robarse el fuego. Recuerdo que todavía lo examiné durante breves instantes, pero que después no me fue posible nada más, y tuve que sucumbir, abandonado en el centro mismo de un mundo ilímite y dulcemente atroz, sin darme cuenta ya de lo que me rodeaba.

Había terminado el ensayo y sólo me apercibí de ello al ver que Silvestre cruzaba el foro, entre los atriles vacíos, para saludarme, lo que hizo con una expresión a la vez curiosa e inquieta ante mi entontecida perplejidad.

Veo a Silvestre como ese ser humano prodigioso que era, como ese hombre directo, personal, viviente, amigo, camarada, hermano, que tocábamos, que sentíamos, infantil, tierno, lleno de júbilo, enardecido por la alegría de vivir, sin conceder sombras a la vida, sin creer en esas sombras, transparente como un niño, con una candidez interior tan inmaculada como si casi no concibiera la existencia de la maldad.

Leyó mi artículo lentamente, en silencio, con el ceño fruncido y sombrío. Al terminar clavó sobre mí una mirada llena de ternura, pero en la que no faltaba un inconfundible destello de ironía. Después sus ojos se perdieron a lo lejos, profundamente melancólicos, cargados de una tristeza impenetrable y distante. De pronto hizo un ademán brusco, entre colérico y desesperado:

—¡Está de la *rembambaramba*! —exclamó.

Usaba este pintoresco término ante la impotencia de calificar una situación que le parecía abstrusa, desazonante, y que condenaba aprobándola contra su voluntad. "Está de la *rembambaramba*". ¿Por qué diablos te pones a escribir —parecía decirme—, en lugar de ser un hombre de provecho haciendo cualquien otra cosa útil?

En aquella ocasión, después de esto, había guardado un largo silencio incómodo, en que parecía librar una lucha entre sus deseos de decirme algo más y la resistencia que encontraba para decírmelo.

—¡Bueno! —añadió por fin con esfuerzo—. Espero que cuando menos no bebas.

Ponía de relieve en esta forma la preocupación que más lo inquietaba: no beber, apartarse —y apartar a los demás— de esa maldición que tan cruelmente se le había impuesto. Trataba de indagar respecto a mí, con una especie de angustia y una cierta vergüenza intranquila, la vergüenza filial del padre que aborda un asunto espinoso ante su hijo.

—¿O es que *tú también* bebes? —terminó por preguntarme con mucho trabajo, aunque más bien en un tono afirmativo. En seguida hizo con las manos un vivo movimiento para indicar que no le contestara. No dije una palabra.

Resulta curioso que cuando le parecía descubrir determinada capacidad o dote en la inteligencia de alguien, Silvestre tuviera miedo a la venganza que tal privilegio podría tomarse contra su poseedor. Juzgaba por sí mismo, por su propia experiencia y la terrible lucha en que estaba empeñado.

Después de aquella pregunta el rostro de Silvestre volvió a resplandecer con sus joviales destellos de costumbre.

—Está bonito tu artículo —dijo con una sonrisa ancha y fraternal—, pero me gusta más aquél donde me comparabas con un perro de San Bernardo. ¡Ése sí que estaba bueno! ¡Un perro de San Bernardo...! —y reía con una de esas carcajadas suyas, tan gozosas y felices.

Parecía como si estuviera más allá de la maldad y ésta no pudiera alcanzarlo, pero él mismo no dejaba de ejercer, contra determinadas personas, cierto espíritu de maligna burla y sarcasmo, que llegaban a los extremos de lo cruel, pese a no abrigar la menor mala intención verdadera.

Intentaré reconstruir esta actitud de Silvestre a través de una situación imaginaria, que pudo haber sido real o que en efecto lo fue.

Por ejemplo, se trataba de criticar a esta o aquella persona, desde luego un músico por el que Silvestre no abrigaba la menor simpatía, y esto con justicia, pues naturalmente debía ser un mal músico, alguno de esos tramposos de los que tanto abundan. Silvestre escuchaba aquellas críticas con impaciencia no disimulada, para protestar al final con cálidas expresiones, que parecían tanto más sinceras cuanto estaban destinadas a defender a un enemigo.

Uno estaba a punto de caer en el lazo, pero pronto advertía el fingimiento de Silvestre en el marcadamente exagerado énfasis de aquella defensa suya, que ya estaba a punto de hacerlo derramar lágrimas.

—¡No hay derecho! —decía más o menos, a tiempo que su rostro adoptaba la maliciosa expresión requerida—. ¡Decir eso de Fulano! ¡Y luego tan buena persona que es! Tan buen músico —aquí comenzaba el veneno—, tan cumplido en su casa... ¡Un hombre de conducta intachable! Además, está esa obrita suya que compuso... ¿Cómo se llama? Ésa con la que arrulla a sus hijos por las noches y a causa de la cual esos mismos hijos le guardarán, hasta el fin de sus días, el más profundo y homicida de los rencores... ¡No hay derecho! —entonces cambiaba de voz para adquirir un tono admonitoriamente tribunicio—: ¡Hijos malagradecidos, que no merecen ese padre modelo, pero a quienes, en castigo, los dioses condenarán por los siglos de los siglos a ser eternamente buenos ciudadanos y maridos virtuosos...!

Aquello terminaba, sin embargo, más o menos en serio, con indulgentes juicios de Silvestre hacia la obra de Fulano, juicios que, por indulgentes, venían a ser probablemente más terribles.

—En fin —remataba por último—, creo que Fulano llegará a ser un gran músico, estoy convencido... —hacía una pausa y miraba a un lado y otro como cerciorándose de que nadie sorprendería el secreto que iba a trasmitir a su interlocutor, y luego hablaba en voz baja, sirviéndose de la mano a guisa de pantalla—... pero hay que aconsejarle que vuelva a estudiar solfeo...

Descritas en el papel, estas burlas sangrientas de Silvestre resultan pálidas, pobres y sin la menor gracia. Pero es casi imposible darles el matiz, el humorismo, la maligna travesura, verdaderamente histriónicas, de que Silvestre sabía impregnarlas.

Era como un semidiós, travieso, la mirada con aquellos resplandores de inocente malicia y luego esos terminantes ademanes que tenía. No resultaba difícil imaginarlo desnudo en un estanque, rodeado de ninfas y con una corona de uvas y laureles ceñida a la cabeza, jocundo y espléndido como Dionisos en su reino. La idea le cautivaba indeciblemente al propio Silvestre, aunque en seguida añadiera a la imagen algún alegre toque, más bien triste, de pequeña ironía burlona en su contra: "Bueno —decía entonces—, pero un Dionisos ya medio fuera de la circulación..."

En primer lugar Silvestre se burlaba de sí mismo, lo cual le permitía burlarse de los demás sin remordimientos, como si lo primero ya fuese el pago de cierta patente de impunidad, o una especie de desagravio para los ofendidos —los que de ningún modo habrán quedado satisfechos, claro está.

El optimismo, el amor, la generosidad, fluían de su ser sin que Silvestre se diera cuenta, pues ignoraba sus "virtudes" en absoluto, y se habría sorprendido con sincera incredulidad, caso de apercibirse que las tenía. Me equivoco: se habría puesto furioso. Le gustaba, mejor, creerse malo; tener la convicción de que su espíritu era negro y perverso. Lo cual era cierto... y ahora lo digo con la misma intención sarcástica y mordaz que usaba Silvestre.

Su imagen me viene muy clara a la memoria cuando devoraba

helados, igual que un chiquillo, los domingos por la tarde, en una pastelería de las calles de Puebla a donde íbamos siempre después de visitar a nuestra madre, que vivía por aquel entonces en la avenida Chapultepec.

Silvestre se detenía ante las puertas del establecimiento y me miraba con el aire cómplice y furtivo de quien se dispone a cometer una travesura.

—¿Entramos? —me decía con la entonación conspirativa de un carbonario; pero antes de obtener respuesta ya se había metido de rondón, con ese movimiento de brazos, supremo, grandioso y desesperado, del suicida que abandona todo a sus espaldas.

Recuerdo la siguiente anécdota, muy significativa por cuanto ilustra el carácter de Silvestre, y esa actitud tan suya de no tomarse demasiado en serio:

Vamos en el tranvía, Silvestre viste una tosca chamarra y lleva, como de costumbre, abierto el cuello de la camisa. Su figura no deja de ser ligeramente estrafalaria a causa de la melena tempestuosa y mal peinada, la corpulencia de su continente, y esa expresión de altivez soñadora y al mismo tiempo agresiva, de su rostro.

Todas las miradas caen sobre él, examinándolo con una impertinencia absurda y desconsiderada, sin el menor recato, como si adivinasen algo excepcional y misterioso en este hombre un tanto fuera de lo común, y que ya empieza a lanzar resoplidos feroces ante la tonta curiosidad de que es objeto. Me imagino en esos momentos que cada quien, dentro del tranvía, hace toda clase de conjeturas, a cual más extravagantes, sobre Silvestre.

—¿Qué creerán que eres, para que les llames tanto la atención? —le deslizo al oído.

Silvestre me reprime con un contenido además reprobatorio y solemne.

—¡Es que ya se dieron cuenta de que tengo talento —dice en voz baja, como si me trasmitiera una confidencia única en el mundo— y han de pensar que soy un gran artista!

La actitud de la gente del tranvía nos hace a cada momento sentirnos más ridículos. Imaginan, de veras, que están delante de quién sabe quién, pero que debe ser alguien muy importante, alguno de esos que salen en los periódicos. Aquello amenaza con prolongarse indefinidamente hasta que, por fin, la voz escéptica y desencantada de una mujer rompe la tensión grotesca que nos envuelve:

—¡Bah! ¿Y qué tanto le miran? —exclama—. ¡Ha de ser

plomero!

Como por arte de magia, en un segundo se disipa el interés de todas aquellas buenas gentes por Silvestre. Hasta parece sentirse en el aire el soplo colectivo de un suspiro, al caer todos en la cuenta de que estaban, en efecto, no ante el domador de leones o el tragasables que habrían quizá imaginado, sino delante de un simple y vulgar plomero.

Silvestre me mira poco a poco de soslayo, la expresión falsamente contrita pero llena de disimulado regocijo, con ese modo en él tan característico, mientras flota en sus labios una sonrisa encantadora.

Cuando abandonamos el tranvía no deja de celebrar el divertido incidente.

—¡Plomero, plomero! —comenta con entusiasmo—. ¿No es espléndido? ¿A quién se le ocurriría que yo pudiera ser un *pinchurriento* músico?

Estamos en la calle donde Silvestre vive. Súbitamente se detiene y como si hablara consigo mismo, lejano, dice, ya con otra voz:

—¡Pero de veras...! ¿Por qué no mejor habré sido plomero...? —y una sombra de melancolía le oscurece la hermosa frente. Esta sombra como que nos separa uno del otro, igual que un muro. Ya Silvestre escapó a otras regiones inhabitadas e inhabitables. Ya no está conmigo.

Era todo lo contrario de un filisteo, el antifilisteo por excelencia. Odiaba por ello a toda esa gentuza barata e imbécil, que ya no halla el modo de darse importancia, y al hallazgo de cuya menor ocasión, los que la agarran, se conducen al instante como si fuesen las sacrosantas deidades intangibles de la crítica, de la literatura, de la música o lo que sea, y adoptan, respecto a sus propias personas, ese aire amoroso, fatigado y displicente, de quienes le están haciendo al mundo el favor de haber nacido. Para éstos sí que no tenía misericordia Silvestre.

A ellos está dirigida, con toda seguridad, esa jugarreta inocente de Silvestre cuando puso a una de sus composiciones el irreverente y desenfadado nombre de *Música para charlar*. En esto se conducía Silvestre con el mismo espíritu de traviesa alegría con el que aceptaba que la gente lo tomara por plomero, pero a nadie pareció gustarle la broma y todos se apresuraron a ponerse el saco de la ofensa.

Los críticos fueron los primeros en molestarse ante el desacato: Silvestre pretendía burlarse de ellos y de su respetable oficio; trataba de jugarle una mala pasada al buen criterio y a la cultura del público; aquel hombre era ofensivo e irritante.

¿Por qué *Música para charlar*? ¿Acaso la música seria (la música que toca una orquesta sinfónica, en un teatro solemne y ante un auditorio igualmente solemne) no se hace para ser oída en medio del silencio más receptivo y de la más correcta y bien educada de las unciones, sin que, entretanto, nadie tenga la osadía de atreverse a charlar, o de hacer cualquier otra cosa que oír?

Ninguno quería darse cuenta de que la deliberada intrascendencia de ese nombre resumía un aspecto esencial de la actitud de Silvestre ante la creación artística. Se sublevaba con todas sus fuerzas contra las pretensiones de falsa profundidad de aquellos que, a cambio de no hacer una música o una crítica honradas, prefieren construirse un falso prestigio de conocedores, de buenos técnicos, a base de un lenguaje —musical o literario— esotérico, sabihondo, hermético, lleno de esos pasajes de cultura criptográfica sobre los cuales nadie se atreve a preguntar, por temor de que se le considere ignorante, y que, precisamente por no ser comprendidos de nadie, provocan la admiración y el aplauso fanático de los necios. De esos necios cuyo número, desde antes de San Pablo, ya era infinito. No digamos en nuestros días.

Ahí quedaba entonces esa música, para que charlaran las respetables personas que no se atreven a charlar en los conciertos, mientras la orquesta está tocando, pero que si son tan bien educados como para no charlar, en la misma medida son también lo suficientemente estúpidos para no escuchar. Para no saber escuchar ni entender lo que se toca, tan sólo en virtud de no ceñirse a lo que están acostumbrados a oír sus enciclopédicamente conocedores oídos de asnos musicales.

Música para charlar fue un arreglo que Silvestre hizo para concierto, basándose en música que había escrito para un documental fílmico sobre la construcción del ferrocarril Punta Peñasco-Baja California. Los más indulgentes de los críticos dijeron, entonces, que tal vez la circunstancia de considerar como "menor" una composición cuyo origen era la música —a veces tan obligadamente descriptiva— de una película, habría sido lo que inclinó a Silvestre a que dicha pieza llevara un nombre tan ligero y lleno de jovial desenvoltura.

Casi no andaban tan desencaminados estos críticos. Esto estaba muy dentro de la severa e intolerante honradez artística de Silvestre, quien jamás fue de aquellos que quieren dar gato por liebre, antes daba liebre que algunos, ésos sí, se esforzaban por que apareciese como gato. Con todo, aun aceptando sin conceder, que Silvestre considerara su *Música para charlar* como un producto menor, él mismo no tendría razón de ningún modo, porque ni ésa ni ninguna de sus obras son "música para charlar".

Hasta el propio Kleiber sufrió un ataque de indignación —muy *a la alemana*, por otra parte— frente a este nombre que juzgaba una forma desconsiderada y "frívola" de tratar Silvestre un fruto magnífico de su talento. Pero la justa indignación de Kleiber —que llegó al extremo de cambiarle de sus pistolas el título a la obra, cuando la dirigió en Bellas Artes— partía de considerar los hechos sin tomar en cuenta a Silvestre, prescindiendo de su carácter y de su rebeldía tan empecinadamente contraria a toda clase de convenciones.

No; no es que Silvestre se menospreciara a sí mismo, ni a su arte, como lo pretendía Kleiber —que no lo conoció en persona. Todo lo contrario.

Lo verdaderamente cierto es que el nombre de *Música para charlar* estaba destinado por Silvestre a los que tienen oídos y no oyen. Era una manera orgullosa y divertida de mandar al diablo a los timoratos, a los pobres de espíritu, a los críticos adocenados y orgánicamente malignos e inútiles, a los indiferentes, a todos los resentidos e infecundos de ayer, de hoy y de pasado mañana.

Como si les dijera a todos ellos: perfectamente, señores; ustedes pueden charlar, ustedes pueden volverse de espaldas, ustedes pueden seguir ocupándose de sus trampas literarias y artísticas, y vivir entregados al empeño de satisfacer sus pequeños rencores y *orquestar* sus inteligentes maniobras; pueden seguir prostituyéndose honorablemente, bajo las formas más inaparentes y mejor apreciadas por la gente de buenas constumbres, mientras hay alguien que escribe música.

Mientras hay alguien que compone esa música, que aún será escuchada —y no para charlar, ténganlo por seguro— mucho tiempo después de que ni de ustedes, ni de sus hijos, ni de la descendencia de éstos, se guarde ya la más insignificante memoria en sitio alguno.

Justamente por ser Silvestre tan violento y apasionado antifilisteo, es preciso dejar establecido, con claridad absoluta, que tampoco era de aquellos que con toda su sana, retorcida y turbia intención, presumen de pasar inadvertidos y se colocan, con caras compungidas —pero a voz en cuello—, en los segundos planos, alimentando la inconfesada esperanza de que se les llame, un día con otro, a reparar la imaginaria injusticia de que se habrá hecho víctima a su secretísimo y escondido talento.

Del mismo modo que los otros, los impostores de la grandeza, a Silvestre le repugnaban estos lamentables pordioseros, los impostores de la pequeñez y la penuria intelectuales, los profesionales de la modestia, quienes en fin de cuentas, no aspiran a mejor cosa que ser bien utilizados —y retribuidos— por los intrigantes y arribistas, que en ellos encuentran siempre su mejor apoyo.

En la vida y actitud enteras de Silvestre no hay nada que indique la menor inclinación hacia ésta ni ninguna otra, falsa o verdadera modestia, palabra ya tan deplorable —y sospechosa— desde el momento en que se enuncia. Silvestre no descendía a ser modesto. Era, con radical, agresiva inmodestia —pero con la más genuina legitimidad—, un espíritu sagrado, humildemente orgulloso, sin vanidades de ninguna especie, atormentado en el fondo por cierta turbadora consternación ante la culpa de saberse dueño de excepcionales dotes creadoras, mas sin asombrarse por el hecho de tenerlas. No le asombraba este hecho. Quizá tan sólo, simplemente, le dolía.

Tenía una conciencia muy precisa, una noción muy exacta, que aceptaba con tranquila naturalidad, aunque en cierto modo con algo resignadamente triste y al mismo tiempo lleno de aprensiva inquietud, de su extraordinario talento, o para decirlo de una vez con franqueza, de su genio.

Pero, repito: no se asombraba de tener genio. Más bien parecía querer llevarse el índice a los labios, en señal de pedir un silencio cómplice, a fin de que nadie se lo dijera, con una suerte de miedo a que cualquier testimonio, exterior a su propia persona, le confirmara la existencia dentro de su espíritu de esa cosa amenazante, seductora y terrible.

Por eso junto a la alegría tan terrenal, tan inmediata, de su manera de ser, su dolor, en cambio, no era de este mundo. Estaba traspuesto más allá de las cosas cercanas, situado en el espacio distante de una atmósfera desquiciadora y desesperanzada, más real y con mucha mayor existencia que el dolor privado, puramente doméstico, biográfico, de todos los días.

De aquí el que no pudiera aceptar la existencia de la maldad concreta que constituyen las envidias y los rencores cotidianos; ni menos aún aceptar que alguien, de igual modo concreto, dirigiese esa maldad en contra suya. ¿Por qué habría de ser así? Para él era sencillamente increíble.

En la misma forma, como si esto fuera un delito contra todos los demás, Silvestre no se estacionaba en el sufrimiento de sus problemas "privados". Digo, debió sufrir de un modo espantoso por ellos, y yo pude verlo a la muerte de nuestra madre, desgarrado y bárbaro, como también en otras ocasiones.

Quiero decir, había además en él otro sufrimiento sin tregua, un dolor impersonal y genérico, que no acierto a formular con exactitud, pero que es como esa móvil desazón, esa nostalgia sin descanso que padecen los ángeles caídos, que en Silvestre era la nostalgia, no de un paraíso perdido, sino del paraíso no encontrado, la nostalgia del futuro, del tiempo por venir, y que se mezclaba con esa lucha, torturante y vencedora, entre la duda y la fe, el desconcierto y la esperanza, la fatiga y el impulso, en la guerra del espíritu, lúcida y desnuda, que todo hombre completo libra y sabe librar siempre a lo largo de su existencia.

Por eso Silvestre, con dolorida y ardiente sumisión, aceptaba su genio como una fatalidad esperanzada y sombría, donde estaba llamado a consumirse, a quemarse, a naufragar. En su bella y tenebrosa tarea, así, no hay sitio para el ruin engreimiento de los hombres que pacen en la llanura: él está en la montaña, tristemente abandonado, crucificándose a cada instante sobre los brazos de la cruz que lleva dentro, y sabe entonces que no puede desfallecer, que está condenado a no desfallecer, sin que se le ofrezca tampoco, así sea en los peores y más crueles instantes, ningún otro aliento que aquel de que pueda nutrirse en el desaliento de su propio infierno.

Silvestre sabía que ésta era la sentencia que aceptaba en su contra. La sentencia incompartible, aun más, incomunicable; esa que no se puede decir a los otros, que no se conlleva con nadie, que no se puede proclamar, y ha de padecerse a solas, encerrado dentro de la propia habitación hermética del alma, como envuelto por una sustancial y sedienta llamarada.

Era éste el ascender a los infiernos, donde son arrojados, hacia el cielo, los ángeles caídos, esos ángeles intrépidos y solitarios, los únicos que se saben lanzar a la verdadera, a la espantosa y enaltecedora rebelión del espíritu.

El precio que se cobraba el genio de Silvestre era arrojarlo a la sima de esa lucha, al centro mismo de su violencia, en medio de los demonios, incitándolo a que los retara, a dejarse abrasar por su fuego y vivir entonces la inminencia total de los riesgos, en el punto exacto donde comienza la frontera entre "la destrucción y el caos", y lo que está de este lado, acá en el mundo de nuestras pequeñas zozobras, de nuestras dóciles desesperaciones y nuestros asépticos pecados.

Ya me parece oír la voz de los fariseos, señalando con su índice de fuego, de fuego artificial y fatuo: "¡Todo eso no es sino para justificar los vicios de Silvestre! ¿De qué le servía su genio si bebía, si era un borracho que frustraba su vida y su obra, hundiéndose en el alcohol? ¡Mírenlo ahí en las tabernas, con el espíritu roto! ¡Mírenlo por las calles, grotesco y risible como un rey de burlas!"

Debo hacer un esfuerzo para que la rabia no me impida hablar. ¡Qué consuelo tan grande para los fariseos, para los resentidos, para los mediocres, para los canallas, el que Silvestre bebiera! ¡Con qué fruición, con qué turbio placer, con qué cascabeleante alegría apuntan su dedo hacia el culpable!

Sí, amables señores; sí, abominables fariseos; sí, impecables y correctos canallas: Silvestre bebía. *No quiero callarlo*, ni correr sobre esto un velo de silencio cobarde.

¿Por qué has derramado la vida? ¿Por qué has vertido
en cada copa tu sangre, por qué has buscado
como un ángel ciego, golpeándose contra las puertas oscuras?

Así lo preguntaba ya, al pie de su tumba, con estas palabras de metal entrañable y amoroso, la grande y sobrecogida voz de Pablo Neruda, ese otro hermano mayor, Silvestre bebía, sí. ¿Pero, por qué? ¿Por qué? ¿Por qué se golpeaba contra esos muros infinitos y se dejaba caer en ese abismo de amargura, hasta escocerse los ojos con el alcohol bendito y homicida?

Ahí está la respuesta: era preciso quemarse los ojos para no mirar tanto; era preciso abandonarse en manos de Caín para pagar la culpa del hombre y redimir su destierro. Porque los hombres como Silvestre ven más allá de lo que nosotros vemos, y los ojos de Silvestre no se cerraban nunca. En rigor permanecerán abiertos para siempre, mientras su música viva, cante y proteste desde el fondo de la tierra.

La realidad que rodeaba a Silvestre lo hería más profundamente que a ningún otro: no sólo la realidad de su vida personal y privada, sino, sobre todo, la realidad del mundo y sus tercas tribulaciones que a cada golpe hacen cambiar al hombre de esperanza en un juego que parece no tener fin.

Silvestre sabía esto; lo sabía todo. No ignoraba tampoco, por ello, que el hombre está llamado a libertarse y ha de forjar con lágrimas, con la carne de su carne, el destino de la humanidad verdadera, libre de la baja zoología a la que aún se encuentra encadenado.

Pero no le pidamos a un artista que tanto mira, que resista todo lo que mira; que soporte todo ese peso abrumador de la desquiciada vida de los hombres y las amargas tinieblas en que se debaten. Para poder mirar ha tenido que rebelarse, y ya es bastante esta caída, donde su espíritu tienta todas las tentaciones e invoca sobre sí todos los pecados, dispuesto a morir por ellos. Ya es bastante que reciba el castigo tras cuya búsqueda ha caminado por su propio pie.

Porque es cierto. Para los ángeles rebeldes el castigo es vivir la inminencia total de todos los riesgos, pero en todos los sentidos, aun en los del vicio. No un arriesgarse a medias, no un sólo aproximarse al peligro, sino ser uno mismo el peligro, el peligro de sí mismo, y confundirse con él. Éste era Silvestre, y lo digo con pavor, con piedad y con un remordimiento y una admiración sin límites.

Había escogido el camino de la autodevoración, de la autofagia torturante y sin embargo providente, sin embargo desgarradoramente fecunda. Hay algo de muy humilde y bárbaro, de indeciblemente humilde y acusador, en el alcohol de Verlaine, en el alcohol de Silvestre, en el de Mussorgsky, en el de Whitman, en el santo, criminal alcohol de todos los hombres solitarios, que es como si acabáramos de recibir una bofetada en pleno rostro.

Mas no una bofetada de ellos, sino una bofetada de Dios. Y no obstante los hemos condenado y los hemos escarnecido y nos hemos repartido sus vestiduras, después de jugárnoslas a la suerte, a su suerte, a su infortunada suerte de multiplicadores del pan. Es así entonces como hay que comprender a este repartidor de alma que fue Silvestre, y no, no absolverlo de ningún modo, puesto que nació absuelto desde que fue concebido.

Silvestre nació absuelto porque previamente ya era un ser condenado sin remedio. Él era la condenación misma, su propio cuerpo del delito, la condenación en estado de gracia concebida sin pecado original, definitiva y pura, y no había nada que absolver más allá del hecho justísimo y aterrador de ser Silvestre el condenado, de estar condenado a ser Silvestre. Porque, en suma, Silvestre no es nada, sino una predestinación consumándose día con día, un compromiso adquirido desde antes, la fidelidad al pacto de autoelegirse únicamente en una sola forma, con exclusión de cualquier otra, y no ser sino aquello que era, pues de lo contrario desertaba de Silvestre, huía de su condenación, de la única a través de la cual podía ejercer el oficio del espíritu, que no era el de la música, claro está, sino por el contrario, del que la música era un simple instrumento, como pudiera haberlo sido la santidad o el crimen. Es decir, porque solamente puede ejercerse el espíritu en su condición de esa voluntad libre que elige lo que le está predestinado, y que se transforma en una voluntad superior, entonces, cuando elige conscientemente sólo aquello, y únicamente aquello, para lo que a su vez está elegida. En esto radica la suprema intrepidez, el dolor y la valentía, la soledad desorbitada y promisora, de este ser tan lleno de las más humanas y nobles impurezas, de este pecado de violencia corporal, y este existir apasionado, al que damos, a falta de otras palabras, el nombre de Silvestre Revueltas.

Mi madre nos contaba que cuando ella era joven, se le iban insensibles las horas, perdida en sus sueños, contemplando las hermosas montañas de San Andrés de la Sierra, el pueblo donde había nacido. Ante la vista impresionante de aquel paisaje —que ella nos descubría con tal viveza poética y tal aliento amoroso—, el mayor anhelo de su vida, decía, se cifraba en llegar a tener, cuando se casara, un hijo músico, otro pintor...

En efecto, de ella, de ese entrañable cuerpo de mi madre, estaban destinados a nacer ese músico, ese pintor. ¿Por qué los hechos poéticos no han de ser también hechos biológicos? Acaso el misterio último de la poesía se encuentre en la recóndita vibración de alguna célula, cuyos anhelantes estremecimientos, a fuerza de integrarse y hermanarse con otros, a fuerza de buscarse a través del amoroso calor de las tinieblas orgánicas, terminen articulándose en palabra.

¿Qué voces hablaban a través de los sueños de mi madre, qué misteriosos elementos terrestres de su cuerpo le llevaban hasta la mente el anhelo monstruoso de tener un hijo músico, otro pintor? Evidentemente ellos mismos: el músico y el pintor, antes aun de que nacieran, antes aun de ser concebidos.

Desde aquel tiempo, establecidas en la orgánica habitación maternal como dentro de una antesala milagrosa, sus voces ya aguardaban el advenimiento de la vida que habría de formularles. Eran apenas la prefiguración de ellos mismos, pero ya el sueño los había hecho realidad, les había dado existencia. Ahí estaban; ahí estaba la voz de Silvestre, que pedía nacer ya desde entonces, cuando mi madre contemplaba sus ásperas montañas de San Andrés. Era el esquema prenatal de un Silvestre que avanzaba en las sombras, de un Silvestre que se invocaba a sí mismo, dándose apenas el nombre de deseo y que nacería más tarde, pero antes siquiera de que una madre lo alumbrara, en el amor de sus padres, en el extraño material del espíritu de que estaría formado el primer beso de sus padres. La anunciación había sido hecha aquel día, en aquella hora en que una joven mujer, ante el paisaje de su tierra, había lanzado un terrible y sagrado reto al destino.

Era la forma en que Silvestre enviaba sus primeras señales, el presentido rumor de su música primera.

Esta violenta y decidida predestinación debía seguirse manifestando, desde los años más tempranos, en la vida y en el modo de ser de Silvestre. Hay una carta de mi padre, cuando Silvestre tenía once años de edad, que resulta particularmente significativa a este respecto. Copio un fragmento de esta carta, dirigida a mi madre el 20 de mayo de 1911 (Silvestre nació el 31 de diciembre de 1899):

[...] por ahora cuida de tus hijitos con la ternura que hasta hoy lo has hecho, sin dejar por ello de ser enérgica, sobre todo con los hombres y más aun con Silvestre, que bajo su apariencia de mansedumbre tengo la creencia de que encierra un carácter voluntarioso y dominante que es bueno extirpar en él. Su carrera o, más bien dicho, su inclinación por la música, es como todas las cosas, un bien y quizá también un mal, pues se presta mucho a la adulación y él es por naturaleza vanidoso y éste es el punto que debemos tocar y hacer todo el esfuerzo posible por que desaparezca, y si no se puede, culpa será del destino y no nuestra; a Fermín, no obstante su carácter, lo creo como siempre te lo he dicho, más noble de corazón y más amante de su familia y creo que será más fácil asimilarnos su cariño. El de Silvestre creo que muy pronto nos lo robarán, esto es, si ya no nos lo han robado, pues como todo hombre vanidoso tiene el defecto de dejarse llevar más fácilmente de los que lo adulan que de los que lo censuran.

Hasta aquí la carta de mi padre, cuyos juicios sobre el carácter de Silvestre parecen tan severos a primera vista.

Pero mi padre, en realidad, no se equivocaba. Lo que ocurre es que, en la infancia, los rasgos de la futura personalidad aparecen siempre bajo denominaciones diferentes a las que tendrán esos mismos rasgos cuando la personalidad ya esté definida y establecida de un modo completo. No es difícil traducir estas denominaciones con que aparece el carácter de Silvestre a los once años, al lenguaje con que se manifiestan en el Silvestre de la edad adulta.

Hay en el Silvestre de nuestros días esta "apariencia de mansedumbre" y esta tendencia a ser "voluntarioso y dominante", a más de vanidoso "por naturaleza", sí. Pero todo esto tiene ahora otro nombre, otra dimensión, y corresponde a una forma distinta de vivir y reaccionar ante la vida. Ahora ya sabemos lo que significaba esa "apariencia de mansedumbre" de Silvestre. Se la hemos visto muchas veces, cuando se encerraba en sí mismo, callado, ajeno, rotas ya sus comunicaciones con el mundo exterior, deseoso de que nadie perturbara su ensimismamiento ni ese diálogo interno en el que estaría tan ardiente, tan angustiosamente empeñado. Por fuera, en efecto, esto podría tomarse por mansedumbre y, tratándose de un niño de once años, por una simulación tendiente a ocultar el impulso "voluntarioso y dominante" de su espíritu. Pero lo que ocurría a los once años de edad, era lo mismo que seguiría ocurriendo, después, a lo largo de la vida entera: Silvestre sólo estaba escuchándose por dentro, por debajo de su propia piel, y nadie sino él podía percibir lo que escuchaba, ni mucho menos comprenderlo, aun cuando llegara también a oír aquellas cosas en las que Silvestre se abstraía con la totalidad absoluta de su ser.

Escuchar: esto era consustancial a Silvestre. Mas por supuesto aquí no se trata de la función que desempeña el oído, ni de lo que éste perciba a través de su delicada y maravillosa estructura física. Se trata de lo que sólo al artista se le entrega y se le hace llegar para que sea él quien lo mire, lo oiga, lo palpe, aun cuando esté ciego o sordo o haya perdido el tacto.

A Silvestre se le iba dando su música —su música por dentro— desde niño, en las dosis perceptibles por él, lentamente, hasta que madurase y pudiera, así, traducir, organizar, orquestar esos signos misteriosos que él sólo escuchaba y comprendía.

¿Cómo no iba a encerrar entonces Silvestre, bajo esta "apariencia de mansedumbre" que era la forma en que se entregaba a la contemplación auditiva, un carácter "voluntarioso y dominante"? Desde luego que sí. Desde luego que debió ser un niño insumiso e imperioso. Pero, ¿insumiso ante qué, imperioso sobre quién? La respuesta que nos da su vida es bien desoladora: ante nadie, sobre nadie, contra nadie, cuando menos nadie visible, tangible, terrenal. Esta insumisión, esta rebeldía, estaba más allá de nosotros, lejos de nuestro alcance, inaparente y desigual. Era la rebelión diaria de Silvestre y su diaria caída con la roca de Sísifo a las espaldas, en la percepción y hallazgo de su verdad, de una verdad desgraciada, hecha para anonadarlo con el fruto siempre reiterado de la incertidumbre; era ese combate invisible que Silvestre libraba solo, sin escudo y sin espada, y en el que los demás no acertábamos a ver sino la actitud mansa y la mirada melancólica, en los momentos aquellos de incurable tristeza en que Silvestre se habrá convencido de que no era posible otra cosa que callar, prisionero como estaba, incomunicado de todos cuantos lo rodeábamos, en este mundo que no era el suyo.

"Su inclinación por la música —ha dicho mi padre en su carta— es como todas las cosas, un bien y quizá también un mal."

Únicamente hay que tomar en cuenta que estas palabras están dichas cuando Silvestre tenía once años. ¿Cómo es posible considerar así a un chiquillo, con esta seriedad tan objetiva y conforme, de no mostrarse su vocación como una locura desesperada —un inevitable mal—, así la tome su padre con esa lógica, tranquila y natural, sin sorprenderse, sin asombrarse —del mismo modo en que Silvestre tampoco se asombraba ante su propio ser, ni ante sus abismos—, apenas con la reflexiva preocupación de que aquello pudiera constituir "quizá también un mal"? Es sorprendente.

Quiere decir que Silvestre estaba marcado con signos muy visibles para sus padres, que no los discutían, que no los contrariaban jamás. A lo largo de toda su vida, en efecto, mi padre supo amar estos signos como ninguno, y supo ayudar a Silvestre, también como nadie, para que pudiera disponerse a realizar lo que éstos le ordenaban, justamente en el duro tránsito de la adolescencia, cuando el arte de Silvestre estaba más necesitado de ese amor y esa devoción ejemplares.

Así era la alucinante y alucinada vocación de Silvestre, que le brotaba a flor de piel, sometiéndolo sin descanso —y desde un principio— a los suplicios más tenaces del espíritu.

Sus cartas de la adolescencia son tiernamente conmovedoras en este sentido y tienen, por otra parte, cierto rasgo singular, que seguirá siendo la característica de determinada correspondencia suya hasta los días más próximos a su muerte: no están escritas precisamente para quien se destinan, ni para que este destinatario las comprenda del todo. Son más bien una especie de soliloquio, una propensión de Silvestre por hablar a solas y por confiar sus cuitas, sus inquietudes y sus anhelos a un deliberado vacío, a esas personas —amadas, queridas hasta las lágrimas, sin excluir a su mujer, de esto no hay duda— que tomarán siempre con mucha calma sus románticas confidencias, sin alarmas ni sobresaltos, convencidas en todo caso de que no presagian ningún peligro y son fruto, a lo más, de un ánimo exaltado y una imaginación ardiente. He aquí, por ejemplo, el fragmento de una carta dirigida a mi madre, que Silvestre escribe a los dieciséis años, cuando estudiaba música aquí en la ciudad de

México:

> Muchas veces al caer de estas tardes invernales me voy a
> Chapultepec y, bajo este cielo nublado, me pongo a soñar.
> ¡Mi sueño eterno de amor, de poesía! Y al volver a la realidad,
> al ver mis sueños desbaratados, me dan ganas de llorar, de
> morirme... Perdóname, mamacita, perdóname, son locuras,
> locuras que sólo a ustedes comunico, porque sólo ustedes me
> comprenden, los demás se reirían. ¿Y sabes? Siento a veces
> desprecio por el mundo imbécil, pero después me digo: ¿tiene
> el mundo la culpa de no ser loco, también, como yo...?

Ésta es la carta clásica del adolescente que empieza a sentir
ya esa incompatibilidad que lo separa del mundo. Pero, ¿en realidad estas confidencias están dirigidas a mi madre, u obedecen,
mejor, a una imperiosa necesidad de expresarse, de escucharse a
sí mismo en voz alta, y con esto dar forma objetiva al sufrimiento. O, si se quiere, gozarse en que se sufre más de lo que se había
pensado? Es muy posible que se trate más bien de lo segundo,
y así lo inducen a conjeturar otras cartas de la misma época, en
una de las cuales Silvestre llega a calificarse, con entonación
desesperada, como "un pobre hombre, cuyo mayor mal es y será
soñar con otra vida que no existe".

Son cartas de un adolescente, sí, pero al mismo tiempo son
algo más que las simples cartas de un adolescente. Entre sus exal-
tadas líneas románticas se filtran, a veces, preocupaciones que
ya son más hondas y verdaderas, que ya no indican tan sólo la
obligada crisis de crecimiento en un joven de sensibilidad fina e
impresionable, sino la certeza de una premonición, como ésta de
saberse destinado a "soñar con otra vida que no existe", y que
será, en fin de cuentas, el conflicto crucial donde Silvestre se
despedace sin cesar, a lo largo de su vida entera.

La crisis juvenil de Silvestre —y ya no saldrá jamás de ella—
llega a tomar caracteres muy graves, durante su estancia en la
ciudad de México, a los diecisiete años. Entonces pide a sus padres, con acentos de verdadera angustia —ahora, en rigor, el sufrimiento es auténtico, apremiante—, le permitan abandonar la
capital y volver a la provincia, donde espera "descansar de [su]
fatiga moral". La carta en que Silvestre dice esto resulta muy
elocuente también por cuanto a la vigilancia y al cuidado, en
verdad llenos de cariño y amorosa preocupación, de parte de mis
padres, hacia el desarrollo profesional de Silvestre como músico.
Se conoce que le habrían reclamado por malbaratar su tiempo

y la categoría a que aspiraba en el ejercicio de la música, al andar tocando el violín aquí y allá, con riesgo de convertirse en un ejecutante de "music-hall", y la perspectiva desalentadora de quedarse en ello.

Dice así la carta de Silvestre (fechada el 17 de abril de 1917):

Hace dos días recibí la carta de mi mamá y las líneas que pusiste al final, por las que vi no han recibido mis cartas. También dices que te dijeron que iba a tocar a todas partes donde me llamaban, lo cual no es cierto, pues sólo una vez, por insistencia de Genaro y Carlos, fuimos Alfonso y yo al hotel Londres.

Mis estudios siguen bien, sólo que mi entusiasmo ha decaído por completo, y mi único deseo es ir a Durango, con la esperanza de encontrar algo de paz para mi alma. Mi vida aquí es insoportable y estéril, y yo no quiero que sea así, quiero revivir mi entusiasmo, pero allá en la soledad, aquí nada lo alienta; quiero sobreponerme al amor y a la vida; descansar de mi fatiga moral para tener fuerzas para luchar.

Más adelante termina con estas palabras, que son un índice claro de su honradez, de la honestidad que siempre tuvo en su actitud para con mis padres: "Perdónenme si los he entristecido, pero era necesario, de otra manera no sabrían por qué quiero irme".

Se advierte lo agudo de la crisis que en esta ocasión sufre Silvestre, en la circunstancia de que, por lo común, un muchacho venido de provincias a la capital, difícilmente renuncia a los atractivos de la gran ciudad por pretender volverse a las estrecheces y limitaciones de su tierra. Pero aquí ya está formulado el elemento que constituye la constante en la zozobra eterna que Silvestre padecía: la soledad, la búsqueda de la soledad, el afán de estar a solas consigo mismo, aislado, interrogándose, conjeturándose como lo ha hecho siempre, bajo la tempestad de sus dudas invencibles, hasta el último día de sus días.

Silvestre es como un golpe de viento, como una racha de vida asaltada a continuo por los tumultos del alma. Su biografía carece de grandes aventuras, de hazañas. Lo hazañoso de su existencia se dirime en el pensamiento, en el ámbito de su espíritu creador, que es el sitio donde Silvestre libra sus combates, unas veces vencedor y otras vencido, insatisfecho y triste siempre, irremediablemente solo y demasiado orgulloso, por lo demás, para pedir que nadie comparta con él su altivo aislamiento.

Por eso su figura física —de apariencia tan poco espiritual, cuando menos a primera vista— nos resulta un tanto contradictoria y como no del todo lo suficientemente "delicada" para conciliarse con un temperamente artístico tan hipersensible como el suyo.

El cuerpo robusto, la melena aborrascada —no se diga cuando usó aquella barba feroz—, los ademanes impetuosos y violentos, hacían pensar, aparte otras imágenes, en la de algún jefe de bandidos (es curioso que en sus notas autobiográficas confiese que hubiera querido ser santo o bandido). Esta figura hacía que mi madre, al verlo llegar los domingos, cuando cruzaba el jardincillo de la casa para venir a su encuentro, lo anunciara siempre con la expresión más certera que haya jamás yo escuchado, para retratar a Silvestre de un solo trazo maestro:

—¡Pero si ahí está ya el ciclón de tu hermano!

Un ciclón, nada menos que un ciclón era para mi madre su hijo Silvestre. ¿Y quién puede negar que Silvestre llevaba por dentro ese ciclón de su vida insobornable?

Me viene en estos momentos a la memoria un recuerdo infantil que tengo de Silvestre y que me causó una impresión muy viva. Entiendo que, por aquel entonces, Silvestre estaba recién venido de Estados Unidos y preparaba, creo, su concierto de presentación en México, como violonista, que debiera llevarse a cabo en el anfiteatro de la Preparatoria, con el acompañamiento al piano de Francisco Agea.

Llegó el día del concierto y acudimos al anfiteatro toda la familia, desde los padres hasta el último de los hijos. La cosa, sin embargo, parece que resultó un tanto sorprendente.

Fuera de tres o cuatro amigos —entre ellos, sin duda, Ricardo Ortega, el impar y devoto amigo de Silvestre— y la familia, que con ser tan numerosa, no era lo suficiente, sin embargo, para ocupar la totalidad de las localidades, no había ningún otro público en el anfiteatro. Mi papá tosía contrariado y ahora me imagino que temeroso, por el efecto deprimente que aquello pudiera causar sobre Silvestre. Pero, cuando menos lo esperaba nadie, aparece Silvestre en la escena, el violín bajo el brazo, ignorando deliberada y olímpicamente la ausencia de público y, con pasos resueltos, llenos de victorioso orgullo y seguridad, se dirige al proscenio, desde donde hace una rígida, austera reverencia... en dirección de su familia. Luego se vuelve hacia el piano, ante el cual ya se encuentra Agea, se coloca el violín bajo la barbilla y ataca, con un énfasis y una alegría joviales y triunfantes, la

308

primera obra del concierto, de cuyo programa no excluyó uno solo de los números, como si la sala estuviera repleta de espectadores.

Mi padre, que no obstante lo enérgico de su carácter era muy sentimental tratándose de Silvestre, tenía los ojos húmedos y algo hablaba respecto a ser aquello lo más hermoso que escuchara en su vida.

—¡Fue uno de mis grandes triunfos, porque de veras toqué magníficamente! —comentaba conmigo Silvestre, al referirnos al suceso años más tarde, muchos años más tarde, cuando ya ese velo de tristeza que ensombrecería de un modo tenaz la mirada de Silvestre, no se apartaba de sus ojos, y cuando ya la vida nos había agarrado a los dos por el pescuezo, a cada quien por su lado, y nos zarandeaba de aquí para allá, sin importarle nada.

Carlos Chávez y Silvestre libraron una entusiasta batalla, llena de ímpetu renovador, agresivamente retadora y viviente, contra la fosilización, el cretinismo y la estrechez provinciana y académica de la música en México. Su lucha corría pareja con la de los pintores, que a su vez echaban de su ronco pecho, aterrorizando a la timorata burguesía con el genial embadurnamiento de los muros que pintaban. Entre ellos estaba, siempre inquieto, irreductible, audaz, con sus colores prodigiosos, Fermín Revueltas, que podría haber sido, de alcanzarle la vida, ese otro de los grandes de la pintura mexicana (y lo digo no por tratarse de mi hermano, sino porque son precisamente esos "grandes" los primeros en reconocerlo). Así, mientras los pintores editaban la revista *30-30* y fijaban poclamas en las calles, Revueltas y Chávez tocaban a Schoenberg, a Honegger, a Milhaud, en los teatros Fábregas y Arbeu, y las patadas en el piso, de un público furioso, constituían entonces el mejor aplauso y el más indiscutible testimonio del triunfo.

Lástima que la amistad de Silvestre y Chávez —"músico de acero" lo llamaba Silvestre— no haya podido conservarse inalterable, a causa de las intrigas y maledicencias que terminaron por separarlos. Pero en todo caso, de esto no fue culpable Silvestre, estoy seguro.

Silvestre nos llegó de Estados Unidos con unas barbas pavorosas, que le ocultaban la mitad del rostro y hacían pensar a las gentes, asustadas, que quizá se tratase de algún bolchevique que habría venido a México para desquiciar la sociedad y subvertir las buenas costumbres. Sin embargo, aquellas barbas no tenían otra misión que la de ocultar las tremendas cicatrices que Silvestre llevaba en el rostro, resultado de algún trágico encuentro, sobre el que ningún miembro de la familia, empero, tuvo la indelicadeza de hacer a Silvestre la menor pregunta, ni mucho menos realizar la más insignificante indagación por otros rumbos.

A mis oídos ha llegado, no obstante, y sin proponérmelo, una versión extraordinaria sobre la forma en que a Silvestre le fueron causadas tales heridas, versión que no me resisto a relatar. Puede ser mentira o verdad, pero no importa. Los acontecimientos están a la altura de Silvestre, y si no fueron ciertos, merecerían serlo de todos modos.

Las cosas debieron ocurrir más o menos así: Silvestre abandona a las altas horas de la noche algún cabaret o cafetucho donde se encontraba, y se aventura solo por las calles de la pequeña ciudad norteamericana en que vivía, con dirección a su casa. En un punto determinado lo asaltan unos hampones armados con armas blancas y sin esperar a más, ante la actitud indefensa y desamparada de Silvestre, lo atacan salvajemente y con lujo de brutalidad. Silvestre pudo defenderse, pudo retroceder, pudo escapar en alguna forma y en cualquier momento antes del ataque, pero inmovilizado por la sorpresa no acertó a moverse.

A Silvestre no le importaba perder la vida, de eso estoy convencido en absoluto, ni tampoco era hombre capaz de dejarse dominar por el miedo. Pero en esos momentos había algo más importante que la vida. La cuestión era que si intentaba defenderse, Silvestre debía "meter las manos", es decir, ponerlas en peligro. ¿Y qué otra cosa más sagrada para él que sus manos, con las que hacía música, con las que tocaba el violín? No por pensar que de herírselas aquellos hampones, se quedaría sin los medios de obtener el sustento. Jamás pudo detenerse Silvestre en una consideración tan mezquina, tan ruin y ajena a sus principios. ¡Eran sus manos, sus manos, precisamente su "instrumento" musical, su instrumento natural e inalienable de la música! ¿Qué es lo que hace entonces? Se cruza de brazos, las oculta en las axilas y, sin resistencia alguna, con una humildad que no tiene nombre, con una lucidez enloquecida y tremenda, ofrece su rostro a las infames cuchilladas de sus agresores.

Éste es el relato que conozco. Lo de menos, repito, es que sea verdadero. Los sucesos que acontecen a los hombres siempre son a imagen y semejanza de los hombres mismos, y esta narración se aviene en un todo con la integridad moral de Silvestre como artista. Quedémonos entonces con ella como cierta, porque llegará a ser verdad, aun a fuerza de tratarse tal vez de una mentira, tan sólo porque así debió por fuerza de ocurrir. Mas si fue de otra manera, será porque los hados traicionaron el texto que estaba escrito en el drama.

En los últimos tiempos Silvestre callaba mucho, taciturno, víctima de atroz melancolía. Esto había comenzado después de la derrota de España.

Era natural, Silvestre había vivido junto al inmenso, junto al gran pueblo español los momentos más bellos, más profundos de su vida. Cuando estuvo en España, intentó quedarse en el batallón del coronel mexicano Juan B. Gómez, al frente de la pequeña, anónima banda militar, en las mismas líneas de fuego. Hubo que disuadirlo con toda clase de esfuerzos y razones, pero Silvestre se dolía siempre de no haber logrado su empeño.

España era la verdad, la verdad de la lucha, de la esperanza humana. Y aquellos hombres, aquellos combatientes —los combatientes de España entera, de la España iluminada y magnífica—, eran los hombres de ese mundo, la nostalgia de cuya existencia atormentaba a Silvestre desde niño. Pero por fin le había sido dado contemplar el futuro, por fin había podido convencerse de que no estaba solo y que desde cada uno de los rincones de la tierra hay un destino que avanza para consumar al hombre, para libertarlo y restituirlo en su más alta y sagrada dignidad.

Mas cae España: se dice en pocas palabras.

Sin embargo, Silvestre no podrá recuperarse del infinito dolor que esto le causa. Ha perdido hijos, ha perdido hermanos, ha perdido a su madre, pero jamás pensó perder a España. Sólo le es posible comprenderlo con el entendimiento con que está acostumbrado a entender las cosas, que es el entendimiento de la sensibilidad, ese que no puede menos, a despecho de todo, que predominar en un artista, y se niega a aceptar que así deban ser los hechos. Puede entender el problema políticamente, se lo puede explicar desde todos los puntos de vista y con todas las razones lógicas, pero su alma no está conforme, su corazón no accede a resignarse, y lo peor, a encontrar las fuerzas nuevas con las cuales nutrirse y alimentar de nuevo la esperanza.

Silvestre no es un político, no se ha construido en esa militancia que endurece y templa el espíritu y lo hace resistir los más crueles embates. Silvestre se ha limitado en la vida —y no por eso es menos bella y grandiosa su tarea— a mantener los ojos siempre abiertos de consternación, para que miren todas las desdichas y todas las venturas, todas las ignominias y todas las grandezas, pero el relámpago negro de la derrota española es algo más de lo que puede soportar, y ahora aparece la amenaza de que su luz siniestra ciegue esos ojos, que ya han padecido a tal extremo el dolor de los hombres. Desde este día los silencios de Silvestre se hacen cada vez más largos. . .

Me ha parecido oírlo balbucir, deshilvanadamente, como para sí mismo tan sólo, fragmentos aislados de ese tenebroso poema, que tanto ama y tanto le duele, de César Vallejo:

Si cae España, digo, es un decir. . .
¡Niños, cuánto dejaréis de crecer. . .!

Esto sucede una tarde de domingo y estamos en casa de mi hermana Rosaura.

El crepúsculo difunde en el jardín una luz suave y temblorosa, pero de una melancolía tan lastimera que llega hasta lo lacerante. Silvestre tiene los ojos prendidos de esa luz, mientras inmóvil desde el sillón donde se encuentra, mira a través de los cristales de la ventana hacia el jardín, con una tristeza desolada y un irremediable abatimiento. Rosaura y yo nos cambiamos un mudo signo de preocupación, de pena.

Silvestre suspira.

—Sólo diez años más —dice en una voz muy queda y misteriosa—, sólo quiero vivir diez años más, para hacer lo que me falta. . .

Algo dice Rosaura, con fingido desenfado, para dar seguridades y confianza a Silvestre, pero lo hace insegura, asaltada también por un presentimiento inexplicable. Creo que todos tenemos ganas de llorar.

Bien. No fueron diez años ni diez meses. En octubre de ese mismo año, Silvestre moría.

Es la víspera.

Amanece el día cuatro de octubre y la claridad blanca y sucia del día, atrás de los vidrios de la ventana, contrasta con la luz artificial de mi cuarto, donde, inclinado sobre el escritorio, termino mi primera novela: *Los muros de agua*. He trabajado toda la noche y esto es la culminación de meses enteros de un esfuerzo casi ininterrumpido. Me siento feliz y me regocija la idea de que en muy breve tiempo iré a la casa de Silvestre —vive a la vuelta de donde yo vivo—, para mostrarle mi novela. Recibiré de él las severas, rigurosas críticas de costumbre, pero esto no es obstáculo para que deje de sentirme tontamente orgulloso ante la obra terminada, sobre cuya última página escribo, en virtud de una reminiscencia de mis composiciones escolares, la palabra *fin*.

Llaman a la puerta y al abrir me encuentro ahí a Ángela, el aire lleno de fatiga, los ojos hinchados de no dormir.

—Silvestre está retemalo —me dice únicamente, y sin más averiguación nos lanzamos a casa de mi hermano.

Silvestre está en su cama, tendido de costado, con las dos manos juntas, palma contra palma, debajo de las mejillas, en la actitud de esos angelitos de barro cocido a los que el humilde material de que están hechos parece darles mayor inocencia todavía de la que tienen.

Silvestre también tiene este aire de inocencia. Aunque no; debe sufrir demasiado, respira agitadamente, con dificultad, y se queja a intervalos, con roncos gemidos guturales.

Me siento en la cama, junto a él, y lo miro largos instantes, dándome cuenta de que la impotencia y el pesar me han estupidizado, sin que se me ocurra nada de lo que pueda hacerse.

Silvestre abre los ojos y al reconocerme toma una de mis manos entre las suyas, la estrecha contra su corazón con un temblor convulso y luego se la lleva a los labios para besarla. Esto me desgarra por dentro y una ola de sollozos me sube a la garganta: "¿Qué hacer, qué hacer?", me repito sin moverme, totalmente sin fuerzas y, por obra del clímax de angustia en que me encuentro, con una suerte de indiferencia monstruosa en la que parece no importarme el propio Silvestre. Es como si mi persona se hubiera partido en dos, y esta mitad donde me encuentro no experimentara nada, ninguna pena, ningún dolor, ningún abatimiento, anulada por una especie de turbia anestesia, y cuando mucho apenas le alcanzara la voluntad para formularse la única sensación posible: la de no poder, no poder. Luego está la maldita falta de dinero, del maldito dinero.

Salgo a la calle, aviso a mis hermanas por teléfono, consigo una bolsa de oxígeno y luego me encuentro con Cortés Tamayo, quien me acompaña en mis gestiones, solícito y fraternal. Días antes me había regalado unos zapatos, y hoy me entrega algún dinero.

Después, cuando regreso, ya no quiero separarme de Silvestre. Ahora sé que va a morir en el momento menos pensado. Mis hermanas van llegando una a una, Cuca, María, Rosaura, Emilia, Consuelo, también la prima Margarita, todas ya con los ojos enrojecidos por el llanto. Silvestre va a morir, va a morir, parecemos decirnos todos en silencio, aturdidos, como si alguien nos hubiera dado un golpe en la cabeza. ¿Pero qué se puede hacer? ¿Qué podemos hacer?

Ángela, Consuelo y yo estamos solos con Silvestre, en la habitación.

Apenas pasan unos cuantos minutos de las doce de la noche; ha comenzado el cinco de octubre.

En apariencia Silvestre duerme pesadamente, pero su respiración, desde hace un rato, se ha convertido en estertor.

Lo miro largamente, con un gran amor infeliz, y de pronto abre los ojos y los clava sobre mí. Pero es una mirada terrible, acusadora, airada, en la que me reclama, en la que me pide cuentas; la mirada iracunda y llena de colérico estupor que se dirige a un desconocido, a un intruso, a un asaltante que viola la muerte que no le pertenece. No es que Silvestre me desconozca en este momento supremo sino que la muerte lo hace romper los vínculos que nos unen, y ya para él no soy nadie, ni su amigo, ni su camarada, ni su hermano. Nadie.

Las manos de Silvestre tiemblan con trepidantes sacudimientos y, sin apartar de mí su espantosa, justiciera mirada, mueve los labios con retorcidas, torpes contracciones epileptoides, en un esfuerzo desesperado por articular alguna misteriosa palabra, que ya no alcanza a decir. Su cuerpo brinca por dentro con dos o tres violentas convulsiones y ahora sus ojos se vuelven hacia atrás, como si alguien tirara de ellos con desconsiderada rudeza, desde el interior del cráneo, mientras los párpados permanecen abiertamente rígidos y tensos, con los músculos paralizados.

—¡Hermano, hermanito querido, hermanito del alma! —escucho a mi hermana Consuelo que solloza con un ronquido bestial, inhumano, a tiempo que toma entre sus brazos la cabeza de Silvestre y lo besa en la frente. Del otro lado de la cama apenas logro distinguir la figura borrosa, atribulada, de Ángela.

Yo me arrojo a los pies de Silvestre y hundo mi rostro entre ellos. Son unos pies calientes, unos pies que arden y me queman los labios como una llama, en este abrumador incendio de su muerte.

Me siento despedazado, destruido. Pero cuando, transcurridos unos instantes, me aproximo a contemplar el rostro de Silvestre, nunca recuerdo haberlo visto ni tan bello ni tan puro, dulcemente quieto y en reposo, después de haber combatido por última vez.

Después de haber sido derrotado por última vez.

NOTAS

1. Así como para la precedente "Libreta de apuntes" (véase tomo I), ésta fue transcrita del original a máquina, cotejado con las notas manuscritas que se encontraron. También se integran cartas por orden cronológico. Algunos fragmentos (referentes a los años 1955, 56 y 57) aparecieron en *Diorama de la Cultura,* 18 de abril de 1976 (número dedicado a José Revueltas a raíz de su fallecimiento), pp. 8-10, con el título "Las evocaciones requeridas". Las tres cartas a Rosaura (de 1955 y 1956) fueron transcritas de *Los Revueltas,* op. cit. En aquel entonces Rosaura estaba trabajando en el Berliner Ensamble con Bertolt Brecht. En cuanto al ensayo biográfico sobre Silvestre, véase p. 287.

2. "Algunos aspectos de la vida del PCM" aparece en *Escritos políticos I.* "Testimonios de Hungría" es un reportaje que refleja la versión oficial neostalinista sobre la insurrección de Budapest en octubre-noviembre de 1956; por esta razón, además de ser muy extenso, se eliminó en los escritos políticos del autor. En el original mecanografiado de estas notas de diario, Revueltas tachó la palabra "contrarrevolución" y la remplazó por "los acontecimientos". "Un relato de Moscú" no aparece en *Las cenizas* por no ser "muy aceptable como literatura", como el propio autor lo dice algunos renglones más adelante.

3. El tristemente célebre muro que divide Berlín en dos fue construido en 1961, después de la estancia del autor en esa ciudad. Por otra parte, Revueltas estuvo unos diez días en Moscú, de donde regresó a Berlín el 27 de abril. Daba sus impresiones en una carta a Andrea del 29 de abril de 1957:

Encontré a Moscú completamente transformado. Grandes avenidas y hermosas, impresionantes plazas. He llevado más o menos con regularidad un diario sobre todo lo que veo y todo lo que me ocurre, para después escribir una serie de artículos para la prensa mexicana. Escribí, por ejemplo, sobre Moscú: "Moscú es una ciudad enormemente pesada, hecha de grandes moles. Le falta ingravidez, ligereza. Es como un puño de plomo. Sólo se la puede entender —y no como esteta, no como se pueden comprender Praga, París o Leningrado— si se la mira como a una expresión urbana del proletariado mismo; es tosca, ruda, tierna y franca como un obrero. Es el proletariado convertido en ciudad". Ésta fue mi impresión de los primeros días, pero no he vuelto a cambiarla. En Moscú hay algo que no encuentra uno jamás en otras ciudades, algo muy especial, imponderable, que a las gentes que hemos militado en el movimiento obrero nos es muy familiar, muy hogareño y muy típico. Es esa sensación que uno experimenta cuando entra al local de un sindicato en donde se siente uno lleno de confianza y escucha por todas partes la palabra "camarada" y se siente rodeado de los suyos, en confianza, tranquilo.

Por supuesto visité en Moscú todo lo que pude en el corto tiempo de que disponía: las galerías Tetriakov, el museo de Lenin, el mausoleo Lenin-Stalin. He ido al Ballet en el Gran Teatro. Algo prodigioso.

También he visitado los estudios cinematográficos y en cada lugar he aprendido algo. Estuve con los escritores y el camarada Polevoi (*Somos hombres soviéticos* y *Un hombre de verdad*) me obsequió un libro suyo autografiado. Gente magnífica toda ella. Me trataron todos espléndidamente, con enorme comprensión para los puntos de vista que les trasmití, abiertamente y sin detenerme en consideraciones pusilánimes. Hubo una reunión para leer y discutir mi obra de teatro ["Nos esperan en Abril"]. Les impresionó grandemente. La consideran como la primera gran tentativa de llevar a la escena y al arte los problemas vivos, candentes, no sólo de la política en general, sino de la vida del partido. Todos afirmaron que como obra de arte tiene un mérito indiscutible (no se lo digo con vanidad, sino porque así fue y esa opinión, ante todo, es una opinión de camaradas). La crítica que le hicieron fue de lo más positiva que pueda imaginarse: hay que destacar el papel del partido con mayor profundidad y no oscurecerlo con palabras que, al fin de cuentas, sólo implican una reacción sentimental y no política. Bien. Esto está dicho muy esquemáticamente y no presenta todo el rico contenido de la crítica, que acepté con enorme cariño y alegría (aquí sí en verdad que habla uno con comunistas, camaradas). No faltó por supuesto la RL soviética, que, con gesto malhumorado, dijo que odiaba a Renata [la heroína de la pieza], que la obra no tenía ningún mérito, que no había caracteres y que incluso carecía de acción dramática. A la pobre se le echaron encima todos, diciéndole que no había comprendido nada. A mí no me causaron ninguna mala impresión las palabras de esta camarada (será porque estoy tan acostumbrado a oírlas y ya se ha vuelto eso en mí una segunda naturaleza). En fin. Una reunión que para mí resultó fecundísima. Trabajaré un poco más la obra de teatro. No hay prisa alguna y es una obra importante, que merece consagrarle todo el tiempo que sea necesario.

Los motivos de Caín será editada por la Editorial en Lenguas Extranjeras [proyecto que no se llevó a cabo]. Otra cosa: en *Literatura Soviética* (en español, número de marzo de este año), encontré un artículo de A. Burov sobre los problemas de la estética marxista. Un artículo notable, en que expone puntos nuevos y coincidentes del todo con mis propios puntos de vista. Una de las cosas a que me consagré en Moscú fue justamente a escribir sobre el artículo de Burov. Traté, aunque en forma superficial, la cuestión del lugar que ocupa la Estética en la teoría general del conocimiento y conectado con eso cuál debe ser el contenido específico de la obra de arte. Burov sostiene que la belleza [es el contenido específico de la estética], puesto que lo bello es lo humano. Bien. Yo sostengo que no sólo lo bello, pues dialécticamente el hombre y su ser estético está impulsado también (como cualquier otro fenómeno) por la lucha de los contrarios: belleza y fealdad, maldad y bondad, etcétera. Esto me parece que abre el camino para un mejor entendimiento (un entendimiento multilateral) de la obra de arte y del trabajo artístico. [Véase "Belleza y estética" en *Cuestionamientos e intenciones*.] Mi artículo fue muy bien recibido en la Unión de Escritores. Desgraciadamente no pude hablar con Burov en persona porque estaba fuera de Moscú; pero se le hizo llegar una traducción rusa de mi artículo, el cual será publicado en la prensa rusa (y en los periódicos o revistas en lenguas extranjeras), junto con una respuesta del propio Burov [otro proyecto que, al parecer, no se realizó]. Esto tiene una gran importancia porque traslada la discusión a un plano internacional entre los escritores marxistas que tienen estas mismas inquietudes teóricas en todos los países (aquí, en Alemania, en Polonia, en Checoslovaquia y en Francia). Creo que por primera vez en mi vida soy escuchado al fin y no se me mira compasivamente y por encima del hombro, dándome consoladoras palmaditas en la espalda para tranquilizarme respecto a mi "hobby" preferido de predicar sistemáticamente en el desierto.

4. Así se termina este apunte en el original, pues la página siguiente de la libreta fue arrancada. En cuanto al libro de Imre Nagy (párrafo siguiente), se trata de *Contradicciones del comunismo*, ed. Losada, Buenos Aires, 1958.

5. Esta carta —redactada menos de dos meses antes de que Revueltas abandonara el PCM para afiliarse al POCM (véase *Escritos políticos II*)— no tuvo el menor eco: no se conoce respuesta alguna de Sartre y ni siquiera se sabe si llegó a sus manos. Acerca de los ensayos del autor que éste cita, véase la nota 2.

6. Revueltas pasó en limpio buena parte de su "Diario de Cuba"; publicamos aquí esta versión, añadiéndole todos los apuntes del manuscrito no conservados por el autor. Fragmentos de este diario aparecieron en *La Cultura en México*, n. 685, 26 de marzo de 1975, pp. II-VI; en la *Revista de Bellas Artes*, n. 29 (número dedicado a Revueltas), septiembre-octubre de 1976, pp. 13-18; en *Cambio* (cuyo director fundador lo fue el propio autor, junto con Julio Cortázar y Juan Rulfo), n. 6, enero-marzo de 1977, pp. 50-61; asimismo la Universidad Autónoma de Puebla lo publicó en folleto con el título "Diario en Cuba", en su serie Controversia, n. 19, 1976.

7. No pueden leerse las últimas palabras de la frase por faltar una pequeña parte de la página, tal vez mal cortada en el momento de encuadernar la libreta.

8. Bajo este título, se reagrupan por orden cronológico varios textos breves desde 1962 a 1968. Un fragmento (febrero de 1964 y "La madre y la hija") del "[Diario, 1963-64]" apareció en la revista *Idea,* n. 3, abril-mayo de 1975. "[Con el propósito. . .]" fue publicado póstumamente en *Rehilete* (nueva época), n. 2, abril-junio de 1980, pp. 64-65; "[Evelio Vadillo]" es el texto de una carta de Revueltas aparecida en "Foro de *Excélsior*", 9 de octubre de 1963, p. 45-A; "La muerte como experiencia" se publicó en *El Día*, n. 836, 19 de octubre de 1964, p. 5, en la rúbrica "Crónicas sincrónicas"; "[Renuncia a la SEP]" es una carta que apareció en la sección "Cartas y opiniones" de *El Día*, 12 de marzo de 1968, p. 2.

9. Después de muchas y penosas aventuras en la URSS, Evelio Vadillo logró finalmente regresar a México donde murió algunos años más tarde (en 1958) en circunstancias un tanto misteriosas.

320

10. Revolucionario guatemalteco exiliado en México de 1940 a 1944, miembro desde 1948 del comité central del Partido Guatemalteco del Trabajo (comunista), Carlos Manuel Pellecer fue diputado, impulsor de la reforma agraria en su país, diplomático, nuevamente exiliado a partir de 1954. Vivió en Checoslovaquia, Francia, Cuba, otra vez México. En 1962 abandona el partido y se explica en *Renuncia al comunismo* (1963). Tres años después publica *Útiles después de muertos*, donde emprende una crítica de Cuba. La semblanza de que habla Revueltas no se encontró; probablemente no la escribió. Lo había conocido durante su viaje a Guatemala de 1947, invitado por el gobierno revolucionario de Arévalo.

11. A la sazón, Revueltas tenía unos tres años desempeñando la función de coordinador en la subsecretaría de Asuntos Culturales de la SEP; se reproduce a continuación la respuesta de Mauricio Magdaleno, entonces subsecretario, que apareció en la sección "Cartas y opiniones" de *El Día* del 14 de marzo de 1968:

Señor Director:
Me refiero a la inserción publicada en ese diario a su digno cargo en el número correspondiente al día 12 del mes en curso, donde el señor José Revueltas presentó públicamente al señor licenciado Agustín Yáñez, secretario de Educación Pública, su renuncia irrevocable al puesto que ocupaba en esta Dependencia, y me permito manifestar a usted lo siguiente:
Dicho texto no es procedente, en primer lugar, porque debió ser dirigido al suscrito por ser la adscripción del señor José Revueltas en la oficina de mi cargo, y segundo, porque anteriormente a esa carta el interesado había abandonado el empleo.
Atentamente.

12. Transcrito del manuscrito original, éste es el texto integral del "Diario de Lecumberri", con excepción de los fragmentos ya publicados en *México 68: juventud y revolución* (véase también en el mismo libro "Gris es toda teoría", diario de Revueltas durante el movimiento estudiantil de 1968) y de algunas notas de lectura que no pasan de ser meras referencias. Hemos incorporado al Diario tres cartas de la misma época y un texto sobre relaciones entre padres e hijos, escrito en la cárcel y vinculado con dificultades privadas del autor. Cabe señalar que en el Diario se mezclan a veces notas de diversas épocas, pues Revueltas es-

tuvo revisando sus papeles y volvió a escribir varios apuntes auto-
biográficos o reflexiones de diversa índole. Al principio, el autor
estaba en la Crujía I con los delincuentes comunes, aislado de
la mayoría de los presos políticos que se hallaban en la Crujía M.

13. Estas notas sobre la huelga de hambre fueron escritas en
una hoja suelta, sin fecha; se relacionan, o bien con la primera
huelga de hambre que había empezado Revueltas en Lecumberri para que se le cambiara de crujía, o bien con la segunda en
diciembre-enero de 1970 (véase *México 68. . .*, op. cit.).

14. Aquí añadimos varios apuntes sueltos sobre algunos escritores, que fueron redactados en la cárcel de Lecumberri, salvo
algunas excepciones (las notas "sobre Marcel Proust", por ejemplo, datan de agosto de 1967).

15. Cartas enviadas a su hija Andrea que se había marchado a
París; en ellas el autor habla de muchos proyectos que, excepto
indicación contraria, no pudo llevar a cabo. Pese al tono optimista, puede verse hasta qué punto estaba quebrantada la salud de
Revueltas quien, a pesar del cuidado extremo de su tercera esposa Ema Barrón, no logró recuperarse de su estancia en la cárcel
(de la que salió en libertad bajo palabra en mayo de 1971) ni
de la huelga de hambre de cuarenta días.

16. Revueltas se refiere a la entrevista "Diálogo con José Revueltas", aparecida en la revista *Nuevo Mundo,* n. 57-58, marzo-
abril de 1971, subvencionada por la Fundación Ford y, "según
todas las apariencias, a través de dicha fundación, por la Agencia Central de Inteligencia" (como lo escribió Revueltas en el borrador inconcluso de una aclaración para el periódico *El Día*).

17. Jean-Louis Barthou (1862-1934) fue asesinado en Marsella
al mismo tiempo que el rey Alejandro de Yugoslavia, por unos
terroristas croatas, cuando acompañaba al monarca en su calidad
de ministro de Relaciones Exteriores de Francia.

18. Notas redactadas durante la estancia del autor en el Instituto Nacional de la Nutrición, en febrero de 1972, para una operación del páncreas; fueron transcritas del original manuscrito.

ANEXOS

1. Éste es el texto de una entrevista aparecida en *Cuadernos de*

la Cineteca Nacional ("Testimonios para la historia del cine mexicano"), n. 4, 1976, pp. 95-110. El autor no pudo revisarla ni verla impresa, ya que falleció antes, el 14 de abril de 1976. Se suprimieron algunos fragmentos (indicados con tres puntos entre corchetes) que tratan del cine y no presentan interés autobiográfico. Tratándose de una entrevista, ciertas frases son a veces un poco caóticas y fue necesario hacer algunas correcciones.

2. En aquel entonces Revueltas llevaba barba y se rasuró para "disfrazarse" y pasar a la clandestinidad; fue arrestado el 16 de noviembre de 1968. Al respecto, véase *México 68...*

3. Prólogo a *Cartas íntimas y escritos de Silvestre Revueltas*, SEP, "Cuadernos de Lectura Popular", 1966 (segunda edición, SEP 80-FCE, 1982). Había aparecido anteriormente en *Diorama de la Cultura*, 9 y 23 de septiembre de 1956. El manuscrito tiene la fecha: "México, D.F., abril-mayo de 1956". No fue posible localizar el artículo al que se refiere Revueltas al principio: ha de tratarse de aquel que publicó la revista *Mas* en 1938, misma que no se encuentra en la Hemeroteca Nacional; un fragmento apareció en *México en la Cultura* (suplemento de *Novedades*), n. 603, 2 de octubre de 1960, en un homenaje a Silvestre a los veinte años de su muerte, fragmento conservado por el autor con otras palabras en sus "Apuntes" cuando describe a su hermano dirigiendo *El pájaro de fuego* en Bellas Artes. Una nota titulada "Silvestre" y que estaba junto al manuscrito de este texto, dice:

No puedo hablar de un hermano mío que tuve, sino de Silvestre Revueltas. O sea, de un algo que no es mi hermano sino que de todos se hizo hermano. No se puede pedir más, ni es de exigirse, de una congoja, de un entusiasmo, de una soledad, como ese algo que fue Silvestre, el sin-familia que todo lo había dado, que lo daba todo. Y debo explicarme mejor aún, sin recato, sin pudor: porque es el hombre a quien más he amado en mi vida, al que seguiré amando como a nadie. No se trata, pues, de nada que aluda a la consanguinidad: el amor entre hermanos es natural y simple: mi amor por Silvestre es sobrenatural. Aquí no hay nada vanidoso —lo he dicho, pues ¿por qué habría de ser su hermano, aparte la madre entrañable?— sino la consciente humildad, atribulada, llena de presagios, de consternación y del asombro de estar junto a él, como el que tenían nuestros propios padres por haberlo engendrado. Hablo en un lenguaje rotundo, perdón. Pero también estamos ante la rotundidad de un hombre. Oigámoslo, que siempre es mejor que repetirlo.

PRINCIPALES NOMBRES CITADOS

(Cuando Revueltas habla de un autor sin nombrarlo explícitamente, la página está indicada entre corchetes.)

Imprenta Madero, S. A. de C. V.
Avena 102, 09810 México, D. F.
30-I-1987
Edición de 3 000 ejemplares